変態する
グローバル危機(リスク)社会と
現状変革志向ガバナンス

星野 昭吉 著

文眞堂

まえがき

　今日，我われ人類は，これから22世紀を迎えるまで平和的環境のなかで生存し，豊かな社会生活を享受しつづけることも，また，持続的発展可能な人類社会を維持していくことも，まったく期待することができないほどに，不確実でかつ危機的な構造を拡大再生産していることは否定することはできない。もちろん，そうした危機（リスク）的状態を統治したり，解決したり，あるいはまた変革するための不十分ながらの政策・制度・組織・運動・世論・行動などからなる算術級数的対応が存在していることを認めることができる。しかし，それ以上にグローバル危機（リスク）状態が幾何級数的に拡大・強化されている。これからも前者と後者二つの勢力のギャップは常に拡大することになり，後者のよりいっそう支配的な状態が構成されている。そのことが，グローバル危機（リスク）の単なる再生産ではなく，その拡大再生産を不可避的なものにするのだ。そのことはもはや単なる杞憂の問題ではなく，優れて現実そのものである。著者は，4年前の2014年に，同様な問題意識の下で，『グローバル危機社会の構造とガバナンスの展開』（亜細亜大学購買部ブックセンター）を出版しているが，実際のグローバル危機（リスク）状態が何らかの和らぎや低減を見ていないばかりか，むしろ状態は悪化している。このことは，そうした危機（リスク）を生み出す基本的な原因となる要件の解消や変革に何らかの手を打つことができない以上きわめて当然の結果に他ならないのだ。

　現在の世界はさまざまな重大な危機や致命的なリスクを意識的にも無意識的にも抱える混迷状態にあることを，これまでの学問や理論，言説，思想では十分に認識することも，理解することもできない。たしかに，現在，世界の現実は急激な変容過程にあり，これまでの世界秩序から別の形と内容を内在させている多様な世界秩序（むしろ実際には混迷した無秩序）へと大きく移行している。U.ベックが強調しているように，この混乱は，社会科学で一般的に用いられる「変動」，「進展」，「革命」，「変容」などの「変化」という考えの観点か

ら概念化することはできない。なぜならば，我われが住んでいる世界は単に変化しているのではなく，変態しているからである。「変態」とは，現代社会の昔ながらの確実性がなくなって，新しい何かが出現してきているという，より急進的な変容の表出を意味するといってよい。

　そうした「変態」という急激な変容である以上，かつて経験したことのない不確実性が強まっていることで，現在も近い将来についても，事物や社会現象の実態なり事実，その本質を容易に抽出することは困難であることはいうまでもない。その場合に従来の思想や理論，方法論に囚われていることが問題なのである。この「変態」を正確に抽出することも，理解することもできない。こうした急激な変容である「変態」のなかでグローバル危機（リスク）社会を正確に描き，適切に説明し，将来の妥当な予測をし，適切で規範的な目標を提示し，そしてまた，その問題解決のための具体的な解決策（処方箋）を模索する必要がある。また，「変態」しつつあるグローバル危機（リスク）社会に対するガバナンスは当然のことながら，単なる管理（統制）ではなく，根本的な変革しかない。「変態」しつつある重大な危機（リスク）であれ，本質的には自然に，先天的に存在するのではなく，我われ人間が意図的に，後天的に生み出すものである。したがって，危機（リスク）を人間の変革的思想と行動によって変えうる可能性があるといえよう。

　そうした問題意識に基づいて，第1章「グローバル危機（リスク）社会の形成・展開・変容とガバナンスの構築の模索」においては，グローバル危機社会と世界リスク社会を解明し，それら社会の変革の必要・可能条件を抽出するために，グローバル化とグローバル危機社会の展開過程の関連性を明らかにし，危機やリスク概念と関連する概念を検討する。また，グローバル危機（リスク）社会の現実と思想の有機的結びつきに注目し，その上で，グローバル危機（リスク）社会の変革およびガバナンス模索のための必要・可能性を抽出していく。第2章「グローバル平和危機（リスク）社会」のなかでは，グローバル平和価値や問題へ地球公共財の視点から，アプローチすることによって，グローバル平和危機（リスク）社会を変革し，すべての国ぐにや人びと，その他のすべての存在が自由に平和財（価値）へ接近し，その平和財を平等に享受できるような平和財構築の必要・可能条件の抽出を試みる。とりわけ防衛，抑止

機能，問題点と平和財の関連性についての説明を加える。第3章「地球環境保全危機社会の形成と構造」では，グローバル環境保全危機（リスク）状態の構造と特性，その実態，その原因を分析することで，現状変革志向財の模索，およびその模索のためのガバナンス形成の必要・可能要件を究明していく。とりわけ環境破壊問題の象徴的現象である気候変動を中心に問題点を提示する。

また，第4章「グローバル危機（リスク）社会における貧困・不平等問題」においては，グローバル貧困の概念的検討をグローバル貧困に関わる連鎖の基本的枠組みを構成することで，グローバル貧困危機の本質と特性を明らかにするなかで，その危機の統治（管理）・解決・変革の必要・可能条件の抽出を試みる。とりわけグローバル貧困を生み出す，グローバル資本主義経済体—不平等—貧困—未開発—配分的不正義連鎖の枠組みに注目する。第5章「グローバル危機（リスク）社会における文化・宗教・文明アイデンティティ危機の構造」では，今日，我われ人類はさまざまな社会的事象において危機的状況におかれているが，とりわけ文化・宗教・文明アイデンティティ危機に注目し，それらのアイデンティティ危機がどうして生じたのか，それはグローバル危機（リスク）社会においてどのような存在意義をもっているのか，それらは他の危機（リスク）とどのような関係にあるのか，などを解明する。とりわけ三者の関係をどう捉えるべきかに注意を向けている。第6章「グローバル危機（リスク）社会におけるデジタル情報通信技術革命」のなかで，現代のデジタル情報通信技術革命がどうして起こったのか，また，その革命がグローバル危機（リスク）社会に対してどのような影響を及ぼしているのか，グローバル危機的状態を克服していく場合，どのような機能を果たすことができるか，ガバナンスの構築はどのようなものになるのか，などを検討していく。とくにU.ベックのいうグローバル・コミュニケーションの役割に注目する。

さらに，第7章「グローバル危機（リスク）社会におけるグローバル・ガバナンス構築の試み」のなかでは，グローバル危機（リスク）社会を克服するための有効かつ適切なグローバル・ガバナンスの枠組みを構築する必要・可能条件を模索する。ガバナンス概念や用語をめぐる形成過程と問題点を検討しながら，グローバル・ガバナンスの本質と特性，機能，限界，問題点などを明らかにしていく。そうして国家中心的現状維持志向ガバナンスに代わって，非国家

中心的現状変革志向ガバナンスを提示する。

　なお，取り上げている主題の性格から，これまで書いてきた著書や論文の内容と資料が重複している部分があることを述べておかなければならない。本書の出版に当たっては，獨協大学元院生の湯浅知二さんと長瀬慎平さんに今回もワープロ入力をお願いした。ここに感謝の意を表したい。

　また，出版事情が厳しいなかで本書の出版が可能になったのも，文眞堂の前野隆社長および前野弘太部長，山崎勝徳氏のご支援とご尽力のおかげであり，深く感謝を申し上げたい。

2018 年 7 月 16 日

星野　昭吉

目　次

まえがき ……………………………………………………………………… i

第1章　グローバル危機（リスク）社会の形成・展開・変容と
##　　　　ガバナンス構築の模索 ………………………………………… 1

1. はじめに―グローバル危機（リスク）社会の形成・展開・変容とガバナンス構築の模索― ……………………………………………… 1
2. グローバル化とグローバル危機（リスク）社会の形成・展開・変容 … 5
3. 危機・リスク・脅威・危険・破局・紛争 …………………………… 17
4. グローバル紛争・危機（リスク）構造と不確実性 ………………… 33
5. グローバル危機（リスク）社会の構造的特性 ……………………… 35
6. 予測・予言とグローバル危機社会の現実 …………………………… 41
7. グローバル危機（リスク）構造変革のためのガバナンスの模索 …… 49

第2章　グローバル平和危機（リスク）社会 ………………………… 56

1. はじめに―グローバル危機（リスク）社会における平和と暴力紛争のダイナミクス― …………………………………………………… 56
2. グローバル平和危機構造の特性と地球公共財としての平和財構築をめぐる諸問題 …………………………………………………………… 62
3. 暴力紛争発生のメカニズム …………………………………………… 74
4. 防衛・抑止・国家理性・世界軍事秩序 ……………………………… 84
5. グローバル平和財創出のためのガバナンスの模索 ………………… 94

第3章　地球環境保全危機社会の形成と構造 ………………………… 101

1. はじめに―地球環境保全財構築の必要・可能条件― ……………… 101

  2．グローバル環境保全危機（リスク）社会の構造と特性 ………… *109*
  3．地球環境保全破壊の実態—気候変動を中心として— ……………… *118*
  4．グローバル環境保全危機（リスク）状態形成の構造的原因 ……… *132*
  5．グローバル環境保全危機（リスク）状態変革のための環境保全財
   の公共財化 ……………………………………………………………… *138*

第4章　グローバル危機（リスク）社会における貧困・不平等
   　問題 ……………………………………………………………… *150*

  1．はじめに—グローバル資本主義経済体－不平等－貧困－未開発－配分
   的不正義連鎖の枠組み— ……………………………………………… *150*
  2．グローバル貧困・不平等の概念的検討 ……………………………… *159*
  3．グローバル危機社会構造と貧困・不平等危機問題 ………………… *169*
  4．グローバル貧困・不平等危機の実態 ………………………………… *174*
  5．グローバル貧困・不平等危機社会における配分的正義 …………… *180*
  6．グローバル危機社会における現状変革志向財（価値）配分ガバナ
   ンスの構築 ……………………………………………………………… *186*

第5章　グローバル危機（リスク）社会における文化・宗教・
   　文明アイデンティティ危機の構造 ………………………… *193*

  1．はじめに—グローバル危機（リスク）社会における文明アイデンティ
   ティ危機— ……………………………………………………………… *193*
  2．グローバル文化と文化・宗教・文明の概念的枠組み ……………… *198*
  3．グローバル危機社会における文化・宗教・文明アイデンティティ
   危機 ……………………………………………………………………… *202*
  4．宗教・文明アイデンティティの衝突 ………………………………… *206*
  5．文化・宗教・文明アイデンティティの再構成の必要・可能条件の
   模索 ……………………………………………………………………… *213*

第6章　グローバル危機（リスク）社会におけるデジタル情報
   　通信技術革命 ………………………………………………… *220*

1．はじめに——地球公共財としてのデジタル情報通信技術（財）のガバナンス構築—— ………………………………………………………………… *220*
2．デジタル情報通信技術革命とグローバル平和安全保障・経済体・社会文化 ……………………………………………………………………… *223*
3．グローバル危機（リスク）社会における情報通信技術革命の存在意義 ……………………………………………………………………… *230*
4．現状変革志向情報通信技術中心グローバル・ガバナンス構築の試み ……………………………………………………………………… *232*

第7章　グローバル危機（リスク）社会におけるグローバル・ガバナンス構築の試み ……………………………………………… *237*

1．はじめに——グローバル危機（リスク）社会における地球公共財ガバナンスの模索—— ………………………………………………… *237*
2．グローバル危機（リスク）社会におけるガバナンス概念的枠組み … *246*
3．国家政府中心的現状維持志向ガバナンス——国家政府主体・国際レジューム・政府間国際組織・外交—— ……………………………… *263*
4．非（脱）国家中心的ガバナンスの機能と構造——グローバル市民社会・NGO・社会運動—— ………………………………………………… *271*
5．国家中心的ガバナンスと非（脱）国家中心的ガバナンスの非対称的関係の構図 ……………………………………………………………… *280*
6．地球的公共財としての現状変革志向グローバル・ガバナンスの構築条件 ……………………………………………………………………… *285*

参考文献 …………………………………………………………………………… *294*

第 1 章

グローバル危機（リスク）社会の形成・展開・変容とガバナンス構築の模索

1. はじめに
―― グローバル危機（リスク）社会の形成・展開・変容とガバナンス構築の模索――

　今日，我われ人類はこれからも，生存し，社会生活を送りつづけることも，また安全で，持続的発展可能な人類社会を維持していくことも容易には予測できないほどに，不確実でかつ危機的構造を拡大再生産していることは否定できない。もちろん，そうした構造を統治したり，解体したり，あるいは変革するための不十分ながらの政策・制度・組織・運動・世論・行動などからなる算術級数的対応の試みがある。しかし，それ以上にグローバル危機構造の幾何級数的拡大・強化が進展している。現在のままではこれから前者と後者の二つの勢力のギャップはさらに拡大し，後者がよりいっそう支配的な状態が構成されることになる。22世紀を待つまでもなく，人類の，人類社会の絶滅なり，人類にとって最悪の破局的状態を迎える可能性を予測することがより妥当性をもつと見てよい。今日，世界は急激な変容過程にあり，これまでの世界秩序から別の形と内容を内在させている危機的世界秩序（むしろ混迷した無秩序）へと大きく移行している。この新しい世界秩序は，B. ギルズが主張するように，「資本蓄積の経済危機，生産・成長・資本蓄積の配置におけるグローバル中心部のシフトやグローバル・ガバナンス構造と制度における長期的変化を意味する覇権的移行の世界体系的危機，そして社会歴史構造自体に存在し，包括的環境危機および世界秩序の物質的・理念的構造における一致・一貫性を欠如している世界的規模の危機」を内包している[1]。また，T. アースキンとK. ブースは，

リスクの脅威は国際関係における生存的脅威と解放的脅威との関係において理解できるという。世界リスクは，すべてのレベルでの戦争・自然破壊・気候混乱の危険・非国家主体による暴力行動などを含む生存に関わる脅威と，人間の福祉や自由への挑戦に関連しているが，貧困や人権侵害，国家権威の横暴などの解放的脅威から成っている[2]。

こうした人類にとっての危機的状態が大きく支配する人類社会の形成と展開は，グローバル化の著しい進展と深化と共に，従来の主権的領域国家から構成されてきた国際社会が変容するなかで，単一の統合されたものではないが地球的規模で一つの有機的関係を構成する社会が形成され，展開されつつあることを物語っている。このグローバル社会においては，我われがいかなる国家に，いかなる地域に，いかなる社会に，いかなる集団に，あるいはいかなる地方に生存や生活の基盤をもっていようと関係なく，そのグローバル社会に組み込まれ，その在り方によって我われ人類の生存や日常生活の在り方は深く規定され，また，不可避的な影響を受けざるをえない状態に置かれている。実際に，いわばグローバル危機社会の在り方に我われはつねに影響を受け，規定されている[3]。U. ベックはそうしたグローバル危機社会に代って，世界リスク社会概念を提示する。世界リスク社会とは，進んだ産業化（再帰的近代化）において不可避的な構造的矛盾としてのリスクが国家を超えて世界的舞台の上で現われることを意味する[4]。後述するように，グローバル危機社会と世界リスク社会，および危機とリスクとは全く同一の意味をもつものではないが，共通する意味条件をもっている（実際に U. ベック自身，ときどきリスクと危機を同様に扱っている）。筆者は，危機はリスクより大きなカテゴリーと捉え，基本的にはグローバル危機社会なり危機を中心に諸問題の解明を試みていく。

グローバル危機社会なり世界リスク社会にしろ，我われが問うべき最重要な課題は何よりも，そうした危機（リスク）社会をいかに克服して，平和的環境のなかで持続的発展可能な人類社会の維持を実現することができるかである。そのためには，そもそもグローバル化現象とは一体どのようなものなのか，グローバル化は，人類社会にとってどのような意味をもっているのか，またどのような影響を及ぼしているのか，さらに，グローバル化は実際に，グローバル危機社会を形成し，展開させ，変容を生み出しているのか，などを明らかにす

る必要があろう。概していうならば，国家や社会集団を含め我われ人間の社会現象，出来事，社会行動，社会関係，社会生活が本質的にグローバルな意味をもつようになるグローバル化の進展・深化（グローバル性）によって，これまで支配的であった主権的領域国家を中核的基盤として構成された国家間（国際）社会の枠組みから，地球的規模で構成され展開している脱領域的世界社会の枠組みへと変容するなかで，人間の生存や生活を脅かす地球的規模の紛争群や問題群，不安全群，公共悪群などが拡大再生産する危機的（リスク的）構造を内在化させていることを理解しなければならない。たしかに，グローバル化勢力が伝統的な領域的国際社会の枠組みから脱領域的グローバル社会の枠組みへの転換を大きく押し進めていることは否定できないものの，そうしたグローバル危機社会の形成・展開の意味内容や問題は複雑でかつ不明確なものであるばかりか，我われ人類の生存・生活にとって好ましいものでも，有益なものでもない。実際に，人類の安全な生存や豊かな生活を保証するどころか，複合的な危険や脅威を及ぼす危機的状態によりいっそう追い込むことになる。変容しつつある領域国家中心的国際社会が維持・強化される限り，そうした危機的状態に有益なガバナンスも，その克服や変革の可能性はほとんどないといってよい。明らかに領域国家中心的国際社会から脱領域国家中心的グローバル社会への変容といっても，実際には前者の国際社会が衰退したとか，喪失したのではなく，これまでのその枠組みを変容させながらも後者のグローバル社会の枠組みのなかでも依然とした基本的な，支配的な地位と存在意義をもつ存在のままだ。たしかに，顕著に変容しつつあるのは，先に述べたように，地球的規模の問題群や紛争群，不安全群，公共悪群などの脅威や危機が構成するグローバル危機構造の形成と，それらのよりいっそうの永続的な拡大・強化の趨勢である。だが，とりわけ正確かつ適切に認識すべき問題の一つは，一方で，グローバル危機（リスク）構造によって支配されているグローバル社会が形成・展開・強化されているという現実と，他方で，その変容過程でも領域国家中心的国際社会の存在がいまだに大きなかつ重要な地位と動向を占めているという現実とが共存していることである。したがって，そうした二つの現実の共存という実態の意味，またその実態の形態・内容・条件などを解明しなければならない。

そしてまた，もう一つ認識すべき重要な問題は，グローバル危機構造や世界リスク群の性向は否定できないものの，そのグローバル危機・リスク構造のガバナンスや変革の可能性とその機会が存在していることを注視しなければならない。一方で，グローバル危機・リスク構造の強化が，他方で，それを解体し，変革する勢力が生じ，強化される可能性が高まる機会が存在しうることにも注目すべきだ。そのため，そうした二つの勢力の有機的関連性，前者の変革の必要・可能条件を検討する必要がある。

　そうした課題の解明作業は実際には容易なものではない。なぜならば，グローバル社会の変容しつつある現実をそれ自体が，地球的規模での広がりをもつ巨大性，簡単に解き明かすことが困難な複雑性，さまざまな現象が長期にわたって静態的に状態を維持することなく，つねに動態的に変容していく流動性，実態やその動向があいまいで，正確かつ明確に描くことができない不透明性，そしてまた，一定の枠組みやルールが通用しない不明で信頼できない不確実性などの特性を内包しているからだ。しかも，そのグローバル危機（リスク）社会の現実を抽出し，認識し，理解するため，現実の正確な描写，その適切な説明・分析，その将来の妥当な予測性，さらにその現実の問題を解決するための有効な処方箋の提示などを可能にする理論（パラダイム，知識体系，学問体系，言説）も我われはもっていない。とりわけ，構築すべき好ましいグローバル社会の在り方の抽出，また，そのグローバル社会像の構築を可能にするための方策や処方箋の提示，などを可能にする理論やパラダイム，思想などをほとんど確立していないといってよい。そのことは事実上，現実それ自体に内包する特性の問題のみならず，その現実を抽出し，認識し，理解し，構成する研究者，政治家，知識人，一般国民などの思想や価値観，規範，意識，イデオロギーがきわめて重要な意味をもっていることを意味する。そのためにも，グローバル危機社会の現実と理論や思想，意識，規範などとの有機的関連性を明らかにする必要がある。実際には，現実と理論や思想，意識，規範との間には具体的な境界線は存在しないどころか，両者は相互構成関係にあることは否定できない。したがって，現実のグローバル危機（リスク）社会に対する妥当な理論や言説が存在しなかったり，あるいは不適切な理論や言説しか存在していない場合には，支配的な既存の国際関係理論がグローバル危機社会を維持・

強化することになる。反対に，グローバル危機・リスク社会の変革を可能にするような有効な理論や思想を提示することができれば，そうしたグローバル危機社会を変えることもできるだろう。グローバル危機社会論や世界リスク社会論も本質的に，現実を変えていく可能性をもっていよう。

　本章の目的は，グローバル危機社会や世界リスク社会の実態を解明し，それらの社会の変革の必要・可能条件を抽出することにある。そのため，第2節において，グローバル化とグローバル危機社会の形成・展開・変容の関連性を明らかにし，第3節では，危機，リスク，脅威，危険，難局，カオス，紛争，不安全，地球公共悪などの概念およびそれらの関係性を検討する。第4節のなかでは，危機やリスク概念の構成要件を提示し，第5節では，グローバル危機社会の本質と構造的特性を検討していく。第6節において，グローバル危機・リスク社会の現実と理論・思想との有機的結びつきを掘り起こし，第7節では，グローバル危機構造やリスク社会のガバナンスや解体，変革の必要・可能条件を抽出する。

2．グローバル化とグローバル危機（リスク）社会の形成・展開・変容

　グローバル危機（リスク）社会はどのような本質と構造的特性をもっているのか，あるいはまた，グローバル危機（リスク）構造とはどのような意味をもっているのか，さらに，その危機構造はどのように形成されてきたのか，などを明らかにするために必要な課題は，何よりもそもそもグローバル化とはどのような現象なのかを検討した上で，グローバル化勢力とグローバル社会，グローバル危機構造との有機的な相互構成関係を問わねばならない。なぜグローバル危機が生じるのか，また，なぜ，どのようにして危機構造が形成されるのか，を問うなかで，過去と現在と将来のグローバル危機社会の実像や意味内容，存在意義，問題点を見極めることが可能となるからである。U．ベックのいう再帰的近代性（再帰的グローバル性）勢力と世界リスク社会との関連性についても同様な課題を抱えている。だが，前述したように，前者の課題を中心

に検討を加えていく。

　たしかにグローバル化概念があいまいで，多義的で，イデオロギー的で，あるいはまた論争的なものであることは否定できない。そうした理由によって，グローバル化現象を全面的に否定したり，無視したり，あるいは，その存在意義を軽視する必要もないし，またそうすべきでもない。また，グローバル化現象を軽視するものではなくても，その概念や理論の有効性を限定的に捉える見解もある。J. ローゼンバーグが述べているように，90年代はグローバル化の時代であったが，現代ではそれは終っているという。90年代には多くの活動家や政治家，学界などの人びとは，90年代に，経済的自由化の拡大や新しい情報・コミュニケーション技術の成長，国際組織の顕著な増大，コスモポリタン人権課題の再生などを観察した。また，彼らの多くは，世界は相互結合の新しい形態を取り始め，グローバル・ガバナンスの多層で多面的なシステムが台頭し，国際政治の現実の本質を変容させ始めていることなどを認めている。そうした点を認めているものの，グローバル理論はつねに，一般社会理論として，現代国際関係の本質について歴史社会学の議論として，そしてまた，経験的事象の解釈への案内として基本的欠陥をもっているという[5]。

　現在の世界史的段階をグローバル化時代，またその社会をグローバル社会といっても，そもそもグローバル化は，アマルティア・センが述べているように，地球的規模のさまざまな相互作用現象として一括して定義されている。その相互作用は多様なものであり，また，グローバル評価も多面的なものであり，さらに，歴史的過程であるグローバル化を定義する試みに歴史的視点を欠落している問題がある。グローバル化の実像とその存在意義をグローバルな歴史過程のなかで位置づけるための検証作業が必要となる。とくに主要な問題は，グローバル化が人類にとって新しい現象であるのか，また，グローバル化をめぐる公平の問題をどう評価すべきかである。

　グローバル化概念があいまいで，多義的で，論争的であること自体は最重要な問題ではない。問題は，歴史的視点に立って多面的な諸側面を規定する中核的な素因を明らかにすることだ。すなわち，すべての社会現象や出来事，行動，生活，政策決定がグローバルな意味をもつこと（グローバル性）を理解することだ。そして，そのグローバル性がどのような意味内容を内在させている

かを明らかにすることだ。そもそも人間の社会現象や出来事，社会行動，生活様式，社会行動，政策決定に関する概念や理論，思想，言説は著しく多義的でかつ論争的であることが一般的である。多種多様な現実とされている社会現象を，描写したり，認識したり，解釈したり，理解したり，説明したり，分析したり，批判したり，否定したり，修正したり，あるいはまた理想的・規範的像を描いたりする概念や理論などは，一定の歴史性，時代性，環境性，権力性，イデオロギー性などを潜在的であれ顕在的であれ，現実的に反映していると見なければならない。人間社会現象に関するすべての概念や理論，言説は例外なく，真空状況のなかで生まれ，展開し，そして変容していくものではなく，人間のまた人間集団の社会関係によって構成されたものに他ならない。とりわけ政治社会やグローバル政治社会に関する概念や理論は実際に，一方で，自己の立場や目標，思想，価値，行動，そして現実に対する自己の主張や理解，説明を正当化する。他方で，他者のそれらに反対したり，批判したり，否定する。人間社会現象や現実は自然世界の現象や現実，事実とは本質的に異なり，現実と概念や理論とは基本的に相互連動なり構成関係にある。一般的にいえば，社会現象は現実的に，コインの表裏の関係と同様に，一方の表面的，形式的，可視的な側面と，他方の潜在的，内容的，不可視的な側面を合わせもって表と裏とが相互構成関係を形成することで一枚のコインを創り出している。そうしたコインのようにグローバル化の現実なり勢力を構成している[6]。

　概して，次のようなD.ヘルドとP.マフェトンが主張していることが通用している。グローバル化というものは，一方のローカルなものと他方のグローバルなものとの連続している空間に存在する現象として最もよく理解される。グローバル化は，人間の組織・活動の空間的形態において，活動・相互作用・権力行使の大陸間あるいは地域間の形態への移転を含む。グローバル化は次のような少なくとも四つの変化の明確な形態を含んでいる。一つ目は，国境や地域，大陸を横断する政治的・社会的・経済的活動の広がりであり，二つ目は，ネットワークや貿易・投資・金融・文化などの流動の規模の増大であり，三つ目は，交通・コミュニケーションの世界的規模のシステムの発展による思想・商品・情報・資本・人びとの拡散の速度の高まりに伴った，グローバルな相互作用と過程の高速化であり，四つ目は，グローバルな相互作用や過程のインパ

クトの深化したことで,地方の出来事が重大なグローバルな結果を生み出すことである。特別な意味では,国内的問題とグローバルな事象の境界があいまいになっている。すなわち,「グローバル化は,世界的規模の相互の結びつきの拡大・強化・高速化・インパクトとして考えることができる」[7]。

　もちろん,こうしたグローバル化の概念が一つの典型的なかつ代表的なものであることでは肯定できるものの,そのきわめて表面的・形式的・可視的なものであることも否定できない。むしろ,例えば,P.ボウレズの次のようなグローバル化解釈の試みに注目してよい。(1)グローバル化は,国民国家による適応性を弱めたり,要求するものの,市場やそれを動かす主体を強化する主として技術的に駆動された過程である。(2)それは,経済活動の国家的基盤や国民国家を大きく弱体化させる神話である。(3)それは,帝国主義である。ある国はグローバル化によって弱められるが,他の国や市場の主体(多国籍企業)は強化される。(4)それは,現時点における過程の描写として不適切であり,地域化あるいは地域主義として描いた方がよい[8]。この四つの解釈のうちどれが一番適切なものか,あるいはどれが正しいものなのかを問うことは意味がない。それらは4枚の異なるグローバル化のコインではなく,むしろ多面的1枚のコインとして捉える必要がある。こうした四つの側面をもつグローバル化のコインと捉えることで十分であるとはいえないものの,相互構成関係にある一方の,表面的・形式的・可視的側面である説明(記述)的側面と,他方の,潜在的・内容的・不可視的である構成(イデオロギー,規範)的側面から形成されている1枚のグローバル化コインであると考えてよい。また,J.ミッテルマンが主張するように,グローバル化現象は単一の統合的なものではなく,過程や活動のシンドロームと見ることもできる。すなわち,シンドロームとは実際に,人間的条件の,あるいはより特別な意味では政治経済体内部での,関連する特性の一形態をいう。シンドロームは,グローバル化現象が決して異常なものではないので,病気の兆候の医学的意味をもつものではない。グローバル化はたしかに,支配的な一連の理念や政策の枠組みとして正常なものである。グローバル化シンドロームとして不可欠なものは,労働と権力の分業体制(GDLP)や新しい地域主義,抵抗政治との相互作用である。それらは世界秩序における変容にとって中心的なものとして際立っている[9]。また,J.ミッ

テルマンは，グローバル化と反グローバル化との関連性をオルター・グローバル化構築のシナリオという観点から次のように述べている。グローバル化代替案として三つの基本的グループに分類できるという。第1グループは，基本的な構造に挑戦することなくネオリベラル・グローバル化の修正を試みる。第2の右派グループと第3の市民派グループは，ネオリベラリズムの根本的原理を形成している考え方や政策を積極的に批判し，ネオリベラルなグローバル化パラダイムを打破しようと試みている。それら三つはグローバル化代替案であって，グローバル化現象の存在自体を否定するものではなく，その在り方の問題を解決するためのオルター・グローバル化の主張である[10]。そうした彼の考え方に注目すべき点は，グローバル化勢力および概念に両面性があり，その両面の弁証法的運動のダイナミクスを明らかにすることによって，グローバル化の真の内容と問題の所在を抽出することが可能となるからだ。そのため，グローバル危機社会や世界リスク社会の統治や解体，変革の必要・可能条件を探る場合に重要な意味をもつことになる。

　こうしてグローバル化概念が説明的条件と構成的条件の二つの側面を内包しており，二つの側面は相互連動関係や構成関係を形成していることは実際に，どのような意義があるのだろうか。この問題の本質的重要性は，グローバル化概念や理論の在り方についての研究やアプローチを根本的に批判する必要性にある。J. ミッテルマンは，グローバル（国際）社会の変革を望まない現状維持志向性をもつこれまでのグローバル化研究の在り方を次のように批判する。(1) 現代の多くの問題は，主権的領域国家およびそれによって構成される国際関係の単なる研究として説明されるべきではなく，むしろ地球的規模の問題群として理解されるべきだ。なぜならそれら一連の問題群の存在が我々人類にとって大きな意味をもつからである。(2) グローバル化は世界秩序の構造的変容をもたらす。そのこと自体が，長期間にわたる見通しを保証することになるし，また，社会空間についての研究を復活させることになる。(3) グローバル化は，過去の一連の連続性と不連続性とを含んでいる。それは決して全般的な変容を意味するものではない。それは金融市場，技術発展，文化接触などの統合を意味する。(4) 新しい存在論を維持することによって，超国家的・下位国家的勢力（上からと下からの圧力）の弁証法の展開が保証される。グローバル

化の存在論は流動的であり，決して固定されるものではない。グローバル化としての表出は，グローバル経済体，国家と国際組織，地域過程，世界市場，市民社会などを含む。(5)国民国家は進展するグローバル構造に対応するように求められるが，その地位を変容させながらもグローバル化する勢力をもっている。(6)とくに国家主権概念の基本である領域性の原理と脱領域化の傾向との間の不整合が存在するように，グローバル化する一連の新しいあるいは深い緊張が見られる[11]。要するに，J.ミッテルマンによると，グローバル化研究にとって重要なことは，単にその展開が生み出す客観的条件を説明するだけではなく，なぜ客観的条件が生み出されるのか，それにどのような負の，問題となる条件が発生し，存在しているのか，その意味内容を明らかにすることだ。いわば，グローバル化が生み出す人間社会にとってのダメージ，矛盾，危険，脅威，不安全，公共悪，大災害，紛争状態からなる危機やリスクを提示できるものでなければならない。

　明らかに，これまでは一般的には，グローバル化概念や理論は，表面的で，客観的な説明的側面のみが強調されてきたと見てよい。そうした平面的で，また単純な見方や理解が，グローバル化過程が排他的に世界的規模で展開しているとか，単一の原因的原則によって動いているとか，また，一つの重要な原因や勢力から生じていると見誤ってしまうことになる。この意味で，グローバル化は地球的規模での統合に向うより単純な過程の連続性の上で成り立つ世界社会の究極的再編成にとって間違った新論法に他ならない。それらの過程は多種多様な活動やアイデンティティ，利益，目的，態度と結びついた多くの対立する戦略や対抗戦略から生じている。また，そうした過程は，特別の場所というよりもむしろ社会関係の多様な関係網においてと共に，世界の中心的地域のみならず周辺部や準周辺部をも含む地球上の多くのサイトで展開している[12]。地球的規模で広がっている社会関係の関係網（ネットワーク）は，多様なそれが複合的に絡み合って形成され，展開している。しかも，それら関係網は著しく，あいまいで，複雑で，不可視的なものである。そのことからも，グローバル化過程の根底には事実上，何らかの構成的，イデオロギー的要件が作用していることは無視することができない。そのことは，グローバル危機や世界リスクを適切に抽出し，理解するためにも大きな意味をもっている。

2．グローバル化とグローバル危機（リスク）社会の形成・展開・変容

そうした観点から，A. ギデンズのグローバル化の定義は注目に値する。彼は，一方で，グローバル化とは，「地方での出来事が遠く離れたところで生じた出来事によって形成されるし，また，それとは反対に，後者が前者によって形成されるような方法で，遠く離れた地方を結びつける世界的規模の社会関係の強化」である，とする[13]。他方で，彼は，グローバル化は矛盾したあるいは対立した様式で作用する一連の複合的過程であるとし，そしてグローバル化をマグネットのように文化や権力，資源を引く・押す・圧縮する一連の過程を描いている[14]。

さらに，グローバル化の結果としての客観的・記述的条件のみを強調する定義を批判する形で，グローバル化を生み出す要因なり，その意味内容に，また，負や問題の存在にも注目する，もう一つの構成的・イデオロギー的側面をも強調する定義が提示されたのはきわめて当然である。J. ベイリスらが客観的・記述的側面中心的定義のイデオロギー性や神話性を次のように批判的に評価していることは正しい。(1) グローバル化は資本主義の最後の局面を示す単なる通語に過ぎない。(2) それはその結果においてはきわめて不公平なものである。(3) グローバル化は，西欧の資本主義の最後の段階ではなく，古い近代化理論に過ぎない。(4) グローバル化は，帝国主義的であるばかりか，搾取的なものだ。(5) グローバル化勢力は必ずしもよきものではない。(6) 一般にグローバル・ガバナンスを担う強力な市場主導の勝利というパラドクスを内在させている[15]。グローバル化が現実的には，どのような危機的・リスク的結果を生み出してきたのか，生み出しているか，そして将来もより高いレベルで生み出していくかを適切に見極めなければならない。

前述したように，グローバル化の客観的・説明的側面を完全に否定する必要はない。問題は，グローバル化の構成的・内面的・イデオロギー的側面を完全に無視したり，軽視したり，否定することだ。そうであれば，グローバル化の本質や特性，問題点を認識することができなくなることだ。明らかに，グローバル化勢力は，特定の国家や地域集団，支配階級，一部の人びとにとって価値や利益，資源，財をもたらすが，他の国家や他の地域，他の集団，被支配階級，他の人びとにはもたらさない。それどころか，むしろそれらを搾取することは避けられない。

実際に，グローバル化勢力は，地球的規模で富の不平等配分構造を形成したり，グローバルな経済的紛争を生み出したり，生態環境破壊を深めたり，貧困・飢餓・栄養不良や人権の抑圧，搾取などのグローバルな問題を引き起こしたり，そしてまた，それらの問題解決のための民主主義的ガバナンスや制度，方法も十分にもっていない。グローバル化現象の実態はたしかに，グローバル化の神話性を証明しているように思われる。いわば，グローバル危機やリスク状態を生産していることは否定することはできない。グローバル化は本質的にイデオロギーとして作用しがちだ。グローバル化が不可抗力の勢力として表現されるならば，それは間違っている。なぜならば，グローバル化はイデオロギーとして明らかなものとなり，それ自体「続いて起きているもの」を説明できない。むしろそれは，既存のシステムの擁護者や支持者によって求められた目的に向かう行動を方向づけることに役立っている[16]。

実際に，グローバル化がもたらす象徴的なグローバル危機的問題の大きな一つは，それが事実上，複合的で不均衡な発展を生み出しているという問題である。こうした現実はグローバル資本主義が同質化の傾向が見られるとしても，「世界は経済的に不均等で異質の構成にあり，質的に多様な生産様式を，また，多様な資本主義的様式を特徴としつつも，資本主義下に接合させる過程にあることを明らかにしうるからである」[17]。こうした点を考慮するならば，グローバル化勢力は本来的に，経済法則の単純な表現ではないし，近代化の一般的傾向の所産であるとも簡単に見ることはできない。「グローバル化とは資本主義社会を，とりわけ，階級構造と制度化された階級関係を根本的に再編しようとする指導的な経済・政治エリートの決定的政策の所産に他ならない。この戦略の中心は貨幣と資本の自由化や規制緩和をグローバルな規模で展開しようとするものである」[18]。今日のグローバル化に内在している具体的な意味内容から見ると，新自由主義的グローバル化といってよい。そしてまた，J. ペトラスや H. ベルトマイヤーのように，グローバル化を事実上，帝国主義として捉える多くの理論がある[19]。いずれにしろ，以上のようなグローバル化の捉え方は実際に，グローバル化現象を経済的現象として捉えているが，そのことはグローバル化が経済現象であるということを意味するものではない。たしかに，グローバル化現象で経済が中心的で，大きなグローバル化勢力となってい

ることは事実としても，グローバル化＝経済グローバル化ではなく，実際にはあくまでも経済のグローバル化であることはいうまでもない。

　そうした点と同時に考慮すべき点は，グローバル化に対して何らかの対抗や反抗するグローバル化現象が存在していることだ。H. ベルトマイヤーのように，上からではなく下からの経験としてグローバル化の支配的形態は経済的・政治的領域の複合的過程の歴史的変容と捉えることが可能だ。そうすることで，グローバル化が単に潜在的抵抗ばかりか，明確な反抗運動として不満足な人びとを生み出すことが理解できる[20]。グローバル化に対する多くの異議申し立てや具体的な抵抗・反抗運動は，グローバル化に対してであり，また，その存在自体の在り方の問題なのである[21]。

　いずれにしろ，グローバル化の客観的・表面的・説明的条件のみならず，その構成的・内容的・イデオロギー的条件も重視することによって，今日の地球的規模の問題群や紛争群，不安全群，公共悪群によって支配されているグローバル危機やリスクの拡大再生産の現実とその過程，その意味内容が十分に理解されなければならない。そしてまた，それらのグローバル危機・リスクの存在と拡大に反対したり，抵抗したり，挑戦することで，それらを統治したり，解決したり，変革する必要性と可能性を内包する定義が要求される。

　したがって，グローバル化とは事実上，ほとんどの人間の社会現象，出来事，社会生活，行動，政策決定などがグローバルな意味（グローバル性）をもつ社会活動（現象）として捉えるべきだ。すなわち，グローバル社会におけるすべての社会現象や出来事などをグローバルな次元と意味（グローバル性）をもつ事態として捉える必要がある。そのことは，グローバル化勢力によってグローバルな社会関係網の構成が可能となり，グローバル社会が形成されることになることを意味する。今日のグローバル社会の現在は，これまでの主権的領域国家間社会関係としての国際社会の枠組みの単なる量的拡大の延長線上にあるばかりではない。グローバル社会は事実上，国民国家を相対的に中心としながらも多種多様な非（脱）国家主体を含んで構成される地球的規模の社会空間を形成している社会を展開している。グローバル社会は実際に，すべての地域，国家，社会，地方，国民，エスニック集団，市民，社会集団，人びと，国際組織，非（脱）国家主体などを，直接的であれ間接的であれ，単一で統合さ

れてはいないもののグローバル社会と結びつけ，そしてそれら主体の間で相互に影響を及ぼし，連動し，構成し合う地球的規模の複合的な関係網を形成している。そのことは明らかに，グローバル化が時間と空間にとって大きな結果を生み出していることを意味している。要するに，先に述べたように，グローバル社会を構成するグローバル化勢力とは，人間社会のすべての社会現象や出来事，行動，生活，政策決定が何らかのグローバルな意味内容や様式，形をもっていることに他ならない。換言すると，世界社会でのすべての事象が一定の地球的規模の関係網（秩序）を構成している状態をいつも生み出す過程であることを物語っている。グローバルな複合的な社会関係網にすべての主体が，また主体間の関係網が組み込まれているために，ここでどのようなグローバル性の具体的な特性があるかを見なければならない[22]。

　すべての社会現象や関係，出来事がグローバル性をもつという第1の特性は，文字通り，社会関係空間の地球的規模にまで拡大しているグローバル社会が形成されていることである。グローバル社会を構成する主体がどのような空間や場に生存・生活の基盤を置いていようと関係なく，グローバル社会の在り方によって一定の同質の影響を受け，規定されており，構成主体自身はそれぞれの空間や場を自由にかつ積極的に選択することができない。このグローバル社会において，人類，個人，市民，国民，エスニック集団，地方，社会集団，国家，地域，国際組織，非（脱）国家組織，非国家間国際組織などの主体間で，多種多様の相互の依存関係，浸透関係，影響関係，結合関係，構成関係などが形成されている。グローバル社会を形成している主体は他の主体と無関係であったり，また孤立したままで，他者に影響を与えたり，他者から影響を受けることなく，あるいは他者と結びつくことなしに，自己の生存や生活，経済発展，平和的安全，環境保全，その他の目的を充足させることはできない。グローバル社会においては，どの存在も他の存在と必然的に，相互に依存，結合，連動，浸透，構成関係を形成することを要求する。国家のみならず非国家主体もすべてのグローバル社会を形成する主体である。そのことは，国家間関係社会（国際社会）の枠組みを超えるグローバル社会の枠組みの形成を物語っている。

　第2の具体的な特性は，グローバル社会空間は，最下位の個人社会空間レベ

ルから，地方社会レベル，国家社会レベル，地域社会レベル，最上位のグローバル社会レベルなどの多層の社会空間レベルから構成されている。しかし，それらレベル間を区別する明確な境界線は存在することなく，とりわけ国境線はあいまいで，著しく浸透性の高いものとなり，脱領域・超領域現象が常態化していることだ。それぞれのレベルの社会空間はより上位のレベルのそれら空間からの被浸透性を高めている。グローバル社会空間（領域）とその下位レベルの社会空間との有機的関連性が増大している。そのことは実際に，最上位のグローバル社会空間はより下位レベルの社会空間の単一の統合的なものではないが包括的なものであり，後者は前者の部分的構成社会空間となっている。グローバル化の進展・深化に伴って各々のレベルの社会空間の間の境界があいまいで，不明確なものとなり，それら空間の間での浸透性を高めていく性向が常態化する。そのためすべての社会空間を横断する関係網が形成されることになる。いわば脱領域・超領域現象が一般化する。そのため，グローバル社会レベルでの現象や出来事，行動，生活様式，政策決定がそのまま，より下位の社会空間レベルに浸透し，影響を及ぼす。

　第3のグローバル性の特性は，より下位の社会空間のそれぞれのレベルを構成する主体や単位間で相互依存や連動，影響，浸透，構成関係を形成すると同時に，それら社会空間の現象や出来事，行動，生活様式，政策決定の在り方が直接的，間接的にグローバル社会空間での現象や出来事などの在り方に浸透し，連動し，影響を及ぼし，またそれらを規定し，構成することも常態化していることだ。グローバル社会領域からより下位の社会領域への，つまり上から下への浸透や影響，連動のベクトルと共に，それとは反対の下から上へのそうしたベクトルも作用していることも認めることができる。そのことは明らかに，より下位社会領域での現象や行動，政策決定の在り方によってグローバル社会領域でのそれらを変革していくことが可能であることを意味する。

　第4のグローバル性の特性は，上から下への浸透や影響のベクトルとその下から上へのベクトルが個々別々に一方通行として作用しているのではなく，一つに有機的に結びついたサイクル・ベクトルを構成していることだ。そのことは事実上，グローバル社会空間とより下位の社会空間との間で，また，それぞれの社会空間の間で，相互依存，影響，連動，浸透，構成関係を構造化してい

ることを意味している。サイクル・ベクトルが形成され，構造的に作用していることは，あるレベルの社会空間での社会現象や出来事，行動，政策決定が他のレベルの社会空間でも時間差も距離差もなく生じているという，「時空の圧縮現象」といってよい。即時性と同時性は，グローバル性の一つの側面と見ることができる。そうした現象は，U.ベックが主張しているように，「特殊なものが特殊なものでなく，グローバルなものである。それはちょうどグローバルなものがグローバルなものであるばかりか，特殊なもの，地方的なものであることと同じだ」ということを意味する[23]。

第5のグローバル性の内容は，さまざまな主体によって構成される地球的規模の関係網は，関係当事者や主体にとって好ましい，有益である質のみをもっているのではなく，悪しき，有害な矛盾を内包する質をもっていることだ。単一の，統合的なグローバル社会の構築を可能にするような関係網が形成・展開・拡大過程のみを描いてきたのではない。現実的には，その関係網とはまったく対照的な形態や内容，意味をもつ関係網もグローバル社会を構成し，またそこで積極的に作用している。現代世界には，多種多様な矛盾や問題，紛争を抱えている危機的社会構造自体がよりいっそうグローバル化を促進し，いわばグローバル危機社会を形成している。多元的で，複合的ながらも一つに結びついている地球的規模の社会関係網は実際には，一方で，好ましい，統合的・協調的・秩序的勢力や意味をもつ関係網と，他方の，悪しき分裂的・紛争的・無秩序的な勢力や意味をもつ関係網から構成されている。今日のグローバル社会においては，そうした意味内容や勢力強度の異なる二種類のグローバル関係網が程度の相違があるものの共存している。

第6のグローバル性の特性は，そうした共存している二種類の関係網が事実上，決して対称的なものではなく，著しく非対称的なものであり，後者の悪しき，分裂的・無秩序的関係網が支配的地位を占めていることだ。グローバル社会の変容過程は本質的に，その二種類のグローバル関係網が構成している。その変容過程は事実上，現状変革志向勢力としての意味をもつ好ましい関係網と，現状維持志向勢力として作用する悪しき関係網との弁証法的運動過程に他ならない。そのため，前者より圧倒的な勢力を有する悪しき，現状維持関係網は現実的に，拡大再生産されることになり，具体的に地球的規模の紛争群，問

題群，不安全群，公共悪群を拡大再生産することになる。現状変革関係網勢力はよりいっそうその脆弱性を高めるため，そうしてグローバル危機社会の拡大再生産過程がますます構造的に常態化することになる。

　第7のグローバル性の特性は，グローバル社会関係網が単一の社会現象や出来事，問題をめぐる関係網ではなく，多種多様な社会現象や出来事，問題，行動，政策決定の関係網が形成されていることだ。グローバル社会では本質的に，多元的関係網を構成しているのみならず，それらの関係網が個々別々に作用しているのではなく，著しく複合的な関係網として作用している。それらの多元的な関係網の間で相互依存，影響，浸透，連動，構成関係の複合状態を形成している。好ましい現状変革志向勢力は実際に脆弱なものであり，悪しき現状維持志向勢力が圧倒的に強力であるところから，後者の関係網の複合的状態はよりいっそう拡大再生産されることになることは避けることは困難となっている。それだけにグローバル危機・リスクを統治したり，解決したり，変革することをむずかしくなることはいうまでもない。

3．危機・リスク・脅威・危険・破局・紛争

　ある社会現象や社会状態，出来事，事態，また，自然界で生じる現象や出来事を観察したり，説明したり，認識したり，理解したり，解釈する場合に，危機やリスク概念を使用する場合，危機やリスク概念と関連する概念として，危険や脅威，破局，大惨事，混迷，崩壊，不確実，紛争などの概念を指摘することができる。それらの概念や用語はそれぞれ具体的で，明確な意味づけを与えることなく，また，それぞれの概念の関連性も具体的に言及することなく使用されている。一般に，それら概念は相互互換的に用いられていることが多い。たしかに，それらの概念は類似しており，特別に決定的相違性を見出すことは簡単なことではない。しかし，社会科学において概念の定義を明確に区別することが，ある社会現象や現実，問題の本質をより確実に，より適切に，より妥当に認識し，説明し，理解するためには，きわめて重要な課題となる。そうでなければ，社会現象や事実を認識できないばかりか，それらを歪めたり，誤解

することになる。

　今日のグローバル化時代の社会現象や現実，問題が巨大化，日常化，複雑化，流動化，不透明化を進展・深化させればさせるほど，それらの現象や現実がますます不確実化を高めることになる。人類社会の危機的状況や世界リスク社会の存在・強化が叫ばれている現在では，危機やリスクと関連する概念，とりわけ危機とリスクとの関係を明らかにする必要がある。危機とリスクは共通して広義では，危害や損失，破壊などの恐れのある危険な状態，といってよい。しかし，危機とリスクとは狭義では異なる意味をもっている。まずリスク概念から検討していこう。U.ベックの「リスク社会」では，リスクと危険とを区別することを強調する。リスクとは，例えば，交通事故や工場での現場事故のように，人間自身の選択する行動に起因するものであるが，危険とは，例えば地震や火山の爆発，暴風などの天災のように，人間の選択する行動とは関係なく外部からやってくるもの，をいう。すなわち，リスクとは，人間が決定や計算をすることで制御することが可能な不確実性であり，危険とは，人間が決定や計算することができずに制御することが不可能な不確実性である。リスクは見込みと危険の二側面をもつ知覚・認識体系である。したがって，リスクは，予測された危険であり，結果としての現実の大惨事とは同一のものではなく，異なるものだ。リスクは，大惨事の予測そのものを意味し，将来生じる出来事と発展の可能性をもつものである。すなわち，まだ現実には存在していない世界の状態を表わしている。リスクは大惨事を防ぐチャンス（機会）をもっている。すべての大惨事は空間的に，時間的に，社会的に決定されているが，大惨事の予測は，時間的・空間的・社会的具体性を欠如している。こうしたリスクと現実の危険や大惨事とを区別することを強調するのは，後者の実現を制御することによって防ぐことが可能であることを証明したかったからであろう。現在と将来に我々は先例のない危険な世界に生きなければならないという仮定よりも，我々は創られた，自ら生み出している不安全の条件のもとでその将来に関して決定を行わねばならないという考え方に基づいている。世界はもはや再帰的近代社会によって生み出された危険をコントロールすることが困難であるという危機（リスク）意識の現れに他ならない[24]。

　たしかに，U.ベックのチャンスと現実の危険や大惨事とを区別することは

基本的には正しいとしても，彼はリスクと危険という用語に厳密な概念上の区別をすることなく使用しているといってよい。用語上の不透明感は否めない。N. ルーマンはリスクと危険とを明確に区別している。N. ルーマンによると，リスクとは，将来生じる何らかの損害が，自身の決定に帰される場合である。飛行機に乗らなければ墜落などしようがない。危険とは，外からの損害である。飛行機の破片が降ってくることにより死亡する場合がそうである。どちらの場合の事例でも未来における損害の不確かさが扱われており，したがって確実さの反対事件である。だが，両者は不幸がある決定に帰属されるか否かという点によって相互に明確に区別されるのだ[25]。前者のリスクは，その決定に損害が帰属される場合であり，いわば決定のリスクであるが，後者の危険は，損害が他人や外的なものになされた場合の，未来の損害である。たしかに，リスクと危険の明確な二分化は正しいものの，U. ベック自身が厳密な意味での概念上の区別がつねに行われているという訳ではなく，用語上のあいまいさや混迷ぶりが見られる。

しかし，リスクも危険もその理解は時代や場所によって変化し，また異なるものであり，実際に両者の関係が接近したり，ほぼ一致することが実際に起こりうるし，リスク社会や世界リスク社会の意味内容や形，存在意義を抽出するために柔軟で，有意な概念を使用したいとの意図があったと思われる。そうしたことから，伊藤美登里が U. ベックのリスク社会におけるリスクと危険の用法の相違について次のように言及していることは適切であろう。「『危ないもの』の人為性がより強調されかつ人間によるコントロールがある程度可能と思われる部分では『リスク』，人為性よりもコントロール不可能性の方が強くベックに意識されたときには『危険』の用語が使用される傾向があるように思われる。そして『（世界）リスク社会』という語は，社会に重大な副次的帰結をもたらすような『リスク』や『危険』が存在する社会のことを指すものとして使用されている」[26]。

実際に，多様な意味をもつ，複雑なリスク概念を基礎とする「リスク社会論」なり「世界リスク社会論」は十分な体系的な理論的整合性を備えているとは評価できないものの，「チャンスと危険」という二つの顔をもつリスク概念を駆使して，現在，われわれ人類に生存や生活に重大かつグローバルな損失や

打撃を与え，将来さらに致命的な損失や破壊状態を進展・深化させる可能性が高まるなかで，その危険を予測することで，その事態をコントロールするチャンスを抽出したことが何よりも重要な理論的・実際的試みである。そうした意味でU.ベックの学問題貢献は高く評価しなければならない。

　そうした評価は間違ってはいないものの，それで十分ではない。いくつかの課題があることも指摘しなければならない。何よりも根本的な問題は，リスクと危険の関係性の枠組みについてである。前述してきた通り，リスクを「危険（損失，損害，大惨事，破壊など）の予測」と「危険の現実」に区別しているが，リスクが「チャンスと危険」という二つの顔をもつとして，現実の危険を回避したり，統治したり，解決の必要性と可能性を提示していることは正しいとしても，そもそもリスクと危険関連性の捉え方は妥当なものではない。リスクと危険は本質的に，A対Bという対称的関係ではなく，AがA'とA"（B）と二側面をもっているのだ。すなわち，リスクが，人間による危険のコントロールが一定程度可能であるとの予測と，人間によるそのコントロールがかなり不可能であるとの予測の二側面から成っている。後者の予測が危険の実現につながると見てよい。また，その問題と関係しているが，そのリスクがどのような世界社会の現実，つまり現実の危険との関連性についてである。なぜリスクの予測が必要となるのか，どうしてリスクの予測が重要な作業となるのか，についての問題である。リスクの予測の必要性と可能性は真空状態のなかで生じるのではない。現代の世界社会が一定の現実の危険の段階にあるからだ。リスク問題は事実上，現実の危険状態の反映である。一般にリスク理論はその点を十分に考慮することなく，軽視している。さらに，注視すべき問題は，そもそもさまざまなリスクが発生し，展開し，変容するメカニズム（枠組み）の提示が不十分であることだ。U.ベックは再帰的近代社会から世界リスクとして生まれたとする。基本的には，第1段階の近代（産業）社会がさまざまな内発する矛盾や問題を抱えるなかで第2段階の近代社会がリスク社会へと変動する。そのリスクは本質的にグローバル化することで世界リスクとなる。たしかに，こうしたリスク展開過程のメカニズムの理解は誤りではないとしても，そのメカニズムの枠組みは限定的である。より長期にわたる歴史的視点に立つより大きな枠組みが必要となる。実は，そうした三つの課題に応えるものが，リ

スク概念とは部分的には両立するがより体系的な危機概念に他ならない。そのため，リスクと危機と互換的に使用することがあるが，基本的には危機概念を中心に使用する。もちろん，危機概念はすべてのリスク，危険，脅威，矛盾，問題，紛争，不安全などを包含する有用性の低い概念との批判があるものの，むしろその包含的概念がかえってグローバル社会におけるある社会現象や出来事，現実などの本質を抽出することが可能だからである。危機の中核的本質が表面的にはさまざまな顔をもっていることを理解しなければならない。より具体的に見ると，グローバル危機社会は多種多様な危機的状態によって支配されていることを理解することができる。

　我われ人類の生存や生活を，あるいはまた人類社会の安全で豊かな存続を脅かし，否定することになる危機はどのように創成され，展開し，変容しているのだろうか。前から述べてきたように，今日のグローバル危機（それが構造化あるいは常態化しているという意味でグローバル危機構造，危機群）は実際には，グローバル紛争群（構造）や地球的規模の問題群，グローバル不安全群，地球公共悪群と類似しており，それらは相互互換的に使用されることが一般的である。グローバル紛争構造や地球的規模の問題群などは実際には，一定の具体性をもって表出されたものであるが，グローバル危機構造は具体的な形と内容をもって生じる紛争や問題，脅威，出来事などというよりも，むしろ具体的な（現実的な）紛争や問題などが生じる脅威や予測，可能性が存在している状態といってよい。言い換えれば，グローバル危機は，リスクの実現した危険よりも，危険の実現するかしないかの予測である。グローバルな紛争や問題，不安全，公共悪などが現実に存在していたり，起きている状態とは異なり，グローバル紛争はむしろそうした紛争や問題が存在しているのか，将来起こるのか，あるいは起きそうなのかどうかを明確にすることができないほどに不確実性の高い状況を意味するということができる。すなわち，紛争や公共悪などが将来起こるか起こらないのか，また，どうすれば起こらないよう現実を変えていくことができるか，といった困難な予測をしなければならない。危機をどのように定義するにしても，問うべき重要な課題は，なぜ，どのようにグローバル危機社会が形成されるようになったのか，また，グローバル危機構造が創成されるようになったのか，明らかにする必要がある[27]）。

その場合，グローバル化－グローバル紛争社会化－グローバル危機社会化を，また，グローバル紛争構造－グローバル危機構造を結びつけながら，それぞれの関連性を検討していく。グローバル紛争構造（群）は現実的に，地球的規模の問題群やグローバル不安全群，地球公共悪群と基本的にはほぼ同様なものと考えてよい。それらは集約的には，グローバル紛争構造とは本質的に，グローバル社会における関係当事者間の価値（利益，財，目標，立場，能力，権力，思想，考え方など）の潜在的，顕在的な非両立的状態を意味する。グローバル化の著しい進展・深化の高まりの過程で，水平的レベルとしての関係当事者間の個（集団）と個（集団）の間の価値の非両立的状態ばかりか，グローバル化がよりいっそう進展・深化が強まるなかで，垂直的レベルでの個（集団）と全体との間での価値の非両立状態が表出することになる（核時代の平和・安全保障価値や人権価値，環境保全価値などをめぐって）。そのため，グローバル紛争構造は本来的に，グローバル・レベルでの関係当事者間の，また，個と全体の間での潜在的・顕在的な価値の非両立的状態の不確実な脅威となっている。すなわち，グローバル紛争構造は実際に，グローバル危機を生み出したり，強める。前者が維持・強化されればされるほど，グローバル危機のレベルを高めることになる。グローバル紛争構造は事実上，グローバル危機，つまり現在および将来の不確実な脅威を引き起こす原因とみることができる。前者と後者の関係は明らかに，原因と結果の関係である。したがって，グローバル危機を単純に，その予測として捉えることはできない。グローバル危機が将来どうなっていくのかの単なる予測ではなく，現在のグローバル危機は，現在のグローバル紛争構造の在り方によって規定され，後者の反映に他ならない。グローバル危機構造の将来の在り方の予測は，事実上，将来のグローバル紛争構造の在り方の予測であるのだ。これまで見てきた，世界リスクの将来の予測は現実的には，現実の世界危険の反映であり，リスクの予測とは現在の世界危険の将来に他ならない。リスクの予測と現実の危険とは相互に有機的関係にある。そのため，グローバル危機の将来の在り方を予測することによって，現実と将来のグローバル紛争構造を解体したり，変革する可能性（チャンス）が存在することになる。

　そのためにも，グローバル危機構造を変革していくためには，グローバル紛

争構造の本質と形成・展開・変容過程を検討しなければならない。そもそも紛争構造はどのようなものだろうか[28]。人類社会が形成されて以来これまで一般的には，社会的紛争の原因として，ホー・ウォン・ジョングによれば，人間性やフラストレーション－攻撃伝説，精神分析的見方，相対的剥奪，生存・生活にとっての基本的必要条件，アイデンティティの確立などを取り上げている[29]。また，社会的紛争や暴力の発生原因についての多くの見解は概して，人間の本能や人間性に求めたり，個人間や集団間の物理的暴力を生物学的要因に関連づけたり，あるいはまた，フラストレーションや暴力，他者への攻撃の原因を精神分析的条件や心理学的条件に求めてきた。しかし，社会的紛争や暴力行動の原因としてそれらの条件や要因を強調することは必ずしも妥当な説明とはいえない。たしかに，そうした説明が通用することはあっても，一部の，特定の場合であるということができる。また，そういった条件は実際には，具体的に表出する紛争や暴力の原因というよりもむしろそれら紛争や暴力を生み出す根本的な原因の結果として位置づけなければならない。例をあげて見るならば，人間性を善か悪のどちらかと捉えたり，人間は本能的に攻撃性や暴力性，征服性などをもっていると強調することは，一面的理解にすぎない。むしろ，人間は本来的にあるいは潜在的に，悪あるいは善のどちらかのみの存在ではないし，また，攻撃性や征服性，暴力性のみではなく，平和愛好性や友好性，非暴力性，協調性も同時にもっている。

　いわば人間性や本能，欲求と見られるものは事実上，多面性をもっており，決して単一のものではなく，本来は中立的なものといってよい。それらが具体的な形と意味内容をもって表出させるのは，人間や社会集団の関係をとりまく社会環境条件に事実上，大きく依存している。具体的な社会環境の在り方やその変容が，あるいはまた，紛争や物理的暴力，対立を具体的に構成する関係当事者の組み合わせや，新しい問題の発生などの社会関係条件が当事者に影響を及ぼす結果として，紛争や暴力を生み出すと理解してよい。社会環境全体が紛争構造化を高めれば高めるほど，ほぼすべての関係当事者の関係自体が紛争化を強めることになる。また，フラストレーションが他者への攻撃的・暴力的行動を引き起こすといっても，前者の条件が自己充足的に他者への攻撃的暴力を引き起こすことになる以上に，そのフラストレーション自体を生み出す社会的

要因，すなわち当事者間の価値の非両立的状態としての紛争的社会環境が存在していると見なければならない。

　危機と紛争との関係についてもほぼ同様なことがいえる。危機やリスクは自己充足的に，真空状態のなかで自然に生じるのではなく，当事者間の価値や利益，財，目標，権力の非両立的状態である紛争状態の反映であり，その結果として捉えることができる。紛争状態が高まれば高まるほど，危機やリスクも高まることになる。社会環境全体が紛争構造化すればするほど，ますます危機やリスクを高めることはいうまでもない。どちらの場合でも，実際に危機やリスクを紛争それ自体と同一のものとして見ることができることがあっても，危機やリスクは本質的に危機やリスクの予測であるところから，危機は明確かつ具体的な紛争そのものを意味するものではない。実際に危機は，不確実性や不透明性，流動性が高い紛争状態であり，また，起こる可能性（場合によっては起こさせない，変革の可能性も）のある紛争状態と理解できる。一連の紛争構造を具体的に形成するメカニズムが，資本主義世界システムや社会の近代化，中心－周辺（支配－従属）構造，準アナキー国際社会，家父長制，国家組織・制度，国際システム，さまざまなレベルの被支配勢力の存在・運動，科学技術の発展などの諸要因を挙げることができる。だが，それらの要因は明確に区別できず，重複するものであるだけに，著しく論争的な性格を帯びることになる。紛争構造および危機構造を構成する体系的な根本的要因の枠組みを抽出することが重要である。

　その試みは実際には同時に，危機構造を明らかにすることを意味する。この点を明確にする上からも必要な作業である。一定の社会において関係当事者間の社会的価値や利益，財，目標，権力，環境，考え方などの非両立的状態を構成する要因とは，(1) 当該社会において存在している価値や財などの本質的希少性であり，(2) それらの価値や資源（財）の不平等配分性であり（それらの価値や資源の充足を求めている公平性の未充足性であり），(3) 文化・宗教・価値観・アイデンティティの未充足性であり，(4) 現世代・強者・現状維持中心の志向性であり，そしてまた，(5) それら四つの希少性，不平等価値配分性，アイデンティティ未充足性，現状維持志向性などを適切に統治したり，解決したり，変革することを可能にする十分な規範や責任，規則，制度，組織，勢力

の不在なり，未成熟性が高いことである。第5の要因は事実上，(1)から(4)の四つの要因の結果であると同時に，それら四つに反作用し，四つを支える要因である。以上の(1)から(5)の要因は相互に影響を及ぼし，依存し，連動し，浸透し，あるいはまた構成する関係を形成しており，価値や資源，目標，思想，能力の非両立的な紛争構造を形成し，その形態や意味内容，その存在意義を規定する。それらは同時に，潜在的な紛争構造を創成するばかりか，具体的な紛争行動としての物理的な暴力や態度，紛争イメージ・知覚なども生み出す。そうした動向にほとんど時間を置くことなく，潜在的な危機（リスク）構造が形成されることになる。一方で前者の紛争構造が強化されたり，変容することに対応して，後者の危機構造もほぼ同様に強化，変容していく。その他方で，後者は前者に反作用して，ある場合には前者を解決したり，変革させるが，別の場合には，前者をよりいっそう強化させることになる。すなわち，危機（リスク）の予想の在り方や意味内容によって，現実の紛争構造を変革することも，維持・強化することも起こりうる。危機（リスク）の予測がつねに，両者の可能性をもつチャンスを内在化させていることを理解しなければならない。

したがって，グローバル社会における潜在的，顕在的な紛争構造を構成する要因をより詳しく検討しなければならない。

その第1の要因はたしかに，すべての人間社会現象や社会生活，社会関係，社会行動の在り方を規定する中核的条件である，グローバル・レベルでの価値や資源，目標，アイデンティティ，権力などの希少性に他ならない。どのような社会空間レベルにおいても，その空間に存在している価値や財などの高いレベルでの希少性が存在している。現実的に，グローバル社会を構成する個人間や集団間，社会間，エスニック集団間，国家間，地域間で，また，位相の異なる社会空間レベルの関係当事者の間でも，それらの各々が求める価値や利益，資源，財，権力などを他者の求めるそれらに関係することなく自由に，またいくらでも無制限に得ることができるならば，あるいはまた，自己と他者との間で価値や財，目標の両立性が存在することが可能であるならば，そこに当事者間の価値や財などの間での非両立的状態は存在することがなくなるので紛争状態も成り立つことはなくなる。そうであるなら，危機的状況や予測作業も必要ではなくなる。その場合でも注視すべき点は，一つは，グローバル化の進展・

深化の高まりのなかでは，関係当事者の間のみならず当事者と全体社会との間での価値などの非両立性が強まることだ。紛争構造と危機構造の関係の，また後者自体の在り方は自動的に決まるのではなく，前者と後者の関係に対する，また後者自らの認識や理解，意識，イメージ，見方などによっても規定されることになる。

　いずれにしろ，現実のグローバル社会における価値や財，目標はすべての関係当事者の要求や認識に応えるに必要なものがあるいは必要な量が，存在していないどころか，実際にそもそもそのパイの大きさはきわめて小さなものになりつつある。その価値や資源などのパイが小さなものになればなるほど，当事者間の，社会と当事者間との価値や資源の非両立的な状態からの紛争状態や危機状態を無限に高めることになる。グローバル社会における価値や資源の希少性をより高めれば高めるほど，紛争および危機状態のレベルをよりいっそう高め，当事者間の，社会全体と当事者間の共倒れの可能性も著しく強めることになる。価値や社会の有限性を根本的に克服することができない限り，価値などの希少性と紛争状態，危機状態は相互にそのレベルを高めることになる。

　過去・現在・将来にわたって，われわれ人類は事実上，そのことを意識するしないに関係することなく，人類社会の価値や資源の有限性のもとで生存し，生活を送らざるを得ない。しかも，実際にはその有限性はよりいっそうそのレベルを高めていることを理解する必要がある。これまでの国際社会において人類は，その点を無視してきた。今日のグローバル社会においても，平和や安全保障，権力，富，資源，アイデンティティ，地球環境保全，ガバナンスなどの価値や財などの希少性や有限性を前提としてそれぞれの生活や行動の様式を選択しなければならない。この問題の核心は，誰が，どのような希少価値を，いかにより多く，どのような環境のもとで，どのような方法によって，獲得できるか・すべきかである。きわめて明らかなことは，もしある行動主体が，どのような種類の量の価値や資源などであれ，どのような方法を用いても，いつでもそれらを自由に思い通りに手に入れることが可能であるならば，紛争は起こらないだろうし，また危機は生じることはない。そこには経済の，社会の，文化の，とりわけ政治の世界は成立しない。もし国家間での価値や目標の両立性が存在したならば，国際社会を統治したり，規制したりする必要性はとくにな

くなる。R. ローズクランスが主張しているように,「もし国家が自らが他国の利益や価値を害することなく,望むものを獲得することができるならば,何らかの規制がなくても戦争は起こらないであろう。そのため,国家が必要とし,得ようとし,あるいは要求するものに対し十分に豊富な環境財の供給があるならば,紛争を避けることができる」[30]。そのことは国際社会での政治ばかりか,経済も社会も文化などの現象についても同様なことを発見することができる。とりわけ今日のグローバル社会においては,我われ人類自らが他者の利益や価値を損なうことなく,望むものを相互に手に入れることができるならば,何らの規制や圧力がなくても紛争も危機も起こらないことになる。そこには国家間の関係ではなく,個人と個人のコスモポリタン関係が成立していることになる。実際的にはそれは現在では規範であって,現実的ではないといえよう。依然として紛争構造や危機構造が強化されており,将来には紛争・危機構造がより拡大再生産されている。しかし,そのことは紛争・危機構造を変革する必要・可能性を否定することを意味しない。拡大再生産する紛争構造を解体したり,変革を可能にするチャンスがあることを理解しなければならない。危機の予測はそのチャンスを事実上もっているのだ。

　第2の要因は,その価値や財などのパイの希少性のみではない。紛争状態を生み出す原因となる基底的要因を価値や財の希少性や有限性に帰することは妥当であるとしても,その希少性のみがそのまま自動的に紛争状態を必ずしも引き起こすとはいえない。紛争状態の要件となるのは,価値や財の希少なパイの在り方つまり中味である。このパイの在り方が希少性それ自体に影響を及ぼし,規定すると共に,紛争状態の原因ともなり,紛争状態の在り方を大きく左右している。その中味の一側面が価値や財の不平等配分構造である。この不平等配分構造の形成は,先天的な,自然の所与のものであるよりも,関係当事者間の関係による後天的な社会的産物に他ならない。実際には人間社会における価値や財の希少パイは当事者の間で平等かつ公平に配分されているのではなく,きわめて不平等かつ不公平に配分されているのが一般だ。その不平等配分構造が強固であればあるほど,それ自体の存在が当事者間の価値や目標の両立を困難なものにし,その非両立的状態つまり紛争状態を高めることになる。希少性の高いパイである以上,ある主体の価値や財の獲得は他者のそれらの喪失

につながることになる。なぜならば，前者の価値や財の充足は後者のそれらを同時に喪失させることになるからだ。そこには，一方が勝ち・他方が負ける，一方が得て・他方が失う，あるいはまた，一方が有利に・他方が不利になる，というプラス・マイナス＝ゼロになるような「ゼロ－サム・ゲーム」のルールが作用している。グローバル社会での紛争状態が激しくなり，危機意識が高まれば高まるほど，グローバル紛争社会空間のすべてのサイトですべての関係当事者の共倒れの危機が高まることから，かえって「非ゼロ－サム・ゲーム」のルールが要求されることになる。ある主体と他の主体とが共に一定の価値や財を得て，どちらも勝者となるようなゲームのルールが重要となる。関係当事者が共に「ゼロ－サム・ゲーム」のルールでゲームを行う限り，紛争状態を統治したり，解決できないばかりか，その状態を高めることになり，よりいっそう危機のレベルを高めることになる。前者のルールから後者のルールへの転換の必要性と可能性は明らかに，将来の危機の予測がもたらすチャンスがあることを物語っている。

　たしかに，グローバル・レベルで価値や財の不平等配分状態が構造化すると，紛争構造が拡大再生産されることと同時に，危機構造も同様な結果をもたらす。前者の動向は，当事者間のゲーム（相互作用）での勝者がその獲得した価値や財の維持・拡大を志向して具体的な行動をとったり，暴力化すると同時に，敗者も失った価値や資源を取り返すための行動をとったり，あるいはまた，より以上の価値や財などの喪失を防ぐための抵抗の試みることで暴力化することで，紛争状況や暴力が生じる機会を高めていく。また，当事者間の紛争関係を著しく進展させることに両者の敵対関係や対立関係の態度やイメージも急激に強め，また危機意識も高めることになる。不平等な価値配分構造の存在は「ゼロ－サム・ゲーム」のルールが作用しがちな価値の非両立的状態を形成しているだけで，価値や財の希少なパイをよりいっそう縮小させることに何ら関係ないように思われる。しかし，現実に不平等価値配分構造は，価値や財のパイのよりいっそうの希少性や有限性を高める。なぜならば，当事者間のゲームで敗者のみがそのもっている価値や財を喪失することになるばかりか，勝者は自ら全体の価値や財のパイの一部分を獲得するばかりか，それを消費してしまうことになるからだ。しかも，グローバル社会においては，一部の当事者の

みのゲームの問題のみではなく，グローバル社会におけるすべての問題でもある。したがって，グローバル社会における価値や財の非両立的状態つまり紛争構造を統治・解決・変革していくためには，そのグローバル紛争構造を生み出し，それを拡大させる価値や財などの不平等配分構造それ自体を根本的に解体・変革していく必要がある。同様に，そうした危機構造の解体・変革をしていかねばならない。

　グローバル紛争構造を形成する第3の要因は，単なる物質的な価値や財のみではなく，価値観，共通（間）主観性，イデオロギー，文化，宗教，アイデンティティなどの非物質的価値や目標の不公平な配分構造，とりわけ各々の主体（個人，社会集団，地方，エスニック集団，市民，国民，国家，地域，人類，階級，女性，国際組織，非国家組織など）が他者からの抑圧や弾圧，無視，差別，否定などによって自立性を確立することができず，個のアイデンティティを充足することが困難な構造の存在も，当事者間の非物質的価値の非両立的紛争状態を形成する。不公平な価値配分構造とは，勝者が求める価値観や目標，アイデンティティ，具体的には，ローカリズム，エスニシティ，ナショナリズム，コミュニタリアニズム，リージョナリズム，インターナショナリズム，グローバリズム，コスモポリタニズム，ヒューマニズム，フェミニズムなどをめぐって，関係当事者がそれぞれ自己の求めるアイデンティティの両立が著しく困難となるような構造が形成されている。それらは例えば，あるナショナリズムと別のナショナリズムとの関係でそれぞれのアイデンティティが両立しないような同一次元のレベルでの紛争状態もあるが，コミュニタリアニズムとコスモポリタニズムとの間の非両立的状態のように位相の異なるレベルの間のアイデンティティの非両立的状態も発見できる。何よりも注視すべきは，当事者の間で異なる内容をもつアイデンティティを主張したり，あるいは，異なる次元の種類のアイデンティティを強調すること自体が決定的な問題ではないことだ。前者と後者の場合であれ，自己の求めるアイデンティティを充足することによって，他者の求めるそれを抑圧，弾圧，差別，収奪することによって，他者のアイデンティティの充足を不可能にすることが問題なのだ。

　そうしたアイデンティティの非両立的紛争構造は，解体や変革が簡単ではないばかりか，拡大再生産されやすい。また，非物質的価値の不公平な配分構造

は事実上,物質的価値や財の不平等配分構造が存在しているのではなく,両者は密接に相互依存関係を形成していることが理解されなければならない。さらに,不公平な価値配分構造は結局は,不平等価値配分構造と同様に,グローバル社会における希少な有限なパイをよりいっそう小さなものにする。そのため,グローバル紛争構造の統治や解体,変革,予防のためには,不公平な価値配分構造を公平な構造に変革しなければならない。それができない限り,グローバル紛争構造はつねに拡大再生産されることは避けることはできない。そうした紛争構造の過程が進展すればするほど,危機構造も同様な方向に進展していくことになり,危機構造の解体や変革もますます困難となる。グローバル社会においては,無数の複雑なアイデンティティ危機関係網が我々人類の生存や生活の在り方を大きく左右している。

　第4のグローバル紛争構造を構成する要因は,その紛争構造を形成し,その継続を支え,その存在を正当化し,さらにまた,その構造の拡大再生産を可能にする志向性をもつ視座構造なり勢力を内包していることだ。その視座構造は,現世代中心的視座や大(強)国中心的視点,現状維持志向視点から成っている。現世代中心的視点とは,将来世代の価値や利益,目標,願望に対して何ら考慮することなく,現世代中心の価値観や立場からのみ自世代にとって都合のよい価値や利益,目標を設定し,自己中心的な思考や行動,理解を優先することを意味する。現世代の人びとが自己の望む価値や利益,目標を選択し,設定する際に,将来世代を最大限考慮する長期の時間軸のなかで位置づけることなしに,短期の時間軸の上で行うことで,将来世代の人びとの価値や利益,目標の充足を困難なものにし,紛争状態の統治や解体を遅らせ,困難にするばかりか,紛争構造を拡大再生産することになる。自己の価値や利益の維持が可能であればよいとの,現世代の人びと中心のみの視点に基礎を置く紛争構造の統治や解体は短期的には可能であっても,将来世代の人びとにツケが回ることで,それらの人びとを犠牲にすることなく,現代を超える本質的な問題解決につながることはない。その意味で,現世代中心の危機構造の拡大再生産を避けることができなくなる。

　また,強(大)国中心的思考と行動は明らかに,紛争状態の統治や解決ができないどころか,紛争状態を長期にわたってより以上に強化し,また,拡大再

生産することにつながる。この要因は，一方では弱者にとってばかりか，他方では強者にとっても，事実上，希少や有限の価値や財のパイをよりいっそう小さいものにすることになる。強者にとっても弱者にとっても危機が低下するどころか，かえって増大する。強者が弱者の立場を考慮しなかったり，無視して自己の価値や利益のみを優先することは，弱者からそれらを奪うだけでなく，全体の価値や財の希少性を高めてしまうことを理解すべきだ。そうしたことを理解できないことがより危機を高めることにつながる。

　さらに，現状維持志向視点や政策は前二者の視点と連動して，当事者間の価値や財の非両立的紛争状態を形成し，強化していくことになる。なぜならば，関係当事者の一方が，現在，自己が享受している価値や財，権力をあくまでも維持・強化を志向することが，それらを享受していない他者との非両立的紛争状態の維持・強化につながるからだ。前者がそれを変えようとせず，後者がそれを変える条件や能力をもっていない限り，両者の価値や財の非両立性を弱めたり，克服する可能性はほとんどないため，その状態はかえって維持されたり，拡大していくことになる。その結果，グローバル社会における希少・有限な価値や財のパイは維持されるどころか，かえってよりいっそうのパイの希少・有限性を高める。紛争状態の維持は事実上，その状態の停止や不変を意味するものではなく，紛争状態の危機意識が明確に表出していなくとも，現実的な危機構造を事実上，形成・強化していく。そうであるならば，現在，価値や財を一定レベルで享受している一方が自己の所有している価値や財をあくまでも維持しようと試みるならば，かえって現状維持志向視点や政策，行動をとる必要が出てくる。そうした試みを主張することがかえって，自己の求める価値や財を維持するどころか，それらの縮小や喪失をもたらすことになりうる。

　第5のグローバル紛争構造の構成要因は，グローバル社会における多種多様の社会的価値や財，目標の在り方や配分構造を管理したり，調整したり，統治したり，解決したり，あるいはまた変革するための適切で強力な組織や制度，ルール，方策などが存在しなかったり，未成熟であることだ。それらの適切で強力な統治体制が未成熟で有用性が脆弱なものでしかないという条件そのものが，価値や財の希少パイの縮小化，物質的価値の不平等配分構造，不公平な非物質的価値（アイデンティティ）配分構造，現状維持志向視座構造（思考・行

動の枠組み）などの諸要因を維持し，支えもっている。後者の四つの要因は前者の不完全な統治の枠組みの反映であるものの，前者が後者の在り方を規定したり，後者の構造自体を構成するのではない。反対に，後者が前者の在り方を規定しており，むしろ基本的には前者は後者の結果に他ならない。

　一般的に強調されているように，国際社会のアナキー性が自動的に国家間の権力闘争や戦争，紛争を生み出すという現実主義の見方は明らかに誤りといってもよい。なぜならば，国際（世界）社会の無政府状態なり無秩序状態は，自然に，先天的に存在しているのではなく，国家間の社会関係の産物であり，社会構成体と見なければならない。同様に，希少性はじめ四つのグローバル紛争・危機構造も社会構成体であるが，その紛争・危機構造を解体なり変革しない限り，その拡大再生産を防ぐことは容易ではない。同様に社会的構成物であるガバナンスの制度やメカニズムが適切で有用なものでなければ，紛争・危機構造を維持・強化されることは避けられず，その構造の拡大再生産の勢力は弱まることはない。

　結局，以上の五つの要因から構成されるグローバル紛争構造を内在化させているグローバル危機（リスク）社会では，将来の平和的生存や豊かで繁栄可能な社会生活，各々の人々や社会集団のアイデンティティが十分に充足されている社会，地球環境保全が保証される生活，そしてまた，そうした生存や社会生活の提供を可能にする強固で有用なガバナンスの枠組みが構築される社会などの諸条件が維持され，強化され，持続可能な発展社会の形成可能性は大きく縮小することがあっても，維持されることはほとんどないといわねばならない。こうした段階にある現代のグローバル危機（リスク）社会は事実上，我われ人類の絶滅の可能性のある，明るい見通しをもって好ましい人類社会の構築をまったく描くことができないほどの危機的状態にある。いわば今日の人類社会は典型的なグローバル危機（リスク）社会に他ならない。しかし，その反面で前述したように，グローバル危機（リスク）社会はその危機的状態を変革していくチャンスを内在化させていることを忘れてはならない。

4．グローバル紛争・危機（リスク）構造と不確実性

　グローバル紛争構造の形成・展開・変容を反映し，規定されて危機（リスク）構造が形成・展開・変容していくことを見てきた。また，それら紛争・危機構造を構成する五つの要因を検討してきた。さらに，それらの紛争・危機構造を統治・解体・変革するための強固で有用なガバナンスの構築は著しく困難な問題を抱えていても，それを創出する必要性と可能性があることについても触れてきた。そうした主張に底通する共通の課題は，紛争・危機（リスク）の形成・解決・変容事態（現実，現象），ガバナンスの実態などが事実上，(1) 複雑性や (2) 科学的不確実性，(3) 社会政治的あいまい性によって支配されていることだ[31]。集約的にいえば，事態（現実）はきわめて不確実なものであると捉えることができる。そうした三つのグローバル・リスクの中核的特性から難局や問題，紛争が生じている。グローバル政治における課題は，環境，経済，安全保障，健康のような問題領域における人間が引きおこすガバナンス・リスクを処理することである。

　グローバル社会における現象や出来事，行動は実際に，その因果関係が多元的な側面をもつ複雑な特性を内在させていることはきわめて当然である。因果関係は明確なものではないし，直接的に見ることができない。原因と結果の相互作用のメカニズムもその過程も簡単に一元的に捉え，理解することは容易ではない。その過程にさまざまな条件が関わるばかりか，そもそも原因も結果も多元的なものである。多くの現象や出来事に対して，因果関係と時間との関連性を評価することは困難である。また，科学的不確実性は，望まない結果の見込みとその強さの評価を防ぐための有益な認識を欠如していることを意味する。人間の知識は不完全で選択的である。その知識は実際には，不確実な仮定・主張・予言に依存している。さらに，ある現象や出来事を社会政治的説明の知識で描いており，社会的に構成されそして帰属されると期待をもって知識を説明し，そしてまた，哲学や科学の理論における認識的常識にみられる真理としては不十分である。社会政治的データや知識は，解釈的・規範的なあいま

いなものになる。社会的現象や出来事，事実はきわめてあいまいなものになることは否定できない。それらの問題は明らかに，社会科学における現実や事実とは何か，それらをどのような手続で抽出していくことが可能なのか，という科学哲学の問題でもある。いずれにしろ，社会的現実や事実の不確定性が多種多様な脅威，紛争，危機，リスクを引き起こしていく。

　しかし，その不確実性を構成していく要因は，それら複雑性や科学的不確実性，社会政治的あいまい性以外に，社会現象や現実の流動性やイデオロギー性，誤認識性，現状維持志向性などを指摘できる。流動性はたしかに社会現象は，一定のレベルでそのままの状態で固定されたものではなく，つねに流動し，変容している。それだけに不確実性が強いものとみなされることになると同時に，その現実の不確実性は不可避なものとの理解が定着する。また，さまざまな社会現象や現実の構成過程やその現象に対する認識にイデオロギーが作用し，意図的にそれらを不明瞭なものにしたり，歪めたり，自己にとって都合のいいように解釈したり，説明し，その現実を否定したり，あるいは正当化する。さらに，現象や現実が実際に，その複雑性や不明確性などで不確実性の高い現象を正確に認識・理解することが困難となり，単純な意味で誤認識が不可避となる。その上，最も重要な不確実性を内包し，それを支えている要因が，イデオロギー性とも関連する現状維持志向性に他ならない。その現実がいかに矛盾や問題，危機，リスクを内包していようと関係なく，ある関係当事者がその現状から一定の価値や利益を充足している場合，その現状をあくまで維持するために，現状の在り方や変容を歪めたり，否定して，自己の求める価値や利益の充足を可能にする現状を維持するのに都合のいいように解釈し，現状を正当化していくことは一般的傾向に他ならない。この現状維持志向性は典型的に，意図的な不確実性の要件に他ならない。

　しかし，グローバル社会の現象や現実が不確実性が脅威や紛争，危機，リスクを構成する要因であることは肯定できても，その不確実性が自然の，先天的なものではなく，人間が創り出した産物であることを理解することが重要である。そのことは，我われ人間が社会現象や現実を構成すると同時に，その現実を変容，変革することが可能であることを意味する。したがって，グローバル社会の脅威や紛争，危機，リスク，危険，破局などを統治や解決，変革した

り，それらを防ぐことが可能であることを理解しなければならない。前述のように，グローバル社会におけるさまざまな危機なりリスクの予測は，実際の脅威や紛争，危機，リスクを現実の危険や破局を導くことがあるかもしれないが，それらの危険や破局を防いだり，変革するチャンスをも提供するのだ。

5．グローバル危機（リスク）社会の構造的特性

　これまでグローバル化とグローバル社会の形成過程，グローバル紛争・危機・リスク・危険などの概念の関連性，グローバル危機（リスク）と不確実性などを検討してきたが，ここでグローバル危機（リスク）社会の構造的特性について明らかにすることができる。この構造的特性とは，前述した危機のグローバル性の特性をより具体的なものにすることを意味している[32]。第1のグローバル危機社会の特性は，文字通りその危機（リスク）のグローバル化に他ならない。グローバル社会全体が紛争・危機・リスク構造化したのである。グローバル危機社会において，すべての国家や地域，国民，エスニック集団，社会，地方，市民，社会集団，人びとが事実上，一まとまりの地球的規模の紛争・危機構造と結びついており，その結びつきによって，それぞれの関係当事者（主体）の生存と生活に影響を及ぼし，また規定している。それぞれの主体は危機構造を媒体として相互連動・依存・浸透・構成関係を形成している。グローバル危機（リスク）社会においては，危機やリスクは場所や空間を選択しない。今日では，従来の国家間の国際危機社会はグローバル危機社会とは同じものではなく，前者は後者の一部分を構成している。グローバル社会における危機（リスク）構造は，国際社会の危機（リスク）構造の単なる延長ではなく，新しい規模と意味内容，存在意義をもつ危機構造を形成している。国家および国家間関係の枠組みを超えるグローバル危機構造を形成しているために，すべての国家や地域，エスニック集団，社会，地方，市民の枠組みを超えて，すべての人びと，人類としての生存・生活に直接的・間接的に影響を及ぼし，規定していることを理解しなければならない。人類にとっての危機（リスク）構造のグローバル化といってよい。

第２の特性は，危機（リスク）構造が地球的規模の広がりをもっているため，次元の異なる社会空間の境界をあいまいなものにし，それぞれの社会空間の境界を超えて，ある社会空間の危機が他の空間へ自由にかつ容易に浸透することになる。最も上位のグローバル社会空間の危機が，その下位の地域，国家，地方，個人のレベルの社会空間へ浸透し，影響を及ぼす。グローバル危機社会においては，この上位の社会空間からより下位の空間へ，つまり上から下への危機の浸透のベクトルが作用しているだけではない。下位のレベルの社会空間で存在している危機が，より上位のレベルの社会空間に浸透する，下から上への浸透ベクトルも作用している。しかもその上から下へのベクトルと下から上へのベクトルは個々別々に作用するのではなく，その二本のベクトルには危機浸透の循環ベクトルが作用している。そのことは危機（リスク）の時空の圧縮現象の表出と見てよい。そのことは事実上，すべての社会空間の危機（リスク）の相互浸透・依存・連動・結合・構成関係を構造化していることを意味する。

　そうした事態を最も顕著に表出しているのは，国家社会レベルと国際社会（グローバル社会）の危機の相互浸透・構成関係に典型的に現われている。従来，国内社会の危機と国際社会の危機は本来的に二分化が可能であった。今日のグローバル危機社会では，国内的危機と国際的危機との明確な二分化が不可能となり，両者は即座に両レベル間での危機の相互浸透・連動・依存・結合・構成関係を形成する。国内社会での危機や問題が容易に国際化するし，また，それとは反対に，国際社会（グローバル社会）の危機や問題が国内化することも一般化している。それだけに，国内政治社会の危機や問題を，グローバル政治社会（世界政治社会）が内包する危機や問題の部分として位置づけ，世界内政として捉えることもできる。

　第３のグローバル危機社会の特性は，危機（リスク）の種類，形態，意味内容の多元化・多様化・複合化現象の表出である。もちろん，このことは，グローバル社会において，社会的価値や財，目標，権力などをめぐる紛争や問題が多面化・多様化したことの反映である。これまでの国際社会は事実上，国家間とりわけ大国間での軍事力を媒介とする平和・国家安全保障・軍事的問題や国家利益をめぐる紛争や危機が支配的であった。近代国際社会の成立から第二

次大戦前後までの国際社会は，一方で，欧米中心部では大国間でそれらの安全保障や軍事力，経済成長，覇権などの価値や利益の配分をめぐる権力闘争という紛争・危機構造を形成し，展開されながらも，他方で，その中心部と欧米周辺部との間で，前者の政治的・経済的価値や利益をめぐる支配─従属紛争構造を形成してきた。第二次大戦後には，安全保障や覇権，軍事力，イデオロギー（体制価値）などの価値や財をめぐる東西冷戦紛争構造が形成され，展開してきた。とりわけ米ソ（東西間）の核戦争の危機が国際社会を大きく支配してきた。その意味で，国際社会での危機はかなり明瞭なものだった。ところが，その一方で，1950年代末には支配─従属構造を内在化させている南北問題が顕在化すると同時に，さまざまな当事者間で，多様な種類の価値や財の非両立的な紛争状態の広がりを反映して危機の多元化・多様化の動向が進展することになった。

1970年代に入ると，グローバル化のいっそうの進展・深化とともに非（脱）国家主体の大量のグローバル化社会への登場により，価値や財の多元化・多様化・複雑化することにより，多層で，複合的な紛争・危機構造がさらに拡大・強化していくことになる。そのため，平和や安全保障，軍事的危機のみならず，経済的，文化的，エスニック集団的，宗教的，地球環境保全的，食糧的，資源エネルギー的，知識・情報的，技術的，人権的，健康的価値・利益を含む危機の多元化・多様化・複雑化が進行している。しかもその多元的・多面的危機がそれぞれ個別的に作用するのではなく，複合的に絡み合い，相互依存関係を構成して複雑な危機構造を形成している。簡単には統治・解体できないほどに複合的危機構造を形成しているだけに，複合的な危機（リスク）構造はつねに拡大再生産されることになる。

第4の特性は，グローバル社会で戦争はじめ暴力を生み出し，また，国家利益を維持・充足するための暴力的手段である軍事力がその地位と機能を大きく低下させながらも，その反面，軍事力が依然として高いレベルで暴力的手段として存在し，ますますその暴力的手段を強化している，というジレンマが存在していることだ。たしかに，国際社会において軍事力は，暴力的手段として重要な地位を維持してきた。地球の規模の紛争構造や問題群，不安全群，公共悪群が大きく支配するグローバル社会においては，軍事力の存在意義や能力が著

しく変容することになった。現代ではいわば軍事力の所有性＝使用性＝有用性という等式は通用しなくなっている。第3の特性で見たように，安全保障や軍事力危機以外に危機が多元化する。多様化する政治的，経済的，文化的，環境保全的，知識・情報的，技術的価値や財などの充足には事実上，軍事力は有効な手段ではなくなったのであり，そのことは軍事力が容易に使用できなくなったという現実の反映である。

　そうした現実の一方で，核を中心とする大量破壊兵器が，また近代兵器が大量に生産され，地球的規模で配置されている。グローバル政治過程で依然として軍事力が大きな影響力をもっている。多くの国ぐにには，核兵器をはじめ大量の軍事力の所有と蓄積の軍拡競争を展開しており，また，その必要性を正当化する核抑止戦略を採用している。「戦争を防ぐには，戦争に備えよ」という論法によって，つねに戦争を引き起こすことが可能な体制を積極的に構築している。核軍事力は明らかに，グローバル社会を破壊する危機のみならず，人類を絶滅させる危機をつねに内在させている。グローバル・レベルで危機的な世界軍事体系がますます維持・強化され，世界軍事秩序が形成されている。こうした危機は他の種類の危機と結びついたり，それは影響を及ぼし，全体の危機構造を強化している。

　第5の特性は，以上の危機的特性とは対照的に，現状維持志向勢力が支配する国家中心的国際秩序を批判したり，あるいはまた，それに抵抗したり，挑戦することで，影響力を及ぼす非（脱）国家主体のグローバル社会への大量登場であり，またそれら主体の機能増大である。事実上，それら主体は基本的には，平和的政治秩序や協調体制，ガバナンスなどの構築を意味する危機的現状変革志向勢力を形成している。国家中心的志向秩序と非国家中心的世界秩序とは非対称的関係を構成しているが，前者が依然として支配的地位を占めている。すなわち，今日でも現状変革志向勢力は脆弱であることは否定できない。そうであれ，国家主体は必要な場合には，非国家主体の機能を要求したり，利用する機会は増大しており，また，後者が前者の行動様式に影響を及ぼすことは一般化している。

　第6の特性は，第5の非国家主体の登場以外に危機的な現状変革志向勢力を構成するさまざまな要件が存在していることだ。それらの要件は不完全で，部

分的なものであるが，人類意識や地球運命共同体意識，危機的なグローバル紛争構造や問題群・不安全群・公共悪群の統治や解決を志向するという共通目標・政策・行動，それらの目標の実現を目指す具体的な国際組織・国際制度・国際レジームなどの形成と機能，第5の特性であるNGO・社会運動体・世論・市民社会・市民外交などの非国家主体の活動，グローバル市民社会の形成，などといったさまざまな種類の条件が増大している。また，そうした諸条件から構成されるグローバル・ガバナンスが危機的現状変革志向勢力としての機能を不十分ながら果たしている。だが，それらの条件のなかでも国家間で構成する国際組織や制度，レジーム，また多国籍企業などは実際には，非国家中心的社会秩序よりも国家中心的社会秩序を維持・強化する要件としての役割を演じることが一般的である。なぜならば，国際組織や制度は基本的には，自国の価値や利益，財の維持・強化のために，グローバル社会全体の価値などよりも優先させるように機能しているからだ。国家とグローバル社会の両者の価値や利益，財が両立する場合には問題が起きないものの，両立できない場合には，どの国家も前者のそれらを優先し，国家中心的行動様式をとることは否定できない現実である。多国籍企業も事実上，非国家主体であるものの，国家主体と同様にその価値や利益を優先する行動様式をとっている。

　第7の構造的特性は，第5と第6の特性と関連しているが，危機的な現状維持志向を内包する国家中心的国際秩序を批判したり，否定する意義をもち，現状変革志向性を内包する非国家中心的世界秩序を部分的に構成する，アイデンティティや忠誠心の対象の多元化・多様化・複合化が著しく進展していることだ。これまで国家はほぼ無条件に，国民や市民，社会集団，地域，エスニック集団，階級，人類などのアイデンティティや忠誠心を独占し，現状維持志向勢力として国家中心的国際秩序を維持・強化してきた。しかし，地球的規模の紛争構造，問題群，公共悪群などの支配する危機的グローバル社会秩序が展開するなかで，国家自体もそれらが構成する国際社会秩序もそうしたグローバル危機構造を統治したり，あるいはまた変革する能力や機能を著しく低下させたり，喪失することとなった。そのため，アイデンティティや忠誠心の対象が事実上，人類や階級，地域，エスニック集団，社会集団，宗教団体，地方，女性，市民，指導者としての個人などへと多元化・多様化・複合化するように

なった。アイデンティティは本来，相互に境界をのり越える複合的なものである。国家は単に一つの排他的な分割のための枠組みでしかない。国家に対する批判や，挑戦，抵抗，異議申し立てなどをする機会が大幅に増大することになった。

　第8の特性として挙げなければならないことは，グローバル危機社会における多種多様な主体間の相互作用（ゲーム）関係のルールが新しい意味内容をもつように変容しつつあることだ。これまで通用してきたゲームのルールは一般的に，関係当事者の一方だけが価値や財を得て，勝利を収め，他方がその分だけ失い，敗北する，というプラスとマイナスがゼロにあるような「ゼロ－サム・ゲーム」のルールであった。だが，そうしたルールが通用するようなグローバル社会環境が変容したために，これまでの通用性を低下させている。そうした動向と同時に，関係当事者の両方が求める一定の価値を共に得て，両者とも勝者となることが可能となるような「非ゼロ－サム・ゲーム」のルールが部分的であれ通用するようになりつつある。そうしたルールの必要性と可能性が高まっていることは，今日のような危機的社会秩序においては，自己の求める価値や財，目標を充足する前者の「ゼロ－サム・ゲーム」のルールによってはきわめて困難となっているとの認識に基づいている。グローバル危機社会においては実際には，一人勝ちは著しく困難となり，共倒れの可能性が高まっていることは軽視できない。グローバル危機社会においては，いかなる国家，地域，社会，集団，人びとであれ，他者との紛争状態に陥ることなく，価値や財の両立可能な協調関係を積極的に構成していかない限り，自己の求める価値や財，目標を充足させることなく，それらすべてを失う可能性が常態化している。後者のルールは明らかに，グローバル危機社会の現状変革志向勢力としての機能を果たしているといってよい。後者のルールは前者のそれに比べて，まだ脆弱な状況にあるが，現代では，後者の「非ゼロ－サム・ゲーム」のルールを積極的に求めていくことは，単なる規範ではなく，強い現実的意味をもっていると見なければならない。

　第9のグローバル危機社会の特性は以上の第1から8までの特性を包括的に集約した基本的特性に他ならない。第1から4までの特性は，いわば紛争・危機（リスク）構造を構成する分裂的・対立的・無秩序的関係網と，第5から8

までの特性は，いわば紛争・危機（リスク）構造を統治・解体・変革を可能にする統合的・協調的・秩序的関係網である。そして，両者は事実上，弁証法的運動を形成し，展開している。しかし，前者と後者は実際，著しく非対称的関係を構成しており，グローバル危機社会で支配的地位を占めている。そしてまた，前者の危機的現状維持志向勢力を弱めたり，抑止することが可能な現状変革志向勢力のためのガバナンスも不十分なものである。そのため，前者の勢力つまり紛争・危機（リスク）構造が拡大再生産されることになる。

6．予測・予言とグローバル危機社会の現実

　今日のグローバル社会において致命的な危機やリスクをガバナンスするためには，社会現象や出来事，現実についての予測や予知，予言の必要性と可能性を解明しなければならない。グローバル危機社会の構造的特性を検討することで，将来この社会において，紛争・危機（リスク）構造が拡大再生産すると捉えてきたが，そもそも社会現象や出来事，現実を予測や予言することはどのような意味をもっているのだろうか，また，どのような予測が可能なのか，さらに，どのように予測することが必要なのか，などを検討しなければならない。すなわち，予測と現実，予測と変革（変容）理論や言説，規範・思想と現実，などの関連性を明らかにしなければならない[33]。

　人間社会の将来を知ることは，いかなる社会科学も免れることができない社会的義務であり，また知的難問である。国際関係研究分野でもこのことは例外ではない。そしてどの分野でも，正しい予測を提供し，有益な初期の警告案を出す自らの能力についてきわめて深く熟考していると思われる。もし間違った理論的・方法論的基盤に基づいて行えば，初期警告は誤った政策を導いてしまう[34]。たしかに，グローバル社会における社会現象や現実はきわめて複雑で，あいまいなものであり，そしてまた不確実性の高いものであるため，予測が著しく困難であることは認められる。その予測が試みられても，正確かつ適切に予測できないこともあるかもしれない。しかし，社会現象や現実の将来への予測や予言をしなくてもいいことにならない。グローバル危機やリスク社会

において，その危機やリスクの将来の予測や予言をしないこと自体が事実上，それら危機やリスクを放置することになり，それらの拡大再生産を招くことになりうるのだ。まして現実に予測を意図的に行わなかったり，無視したり，軽視したり，否定したり，また，意図的に間違ったり，歪めたり，あるいは自己にとって都合のよいような意味内容のものに代えてしまうことが重大な問題なのだ。そうした問題の結果は，危機やリスクの拡大再生産という事態（現実）として表出することになるということである。前述してきたように，危機やリスクは本質的に，ある現実の予測概念であり，紛争構造や危険の再生産を防いだり，それを変革することが可能となるチャンスを意味するものだ。したがって，危機やリスクの予測は事実上，そうしたチャンスを現実なものにしていくために必要かつ可能条件である。その予測を意味のあるものにするためにも，過去と現在の紛争・危機・リスクの現実を正確に描写し，適切に説明し，そして将来の妥当な予測が要求される。それらの要求に応えるものが理論である。

だが，ここで問題となるのは，そもそもそれらの現実（実在，事実）とは何か，我われは何を知ることができるのか，また我われはどう行動すべきか，などの問いに他ならない[35]。すなわち，存在論や認識論，方法論，規範・倫理問題（論）から成る理論の問題である。したがって，何よりも重大な課題は，理論と現実とがどのような有機的関係を構成しているかを検討することだ。概して，社会現象や社会的現実は明らかに，個々人や集団，価値観，社会，国家などの所有する固有のレンズ（文化，理論，思想，イデオロギー，知識体系，パラダイム：理論）を通して認識され，描かれ，説明され，解釈され，あるいはまた理解されるといってよい。S.ギルが主張しているように，我われが描く現実の地図（社会世界の存在論）は，必然的に思想の規範的，規定的，想像的側面である[36]。その地図は思想（理論）に関係なく，客観的かつ実証的な現実を描き出すことは困難である。存在論は社会的生産の支配的形態と，生産と環境の政治経済と，文化・文明パターンと結びついている。世界社会の存在論は，物質的条件をまったく無視することはできなかったが，我われの希望，疑い，恐怖と期待，そして制約や人間の可能性に対する評価を含んでいる[37]。人びとは出来事や傾向をきわめて異なって説明することを避けることはできない。なぜならば我われは，我われが理解したものの部分であるからに

他ならない。各々の地図は一見すると現実の正しいイメージであるが，どれも完全なものではない[38]。

その固有のレンズとは，ひと言でいえば，理論に他ならない。この理論の三つの構成要件は[39]，現実（事実）の正確な記述（描写），現実の適切な説明，そして信頼できる現実の妥当な予測である。第1の要件は，現実の世界で過去において起きたもの，また，現在に存在しているものを客観的にかつ正確に記述することである。もちろん，すべての複雑で不確実な現実世界を客観的かつ正確に記述すること自体は容易ではなく，誤認があることも否定できない。現実の描写自体は，ある主体が自分のモノサシで客観的な現実と考え，選択したものである。その意味で，絶対的な自然科学での客観性に基づく現実の描写ではなく，相対的客観性の意味でである。そうした志向性をもっていることが重要なのだ。「我われの思想が世界を創り，データを創り，我われは歴史的に考えるからである」[40]。現実を描くそれぞれの理論は，各自のカメラのアングルからの現実であって，同じアングルからのものではない。

第2の理論要件は，過去の現実が何故起きたのか，現実に存在しているものが何故生じたのか，の適切な説明を提供できることだ。これは現実の原因─結果を理由づけることを意味する。とりわけ国際社会現象が，人間の意識，価値，イデオロギー，行動の産物である以上，原因が多元的で，単純なものでないことはいうまでもない。その原因自体がつねに変容しており，生み出される結果が複雑で，多面的である。この説明的要件は，第1の現実に存在したもの，存在するもの，存在しうるものの描写の要件と有機的に関係するものであり，前者は後者を前提としている。

第3の理論の構成要件は，将来に生起しうるもの，存在しうる現象を妥当に予測する能力をもつことである。予測能力は第1要件である正確な記述，第2要件の適切な説明と有機的に結合するものであり，前二者の要件能力が高ければ高いほど，予測能力の妥当性が高いものとなる。冷戦構造の崩壊が予測できなかったことは，冷戦構造それ自体の正確な記述，適切な説明能力の弱さと一体の関係である。人間の社会現象や行動の予測については確実なものではありえず，さまざまな程度での可能性の判断に他ならない。だからといって，予測要件が意味がないというのではなく，そうであっても，いかに予測要件が重要

であることを理解すべきである。なぜならば危機やリスクを回避したり，それらを変えることが可能なチャンスを提供してくれることなのだ。

　だが，将来起こりうる結果をコントロールしうる可能性を提供できる予測要件は，科学的理論の必要条件といえよう。Ａという記述，Ａ'という説明，Ａ"という予測と同時に，Ａ"をコントロールしてＢという，Ａという現実と異なる新しい現実形成の予測も重要となる。可能な将来の現状の予測は，人間行動の主要な源泉と同時に，その指針ともなりうる。この予測が完全に妥当なものでなくとも，実際の政策決定・遂行にとって一定の意味をもつ。予測の重要性は，可能な諸傾向についての単なる確実な把握にあるというよりも，それら諸傾向に関する知識を増大させ，可能性の範囲と具体的な行動志向性とを決定するに際し，容易にすることに意義がある。したがって，予測性は，理論の規範志向性と，正確な記述性，適切な説明性とを連続させる重要な役割を果たすものである。その妥当な予測能力が高いことが，その理論の有効性の高さを示すものであり，また，長期にわたって支配的理論となりうる[41]。

　以上の記述，説明，予測の3要件は理論の最低限の必要要件であるものの，さらに理論の十分要件として，規範性，処方性（政策志向性）の要件が要求されよう。規範性が第4の要件である。理論は明らかに，その程度はどうであれ，あるべき現実，好ましい現実，つまり規範的現実が内包されている。それは正確な記述，適切な説明，妥当な予測という要件もそれら自体，一定の規範の影響を受け，現実が規範によって部分的に規定されている。すなわち，現実はたしかに，規範や価値を通して判断され，構成されている。現実主義，新現実主義，自由主義，マルクス主義理論も何らかの規範性を内在させている。現実は規範的現実なり，現実的規範として理解されるべきだ。現実や事実，出来事の背後には，規範や価値，理論的判断を通しての存在すべきもの，望ましきものの規範性が入り込んでいる。ある事実や出来事を選択し，それに一定の意味を与え，現実のものと判断する以上，規範的要件がつねにつきまとうことは避けられない。今日のように，グローバル危機（リスク）社会が巨大化し，複雑化し，流動化し，不確実化している状況が常態化していることを知るならば，むしろ規範的要件を積極的に処理すべきだ。

　第5の理論の構成要件は，第4の規範的要件と直接的な関連性をもっている

6．予測・予言とグローバル危機社会の現実

ものだ。ある規範を前提として，規範を実現する，あるいは好ましくない事実や出来事，事態をコントロールする処方箋（政策）である。ある目的をいかに達成するかの政策科学は，規範的要件と同様に，科学的三要件と異質の次元のものとして理解されている。この処方箋は規範ばかりではなく，とりわけ予測要件と直接結びついている。処方的要件が存在しなかったり，弱かった場合に，現実を再構成することが困難となる。処方箋は，今日のグローバル危機・リスク構造が支配する社会であれば，その変革にとっていっそう重要なものになってくる。

そうした一連の五つの理論の構成条件は，本質的に，何らかの固有のレンズ，すなわち，一定の価値観や世界観，階級観，イデオロギー，パースペクティヴ，規範，文化，理想，理念，思想を反映し，それらによって規定されている。したがって，一般的に，正確に描かれる現実も，適切に説明される現実も，そして妥当に予測される現実も，規範に基づく現実も，さらに，それらによって形成される処方箋（政策）も，たとえすべてではなく部分的であれ，構成された現実，つまり一定の理論や言説，知識体系の影響や規制を受けての産物に他ならない。とりわけ予測作用は，現実を構成し，その在り方を規定する要件となる。換言すると，理論は一定レベルで自己充足的予言機能をもっている（積極的でも，消極的であれ）。そうした観点からすれば，どの理論も言説も実際に，現実についての「客観的・説明的側面（機能）」と現実を構成する「構成的・イデオロギー的側面（機能）」の二側面（機能）を内包している。グローバル紛争構造にしてもグローバル危機・リスク構造（社会）という現実にしても，表面的，可視的な客観的・説明的条件と，内面的，不可視的な構成的・イデオロギー的条件から形成されている。理論といっても，前者の条件と後者の条件のどちらかを重視する理論がある。例えば，一般的な例を挙げるなら，U.ベックが述べているように，世界リスク社会（グローバル危機社会）の理論として，現実主義理論と構成主義理論がある。前者の理論は，認識主体とは関係することなく，客観的・説明的現実が存在すると主張するが，後者の理論は，認識する主体と無関係な形での客観的現実というものは存在しないため，客観的現実と考えられているものも認識する主体の間での相互作用の産物である，と強調する[42]。

しかし、それら二つの理論と現実との関係についての見方はそれぞれ一定の妥当性をもっているようであれ、現実自体が理論をどのように構成しているのか、現実が理論といかなる関係にあるかについての説明は明らかではない。理論と現実とは事実上、単に二分化できないばかりか、相互に構成関係を形成しているかを適切に理解しなければならない。現実が理論を構成する側面を考慮しないと、グローバル紛争構造もグローバル危機（リスク）社会について十分な理解が得られない。認識する主体の現実的利益、権力、目標、また、国家利益、国家権力の維持・強化、その他の目標の実現にとって必要かつ都合のよい理論が生まれると見ることができる。脱実証主義者は、権力の外に真理は存在しないと主張する[43]。いわば真理というものは単に抽象的な理念や規範、価値観、世界観によってのみ構成されるのではなく、権力やイデオロギーとの関わりのなかで構成される、と理解してよい。理論は概して、先に述べたように、グローバル紛争構造やグローバル危機（リスク）社会の現実を個人や集団、社会、国家が所有する固有のレンズ（文化や思想、規範、知識体系、理論など）を通して認識され、描かれ、説明され、理解され、そしてまた、将来の予測が試みられていることは肯定されてよい。しかし、実際には、その固有のレンズは堅固で不変的なものではなく、現実を反映した現実的レンズにも影響を受けており、相互構成関係で形成されているレンズが事実上の理論というレンズに他ならない。いうまでもなく、理論それ自体は真空状態のなかで形成されるのではなく、グローバル危機（リスク）社会の現状、つまり現実のグローバル社会環境のなかで構成されているのだ。

したがって、相互構成関係を形成している理論が具体的に、現実的なるものを認識し、記述し、説明し、予測し、一連の現実的なるものを維持したり、変革したり、再構成している。概して、すべての理論や言説が何らかの権力的・イデオロギー的構成条件を内包しているという事実は肯定されなければならない。理論は結果的に、何らかの形や意味内容をもった現実を構成しているといってよい。そのため、R. コックスが強調しているように、「理論はつねに誰かのための、また、ある目的のためのものである」[44]。そこで重要な課題は、理論が一体、誰のための、何の目的のためのものかを見極めることである。R. コックスは、理論は問題解決理論と批判理論の二種類が存在していること

を強調する。一方の，問題解決理論は，支配的な社会的・政治的関係やそれらが組織化された制度を反映して，それらが世界を発見するままに世界を理解する。問題を解決するに自由な目的は，問題を引き起こす特定の原因を効果的に処理することによって，支配的な関係や制度を円滑に作用させることである。問題解決理論は，さまざまな問題を本質的に生み出している支配的な社会関係や制度それ自体を問題にしたり，批判したり，あるいは否定することなく，それらを存続させることを目的としている。問題解決アプローチは，現実の世界に表面的に現われている個々の問題に最大の関心を向け，それを生み出す社会関係や制度から成る（支配的秩序）の在り方それ自体はまったく問題にすることはない。

　他方の，批判理論は問題解決理論とは対照的に，その支配的社会構造（秩序）を問題にする。批判理論は，世界の支配的秩序から距離を置いた立場に立って，その上でその秩序が一体どのように形成されたかを問うという意味において批判的である。批判理論は，既存の支配的な権力関係や制度を当然のものとは認めることなく，それらの起源に関心を向け，また，それらがいかに，そしてなぜ変容過程にあるのかに関心をもつことによって，支配的な秩序（構造）それ自体を問題にする。それはバラバラの部分よりもむしろ全体としての社会的・政治的複合体を重視する。換言すると，批判理論は問題解決理論と異なり，最初に考察された部分がそのまさに一つの部分を構成している全体のより大きな図を描くことになり，また，部分と全体が両者ともに含まれる変容の過程も理解しようと試みている。

　そうした特性をもつ批判理論は，過程ばかりか歴史的変化の連続的過程にも関心をもつという意味から歴史の理論でもある。問題解決理論は非歴史的あるいは無歴史的であるが，批判理論は変容する現実を重視する。固定した仮定にはイデオロギー的偏見を内包しているために，問題解決理論は本質的に，保守的で，現状維持志向的であるのに対し，批判理論は革新的で，現状変革志向的である。なぜならば，後者は支配的秩序とは異なる秩序を形成するために規範的選択をすることができる。批判理論の主要な目的は，実現可能な範囲での代替的秩序の枠組みを明らかにしなければならない。もちろんそれを明らかにすることが自動的に代替的秩序を構築することにはならないものの，少なくとも

支配秩序の内包する矛盾や問題を批判するなかで，代替的秩序を形成する必要性と可能性を提示していることが批判理論の重要な存在意義である。

　だが，ここでまた問題が出てくる。代替的な秩序形成の必要性と可能性を現実的なものにしていけるかどうかである。なぜならば，現実的に問題解決理論と批判理論は著しく非対称的関係にあり，前者の理論がグローバル危機（リスク）社会において依然，圧倒的な支配的存在である。たとえ理論的に問題を抱え，正しくないにしても，依然として強力な影響力をもって，実際にグローバル危機（リスク）を拡大再生産している。そのこと自体，皮肉なことに，理論が現実を構成していることの証明である。そこで，先に見たように，問題解決理論の矛盾や問題を批判するだけで終らず，現実を変革する現実的な必要性と可能性を実現しなければならない。その意味で，理論と現実が相互構成関係を現実的に形成しているのかを理解しなければならない。

　問題解決理論（実証主義的理論）は，現実を所与のものと捉え，その変容を認めず，現状維持することで自己の享受している価値や利益，財を維持・強化をめざす勢力が支配する現状維持志向性を内包しているところから，現状維持志向理論と言い換えることができる。他方で，批判理論（脱実証主義理論）は，現実を創られる後天的なものと理解し，その変容・変革を認め，現実の変容・変革を志向する勢力を内包しているところから，現状変革志向理論と捉えることができる。また，一方で，その両理論は非対称的関係にありながらも，相互構成関係を形成しており，弁証法的運動過程を描いている。他方で，グローバル危機（リスク）社会において，現状維持志向勢力と現状変革勢力との間で非対称的な関係を構成しながらも弁証法的運動過程を構成している。そして，前者の現状維持理論と変革理論の弁証法的運動過程と，後者の現状維持勢力と変革勢力との弁証法的運動過程とが，理論と現実との四者の間で非対称的なものであるが総体的な一つの構成関係のサイクルを形成している。こうして，今日のグローバル危機（リスク）社会を創り出している。そうした構図をもつ現実のグローバル紛争構造・危機（リスク）構造を変革していく必要条件と可能条件を抽出しなければならない。現在，それらを変革としていくガバナンスはきわめて不十分である。そのため，事実上，現実のグローバル紛争構造・危機（リスク）構造が解体・変革することなく，それら構造の拡大再生産

が避けられなくなっている。

7．グローバル危機（リスク）構造変革のためのガバナンスの模索

　我われ人類の生存と生活を不可能にするような今日のグローバル危機（リスク）構造を統治・解決・変革する必要・可能条件とは一体どのようなものだろうかを問うことが何よりも重要な課題である。その危機構造の統治・解体（解決）・変革をひとことでガバナンスという概念を使うならば，現状変革志向グローバル・ガバナンスをどうして構築していく必要があるのか，どのようなグローバル・ガバナンスを構築していくべきなのか，そしてまた，それをいかにして構築していくことが可能なのか，などの問題を検討する必要がある[45]。21世紀はじめから今日の世界（グローバル社会）は，国民国家ガバナンスの倫理にますます挑戦する生態環境的・経済的・安全保障的動機を含む，広範囲に及ぶ諸問題に直面している。従来の国際関係論やグローバル・ガバナンスの欧米モデルは現在では通用しない。世界はかつてないほどの危機的状況にあり，世界の現実はこれまでの理論やパラダイムでは全く解けないほどに変容過程にあり，グローバル社会空間を無限に広げている。このグローバル社会空間の広がりは事実上，グローバル紛争構造や危機（リスク）構造の拡大を意味し，A. ショルテのいう[46] 主権的領域国家の枠組みを単に超える脱領域化あるいは超領域化現象にとどまらず，地域や社会，国民，エスニック集団，市民，個人のほぼすべての境界線を超える紛争や危機（リスク）のグローバル化現象である。特定の個々の境界によって規定されることがない人類としてのグローバル社会空間が存在しており，その空間での問題（危機）がすべての存在（人びと）の問題となる公共空間が存在していることになる。いわば紛争や危機は特定の場所や空間，時間を選択しない。そこで，問題の解決は，地球公共財の構築であり，また，それを可能にするためのグローバル・ガバナンスの形成に他ならない。

　一見して，今日，我われがグローバル危機社会を変革することは，きわめて理想的で，非現実であるとみなされている。しかし，我われ人類の絶滅の可能

性を内包している極度に高い危機的状況が現実的なものであり，またその状況が構造化し，それの拡大再生産が現実のものとなっている以上，このグローバル危機社会において，ある勢力（国家であれ人びとの集団であれ）が現在享受している価値や利益，財，権力などを維持するために現状維持志向政策や思考，行動をあくまでとりつづける限り，実際にはその勢力の享受する価値や利益などを維持・強化することができず，かえってそれらを削減したり，縮小したり，喪失する可能性なり，現実性は高いレベルで存在している。それとはむしろ反対に，現状変革志向政策や思考，行動を積極的にとることがその価値や財の現状維持をかえって保証する，というパラドクスが成り立つことが可能だ。このことは明らかに，ゲームのルールの問題についてもいえる。一方が得て，勝利して，他方が失う，敗北するという「ゼロ－サム・ゲーム」のルールでゲームを行うと，共倒れという両者とも敗北し，すべてを失うことになる。反対に，両者とも勝利し，獲得することが可能な「無ゼロ－サム・ゲーム」のルールでゲームを行うことが両者とも失うことはなく，勝利を収めることができる。

　また，グローバル危機社会において，関係当事者が自己の求める価値や利益，財，権力を維持強化するために現状維持政策や思考，行動をとることがかえって，価値や財などを削減させたり，失うことになり，それらを維持・強化することが実際に困難なものになる，というパラドクスが成り立つ。さらに，グローバル危機社会において，グローバル・ガバナンス構造においてもパラドクスが存在している。主権的領域国家が自己の価値や財を維持・強化しようとすれば，非（脱）国家主体と同様に現状変革志向政策や行動を国家自らが積極的に追求することがかえってその目標を充足する可能性が高くなるといってよい。国家が現状維持志向政策や行動を選択すればするほど，国家はその求める価値や財を失うことになる。グローバル化が生み出すグローバル性が，また，人類の生存と生活にとって負のグローバル性が，あるいは危機やリスクのグローバル性がそうしたパラドクスを生み出している。グローバル化は地球（世界）を共有の空間として再構成する[47]。グローバル社会を構成しているすべての国家や地域，社会，国民，エスニック集団，地方，市民，人びとは，それぞれ固有の生存や生活の独自に形成し，維持し，強化できなくなると同時に，

それぞれの空間と他者の空間とを明確に二分化する境界線を維持することは困難なものとなっている。すべての個々の空間は事実上，シームレス世界に組み込まれ，その世界を構成する単なる一部分としての存在でしかなくなりつつある。そうしたすべての存在（主体）にとって共有の空間が拡大していくなかで，国家中心的現状維持志向ガバナンスを遂行する限り，グローバル危機（リスク）社会を維持・強化をもたらすことは避けられなくなる。脱国家中心的現状変革志向ガバナンスを構築すること以外に，グローバル危機社会を変革していくことはできない。

　実際，グローバル紛争構造を変革していくことは容易ではないものの，まったく不可能であるとはいえない。可能にするために何よりも重要なことは，グローバル紛争構造や危機（リスク）構造の実像を知り，理解することだ。U. ベックのいうように，人類のリスク（危機）を知ることだ。国家の限界とエゴイズムを打破する力を呼び起こし，グローバルな運命共同体を創成することが必要となろう。全般的に，グローバル危機社会にとって根本的問題は本質的に，関係当事者間での社会的価値や利益，財，目標，権力などの配分の在り方の問題に他ならない。私有財をいかに地球公共財化することができるか，この問題が中核的課題である。一体，地球公共財を構築するためにはどのようなグローバル・ガバナンスを構成する必要があるだろうか。また，可能だろうか。その必要・可能条件を模索しなければならない[48]）。

　その第1の基本的条件は，グローバル社会全体にとっての財や価値を個や部分のそれらよりも優先することだ。そのことは実際には，前者のために後者が犠牲になるとか，無視されるとか，あるいは否定されることを意味するものではない。グローバル社会全体にとっての価値や財のそれらを非両立的関係として位置づけるのではなく，前者の枠組みのなかにそれを構成する部分として，それと対立することなく適切に位置づけることだ。そうすることによって個それ自体の財や価値を喪失することなく，それら維持・強化が可能となる。地球環境財が象徴的に物語るように，全体と個の価値や財の両立可能な共通の財が形成されない限り，両者のどちらかがその財や価値を失うか，場合によっては共倒れ状態に陥ることは避けられなくなる。

　第2の現状変革ガバナンス構築の条件は，関係当事者である国家と国家，地

域と地域，社会集団と社会集団，個と個，部分と部分などの間で，両立的な，共通の財や価値を形成していくことだ。そうした共通価値とは，全体と個というタテのレベルの財や価値との両立的関係のものではなく，個と個のヨコのレベルでのそれらの両立的関係のものである。グローバル紛争構造の支配するグローバル危機社会において，ほぼすべての個が共通の目標や条件をもつことになり，個と個との財や価値をめぐる相互依存関係を増大させていく。

第3の条件は，関係当事者のすべての行動にとって財や価値を求めていく機会が排除されることなく，開放されていることだ。換言すると，個と個の財や価値の配分が平等あるいは公平であることだ。なぜならば，第2の条件である個と個との共通価値，つまり相互依存的価値の形成を可能にする当事者は明らかに，大国や先進国に限定されており，弱小国や開発途上国にとってその可能性は著しく弱い。後者の国ぐには，前者の国ぐにとの支配－従属関係のなかでとくに経済的価値配分構造から大きく排除されている。すべての個に財や価値へのアクセスする機会が平等に開放されていることによって，すべての当事者にとっての共通価値の構築が可能となる。

第4の有用なガバナンスの条件は，現世代ではなく，将来世代中心の価値や財の維持が志向されることだ。行動主体が現世代中心の財や価値の維持・強化することを前提に具体的な政策や行動をとるならば，将来世代にそのツケが回ってその世代の財や価値の維持が困難となるどころか，それらを大きく縮小させたり，喪失させることになり，最大の犠牲者となる。長期的視点からではなく，短期的（現世代的）視点から財や価値を設定するならば，それらを一時的に維持することがあっても，将来世代にそれらを所有することは困難となる。危機の拡大再生産を意味する。

第5の条件は，グローバル社会で支配的地位を占めている大国や先進国から成る中心部からではなく，その支配の対象となっている弱小諸国や開発途上国から成る周辺部の視点や立場から公共財を再構成すべきことだ。そのことは今日，現実のグローバル危機社会のなかで周辺部が置かれている実態と，また，周辺部の存在意義と重要性，役割，現状維持志向ガバナンスの変革の必要・可能条件を所有していることなどを適切に認識すべきことを意味する。中心部の視点や立場からグローバル社会へアプローチすることは，現状維持志向政策が

維持・強化され，また，グローバル危機を拡大再生産することになり，また，現状維持志向ガバナンスが正当化される。グローバル危機の変革の可能性は否定されることになる。グローバル・ガバナンスの形態は，排他的なものであったり，少数者の権力や特権を永続化するのではなく，革新・大胆な変革や新しい対応策のみである。権力の唯一の好ましい使用は，善を行う権力に他ならない[49]。

そうした五つの特性をもつ脱国家中心的現状変革志向グローバル・ガバナンスを構築することによって，グローバル紛争構造や危機（リスク）構造の統治・解体・変革を可能にし，地球公共財を構築することができる。地球公共悪群を統治・解決・変革することによって公共財を構成することで，すべての国ぐに，人びとが自由に財や価値にアクセスし，それらを享受できることになろう。

[注]
1) Gills, Barry K., "Going South: Capitalist crisis, systemic crisis, civilizational crisis," *Third World Quarterly*, Vol. 31, No. 2 (2010), pp. 169-70.
2) Erskine, Toni and Ken Booth, "Conclusion: Responsibility, Risk, and International Relations Theory," in Booth, Ken and Toni Erskine, eds., *International Relations Theory Today*, 2nd ed. (Cambridge: Polity, 2016), p. 279.
3) 星野昭吉『グローバル危機社会の構造とガバナンスの展開』（亜細亜大学購買部ブックセンター，2014年），3-52頁参照。
4) Beck, Ulrich, "Living in the world risk society," *Economy and Society*, Vol. 35, No. 3 (2006), pp. 332-33.
5) Rosenberg, Justin, "Globalization Theory: A Post Mortem," *International Politics*, Vol. 42 (2005), pp. 2-74.
6) 星野昭吉『グローバル政治の形成・展開・変容・変革—世界政治の展開過程の弁証法—』（テイハン，2013年），24-31頁。
7) Held, David and Pietro Maffettone, "Introduction: Globalization, Global Politics and the Cosmopolitan Plateau," in Held, David and Pietro Maffettone, eds., *Global Political Theory* (Cambridge: Polity, 2016), p. 2.
8) Bowles, Paul, "Globalization: A Taxonomy of Theoretical Approaches," in Veltmeyer, Henry, ed., *New Perspectives on Globalization and Antiglobalization: Prospects for a New World Order?* (Aldershot: Ashgate, 2008), p. 15.
9) Mittelmann, James H., *The Globalization Syndrome: Transformation and Resistance* (Princeton: Princeton University Press, 2000), p. 4.
10) Mittelmann, James H., *Whither Globalization?: The Vortex of Knowledge and Ideology* (London: Routledge, 2004), pp. 133-36.
11) *Ibid.*, pp. 28-30.
12) Jossop, Bob, "Obstacles to a World State in the Shadow of the World Market," *Cooperation*

and Conflict, Vol. 47, No. 2 (2012), p. 204.
13) Giddens, Anthony, *The Consequences of Modernity* (Cambridge: Polity, 1990), p. 64.
14) Giddens, Anthony, "Globalization," in Iyall Smith, Keri E., ed., *Sociology of Globalization: Cultures, Economics, and Politics* (Boulder: Westview Press, 2013), pp. 19-26.
15) Baylis, John, Steve Smith, and Patricia Owens, "Introduction," in Baylis, John, Steve Smith, and Patricia Owens, eds., *The Globalization of World Politics: An Introduction to International Relations*, 4th ed. (Oxford: Oxford University Press, 2008), pp. 10-13.
16) Mittelman, James H., *The Globalization Syndrome: Transformation and Resistance* (Princeton: Princeton University Press, 2000), pp. 6-7.
17) モートン・オーゴー「史的唯物論のグローバル化研究─批判的再評価─」中谷義和編『グローバル化理論の視座─プログレマティーク＆パースペクティブ─』(法律文化社, 2007年), 66-8頁。
18) ヨアヒム・ヒルシュ「グローバル化─自由民主政の終焉─」同上書, 32頁。
19) Petras, James and Henry Veltmeyer, *Globalization Unmasked: Imperialism in the 21st Century* (Halifax: Fernwood, 2001).
20) Veltmeyer, Henry, "From Globalization to Antiglobalization," in Veltmeyer, Henry ed., *New Perspectives on Globalization and Antiglobalization: Prospects for a New World Order?* (Aldershot: Ashgate, 2008), p. 209.
21) Nederveen, Pieterse, "Neoliberal Globalization," in Dasgupta, Samir and Ray Kiely, eds., *loc. cit.*, p. 84.
22) 星野昭吉「まえがき」星野昭吉編『グローバル化のダイナミクスにおける政治・法・経済・地域・文化・技術・環境』(テイハン, 2018年), iii-v頁。
23) Beck, Ulrich, *Cosmopolitan Vision* (Cambridge: Polity, 2006), p. 91.
24) Beck, Ulrich, *World at Risk* (Cambridge: Polity, 2009), pp. 1-12.
25) ニクラス・ルーマン／馬場靖雄訳『社会の道徳』勁草書房, 2015年, 284頁。
26) 伊藤美登里『ウルリッヒ・ベックの社会理論─リスク社会を生きるということ─』(勁草書房, 2017年), 54頁。
27) 星野昭吉『グローバル危機社会の構造とガバナンスの展開』, 25-33頁参照。
28) 星野昭吉『グローバル社会の平和学─「現状維持志向平和学」から「現状変革志向平和学」へ─』(同文舘出版, 2005年), 61-100頁参照。
29) Jeong, Ho-Won, *Peace and Conflict Studies: An Introduction* (Aldershot: Ashgate, 2000), pp. 75-9.
30) Rosecrance, Richard, *International Relations: Peace and War?* (New York: McGraw-Hill, 1973), p. 88.
31) Klinke, Andreas, "Postnational discourse, deliberation, and participation toward global risk governance," *Review of International Studies*, Vol. 40 (2014), pp. 247-75.
32) 星野昭吉「グローバル危機政治過程とガバナンスの構造」星野昭吉編『グローバル化のダイナミクスにおける政治・法・経済・文化・技術・環境』テイハン, 2018年, 6-13頁。
33) 星野昭吉『グローバル危機社会の構造とガバナンスの展開』, 33-43頁参照。
34) Schneider, Gerald, Nils Petter Gleditsch, and Sabine C. Carey, "Exploring the Past, Anticipating the Future: A Symposium," *International Studies Review*, Vol. 12, No. 1 (2010), pp. 1-7.
35) Booth, Ken and Toni Erskine, "Introduction: The Argumentative Discipline," in Booth, Ken and Toni Erskine, eds., *loc.cit.*, pp. 1-9.
36) Gill, Stephen, "Transformation and Innovation in the Study of World Order," in Gill,

Stephen and James H. Mittelman, eds., *Innovation and Transformation in International Studies* (Cambridge: Cambridge University Press, 1997).
37) *Ibid.*, p. 7.
38) Kelleher, Ann and Laura Klein, *Global Perspectives: A Handbook for Understanding Global Issues*, 2nd ed. (Upper Saddle River: Pearson Prentice Hall, 2006), pp. 2-3.
39) 星野昭吉『世界政治の理論と現実―グローバル政治における理論と現実の相互構成性―』(亜細亜大学購買部ブックセンター, 2006年), 8-11頁参照。
40) Kelleher, Ann and Laura Klein, *op.cit.*, pp. 6-8.
41) *Loc.cit.*, pp. 9-11.
42) ウルリッヒ・ベック/島村賢一訳『世界リスク社会論―テロ、戦争、自然破壊―』(平凡社, 2003年), 24-31頁および51-105頁。
43) Sørensen, Georg, "International Relations Theory after the Cold War," in Dunne, Tim, Michael Cox, and Ken Booth, eds., *The Eighty Years' Crisis: International Relations 1919-1999* (Cambridge: Cambridge University Press, 1998), p. 87.
44) Cox, Robert W. and Timothy J. Sinclair, *Approaches to World Order* (Cambridge: Cambridge University Press, 1996), pp. 87-91.
45) 星野昭吉『グローバル危機社会の構造とガバナンスの展開』, 43-49頁参照。
46) Scholte, Jan Aart, *Globalization: A Critical Introduction*, 2nd ed. (London: Macmillan, 2005).
47) McGrew, Anthony, "Globalization and Global Politics," Baylis, John, Steve Smith, and Patricia Owens, eds., *loc.cit.*
48) 星野昭吉「グローバル危機政治過程とガバナンスの構造」, 6-13頁参照。
49) Gills, Barry K., "The Turning of the Tide," in Dasgupta, Samir and Ray Kiely, eds., *Globalization and After* (New Delhi: Sage, 2006), pp. 64-5.

第2章
グローバル平和危機（リスク）社会

1．はじめに
—グローバル危機（リスク）社会における平和と暴力紛争のダイナミクス—

　今日のグローバル危機（リスク）社会には，単に主権的領域国家やそれらの間で構成されている国際社会にとっての危機（リスク）のみならず，人類のまた人類社会にとっての危機（リスク）も存在している。そうした状況を生み出した駆動力が何よりも，グローバル化現象の進展・深化に他ならない。グローバル化勢力が実際に，世界政治の根本的変容をもたらしたいくつかの傾向を明確にすることができる。D. ヘルドとP. マフェートンが主張するように，第1は，国家のまた国際政治領域の統合を含む著しい動向が存在することだ。国家政府と国際組織体との関係はもはや直線的なものではなく，国内の選挙民やグローバル市民社会などから生じる交差する圧力によって形成されている。第二次大戦後から見ることができる第2の動向は越境ガバナンスの発展過程での強力な非国家主体の登場である。国際非政府組織や多国籍企業，個人などの非国家主体はつねに，政治的論争において活動的な行為主体である。第3の動きは，規制やガバナンスが施行される場合に見られる変化である。グローバル・ガバナンスのさまざまな形態は，国家の行動に影響を及ぼしたり，制約する目的をもつ規制の多様な形態を生み出している。第4の動向は，そういった動きと重複して，戦後の時代に，とくに冷戦の終焉からの新しい形態のグローバル・ガバナンスの拡がりである。その中心は実際に，国家の行動様式にきわめて強力な影響を及ぼす制度も存在している。そうした反面，グローバル・ガバナンスの多くの領域において正負の二つの効果をもつ多中心主義が進展していることに注目しなければならない[1]。

たしかに，今日のグローバル政治社会において国家間レベルの国際組織・制度や，また非国家主体中心のグローバル・ガバナンスの果たす役割やそれらの地位の高まりなどを容認することはできるものの，きわめて限定的であることは否定できない。第1章で見てきたように，現在のグローバル社会は事実上，地球的規模の紛争群や問題群，不安全群，公共悪群などの支配するグローバル危機（リスク）構造が形成されている。たしかに，今日のグローバル政治社会過程で一定レベルで形成・進展しているグローバル・ガバナンスの存在とその役割は容認できるものの，グローバル危機（リスク）構造の形成・進展の動向とは，著しく非対称的関係を構成している。事実上，前者は算術級数的に拡大しているが，後者は幾何級数的に拡大している。そのため，後者の危機（リスク）構造は単なる再生産というより拡大再生産過程を形成することになる。したがって，後者のグローバル危機（リスク）構造の拡大再生産が維持され，また強化されればされるほど，国家なり国民・市民というよりも，人類としての生存・生活の在り方に決定的な影響を及ぼし，あるいはその在り方に致命的な打撃を与えることになり，究極的には人類の絶滅までを予測しなければならない。しかも，この危機的意識は，人間の生存や存続およびその在り方の問題のみならず，地球上のすべての生物の生存や存続およびその存在意義の問題にまで波及することになっている。これらの問題はグローバル化現象の意義と問題とも連動しているが，人間と世界（全体）社会との関連性の問題である。単に人間の社会関係空間の地球的規模の物質的な広がりだけではなく，そのことが人間にとって本質的にどのような意味内容をもつのかの問題も問う必要がある。A.ミチェルがいうように，グローバル平和や安全保障にとっての脅威は孤立した人間に影響を及ぼすのではない。それらの脅威は実際には，人間がさまざまな非人間的存在と共に構成し合う異質の集合体の内部に侵入する。例えば，戦争は，人命や住民を破壊するばかりか，動物・植物の命や風景，文化，また同様にそれらの現象の間の複雑な統合をも破壊してしまう。そのことと同様に，「生態系環境破壊や核戦争は，独自のエコシステムのみならず，生物学的生命の本質的基盤をも廃絶してしまうことになりうる。そうした脅威の苦境は，ある種の存在ばかりか，むしろすべての諸世界つまり集合的存在の不可逆的な，異質の形態を脅かす，という事実にある」[2]。これまで支配的であった

人間中心主義は今日では危機やリスクを生み出し，維持する本源的要件となっていることを理解しなければならない。さらに，我われ人間（人類）が直面する危機的状況を複雑にしているのが，地球上で人間世界ばかりか多様な世界が存在しているという事態である。そのいくつかの世界は単に地球上に閉鎖的に存在しているだけではない。実際には，とりわけ人間の生存・生活空間は地球空間のみではない。今日，人間のその空間は地球空間を超えて宇宙にまで広がっている。科学技術の驚異的な発展と共に，人間の生存・生活空間は著しく拡大している。例えば，宇宙空間に散在する無数の人工衛星が直接に人間の日常生活に影響を及ぼし，また，グローバル政治過程を事実上，大きく左右している。こうした事態はこれからもいっそう顕著なものとなり，超地球空間の存在とその意味内容を十分に理解しなければならない。すなわち，その事態が我われ人類社会の危機やリスクを生み出し，拡大する重要な条件の大きな一つとなりつつあると見てよい。

概して，そもそも事実上のグローバル危機社会の形成・展開の出発点は，第二次大戦後の1945年以降といえる。P.ロジャーズが主張しているように，大きく閉鎖的な地球システムのなかで人間の進化についての広義の見方においては，今世紀は特別な関連性をもっている。そのなかで人類が二つの危険な能力と共存することを学ばなければならない時代を含んでいるようだ。「一つは，もし使われたなら，数十年，おそらく数世紀にわたって人類社会を後退させることになるような軍事技術の発展であり，もう一つが，グローバル・エコシステムの恒常性に及ぼす人間中心の効果のインパクトである」。たしかに，第二次大戦後に大量破壊兵器の使用を回避することに成功したのは，判断あるいは英知よりも幸運の問題である。グローバル環境的強制への対応についても，現在ではその予測は乏しいものでしかない。この二つの問題は21世紀の後半の3分の2の時期まで支配的である[3]。

そうした見方は明らかに。我われ人類が直面しているさまざまな危機やリスクの象徴的な意味をもっている。それら二つの代表的な問題領域を中心に，具体的には別の問題領域での危機やリスクが存在している。グローバル・レベルでの大量破壊兵器の拡散，軍拡競争の拡大，政治体制の軍事化，国内戦争，エスニック紛争，地域紛争，宗教紛争，テロ行為の拡散，南北問題，不安定な

世界経済，金融問題，経済格差の拡がり，貧困，気候変動，資源エネルギー問題，食糧・飢餓・栄養不良問題，人権問題，不衛生な生活環境，ジェンダー問題，移民・難民問題，さまざまなインフルエンザの多発，国際犯罪・麻薬問題，社会文化的アイデンティティ危機，社会的不正義・不公平問題などが，個別的ではなく複合的な紛争（問題・不安全・公共悪）構造およびそれを前提とする危機（リスク）構造を形成し，強化している。

　換言するならば，グローバル全体的社会は現実に，多種多様な紛争群を基礎とする危機およびリスクの複合的ネットワーク（関係網）によって構成されている。もちろん，そうした複合的ネットワークに対抗・挑戦する統合的・協調的・秩序的ネットワークも部分的に存在していることは肯定しなければならない。しかし，前者と後者のネットワークは，著しく非対称的関係を構成しており，したがって，前述のように，分裂的・対立的・無秩序的ネットワークとしての紛争の危機やリスクの拡大再生産過程を進展させることを回避できなくなる。そうした事態の存在は，我われ人類の生存や生活に根絶や致命的な危害を及ぼす脅威が支配するグローバルな「平和ならざる状態」の危機やリスクを意味する。それだけに，平和保障なり安全保障（伝統的な国家安全保障ではなく人間の安全保障）価値にかかわる問題は本質的に，ある国家の，ある地域の，ある社会の，ある国民の，あるエスニック集団の，ある地方の，ある社会集団の，ある市民の，ある個人などの単なる問題ではなく，グローバル社会を構成するすべての存在・主体の基本的かつ共通の問題，つまり人類（広くは地球上の動・植物も含む）にとっての問題となっている。そのため，グローバル社会全体の，人類の公共問題つまり公共財の在り方の問題に他ならない。

　平和や安全保障価値や財がいかに危機的状況にあるかは事実上，現在，国家と国家の，地域と地域の，社会と社会の，国民と国民の，エスニック集団とエスニック集団の，市民と市民の，その他のすべての主体と主体との関係も，そしてまた，すべての存在や主体とグローバル社会との関係も実質的に，「相互確証破壊（MAD）」関係を構成していることに現れる。本来，この「相互確証破壊」関係は事実上，全面的核戦争勃発の可能性のあった（今日でもその可能性はあるが）米ソ間の確実に相互に破壊し合う関係を具体的に物語るものだった。そのことは明らかに，米ソ間の確実な相互関係のみならず，事実上地

球社会全体の確実な破壊，つまり，すべての国家や存在の確実な破壊をも物語っている。その破壊から免れる存在はないのだ。そのことは，もし核戦争が実際に勃発した場合には，ある存在が勝利を収めて，他の存在が敗北し，前者が生き残り，後者が全滅するという，「ゼロ－サム・ゲーム」のルールは通用することなく，すべての存在が敗北し，すべての存在が滅亡するという，確実に「共倒れ状態」に陥ることを意味する。こうした「相互確証破壊」関係および「共倒れ状態」は，単に核戦争勃発の危機やリスクとし表出するのみではなく，今日では，生態系環境破壊問題をはじめとしその他の多種多様な紛争問題領域の危機やリスクとしても表出している。さらに問題となることは，そうした事態の存在を正確に認識し，またその事態の解決に適切かつ妥当な対応策を打ち出すことができないことから，その事態の危機的状態を拡大再生産することになることだ。すなわち，「平和ならざる危機状態」や「安全ならざるリスク状態」が維持・強化されることになる。U.ベックがいうように，「リスクのグローバル化の無視はますますリスクのグローバル化を拡大させる」[4]。換言すると，グローバル危機の無視はますます危機の拡大再生産を引き起こすことになる。そうした現実の推移から，これまでのような単なる「国家の，国家による，国家のための平和や安全保障」，あるいは「国際社会の，国際社会による，国際社会のための平和や安全保障」という視点よりも，「人類の，人類による，人類のための平和や安全保障」，あるいは「グローバル社会の，グローバル社会による，グローバル社会のための平和や安全保障」という視点がすぐれて必要かつ重要なものとなりつつある。

　そうした視点をもつことは実際には，現実的ではなく，理想的であり，きわめて規範的な問題とみなされがちであるものの，その視点を前提にグローバル危機（リスク）社会において平和や安全保障の問題を再構成することが現実的であり，そうした視点を軽視したり，否定することが非現実的である。なぜならば，現実的なものと理解されている事実は，自然に，先天的に存在しているのではなく，社会関係のなかで現実的なるものとして構成されたものだ。また，現実的なるもの（事実）はつねに変容し，あるいは変容する可能性を内在させている。だが，既存の事実を現実として捉え，そしてその現実を変えることができないものとして認識し，それをあくまで維持していこうとする限り，

1. はじめに

その現実をそのまま維持するどころかかえって現実の事態のさらなる悪化を招くことになる。なぜならば，現状維持志向をはかることで事態の変容や変革の可能性を弱めたり，喪失するからだ。ある主体が平和価値や安全保障価値を充足しようと求めるならば，他者の求めるそれらの価値と両立するよう自己のそれらの価値を積極的に再構成する努力が必要とされよう。すなわち，両者が求める価値をめぐって共に勝ち，共に得る，「非ゼロ－サム・ゲーム」のルールを通用させなければならない。そのルールに基づく，規範的なグローバル・ガバナンスの構築を試みることはすぐれて現実的なことに他ならない。そうした観点から，最も理想的なグローバル・ガバナンスとして世界政府の構築を試みる場合，世界政府の構築が不可避的であるかないかではなく，重大な問題は世界政府の構築は望ましいかどうかである[5]。

グローバル・レベルの「平和ならざる状態」つまりグローバル紛争危機（リスク）構造を統治し，解体し，あるいはまた変革し，我われ人類が平和や安全のなかで生存し，一定レベルの生活水準の享受を可能にするには，グローバル平和価値や問題をグローバル公共財や問題としての平和財や問題という視点からアプローチすることが，必要であると同時に可能である。グローバル平和財や問題をめぐる危機（リスク）構造は，グローバル・レベルでの当事者（集団）間の平和的生存保障財の非両立的状態は実際に，高い競合性と高い排除性が作用する地球（グローバル）平和公共悪群が支配する状態である。地球平和公共悪を変革していくためには，個や部分の存在が平和財（価値）を私有している財の在り方から，すべての国家や人びとが自由にその平和財（価値）に接近し，平等に平和財（価値）を享受することができるという財の在り方を変革していくための必要条件と可能条件を探り出すことが重要である。グローバル平和価値や問題を地球平和公共財や問題としてアプローチすることが，グローバル平和の在り方や問題を正確な描写，それらの確実な本質と特性についての理解，それらの適切な分析・説明，妥当な未来の予測と危機およびリスク予測，そして有効かつ現実的な平和財構築の必要・可能条件の抽出，などを可能にするからに他ならない。要するに，そのことはグローバル平和危機（リスク）社会の変革によって，地球上のすべての存在が平和財を享受することができることを意味する。

本章の目的は，グローバル平和価値や問題へ地球公共財の視点からアプローチすることによって，グローバル平和危機（リスク）社会を変革し，すべての国や人びと，その他のすべての存在が自由に平和財（価値）へ接近し，その平和財（価値）を平等に享受することができるような平和公共財構築の必要・可能条件を抽出することである。そのため，第2節では，今日のグローバル平和危機（リスク）社会の構造的特性を明らかにした上で，なぜグローバル平和危機（リスク）構造の変革のために地球公共財の立場からアプローチする必要と可能性があるのかを解明する。第3節においては，グローバル平和危機（リスク）構造を形成する諸条件や原因を検討する。第4節のなかでは，防衛・抑止機能・問題点と平和財の関連性について説明を加え，グローバル平和危機（リスク）をつねに維持・強化し，また具体的な暴力（戦争）をつねに引き起こす潜在的な条件を内在化させている世界軍事秩序（世界軍事化体系）が形成され，強化されている事態を解明していく。最後の第5節では，地球公共財としての平和財を構築するグローバル・ガバナンスの在り方を提示する。

2．グローバル平和危機構造の特性と地球公共財としての平和財構築をめぐる諸問題

今日のグローバル危機社会においては，多種多様な地球（グローバル）公共悪が存在しているが，とりわけ戦争をはじめとする暴力やそれを引き起こす原因である紛争，暴力を支え，具体的に表出させる軍事体系，暴力によって受ける危害などの，人類の平和的存在や安全な生活を脅やかしたり，具体的に害を及ぼす「平和ならざる状態」が支配的である。このグローバル平和危機社会はどのような構造的特性を内在させているのだろうか[6]）。

第1の特性は，文字通り，平和危機（リスク）のグローバル化であり，グローバル平和危機（リスク）構造の形成である。平和危機問題の公共性が空間的にも内容的にも地球的規模の広がりをもっていることだ。平和危機を統治し，平和危機問題を解決するためには，グローバル平和危機構造の枠組みに個の平和財を適切に位置づけていくことが重要となり，また，グローバルに平和

危機やリスクを統治したり，解決を可能にするには，グローバル紛争構造や危機的諸問題の統治や解決が必要となる。そのことは明らかに，グローバル危機（リスク）社会において平和財を構築することがますます困難となっている，という現実が存在していることを意味している。グローバルに平和危機社会を構成するいかなる地域で，国で，社会で，国民で，エスニック集団で，地方で，集団で，市民で，また人びとであろうと関係なく，すべてがそれぞれの境界を横断して平和危機ネットワークに組み込まれ，グローバル・レベルで結びつき，組織化された暴力紛争から無関係でいることはできない。いわば平和危機（リスク）構造の時空の圧縮現象が常態化しているなかでは，ある主体や存在が暴力紛争構造を統治したり，解体したり，あるいはまた変革することは著しく困難である。グローバル暴力紛争構造は，特定の社会空間や場，国を選ぶことがないばかりか，特別な時間をも選択することはない。暴力紛争は，つねに，ある社会空間の境界を自由に超えて近くの国ぐににばかりか，遠く離れた国ぐににも容易に波及していく。戦争はもはや個別的な国家的問題と見ることはできない。戦争は世界共同体全体にとって関心をもつべき問題となっている[7]。現実に，人びとは浸透される領域的境界内に生活する以外に選ぶことができないために，平和と人間の安全保障はもはや，あらゆる場所で生活をしているすべての人びとが他者に対する脅威的行動を厳しく阻止する数少ないルールに従うことを保証することなしには，達成されることはない[8]。

平和危機状態や平和危機問題がグローバル化すればするほど，多くの国家や地域，社会，国民，エスニック集団，市民，人びとが個々別々に，とりわけ国家政府も単独ではそれらを統治したり，解決する能力を大きく低下させているために，多くの政府はそれら統治や解決するためのガバナンスを求めざるをえない。各々の国家は積極的に協力制度を構築したり，多種多様な国際組織やレジュームを形成したり，またNGOをはじめ非国家主体の協力を求めなければならない。実際に，多くの国際組織や非国家主体が自ら平和危機問題の解決のために積極的に重要な役割を果たしている。グローバル平和危機問題を引き起こすグローバル「平和ならざる状況」や暴力紛争構造を根本的に変革していく試みが要求される。すべての主体や存在が平和価値を地球公共財化することが要求される。

第2のグローバル平和危機（リスク）社会の特性は，グローバル・レベルで平和危機状態や平和危機問題の多元化・多様化・複合化である。これまでの国際社会における平和価値や問題は事実上，戦争をはじめ暴力紛争の不在状態や軍事的脅威からの安全保障が中心課題であった。もちろん，今日でもその課題は，核戦争勃発の危機をはじめ，最重要なものであるが，それ以外の平和危機問題が多元化・多様化することにある。グローバル平和危機群に影響を及ぼしたり，それらに連動したり，それらの産物としての，あるいはそれらを構成する多種多様なグローバル・リスク群が存在している。U. ベックは，グローバル・リスクの類型として，環境的危機，グローバル金融リスク，テロの脅威，そして伝記的（個の生涯歩んできた事跡的）リスクを挙げている[9]。そうしたリスク群が基本的なものとして容認できるが，その他にも，これまで支配的で，重要な地位と意味を占めてきた国家安全保障・権力・軍事力を中心とする価値群ばかりか，経済的価値，資源エネルギー，健康価値，社会文化的価値，技術・情報価値，人権保障価値，さまざまなアイデンティティ価値，などといった多種多様な問題領域まで平和危機化なりリスク化が拡大している。「21世紀の主要な国際的分裂は必ずしも領土的条件において規定されるものではない。グローバル平和や安定への脅威は，主要な政治的主体の間からよりも，国家内，社会内，文化内での紛争から生じている」[10]。

これまでの国際社会において国家—軍事力中心的安全保障価値をめぐる紛争関係が主要な平和危機問題であったが，今日のグローバル危機（リスク）社会において多種多様な価値や財，目的の非両立的紛争状態が著しく進展することになり，平和危機や問題の在り方が多元化することばかりか，複雑なものにした。なぜならば，それらが多元化・多様化したばかりか，それらが個別的に特化できないほどに，相互に有機的な結びつきを強めた複合化状態を高めることになり，それらの統治・解決を困難なものにし，危機やリスク状態を拡大するからだ。ある危機やリスクを個別的に統治したり，解決する試みは，きわめて困難となる。かえってその危機やリスク状況を深めてしまう。そうした特性は安全保障危機に最も顕著に表出している。9.11とそれに続くテロリズムに対して欧米の安全保障政策の決定者は，これまで見られなかったような脅威や伝統的な条件で不安全を引き起こす新しい原因を見る傾向がある[11]。これまでの

ような国家－軍事力中心的安全保障，国内安全保障，社会文化的安全保障，経済安全保障，食糧安全保障，資源エネルギー安全保障，環境安全保障，人権安全保障，技術安全保障，人間の安全保障，総合安全保障などと，安全保障の枠組みと内容が広がりをもつと同時に，多元化，複雑化したのである。それらの問題領域の危機化，リスク化が高まっているだけに，グローバル社会全体に共通する問題が支配的となることで，著しく公共性が深まることになる。ここでは実際に，グローバル社会全体が危機的問題を抱えていることを意味する。平和危機や問題を狭く平和的生存の危機や問題として，戦争をはじめ暴力紛争を解決したり，防いだり，統治していくためには，単に権力や軍事力，暴力行動の問題ばかりか，戦争や暴力行動を引き起こす多元的な平和危機状態自体の統治や解決が必要となる。すなわち，平和財を構築するには，多種多様な地球公共悪群の統治や解決，変革が要求される。

第3のグローバル平和危機社会の特性は，グローバル社会での平和危機や問題と国内社会の平和危機や問題との明確な二分化ができないほどに両者の境界線があいまいで，不透明なものとなり，両社会の平和危機や問題とが相互に結合したり，依存したり，連動したり，浸透したり，あるいはまた構成する動向が常態化したことである。国内社会レベルでの平和危機や問題がグローバル化するし，また，グローバル社会レベルでの平和危機や問題が国内社会化する現象が一般化している。こうした事態は事実上，グローバル紛争群や公共悪群の形成・展開の反映である。グローバル化と分裂とのダイナミクスは，戦争と平和との国家間と国際環境との，社会と軍部との間で以前見られたような明確な区別をあいまいにすることに役立っている。市民意識や帰属意識も変容している。義務，便益，アイデンティティの概念に複雑な方法で影響を及ぼしている[12]。

グローバル化の進展・深化と共に，国家間の相互浸透・結合関係が増大し，グローバル社会における平和危機やリスク，問題と国内社会のそれらが連動し，国境を自由に横断する紛争や暴力が著しく増大している。そのことから国内政治社会はグローバル政治社会の一部分として位置づけることが必要だし，また，可能である。もちろん，そのことは前者によって後者の存在が一方的に規制されるのではなく，単に全体のなかに部分としての個を適切に位置づける

ことを意味する。そのことは両者の関係が相互浸透・構成関係にあることを物語っている。U. ベックは，コスモポリタンの政治実践を世界内政という「グローバルな内政」を意味する概念を導入する。そして「私達がナショナリズムと決別し世界をあるがままに直視すること，つまりすでにコスモポリタンである通りに物事を見ることだ」。実際に気候変動や金融危機，都市，移民，家族，ヨーロッパ，リスク社会などは，我われにはすでにコスモポリタンである現実が見えてくる。とくに世界都市はこの現実の典型である。世界都市は，財や資本，リスク，表象を発信する結節点として，世界の一部分でありながらも国家の一部分でもある。世界都市は「両立性の理論を体現している典型的な例に他ならない」[13]。そのことは明らかに，ナショナリズムやナショナルな物の見方に立つ限り，世界リスク社会の実像を正確に描くことも，適切に説明することも，また将来を妥当に予測することもできないばかりか，世界リスク社会を統治したり，変革してくこともできないといえる。U. ベックがいうコスモポリタンである現実とは，世界の現実のコスモポリタン化であり，また，世界リスク社会化といってもよい。このことは前章でも見たようにグローバル化であり，また，世界社会における社会現象や関係，行動，現実がグローバルな意味をもつというグローバル性化と類似した考え方である。

　同様に，ナショナリズムやナショナルな物の見方に支配されている国家政府では，グローバル平和危機社会を統治したり，変革することは著しく困難である。国家は事実上，すべての存在に平和価値や財を提供することで有効な役割を果たすことができない。それだけに，自国内の平和価値や財を人びとに提供するためには，グローバル平和危機やリスクの統治・変革が必要となる。グローバル平和危機社会全体にとって平和財の充足が可能となるような方向性をもっていなければならない。自国にとっての平和財や平和問題をグローバル社会のそれらのなかに適切かつ妥当に位置づけることが重要である。そうでない限り，自国自体の平和価値を地球公共財として求めていくことが必要である。

　第4のグローバル平和危機（リスク）社会の特性といえるものは，平和価値や財と軍事力との関係の変容であり，平和保障や安全保障の実現や維持，強化にとって軍事力の地位や機能がますます低下していることに他ならない。しかし，その一方で，グローバル平和危機社会において依然として軍事力や暴力装

置が圧倒的に高いレベルで存在し，平和価値や財，また平和問題の在り方を顕在的であれ潜在的であれ，大きく影響力を及ぼし，また規定している，というジレンマが存在している。平和価値や問題を実際に，ジレンマにある軍事力が内包する二つの条件のなかでどう理解すべきだろうか。グローバル平和危機構造の形成，その多元化・複合化，国内平和危機とグローバル社会の平和危機の相互連動・構成化の高まり，また核をはじめ大量破壊兵器の破壊力の巨大化によってそれらを容易に使用できなくなったこと，などの諸条件が重なって，軍事力は事実上，従来果たしてきた価値や利益，財をめぐる配分決定・実践の支配的手段としての地位をもはや保持することも，有効な機能を果たすこともできなくなっている。しかし，これまでの軍事力は一般的には，国家が求める価値や利益，財などを獲得・維持・拡大することを可能にする手段としてよりも，大きな軍事力を保有すること自体が当事国の価値や利益，財とみなされるほどに，国際政治社会における価値配分決定過程を大きく左右する能力をもってきた。概して，軍事力は一面で，他国と戦争をしないことで平和価値や財を充足したり，あるいは，他国からの軍事的脅威から自国の安全保障を可能にするための手段として一定の機能を果たしてきたことも否定できない。今日でも核をはじめとする大量破壊兵器が有効な抑止力をもつとして，核抑止戦略の正当性が主張され，実際にほぼすべての国ぐにはそれを所有するしないに関係なく，核抑止戦略を採用している。

　だがその半面で，国際政治社会は軍事力が大きくモノをいう世界でもあった。権力闘争が厳しい状態であればあるほど，軍事力は各国の平和や安全を保障する機能を果たすどころか，戦争を引き起こしたり，また不安定な状態を維持・強化することが一般的であった。しかし，各国の政策決定者や軍部も「戦争を防ぐには戦争に備えよ」，あるいは「戦争は政治の一つの手段である」として，自国の防衛や安全にとって軍事力の抑止機能を正当化し，戦争に備える戦略が平和や安全の保障を可能にする，と強調する。しかし，今日のグローバル平和危機社会においては，明らかに，軍事力は自国の利益や目的を容易に達成することができなくなったばかりか，その所有・使用は平和や安全を保障するどころか，かえって致命的なリスクと高いコストを払わざるをえなくなっている。現在では，軍事力の所有性＝使用性＝効用性という等式はまったく成り

立たなくなっている。そのことは実際に，キューバ危機の発生，ベトナム戦争でのアメリカの敗北，アフガニスタンでの軍事行動の失敗，第四次中東戦争での石油戦略の成功，9.11テロ事件の発生，長引いたアフガン戦争やイラク戦争などが物語っている。あるいは，国内戦争・エスニック紛争・地域紛争・宗教紛争などの多発，軍拡競争の継続・激化，核をはじめとする大量破壊兵器の拡散の動き，政治体制の軍事化，多くの国ぐにによる核抑止戦略の採用，さまざまな国ぐにや地域でのテロ行動の日常化，などもその好例である。戦争を防ぐために軍事力を維持・強化することが必要となる限り，一時的には戦争の勃発を防ぐことが可能であれ，戦争はいつでも，またつねに起こりうる。なぜならば，いつでも戦争をすることを可能にする体制と条件，グローバル平和危機常態をつねに維持・強化している。したがって，平和を構築し，安全保障を可能にするには，その世界軍事体系を国内でもグローバル社会でも統治し，変革することが必要となる。ただ単に統治（管理）する試みで終る限り，その体系そのものは何ら変わらないことに留意しなければならない。平和価値を地球公共財として実現するためには，その体系自体の脱構成が要求されることになる。そうでない限り，永続的に戦争を再生産する条件を除去することができないからである。また同時に，戦争を引き起こす潜在的原因であるさまざまな平和危機群（構造）も維持・強化することになるからだ。いわば暴力紛争リスクを常態化する。

第5の平和危機社会の特性は，不完全で，部分的であれ，人類意識や地球運命共同体意識・グローバルな共通目標・政策の形成，協調体制に基づく共通行動の実施などの，平和危機を統治し解決し，あるいはまた変革していくための条件が表出しつつある。そもそも明確な人類意識の形成を大きく促進した特別な要因は，核兵器の登場で人類絶滅の，また人類社会の危機意識の高まりに他ならない。なぜならば，核戦争は特定の国家間のものであっても，その結果はすべての国ぐに，地域，社会，そして人びと，つまり人類に致命的な打撃を与え，つねに人類そのものの絶滅の可能性をもっている。平和の問題を国家や国家間の問題から人類そのものの存在の問題として認識することにあったからだ。また，国家政府が平和危機問題や不安全リスク問題を含めてグローバル紛争群や問題群，公共悪群の統治・解決・変革が困難であり，公共財としての平

2. グローバル平和危機構造の特性と地球公共財としての平和財構築をめぐる諸問題

和財や安全保障財をすべての国ぐにや人びとに供給する能力を欠如しているとの認識も，国民国家の枠組みを超える人類意識や運命共同体意識を高めることになった。それらの意識と結びつきながら平和的生存価値や，経済発展価値，人びとの生活水準の維持・向上，アイデンティティの充足，環境保全価値などを求める勢力や動向が国境を越えてグローバル化していくために，それらの価値や財を実現するために，それらの価値や財の実現を求めてグローバルな意識・政策・行動を前提に，国家のみならず非国家主体間の協力組織や体制の構築が試みられるようになった。いわばコスモポリタン的意識・目標・政策・行動が育成されつつある。不十分なものであれ，地球公共財としての平和財の形成とグローバル危機社会に提供される部分的であれ可能性が表出しつつある。

第6の平和危機（リスク）社会の特性として挙げるべきは，第5の特性と関係しているが，国家政府を中心とする当事者間の平和価値や財配分決定・実践という相互作用関係（ゲーム）の様式に新しい性向が生じてきた点である。地球公共財としての平和財や価値の形成を可能にする国家間の両立的財や価値形成を助長するゲームの新しい様式のルールは，これまでの「ゼロ－サム・ゲーム」のルールばかりか「非ゼロ－サム・ゲーム」のルールが新しく出ている。従来の国家間の平和や安全保障価値の配分決定・実践のルールは，一方の国家の財や価値，利益，目標の獲得は，他方の国家のそれらの喪失を引き起こす，という関係様式である。この国家間のゲームのルールは平和財や安全保障財の非両立的関係の存在を意味する。これは実際に，競合性と排除性が共に高い私有財の在り方に近い内容をもつものだ。厳しい冷戦時代の平和価値や安全保障価値をめぐる米ソ関係，NATOとWTOの東西軍事ブロック関係，そしてまた，豊かな北の国ぐにと貧しい南の国ぐにとの支配－従属関係を意味する南北問題も，典型的な「ゼロ－サム・ゲーム」のルールが作用している。

グローバル平和危機（リスク）社会において，自己が求める平和財や価値，利益，目標を現実のものにしようとするためには，両者ともそれらを獲得することが可能となるような協調関係を積極的に形成することが必要との共通認識の上で，「ゼロ－サム・ゲーム」のルールとは異なる別のゲームのルールに従わねばならない。一方の平和財や価値，利益，目標と他方のそれらとが両立可能となるような共に勝ち，共に獲得できる「非ゼロ－サム・ゲーム」のルー

ルが要求される。グローバル平和危機社会において，一方の求める平和財や価値，目標を設定し，協調関係を形成することによってそれらを実現しようとの認識の高まりは，すべての人びとにとって，またすべての国ぐにとって，「非ゼロ－サム・ゲーム」のルールに従うことによって重大な喪失，あるいはより多くの獲得を回避しようとするからだ[14]。自己の平和財や価値，目標とグローバル平和危機社会でのそれらとが有機的に相互連動関係を構成している以上，自己のそれらを確実なものにするためには，むしろ「非ゼロ－サム・ゲーム」のルールが必要であるとの理解が一般化しつつある。「ゼロ－サム・ゲーム」を追求すると両者の財や価値を喪失する可能性があるとの認識がますます高まっている。でも現実を見ると，「ゼロ－サム・ゲーム」のルールは以前と比べれば，たしかに相対的に弱くなっているといっても，依然として支配的である。それにしても，今日，自己と他者との財や価値の両立性が重要であり，また可能であるという地球公共財としての平和財の構築条件が次第に大きく強まりつつある。

　第7のグローバル平和危機社会の特性は，平和価値や問題の在り方を著しく規定し，多種多様なグローバル紛争群や問題群，公共悪群を統治し，解決し，あるいは変革する機能を試みる非（脱）国家主体の登場とその地位・機能の顕著な増大に他ならない。過去において国際社会の平和価値や問題を規定する主体は国家権力が規定してきた。その規定力はほぼ国家のみが独占してきた。だが，今日では国家はその能力を低下させており，国民は，国家に平和価値や安全保障価値を維持することはできなくなりつつある。グローバル平和危機社会において，国家主権はモノ，カネ，ヒト，理念，情報，生活スタイル，文化や価値，製品あるいは破壊の危機やリスクの流動に浸透され，規定されている。国家政府はさまざまな種類のグローバル社会運動と共に，ますます強力な脱国家的な経済的・政治的主体と争わなければならない[15]。そうした動向に対応する形で，大量の非（脱）国家主体がグローバル危機社会に登場して，平和価値や問題の在り方の決定過程は国境を越えて関わり，それは一定の影響力を及ぼすことが一般化しつつある。無数のINGOや非政府間国際組織，社会運動，市民社会，多国籍企業，民間外交，国内・世界世論といった脱国家主体が国境を交差してグローバル平和危機（リスク）社会を抱えている政治社会空間に広

がり，グローバル平和財や価値の配分決定過程を独自にあるいは国家主体と連動して加わり，それを展開させる直接的・間接的主体となっている。非国家主体は積極的に，国家間関係の平和問題の解決に関わりをもち，影響力の行使を試みたり，国家自らが解決することができなかったり，あるいはこれまで存在していなかった新しい平和問題の統治や解決をすることが多く見られる。そうした事態は，国家の支配する公共空間がその存在意義を大きく低下させ，国家が地球公共財としての平和財の形成能力や国民への供給能力を低下させていることを物語るものであり，また同時に，非国家主体が地球公共財の形成および供給の直接的な主体となりつつあることを意味している。ここに，地球公共財としての平和財構築の必要性と可能性を見ることができる。

　第8のグローバル平和危機（リスク）社会の特性は，アイデンティティの多元化・多様化である。この特性は先に見た第6と第7と関連するものであるが，平和危機（リスク）状態に対して部分的であれ，その状態を統治し，解決するために作用する要件である。これまで領域的主権国家が平和価値や問題の在り方を自由に決定することができたのは，国民のアイデンティティと忠誠心をほぼ独占しつづけることが可能だったからである。平和価値や問題に関する政策決定過程に国民は参加できず，排除されてきた。国民は政府の決定に反対したり，抵抗したり，また否定することはほとんどできず，一方的に政府の決定に追従してきた。国家は国民の考えや声に関係なく，勝手に，国家と国民の平和や安全保障のために戦争をすることを正当化し，国民の犠牲を強要してきた。しかし，今日では国家が事実上，グローバル危機群やリスク群を統治したり，解決したり，あるいは変革する地位や機能，能力を低下させたり，喪失させていくなかで，国民への平和価値をはじめさまざまな公共財を確実に提供することを困難にしていった。国民は次第に，そうした国家に対するアイデンティティや忠誠心を部分的に認めながらも，人類，地域，エスニック集団，階級，社会集団，オピニオン指導者，その他の個人などへのアイデンティティや忠誠心の対象を移すことになった。そのことは実際には，国家主体が平和価値や財，問題の在り方をほぼ独占している状態が，非（脱）国家主体も部分的であれグローバル平和危機（リスク）状態の具体的な在り方を決定する主体（非国家主体）の一部を構成していることを意味する。アイデンティティの多元

化・多様化が進展すればするほど,その在り方を決定する主体としての地位と機能を高めることになる。アイデンティティや忠誠心の多元化・多様化の動向は,国家が一方的に強制する平和価値や財,問題の在り方から解放され,部分的であれ,非(脱)国家主体が自己の求める平和価値や財を規定することを可能にする。それだけに,グローバル平和危機社会に対する統治や解決,変革への多面的アプローチを進展させることになろう。

　これまで見てきたグローバル平和危機状態を形成し,強化する要件としての特性は,第1,第2,第3,第4,であり,その平和危機状態を統治したり,解決したり,あるいは変革する可能性をもつ要件となる特性は,第5,第6,第7,第8の特性である。グローバル平和危機状態が基本的に支配するグローバル社会において,平和危機状態の存在は地球公共性の高い問題であるところから平和価値や問題の解決のための必要・可能条件は,どのようにして地球公共財としての平和財を構築することができるかの問題に他ならない。一般的に,各々の財の在り方は,競合性－非競合性と排除性－非排除性という二本の基軸によって規定される。公共性の高い財か公共性の低い財であるかどうかは,二本の基軸の組み合わせよって規定される。競合性と排除性が共に高い場合,公共性の低い私有財であり,それとは対照的に,非競合性と非排除性が共に高い場合,公共性の高い公共財である。グローバル社会においては,公共性の低い地球公共悪としての平和危機と,公共性の高い地球公共財としての平和財とは著しい非対称的関係にあり,今日では事実上,前者の地球公共悪群としての「平和ならざる状態」が支配的である。地球公共悪としての平和危機を構成する要件は,部分性,個別性,閉鎖性,特殊性,中心から周辺へのベクトル,現状維持性(非変動性)などである。それに対して,地球公共財としての平和財の構成要件は,全体性,共通性,開放制,普遍性,周辺から中心へのベクトル,人間中心主義,現状変革性(変動性)などである。

　公共性が高い地球公共財としての平和財は,第1の要件とし,個や部分より集団や全体にとって平和価値を優先する全体性をもつ。第2の要件は,個の部分にとっての,あるいはそれらのための個別的な,部分的平和価値よりも,それらの共通する平和価値を優先するという共通性である。第3の平和財の要件は,すべての存在にとって平和価値へのアクセスが自由であり,閉鎖されて

いることも，排除されることもないという開放性である。すなわち，その開放性は，一定の理由によって個が自らの意思による以上，誰もが自由に，平等に平和価値へアクセスし，享受できる平等性といってもよい。この開放性という要件は，すべての個や部分が求め，アクセスする平和価値の意味内容は，単一の，固定的なものではなく，それぞれの個や集団が平和価値の意味内容に正当性を認めることが可能となるような公正性をもっていることでもある。第4の要件は，これまで述べてきた平和財の全体性や共通性，開放性，公平性などが，現時点での特定の主体（時代世代）のみに適用するのではなく，将来世代にも通用できるような普遍的をもつものであるべきことだ。第5の要件として指摘すべきは，平和価値を設定する場合に，上からの視点ではなく，下からの視点から平和価値を再構築すべき点である。現在の平和価値は，これまで支配的な地位にあった大国や国際社会の中心部を構成する先進諸国による平和財が最も正しく，望ましいものとして一方的に他者に押し付けてきた。そのためこれまで平和価値から最も疎外されてきた側から平和財の意味内容を構成しなければならない。上から下への，あるいは中心から周辺への平和価値のベクトルではなく，下から上への，あるいは周辺から中心への平和価値のベクトルが作用することが重要である。第6の要件は，人間以外の地球上の他の生物の存在を考慮することなく，また，人間社会を取りまく生態系との関係を無視・軽視して人間の存在，また存在意義・価値のみを中心に考える世界観は自己破壊を招くことになり，人間の生存・生活に大きなダメージを及ぼすことになる。人間と自然環境との関係を正当に位置づけることがないとグローバル平和危機状態を変革することは困難となる。平和財の構築のためには，人間と自然環境との共生のシステムを創成しなければならない。第7の平和財構築ための要件は，現状の平和価値の在り方をあくまで維持志向の政策・思考・行動様式ではなく，現状維持志向に批判・挑戦していく現状変革志向の政策・思考・行動様式を積極的に求めていくことである。前者の様式を維持する限り，現状の平和危機状態を何ら変えていくことはできなく，かえって平和危機状態の拡大再生産につながっていくことを避けることができない。すべての国ぐにやすべての人びとに平和財を提供するためには，公共性の低い現状維持志向平和財ではなく，現状変革志向平和財を構築する以外ないといってよい。

公共財としての平和財には実際に，地球的レベルと国家的レベルの平和財が存在していると理解していいが，両レベルの平和財の関係をどう捉えたらいいだろうか。I. カールらは，ほとんどの公共財は国家公共財であるが，グローバル化によってグローバルなものになったという。生産側から見ると，地球公共財は，国家公共財と国際協調から成る，と捉えている[16]。その上で，公共財および地球公共財の拡大定義を試みている。(1)財は，もし非排除的便益と非競合的便益，あるいは両者をもっているならば公共的であるための特別な潜在性をもっていること，(2)財は，もしすべての人々がそれらを消費することが可能であり，また，非排除的であるならば，事実上，公共的であること，を拡大定義するなかで地球公共財をこう定義する。(3)地球公共財は，すべての国ぐに，人びと，世代に広がりをもっている便益を備えた財である[17]。後で述べるように，地球公共財と国家公共財との関係は非両立的なものというよりも，むしろ「非ゼロ－サム的」といってよい。いずれにしろ，グローバル平和財とは，すべての国ぐに，地域，社会，人びと，世代の広がりをもっている便益を備えた公共財であると理解できる。今日のグローバル平和危機社会を変革するためには，すべての国ぐにや人びとが，自由にアクセスし，享受することができる平和財を構築することである。

3．暴力紛争発生のメカニズム

現代のグローバル平和危機（リスク）社会の構造的特性を見ていくなかから，すべての国ぐに，すべての人びとが，自由に平和価値にアクセスし，またそれを享受することが可能となるような地球的公共財としての平和財を構築する必要があるとの結論を見てきたものの，そもそも平和価値や平和財は，すでに存在しているもの，つまり既存のものではく，創り出すものであり，暴力（戦争）の多元的原因を考慮するものであり，その意味内容は変容するものであり，また，平和価値や財を創り，維持する手段として非軍事力が中心的機能を果たすものである。そうした条件とは対照的に，これまでの平和価値は，一般的には暴力（戦争）はアナキーな国際社会では不可避的に存在するものであ

り，平和を可能なものにし，それを維持する手段は唯一，軍事力を中心とする暴力体系であり，そうした事態は変えることはできないため，平和とは戦争不在状態を意味し，また，平和は創り出すものではなく維持するものだ，などといった条件によって成り立っていた。

そうしたことを強調することは，今日のグローバル平和危機（リスク）社会において，戦争をはじめ暴力紛争よりも，経済的不平等や貧困，環境破壊，人権抑圧，社会的不正義，食糧・飢餓・栄養不良などといった，社会構造が生み出す構造的暴力が支配的であるとか，重要であるとか，あるいは軽視・無視できるものになった，ということを意味するのではない。今日でも，事実上，グローバル平和危機（リスク）構造のなかで，依然として戦争をはじめ暴力紛争は生じており，またそれを引き起こす政治体制や世界軍事化体系，グローバル政治経済状態が存在しているということができる。したがって，問うべき課題は，なぜ現在でも，暴力紛争がグローバル平和危機構造で重要な構成条件として作用しているのか，なぜそうなのか，そしてまた，直接的な暴力紛争と間接的な構造的暴力がどのような関係を構成しているのか，などを明らかにしなければならない。

ここで，平和価値や紛争，暴力などの概念を簡単に見ておこう[18]。前述のように，従来は平和とは戦争不在状態であり，戦争とは平和不在状態を意味し，平和と戦争は対置概念に他ならない。平和と戦争の対置概念は核戦争の危機が高まるなかで，平和と核戦争の対置関係はより明確なものとなった。ところが60年代前後に南北問題が次第に顕在化するようになり，南北間の経済的格差の広がり，とくに第三世界における貧困や飢餓・栄養不足，病気，不平等，政治的腐敗，社会的不安的，価値の破壊，人権の抑圧，社会的不正義などの「平和ならざる状態」が著しく表出するようになると，平和概念は単なる戦争不在状態を超えるものも含むものとして広がりをもつようになった。1964年の段階では，J.ガルトゥングによって「平和と戦争」の構図が再編され，「戦争不在状態」としての平和を「消極的平和」と「人間社会の統合」としての平和を「積極的平和」と名を与え，統一的平和概念の設定を試みた。1969年には，暴力概念を使うことによって，戦争を直接的（主体的）暴力，平和ならざる状態を構造的暴力と読み代えて，「消極的平和」を「直接的暴力不在状

態」,「積極的平和」を「構造的暴力不在状態」として提示した。著者はJ. ガルトゥングの使用しているそうした用語を基本的は容認しているが，暴力は「価値の非両立的状態」の具体的紛争あるいはその行動（例えば戦争やテロ行為，暴力行為など）であるところから，著者は潜在的・顕在的「価値の非両立的状態」を強調したいため，暴力を含めて紛争や紛争構造の用語を使用することが多い。そのため，平和は単に「暴力不在状態」というよりも，「紛争不在状態」として意味づけたい。

　そうした点を前提として，グローバル平和危機（リスク）状態の一側面である戦争をはじめとする暴力構造の現状を検討することが必要である。ヨーロッパ近代主権国家が誕生し，それら国家から成る近代国際社会が成立して以来，ヨーロッパから非ヨーロッパ地域へその国際社会の膨張するグローバル化が本格的に進展を見ることになった。そのグローバル化現象の一側面は実際に，組織的暴力のグローバル化であるということができる。その大きな結果が第一次世界大戦と第二次世界大戦という二つの大戦であった。第二次世界大戦後は組織的暴力のグローバル化が終焉したのではなく，核時代に入るなかで，第三次世界大戦を予測させるほどの戦略的暴力のこれまで以上のグローバル化が進展・深化を見ることになる。この組織的暴力のグローバル化は事実上，平和危機（リスク）構造のグローバル化を意味することはいうまでもない。グローバル・レベルで暴力の組織化が強まれば強まるほど，平和価値の危機構造がますます強固なものとなり，国家や地域，社会，国民エスニック集団，地方などの存在の枠組みを規定するほとんどの境界の事実上の意味内容と機能を大きく脆弱なものにし，それらの境界を超えてすべての人びと（人類）の生存と生活の危機やリスクをますます高めることになる。また，そうした危機やリスクの実像を正確に描き，適切に説明し，妥当な将来を予測し，そしてまた，その動向を解決し，変革するための可能な対応策を打ち出せないことが，よりいっそう危機やリスクを高めることになる。

　そうした事態の推移を見ると，A. マグルーが述べているように，「核戦争は他の手段による政治の継続である」というクラウゼヴィッツのよく繰り返し述べられてきた格言は今日では，「グローバル化は新しい手段による暴力の継続である」としてより適切に再構成されてもよい[19]。そもそもクラウゼヴィッツの

格言は，国際政治過程で戦争を正当化する論理であり，平和危機やリスクの不可避性を意味している。著者はクラウゼヴィッツのその格言を容認することはできないが，新しい手段による暴力やそれを引き起こす原因としての紛争状態のグローバル化がたしかに，平和危機やリスク状態のグローバル化を促進するといってもよい。第二次大戦後，新しい手段としての核兵器の登場による暴力と平和危機構造のグローバル化は実際，米ソを中心とする東西冷戦構造のグローバル化に他ならない。東西の軍事技術の進歩と共に発展したグローバル兵器の原動力は急速に国際システムに拡散することになった。戦後のおよそ20年の間に核兵器保有国が6カ国に増え，ミサイル技術の拡散や大量破壊兵器によって，多くの国が先例がないほどの大量死を計画することができる能力を獲得した。革命的な軍事技術の革新と拡散は，国家安全保障と国際安全保障の区別を浸食することになる。米ソ二超大国の全体的対決はそのまま，組織的暴力の全世界にわたる計画，組織，社会関係を意味する戦略的グローバル性を必然的に生み出したのである。カラシニコフの取引から核による絶滅の恐れまで，世界は単一の運命共同体を構成しているようだった[20]。米ソを中心とする全面的な東西冷戦対決の状態がその緊迫度を高め核戦争勃発の危機意識が異常なほどに高まれば高まるほど，解決しようのない最悪な閉塞感にさいなまれた状態が日常化する。その平和危機状態への米ソを中心とする両陣営の対応は，核戦争や全面的軍事的対決の悪化を防いだり，暖らげるのではなく，相手より戦略的優位に立つための核をはじめ近代兵器をめぐる軍拡競争の選択である。暴力手段の無限の組織化であり，暴力手段のグローバル化の試みの強化でしかない。そうした状況のもとで，皮肉なことに，体系的な大国間戦争は低下する傾向が見られた。その原因の第一は核革命であり，第二には戦争のコストを高め，またその利益の低下である[21]。

　グローバル・レベルで平和危機やリスクが高まるなかでも，米ソを中心とする東西両軍事ブロックは核戦争や近代兵器による大規模戦争を避けるため，非ヨーロッパ地域に熱戦を移し，非ヨーロッパ地域で，代理戦争を行わせることが一般である。第三世界の国ぐにや地域は，国際システムの米ソから成る中心部の安定を計り核戦争の大規模戦争勃発を防ぐために，代理戦争の場であった。それだけに，第三世界地域を各々の陣営に組み入れる競争が激しさを増

し，それらの国ぐにと軍事同盟を結んだり，その地域内の軍事協力関係の強化を計ったり，あるいはそれら国ぐにへ軍事援助や軍事協力と強化を積極的に進めていった。また，それらの国ぐにには軍事政権の維持のためにも，近隣諸国との軍事的対立に備えるためにも兵器の拡大をはかり，兵器を積極的に購入していった。こうして暴力手段が大量に第三世界の国ぐにに移転されることになり，組織的暴力のグローバル化が著しく進展した。そうした事態が軍事的対立を引き起こし，そうした国ぐにの間で多くの戦争が展開することになった。

　そうした組織的暴力のグローバル化が大きく強化される一方で，核抑止戦略を基礎とする米ソを中心とする核軍拡競争は 1960 年代中葉に膨大な核兵器体系をほぼ完備するようになる。米ソは共に，単に大規模な組織的暴力手段をグローバル化したのみならず，相手もまた地球上の人類を何度も破壊することになるほどの，必要以上の異常な破壊力をもつ大陸間弾道ミサイル搭載の数百の（核）熱弾頭を配置することが可能となる段階にまで軍事兵器を蓄積するまで発展した。そのことは，戦争の場合には各々の側がその敵の主な都市もそれらのユーラシア同盟の都市を容易に破壊することができることを意味した。この破壊は数時間で起こるが，目標とする地域の人びとのほとんどを殺害し傷つけ，政府や交通，コミュニケーション，病院施設などを機能不全に陥れ，そしてまた，どのような種類の機能している近代経済を根絶してしまう。大都市を目標とするわずかな核ミサイルでも膨大な数の人びとを殺害し，傷つけ，そして数年間あるいは数十年間にわたって政府や経済機能を無力化する。さまざまな種類の核ミサイルや核戦略の進展のなかで，米ソ両大国のどちらもそうした攻撃に対する物理的防衛の信頼しうる手段を見い出すことができなかった[22]。核軍拡競争が展開するなかで，自国が他国以上の核ミサイルをもってもひとり勝ちすることはできない「核の手詰り」状態が存在している。米ソは事実上，「相互確証破壊関係」を構成している以上，ひとり勝ちはありえず，「共倒れ」以外は考えられなくなった。

　そうしたなかで，1962 年 10 月に，米ソの全面的な核戦争勃発という「キューバ危機」が発生すると，これを経緯に人類絶滅という危機を防ぐため，米ソ関係改善を模索するなかで，部分的核実験禁止条約の締結と「ホット・ライン」の設置が決定された。それとの関係で，NATO と WTO との軍事的緊張力緩

和の方向に進んだ。しかし，そうした動向には明らかに，核戦争勃発の可能性が全くなくなったことを意味しないことを理解しなければならない。なぜならば，米ソをはじめ東西軍事ブロック諸国，中国，日本などの国ぐには，核兵器を自ら所有しているかいないかに関係なく，核抑止戦略（政策）それ自体を放棄したり，拒否したのではなく，それらの国ぐには依然として自国や自陣営の国家安全保障の戦略の基軸を核抑止戦略に置いていたのである。したがって，組織的暴力のグローバル化が弱ったり，後退したのではなく，その維持・強化が継続していく。

そうした継続の性向を支えたものの一つが科学技術の発展に伴う兵器の近代化であり，コミュニケーション革命や情報革命，交通・通信革命による新しい戦闘様式の関係である。前者は単に兵器の大量生産を可能にしたばかりか，その性能を大幅に高め，核兵器と同様なレベルでないものの，それに近いレベルでの膨大な破壊力と殺傷力をもつような兵器の近代化が無限に進んでいる。通常兵器と大量破壊兵器との境界があいまいなものになるほどに兵器の近代化が展開した。しかもその近代兵器は，大国間レベルでの戦争が発生していないため大国と弱小国家の非対称的戦闘の場合や開発途上諸国間の戦争，国内戦争，対テロ戦争などといった際に使用されるようになった。「新しい戦争」といわれる国内戦争やエスニック・宗教戦争，テロ活動などと，対テロ戦争や人道上の介入としての武力行使などで大量の兵器が使用されるようになった。そのため，「新しい戦争」が多発するようになることで，地球上の深部にまで組織手暴力が広がることで，平和危機（リスク）構造が強固なものとなる。

1970年代中頃においては，国家間戦争はほとんどなくなり（先進諸国なり大国の間での戦争は第二次大戦後に一度起きたがそれ以後は今日まで起きていない），それより少し多い国際化戦争と，著しい数の国内戦争が発生している。2004年からは国家間戦争はほぼ起きていない[23]。国際化戦争と国内戦争とが圧倒的な数を占めている。前者の国際化戦争は，従来の国家間戦争や今日の典型的な国内戦争とも，かなり異なった様相と意味をもった戦争である。U. ベックは，ドイツがアフガニスタンで関わっている例からそれを「平和の実感」と「戦争の実行」の両方が併存している「ヴァーチャル戦争」の一種という[24]。新たな世界内政的な，社会的に構成された，国境を越えた戦争の選

択的な仮想的現実に関わっている。しかし，戦争は具体的に起きている。アフガニスタン戦争は，アメリカ主導の40以上の諸国家が関与している。だが，戦争は「実感的には平和」として片付けなければならなかった。戦争は「どこかよその場所でよその誰かのため」に起きているに決まっており，戦争を起こした諸国家ましてやドイツ国内ないしはドイツのために生じているのではないのだ。したがって，「平和の実感」と「戦争の実行」の両方が同時におり織り合わさって並存している。すなわち，「実感的な平和と実際の戦争のそれぞれが，空間的また社会的に分断されていて，そして戦争の選択的な仮想現実の図式のもとで特定の演出モデルと正統性のモデルにしたがって相互にかみ合っている限りである」。今では戦争の形態はきわめて複雑な意味内容と様相を備えた国際化戦争としての半面的な仮想の現実がよく見られる。こうしたヴァーチャル戦争は事実上，非対称的戦争の一種ともいえるが，組織的暴力の一側面をもっている。なぜならば，第三世界や東欧地域で暴力紛争が多発していると同時に，それら地域と遠く離れた国ぐにやそれら地域の暴力紛争に関わらざるを得ない状態が日常化することになり，組織的暴力がグローバル化を深化することになる。事実上，人道上の介入であっても，多くの一般人がその犠牲となる。平和なり人道という名の暴力になりがちだ。また，今日，中東地域のシリアやISをめぐる大混乱が続いているが，その背後に米露中の存在があり，その地域の勢力関係はそれら大国の権力関係を反映しており，両者の関係は連動している。前者の暴力紛争ととりわけ米中の暴力体系との連携で組織的暴力のネットワークが著しくグローバル化する。そのことはまた，地球上のすべての地域や国ぐにで，距離にも，時間にも関係なく，テロ活動やサイバー攻撃が，同時に発生する可能性を著しく高めることになる。現在では，グローバルな組織的暴力は，地域も時間も選択しない。いつでも，またどこでも状態が一般化する。

　そうした組織的暴力のグローバル化が進展するなかで，対象的な国家間戦争は大きくその陰が見えなくなり，代って非対称的な国際的戦争やとりわけ国内戦争が大きく進展したのは何ら不思議なことではない。グローバルな組織的暴力の枠組みに組み込まれることになり，国家と国家や地域と地域の明確な境界線はほぼなくなり，また，ある国の国民と別の国の国民とをその組織的暴力の

枠組みのなかで具体的に二分することはできないし，またそのことは意味がなくなる。同一の平和危機（リスク）環境や同様な安全保障危機（リスク）状況の下では，他国や他国民を無視したり，自国や自国民のみの平和や安全価値の充足は事実上，著しく困難となる。領域的平和や安全保障という考えは成り立たなくなる。自己にとっての平和や安全保障は実際には，自己中心ではなく，他者との関係のなかで決まる。「国家安全保障はますます境界ではなく，外で始まる。なぜならば境界は脱国境組織的暴力に対して妨害者であると同時に配達者であるからだ。安全保障は異なるコンテクストにおいて，国家領域性から切り離されている。このことは，カルドーが'新しい戦争—グローバル・サウス'のなかでの複合的な不規則な戦争—と呼ぶものとの関係のなかでますます明らかになっている」[25]。ある意味では，安全保障を平和に代えても，同様なことがいえよう。平和は，国境においてではなく，その外ではじまるのだ。平和は異なるコンテクストにおいて，国家領域性から引き離される。他者の平和と自己の平和は引き離されないのであり，自己のみの平和は容易に成り立たない。組織的暴力がグローバル化されていればいるほど，そのことはいえよう。

組織的暴力がよりいっそうグローバル化を進展・深化するなかで，グローバル・リスクとしての国内戦争の数多くの表出はたしかに，組織的暴力のアジアやアフリカ，中東，中南米などのいわば第三世界における政治的腐敗や不安定，経済的未発展，貧困をはじめとする経済的不平等，文化的・宗教的紛争，エスニック集団間の紛争の存在などの反映である。それらの国内戦争の原因自体を統治し，解決することが必要なのだ。したがって，国内戦争の発生を防ぐためには，それらの背後に存在する紛争や矛盾を排除することができるかできないかの問題である。この点に関しては，もちろん，国家間戦争（国際戦争）の場合にも通用するといえる。

これまで見てきたように，グローバル平和危機社会は事実上，暴力紛争構造のグローバル化社会，つまり組織的暴力のグローバル化社会を意味する。すなわち，平和危機状態（構造）である。U.ベックのいう世界リスク社会の一側面が組織的暴力の舞台（場）である。すなわち，組織的暴力としてのリスク戦争である。U.ベックは次のように主張している[26]。世界社会は，分裂的なグローバル・リスク状況の理論が強化する際に世界リスク社会となる。世界社会

レベルでリスク状況の複雑化と個人化に向う傾向は，それらの分裂化以上のものではないようだ。戦争の変容と複雑化は世界リスク社会において起こっている。すなわち，戦争に似ているか，あるいは戦争を超える組織的暴力形態の出現であり，分裂である。組織的暴力は少なくとも分析のために，その目標，その手段，そして重要な役割を果たすその行動主体などによって，(a)古い戦争，(b)新しい戦争あるいは個人化暴力，(c)ヴァーチャル戦争，(d)グローバル化したテロリストなどに分類することができる。

(a) 20世紀の古い戦争は，国家と国家とのまた，軍隊と軍隊の戦いである。この伝統的な古い戦争はほぼ対等の関係に立つ対称的対決である。米ソ間の冷戦は典型的な対称的冷戦であり，最も極端な相互関係的脅威の潜在性が，いかに平和を育成する計算可能性と両立できる例である。(b)新しい戦争，すなわち，国家によって行使される暴力に取って代わり，また暴力の国家の占有に挑戦し，浸食し，取って代わる私有化された暴力の組織的形態から生じる。その行動主体は，公的な立場にない司令官や地方の独裁者，宗教・民族教条主義者，強欲な暴力起業者，多種多様な犯罪者などであり，力関係が異なる行動主体間の非対称的戦争である。(c)前にも述べられてきたが，コソボ紛争の場合のように，ヴァーチャル戦争である。ヴァーチャルとは，その戦争が，一方で地上軍を動員しての征服は空からの爆撃の戦略に取って代わられるため，それは西側の兵士の犠牲者は最小限度に抑えることができる，という意味と，他方で，西側の社会にとっては，戦争は純粋な「観客スポーツ」となっている，という二重の意味をもっている。「ヴァーチャル戦争」は，いわば「平和の実感」と「戦争の実行」というあいまいな性格をもつ。また，安全保障の概念は21世紀に基本的に変化している。安全保障は，例えば南北朝鮮間，インドとパキスタン，イランとイスラエルの間での，古典的意味においていまだに戦争を防止する問題である。安全保障はまた，ある地域において基本的人権を保障する問題として，世界的規模の連帯を背景としてますます理解されている。

(d) 人道主義的目標の実現が「ヴァーチャル戦争」の目標として挙げられるが，ビンラディンの自爆テロの新しい形態は，過激に対立する目標つまり西洋の近代性を打破する目標によって行われている。第1の近代性（西洋の伝統的近代性）のテロは分類上その違いはあいまいなものとなっているが，第2の

近代性（再帰的近代性）の国境横断的，グローバル・テロと異なるものだ。今日のテロ行為はアルカイダに代表されるように，どの国家領域をも支配しないし，また，一つの領域に根をもってはいない。したがって，そのテロ行為はどの国家によっても限定されないし，また，いかなる場所にも存在するし，どの場所にでも存在しない。

　分析的には前述したように，古い，新しい，そしてヴァーチャル戦争，そしてまたグローバル・テロ攻撃の予想などは，例えばイラク戦争（第二次湾岸戦争），レバノン戦争といった軍事紛争において混ざり，かぶさり，そして溶け合っている。U.ベックはそれをリスク戦争と呼んでいる。あるいはそれを組織的暴力ともいう。確かに，ヴァーチャル戦争の場合のように，平和と戦争の明確な区別は難しいとしても，現実的には，それも国際的戦争なり，軍事力の行使である。何よりも重要なのは，世界リスク社会において重要なのは経済的暴力のグローバル化であり，そうしたものをどのように取り除いていくか，またそうできるか，の平和の創造の問題である。平和を単に物理的暴力や軍事力との関係からではなく，その物理的暴力や軍事力の行為を引き起こす原因も，それらの暴力以外の勢力や条件との関係をも含まなければならない。平和とは実際に，それらをすべてが不在状態と捉えたい。グローバル平和危機状態（構造）は，「平和ならざる状態」と同じものであり，またグローバルな組織的暴力という意味である。また，U.ベックのいうリスク戦争や組織的暴力は，前者の平和危機状態なり，グローバル組織的暴力の一側面といえる。したがって，グローバル平和リスク状態（構造）という場合は，U.ベックのいうリスクとは同一のものではなく，グローバル平和危機状態（構造）と同じものである。グローバル平和危機状態（構造）やグローバル組織的暴力という概念を使用するのは，戦争やテロ行為などの暴力を生み出すさまざまな要件である紛争構造や軍事力の在り方も組織的暴力に含める必要があるからだ。なぜならば，戦争やテロ行為などの統治・解決・変革する必要・可能条件を抽出するためだからだ。そしてまた，戦争（暴力）などと平和の在り方を規定する要件は軍事力ばかりか，非軍事力（非暴力）も重要な役割影響力を適切に評価する必要があるからだ。

4．防衛・抑止・国家理性・世界軍事秩序

　現在，グローバル平和危機（リスク）状態としての組織的暴力のグローバル化がいっそう勢いをつけて進展・深化しているが，それを阻止したり，弱めたりする対抗勢力もほとんど存在しないし，また，そうした動向に正確かつ適切に対応し，根本的な問題を統治したり，解決したり，あるいはまた変革しうるグローバル・ガバナンスは構築されていない。それどころか現実には，国家がこれまでとってきた平和や安全を保障する政策や方法，目標，考え方が基本的には変ることなく通用している。したがって。グローバル組織化暴力の支配する平和危機（リスク）状態が拡大再生産されることは避けられなくなることはいうまでもない。そこで，防衛や抑止，国家理性（国家利益），世界軍事化体系について検討を加えることが必要となる[27]。防衛政策はこれまで長期にわたって自国の安全を確保するために，どの国家もとってきた基本的な対外政策の大きな一つであった。防衛政策は事実上国防政策といえる。アナキーな国際社会において自国の独立を維持し，安全を確保するために最小限度の正当な政策とされてきた。20世紀前後では，戦争がどの国にも正当なものとして認められていたことからも明らかである。その意味で，防衛政策は事実上，平和とは非両立的関係にある。防衛政策は本来的に，自国に対する他国の軍事的行動があった場合に，自国の存立と安全を敵国から守るという受動的政策である。一方で，敵対国からの具体的な軍事的攻撃に対して自国を守るという意味と，他方で，敵国に具体的な軍事的行動をとらせないという意味がある。防衛概念は本質的には，他国から自国を守るという消極的権力であって，積極（攻撃）的権力ではない。それは他国に対して先行して攻撃したり，他国に軍事的攻撃を行うという脅威を積極的に与えることではない。これまでの国際政治過程でも現在のグローバル政治過程でも同様に，政治権力は実際に，ある国が自国にとって好ましい，受け入れられる行動を他国に取らせるという形での積極的権力と，自国にとって好ましくない，避けたい行動を他国に取らせないという形での消極的権力とに区別することができる。一般的には，国内政治過程では積

極的権力が支配的であるが，反対に，世界社会での権力は後者の消極的権力が相対的に作用することが多い。後者の世界政治社会には，前者の政治社会では当然のように存在している権威的統治体（国家および政府にあたる世界国家や世界政府・世界連邦国家）は存在していない。たしかに，世界社会においても国際組織や制度が数多く存在しているものの，国家がもっている権威的権力も機能も所有していない。そのため世界政治過程では実際に，水平的なヨコの権力関係が支配的であるところから，消極的権力が通用する。明らかに世界社会では，他者に対する支配的機能と抑止的機能をもつ権力が作用しているが，一般的には後者の抑止的権力（消極的権力）を多く見ることができる。防衛概念は基本的には，他国からの攻撃や軍事的脅威に対し自国が備えている軍事力によって防止するという意味で，抑止権力と捉えることが可能である。

　そうした防衛政策の具体的内容は明らかに，他国の軍事的攻撃や脅威に対して自国の生存や独立，安全を防護する志向性に立脚する防衛政策といったところで，事実上，他国を攻撃することができない文字通り最低限度のレベルの軍事的備えによる政策から，他国を攻撃できるレベルの大規模な軍事力を備えることによる政策まできわめて幅広い。前者のいわゆる防護的防衛政策は，最低限度の軍事力の備えに依存しながらも外交力をはじめ非軍事的手段を積極的に活用する。それとは対照的に，後者のいわゆる攻撃的防衛政策は事実上，他国を積極的に攻撃して十分に大きなダメージを与えることが可能な政策（戦略）である。J. ジョンソンと B. リーズは，1816年から2000年までの間の分析によって，抑止や同盟，エスカレーションなどといった防衛を見込みのあるものにする三つの潜在的効果が見られるという。防衛的同盟は国際紛争の発生する可能性を低下させてきたので，世界平和を維持しようと求める国家にとって好ましい政策の選択であるという[28]。こうした見解は必ずしも正しいものであるといえないが，そのことは，グローバル平和危機（リスク）状態や国内の不安定な政治状況，リーダーシップを発揮することができない不毛な政策決定者の存在によって大きく左右されると理解されてよい。しかし，現実には，国家防衛政策（戦略）は，どのような形態のものであれ，あるいはどの程度のものであれ，兵器体系，軍事産業，軍事技術，核実験，兵器貿易，軍拡競争，そしてまた具体的な形態としての戦争問題と結びついている[29]。必要であれ

必要でなかれ、いつでも他国を軍事的に攻撃できる軍事体系が政治過程のなかに形成されている。実際に、自国の防衛のためというよりも、他国を攻撃するための政策（戦力）が十分に用意されている。

　また、一般的に、防衛政策は多くの場合に単なる非軍事的外交を展開するというよりも、軍事力を背景とした強圧的外交となりやすい。他国に対してかえって軍事的脅威を与えることになる。他国の軍事的脅威がなくても、事実上、本質的に脅威は存在しているとの認識を前提に他国の軍事的脅威に対応する一定レベルの軍事力を保有しているため、その軍事的脅威をつねに拡大することになる。自国の軍事力を高いレベルで維持したり、さらに拡大することを正当化するばかりか、場合によっては、それを実際に使用する性向は避けられなくなる。そのためにこれまでの現実の国際政治過程で、多くの戦争が、侵略戦争ではなく、やむをえない自国の防衛のための正しい防衛戦争として正当化されてきた。こうして見ると、防衛政策は、自国中心の「自国の、自国による、自国のための国防政策」であり、軍事中心の「軍事力の、軍事力による、軍事力のための国防政策」であり、そうしてまた、自国の生存・独立の国家理性中心の「国家理性の、国家理性による、国家理性のための国防政策」に他ならない。防衛概念は自国中心であり、他国やまた世界社会に開かれた概念的意味をもつものではなく、きわめて閉鎖的概念である。したがって、防衛政策は平和価値と結びつく関係性は見られず、地球公共財としての平和財の何らかの構築にとって重要な意味をもつことはない。

　平和価値と抑止概念はどのような関係にあるのだろうか[30]。抑止概念はこれまで検討して防衛概念と共通項をもっているが、核時代に入った第二次大戦後は、前者の抑止概念が重要な意味をもつようになった。防衛概念は概して、他国からの軍事的脅威から自国の安全を確かなものにするという受動的対応姿勢を意味するが、抑止概念は明らかに、他国からの核攻撃の脅威を抑え込むという能動的対抗姿勢を意味する。他国からの核攻撃の脅威を自国の核軍事力によって抑止する権力は、典型的な消極的権力に他ならない。抑止力は本質的に、権力の一形態である。抑止力は、前述したように、自己の目的を実現するために他者に何らかの行動様式をとらせないようコントロールする消極的権力である。実際、世界政治過程のなかで、一般的に軍事力は他国からの攻撃やそ

の脅威に備える手段としてではなく，相手側から自国に対する攻撃やその脅威を抑止する手段として機能する，という考え方である。軍事力による抑止戦略（政策）は事実上，第二次大戦後の核時代の世界政治過程に固有のものではなく，古くからの軍事戦略として一般に使用されてきたものの，簡単には使用できない大量破壊兵器である核の出現後はいっそうこの抑止機能が軍事力の役割として支配的なものになった。

したがって，きわめて明確の形での抑止機能（抑止力）に基づいて核戦争の勃発を防ぎ平和を実現する方策が，核抑止戦略（理論）に他ならない[31]。第二次大戦後の核兵器の出現は事実上，これまでの軍事力のもっていた世界政治秩序における地位も軍事力の果たしてきた機能も大きく変容させると同時に，戦争や暴力紛争の意味内容も形態も根本的に変えることになった。核兵器は必要以上の，あまりにも大きな殺傷力・破壊力をもっているため簡単かつ容易に使用できないものになり，それを関係当事者相互に使用させない核機能しか果たすことができないものにした。核兵器は実際に，核戦争を最も非合理的な方策とすることになり，核兵器は本質的に戦争遂行能力ではなくなり，軍事力の所有性＝使用性＝有効性という等式は成り立たなくなった。核軍事力は事実上，他者の行動様式をコントロールする手段としての積極的権力ではなく，他者の行動様式を抑止する手段としての典型的な消極的権力の意味をもつことになった。すなわち，核兵器は自由にかつ容易に使用できない兵器となったため，ある国が敵に報復することで，敵に耐えがたいほどのコストを支払わせる能力を所有することで攻撃を思い止まらせる，という抑止機能しかもたざるをえなくなった。関係当事者は完全な破壊の恐怖つまり共倒れの恐怖を前提として，両者の間の平和を確保することとなる[32]。

両者が相互確証破壊（MAD）関係にあるという前提の上で成り立っている防御システムは本来的に，非両立的な理論に基礎を置いている。一方で，核攻撃は相互に抑止されうるという理論と，他方で，核兵器が実際に相互に使用される可能性がきわめて高いという理論とが共存している。両者は各々，他者がいつでも誤った，非合理的な核攻撃をすることができるという恐れをもつことで，抑止作用している[33]。抑止機能は概して，知覚された能力とそれを使用する意思があるいは信憑性の関数である。たしかに，核抑止力も基本的には，

知覚された能力とその実際的使用の両者が相互にもっている点に着目する必要がある。それだけに核抑止戦略は本質的にパラドクスをもっていることを意味している。グローバル平和は，キューバ危機が物語っているように，平和危機や平和リスクを前提の上に成り立っている。

　抑止概念は，防衛概念が防御的防衛と攻撃的防衛という二つの意味があるように，懲罰的抑止と拒否の抑止という二重の意味で使用される。懲罰的抑止とは，攻撃を意図してる相手に対して，もし実際に攻撃したならば，効果的な報復を加えるという威嚇によって攻撃を思い止まらせるものだ。攻撃側はその攻撃によって得るよりも，被害者側が懲罰として報復することによってそれ以上の損害やコストを払わざるをえなくなる。拒否的抑止とは，攻撃者に対してその意図や攻撃行動を自国の強大な防衛力をも見せつけることによって攻撃者の侵略や攻撃を撃退することで，それらを拒否することができるというものだ。この抑止は，効果的な抵抗を攻撃側に確信させることによって相手側の侵略を思い止まれせるということである。懲罰的抑止にしろ拒否的抑止のいずれにしろ，相手側の侵略や攻撃を抑止することを確実に可能にするためには，相手に懲罰を与えるための，一定規模の軍事力を所有することが必要となる。しかも抑止は本来，一定規模の膨大な軍事力を所有しても，最適な軍事力を所有しても，実際的な軍事力の使用を回避することが最重要な目的なのだ。抑止機能は事実上，軍事力の使用性より所有性に基礎を置いていることを理解しなければならない。そうした点から見ると，懲罰的抑止と拒否的抑止とは非両立的なものではなく，両立的なものだ。とりわけ核抑止戦略は実際に，矛盾することなく二つの意味を共存させている。

　今日のグローバル平和危機（リスク）社会において，多くの国ぐには核を保有するしないに関係なく，核抑止戦略を平和・安全保障政策として採用している。この戦略が有効的にかつ正常に機能を遂行するためには，次のよう条件が必要である。(1)関係当事者が相互に抑止を可能にする一定規模の核軍事力を所有していることである。(2)その条件が必要であるものの，各々が所有する核戦略の規模や能力は完全に同一のものではなくても，両者の間でそれらに大きな格差があったり，あるいは核軍事能力が著しく不均衡に配分されていることではなく，抑止機能が相互に円滑に作用するために必要なほぼ同程度の核軍

事的能力を所有していることが必要である。また，核兵器の開発も同程度に進展し格差を生まないようにしなければならない。もし両者の間で核軍事力の大きな格差があれば，一方がいつでも勝利を求めて自由に使用したくなり，抑止機能が働かなくなる。(3) 両者が適切な合理的思考・行動様式をもっていることだ。もし自国が核軍事力を行使した場合，どれだけ得ることができるか，あるいはどれだけ損をすることになるのか，成功するか失敗するかの，そしてまた，相手がどう対応するのか，などについて合理的・客観的計算および適切な行動様式をとることが可能となることが必要となる。もし両者がそれぞれ他者の目的や考え方，意図，行動について合理的・客観的に認識，判断，評価できずに，非合理的・主観的思考や行動様式をとることになれば，核戦争が容易に起こることになる。関係当事者の目的や手段，行動様式，現状などについて共通の認識が存在しなければならない。

(4) 相手を抑止するに，十分な核軍事的能力をもつだけではなく，もし相手の侵略や攻撃行動が実際にあった場合には，その核軍事力を確実に行使する信頼しうる意思を明確にもっていることだ。相手の軍事的侵略や攻撃といった行動様式を十分に抑止するのに必要な核軍事能力を所有していても，いざとなれば必ずそれを行使するとの明確な意図がなければならない。もし相手が実際に軍事力を行使した場合には，自国がどのような犠牲やコストを払っても確実にその相手に対して核軍事力を行使するという信憑性がなければならない。いざとなれば，相手に対して報復として核軍事力行使を確実に実施するという信憑性がなければ，あるいは，相手側がその当事国の意図を誤認したり，無視したり，信じなければ，相手側は安心して侵略したり，攻撃行動をとることになり，抑止は明らかに失敗する。(5) そうした誤解や無視，不信が生じないようにするために，関係当事者の間で意思疎通が可能となるような回路や仕組みが確立していることが大切である。それらを通して，一定レベルの信頼関係が醸成されることが重要である。不信関係から信頼関係へ大きく変容するなかで，必要以上に核軍事力の拡大を求めないだろうし，より適切な合理性・客観的な思考・行動様式をとることを可能にするだろうし，そしてまた，相手の意図の誤解や不信をさらに低下させることにつながる。そのことがまた，核軍事力の地位や機能，存在意義を低下させることになり，軍拡から軍縮の方向へ大きく

シフトすることが可能となろう。

　そうした核抑止戦略が正常に機能する五つの必要条件は実際には，それぞれ逆機能する矛盾を内包していることを理解する必要がある。(1)の相手の侵略や攻撃を抑止する十分な程度の軍事力を所有していることは，「戦争を防ぐには，戦争に備えよ」，「戦争は政治の延長（一手段）である」，「アナーキー（無政府状態）な国際社会においては権力闘争が不可避となる」，などの命題を前提としている。それらの命題は，戦争が国家にとって不可避なものであり，国家はつねに戦争を起こしうる条件を永続化することになるため，軍事力の行使が合法的・合理的手段として正当化されることになる。しかし，現実的には，相手側の侵略や攻撃を抑止するために軍事力によって対応することは，ある状況のもとでは一時的に可能であるとしても，軍事的抑止力は本来的に，相手の侵略や攻撃を永続的に抑止できないばかりか，かえって相手側の軍事的脅威や侵略行動を引き起こし，自国の平和や安全をいっそう脅やかしがちだ。なぜならば，軍事的抑止力は「安全保障のジレンマ」というメカニズムを作動させることで，戦争を引き起こすことにつながる不安全な軍拡競争を再生産することになるからだ。現在の世界社会は事実上，どの国家も正当な支配を受け入れる権威をもつ統治体（世界国家や世界政府，世界連邦国家など）が存在していないところから，すべての国家にとって最も重要な価値が平和であり，安全であり，生存である。平和保障や安全保障は客観的というよりも主観的作用であるところから，これで十分であるというレベルの平和状態や安全保障を充足することは実際には，著しく困難である。つねに不確定で，不安定で，あいまいである安全保障価値をより確実なレベルまで高めていくためには，相手の行動様式を抑止するためによりいっそうの軍事力の蓄積を試みることになる。そうした過程で「安全保障のジレンマ」が常態化し，軍事的抑止力の強化をめざして，軍備拡大競争がつねに展開されることになる。その過程で軍事力が独走して戦争が勃発することは避けられなくなる。「戦争を防ぐためには，戦争に備えよ」や「戦争は政治の延長である」などの命題は，軍備拡大競争を不可避なものとし，また，戦争を正当化することにつながる。そうした意味で，「安全保障のジレンマ」は「平和保障のジレンマ」ということもできる。

　自国や軍事ブロックの生存や平和，安全保障，政治経済体制の維持・拡大な

どのために，米ソを中心とする東西両陣営が依存してきた核抑止戦略はつねに，全人類を絶滅させる可能性を常態化させてきた。そうしてまた，冷戦が終焉した現在でもその状態が永続していることが何よりも，グローバル平和危機（リスク）状態を，あるいはグローバルに組織的暴力の現状を物語っている。1945年8月の広島・長崎での原爆投下以来，今日までたしかに核戦争が実際に勃発していないことで，核抑止力の正当性を認めることはできない。なぜならば，そのタテマエとしては，つねに核戦争を起こす，あるいは起こる状態を永続的に維持する戦略である。すなわち，この戦略はつねに核戦争をする，あるいはいつでも核戦争できるものに他ならない。現実を見ると，核抑止戦略によって核戦争が起こらないのではなく，核戦争を容易に起こすことができないだけである。核戦争が勃発していないことは，その戦略が正当であることを意味しない。そうした核抑止戦略に内在する問題は，通常の軍事的抑止戦略（理論）についても同様なことがいえる。

　そうした軍事的抑止が有効に機能する条件である，相手の脅威や攻撃を抑止するために一定程度の十分な軍事力の所有という条件は事実上，重大な矛盾を内包している。そのため，その他の(2)から(5)までの条件も(1)と関連して逆機能する矛盾を内包している。(2)の条件である，相手側の核兵器をも含んでいる軍事力とそれを抑止しようとする自国の軍事的適応力（軍事的抑止力）とほぼ同程度の規模の軍事力であることが必要といっても，現実的には，その必要条件をつねに維持することは著しく困難である。両者の間で軍事力に大きな格差がある場合には，相互に他者の行動様式をコントロールする抑止機能は有効なものとして作用しない。両者の間で格差が実際にあってもなくても，相互に軍事力のよりいっそうの拡大を試みる。ここでも「安全保障のジレンマ」も「平和保障のジレンマ」が作用し，軍拡競争が永続的に展開することになる。両者はおたがいに，軍事力の格差をなくして対等な配分をもとめるとのタテマエで，両者はつねに相手以上の軍事力の拡大・強化を求めて権力ゲームを繰り広げていく。現実は，両者がそれぞれ相手以上に平和・安全保障のレベルを高めようと試みても，反対に，より以上の不安全な状況に陥ることになる。ここでもより高い平和・安全保障のレベルを求めて軍事力のいっそうの拡大が試みられる。その動きに対応する形で，今度は相手側は不安全感を強めるため自己の軍

事力のよりいっそうの拡大・強化を図ることになる。こうして軍事的抑止戦略はつねに，負のスパイラルに陥ることは避けられない。そうした事態が展開される過程で戦争が起こる可能性がつねに潜在化・顕在化することになる。

(3)の両者が適切な合理的思考・行動様式を取るという条件にも逆機能が存在する。相手がいかなる目的や意図をもって，どのような程度の軍事力をもって，どのような軍事行動をとろうとしているのか，具体的に軍事攻撃があった場合にどのような被害やコストが発生するのか，そしてまた，両国の関係はどのような問題を抱え，どのような緊張状態に置かれているのか，などについての正確かつ合理的・客観的評価や認識とそれに伴う合理的行動を取る必要がある。しかし，実際には，相手の目的や意図，軍事力の規模・能力，軍事行動の実態，戦争に伴う費用と利益などに関して知ることは著しく困難である。相手側は当然のことながら，その目的や意図を明らかにしない。とくに安全保障戦略や軍事問題は機密事項であり，その手の内を意図的に隠すために，それらを合理的・客観的に認識したり，判断することは容易なことではない。そのことが相互に誤解を生むことになり，両者に非合理的思考・行動様式をとらせる傾向は避けられない。

(4)の，いざとなれば軍事力を確実に行使するという信憑性があるという条件も，実際には，意図した通りに，あるいは他国に軍事力行使を約束したように，武力行使をしないことが歴史的に多く経験されている。この条件は，実際の抑止機能の作用を困難にする条件となっていると理解できる。自国が具体的に軍事力を，報復として使用した場合には，自国のより大きな被害と費用が避けられなくなると判断した場合には，軍事力の行使は避けることがむしろ一般的である。まして友好国と結束している場合でも，その国のために報復として自国の軍事力を行使することは現実的ではない。ただ，両者が同様な考えをもつ場合には，結果的に相互に抑止が機能するものの，いかなる場合でも両者が同様な考えをもつことは実際には難しい。

(5)の条件でも，事実上，両者の間で不安定かつ不十分な状態が存在している。両者の意思疎通ができる正常な回路も，軍事力行使に対する民主的コントロール・システムの存在にも，逆機能する傾向がみられる。相互に大規模な軍事力を所有し，相手の攻撃を抑止しようとして軍事的敵対関係にある両者が，

両者の共通認識を形成し，信頼関係を醸成する意思疎通の回路や仕組みを具体的に形成していくことは容易ではない。そればかりか，この回路や仕組みはかえって相互の誤解や不信を生み出したり，あるいはまた，相手をだますために利用されることが多い。なぜならば，相手側はこの回路や仕組みが存在していることで，他者を油断させたり，安心させることで軍事的攻撃や行動を取りやすくするばかりか，それらの行動を正当化するために利用しがちである。相手側を油断させるために，意図的に誤ったメッセージを送ることも珍しいことではない。相手をだましたり，だまされたりする可能性がつねに存在しており，相互不信が弱まるどころか，かえって強まる傾向が常態化する。相互信頼関係を醸成していくためには，相互不信を維持・強化している（核）軍事力による抑止体系そのものを解体したり，変革する必要があろう。そうでない限り，不信関係から信頼関係への転換はきわめてむずかしい。

したがって，そうした（核）軍事力抑止戦略（理論）を前提とする限り，グローバル平和も安全保障も構築することはできない。その戦略や政策が支配する限り，平和も安全保障も構築することはできない。グローバル平和（安全）危機状態やグローバル平和（安全）リスク状態を統治したり，解決したり，あるいはまた変革することは実際には著しく困難である。「軍事的抑止力の，軍事的抑止力による，軍事的抑止力のための平和（安全）」や「自国の，自国による，自国ための平和（安全）」は事実上，戦争が起こらないばかりか，戦争を生み出す原因が存在していない「平和ならざる状態」を実現することは困難である。「軍事的抑止力による平和（安全）」は明らかに，グローバル平和（安全）危機やリスク状態を維持するばかりか，その拡大再生産を常態化することになる。なぜならば，軍事的抑止に依存することで，軍事的暴力および暴力紛争体系の拡大再産過程が形成され，グローバルな組織的暴力構造の常態化を強化するからに他ならない。今日では，いつでも暴力紛争が起きている，あるいは起こりうるグローバルな枠組みが構造的に形成されている。それは，核抑止戦略を頂点にグローバル社会全体に軍備拡大競争および軍事体系化を推進する軍事化メカニズムが作用するなかで，「世界軍事秩序」や「世界軍事化体系」と呼んでいいグローバル平和（安全）危機（リスク）構造の枠組みが成り立っていることを理解しなければならない。

5. グローバル平和財創出のためのガバナンスの模索

　現在，我われ人類の生存と生活を破壊させたり，致命的なダメージを与える可能性をもつグローバル平和（安全）危機（リスク）構造を統治したり，解体したり，あるいはまた変革するためには，どのような条件が必要となるだろうか。そしてグローバル平和財はどのようなガバナンスの構築が必要であり，可能となるのだろうか。実際に，グローバル政治過程では，抑止力として軍事的抑止力だけではなく，非軍事的抑止力も前者と比べれば対称的なものではないものの，重要な抑止的機能を果たしている。これまで軍事的抑止力は，軍事的侵略や攻撃，脅威などに対する抑止力として，機能してきたというよりも，むしろ反対に軍事的侵略や攻撃，脅威を維持したり，引き起こしてきた。前述してきたように，軍事的抑止力は事実上，平和や安全を保障するどころか，よりグローバル平和危機（リスク）状態を維持・強化するだけだ。「戦争を防ぐには，戦争に備えよ」なり，「戦争は政治の延長である」との命題を前提とする限り，軍事的抑止力以外の抑止力は考えられないし，無力であり，軍事的抑止力のみが平和を保障できるとの理論が正当化される。実際には，平和危機（リスク）を確実なものにするだけだ。同様に，「核戦争を防ぐには，核戦争に備えよ」もそれとまったく同一の論理である。なぜならば，核戦争を防ぐためには実際に，核兵器を所有し，核抑止力に依存する以外なくなり，いつでも核戦争を行う戦略を用意することを意味するからだ。すなわち，核戦争を防ぐために核戦争を行うことだ，というジレンマが正当化される。通常の国家内戦争や核戦争を防ぐには，軍事的抑止力以外の別の抑止力，つまり非軍事的抑止力が必要となる。

　非軍事的抑止力の存在とその有用性を強調することは，単に理念なり規範としてではない。現実に，第二次大戦後これまで核戦争をはじめ多くの戦争の勃発を防ぐことができたのは，（核）軍事的抑止力が有効に作用したというよりも，多種多様な非軍事的抑止力の機能によってである。平和理念や規範，国民・世界世論および運動，国民外交，政府外交，民主主義的政治体制，国際組

織・制度・レジューム，国際法，経済的相互依存関係の拡大，地球主義の広がり，NGO や非政府間国際組織をはじめとする非（脱）国家主体の存在と役割・活動，解決すべき人類共通の問題（人権問題・環境問題・テロ問題・貧困問題など）の存在に対する危機（リスク）意識，人類意識の高まり，などがグローバル政治過程に大きな影響力をもつことで，非軍事的抑止力としてグローバル平和や安全を保障するために具体的に機能してきた。戦後の長い間の平和はたしかに，一定レベルでの軍事的抑止力の機能を認めることができても，それ以上に非軍事的抑止力の存在と機能によっていることを理解できる。たしかに，これまで世界（国際）社会において何度も戦争が発生してきたことは認めてよい。しかし，軍事的抑止力が不十分なものであったり，弱かったりしたために戦争の勃発を防ぐことができなかったのではない。むしろそれは外交や反戦反核の世論・運動をはじめとする非軍事的抑止力の失敗に他ならない。第二次大戦の勃発に結びついたとされているミュンヘン会談の悲劇も，ヒトラーのナチスに対する英米仏の軍事的抑止力の失敗なり脆弱さというよりも，英米仏の外交の失敗といってよい。

　もう一つの軍事的抑止力の問題性は，それが戦争や暴力を引き起こすさまざまな原因を考慮することなく結果としての戦争のみに注目している点である。たしかに暴力紛争は軍事力自体の論理（安全保障のジレンマ）によって軍事力の独走という形で起こることは認めても，一般には戦争を引き起こす政治的・経済的・社会文化的・人類学的・生態環境的危機やリスクが原因として暴力紛争は生じている。すなわち，何らかの価値や財，利益，地位，目標，能力などの非両立的状態としての紛争が存在している。単なる軍事力や軍事的抑止力の問題ではない。それらの原因を軍事力や抑止力によって取り除いたり，解決することは実際にはできない。したがって，戦争や暴力紛争を防ぐことができるのは，軍事的抑止力ではないことを理解しなければならない。戦争を防ぐには，多種多様な紛争状態（構造）自体を統治し，解決し，あるいはまた変革しなければならない。軍事力によってはその原因を取り除くことができないだけでなく，かえってその原因をよりいっそう深化させることになるだけだ。新しい戦争といわれている国内戦争，エスニック・宗教紛争，テロ活動についても，単なる軍事力の問題ではないことが理解できよう。

したがって，戦争をはじめ暴力紛争の発生を防ぐとは，一つは，「戦争を防ぐには戦争に備えよ」ではなく，「平和に備える」ことであり，また，「戦争は政治の延長である」のではなく，「平和は政治の延長である」ことであり，さらに「アナーキー社会での戦争の不可避性」ではなく「回避性」であること，などが強調されなければならない。そうした論理の正当性を容認できるものが，非軍事的抑止力の存在とその有用性に他ならない。もう一つが，先に述べたように，戦争や暴力紛争を防ぐには，根本的にはそれを生み出すさまざまな原因を取り除くことであり，それができるのは軍事的抑止力ではなく，非軍事的抑止力（非軍事的創造力）だけである。

　そのため，グローバル平和危機（リスク）状態を統治し，解決し，あるいは変革していくためには，単に現実に戦争や暴力紛争が存在していない状態を維持したり，求めるのではなく，戦争や暴力紛争が起きない状態を創造していかなければならない。なぜならば，平和は自然に，先天的に存在しているのではない。ないものを創造していく重要な条件の大きな一つが非軍事的抑止力に他ならない。今日のグローバル平和危機（リスク）状態は本質的に，現実に，人類社会全体の公共問題であるが，もう一方の現実は根本的に多くの国家（社会）平和や安全問題が自国の，自国による，自国のための平和や安全問題として自国中心の思考・行動様式によって支配されていることだ。二つの現実が事実上共存していること自体が確実に平和危機（リスク）状態を維持・強化している。平和価値を国家の私有価値ではなく，すべての国家や人びとが自由に平和価値にアクセスし，平等に平和価値を享受することができるみんなの価値へ変革していくには，平和価値を公共財化しなければならない。まさに非軍事的抑止力（勢力）によって平和価値を公共財化することは，平和価値を創ることを意味する。

　そうした必要性に応えることができるグローバル・ガバナンスはどのようなものであろうか[34]。この問題についてはあらためて第7章で詳細に検討するので，ここではこの問題の基本的枠組みを見ていきたい。個の平和価値や財を優先して，その平和価値や財を私物化する反（非）公共性を構成する要件は，(1)地球上のすべての生き者の平和的生存よりも人間の平和的生存を優先すること，(2)全体社会の平和価値より個の価値を優先すること，(3)個と個の共通

価値よりも個別価値を優先すること，(4)すべての国や人びとに価値を求める回路が開放されているよりも非民主的に閉鎖されていること，(5)将来世代にとっての価値よりも現世代にとっての価値を優先すること，(6)価値設定の視点を周辺（弱者）から中心（強者）（下から上へ）のベクトルによりも，中心から周辺へ（上から下へ）のベクトルを優先すること，(7)現状変革志向価値よりも現状維持志向価値を優先すること，などである。そうした反（非）公共性の諸条件では，平和価値の公共財を構築することは困難であり，公共悪を生産するだけである。

それとは反対に，グローバル平和価値公共財化を可能にする諸条件は，平和価値の公共悪化を構成することになる反（非）公共的諸要件とはきわめて対照的な公共的諸条件へ組み替えられる必要がある。(1)人間のみの平和的生存が可能であるばかりか，地球上のすべての生物（存在）の平和的共存でなければならない，(2)個や一部集団にとっての平和価値よりグローバル社会全体にとっての平和価値を優先しなければならない。このことは，個や一部集団の安全保障を軽視するとか，否定することではなく，全体の平和価値に適切に位置づけることであり，したがって両者の価値は両立関係を構成することになる。(3)個の個別価値を自己主張すると紛争状態を生み出すことになり，かえって当事者の共通価値を求めることで両者の求める価値が両立することになる。

(4)個の平和価値を優先して，一方的に強行して，他者の求める価値を排除し，他者の価値へのアクセスを閉鎖することで，価値をめぐって非両立的な状態（紛争）が生じ，両者とも価値の喪失を招くことになる。その紛争状態を避けるためにもすべての者がその価値への民主的アクセスの可能性が要求される。そうでなければ，平和どころか暴力紛争を引き起こすことになる。(5)現世代中心の視点のみでの平和価値設定は，将来世代にツケが回り，将来世代が大きな犠牲を払わざるをえなくなる。また，現世代は今だけ良ければいいという容易でかつ誤った考え方に拘束される。そのため現世代も自ら不適切な価値の設定によって自らも大きな代償を払わざるを得ない。平和価値を公共財化するためには，現世代が価値を設定する場合に長いタイム・スパンのなかで適切かつ合理的な価値を設定するか，あるいは，将来世代中心の視点にたって長期的なかつ生産的な価値の設定が要求される。(6)強者（中心）の立場からのみ

平和価値を設定することは，自己中心的価値が普遍性をもつと同時に正当化されることになる。強者は一方的に弱者に自己にとって都合のいい価値を押しつけることになり，弱者（周辺）の求める平和価値を正確に理解できないばかりか，歪めてしまい，「平和ならざる状態」を統治したり，解決できないばかりか，かえってその状態を強化し，より悪化させることになる。グローバル平和危機（リスク）状態をいっそう強化する。最も平和価値に遠い存在である弱者（周辺）の視点は，平和危機状態の現実をより正確かつ適切に価値を設定することを可能にし，強者の視点より以上に普遍性をもつことを可能にし，より現実的かつ妥当な平和価値の実現を可能にしよう。したがって，(7) グローバル平和危機状態を維持・強化している最も重要な条件は，強者が現在享受している平和価値をあくまで維持していこうとしてグローバル社会全体のための価値より個の自己にとって都合のよい自己中心的な立場や視点を正当化して，現実の平和危機状態の変容・変革を否定する限り，その危機状態の統治・解決・変革は不可能となる。平和価値を積極的に創造するための平和価値の公共財化ができなくなるために，グローバル平和危機（リスク）状態は拡大再生産することになる。それとは反対に，強者が個よりも全体のための平和価値をまた強者と弱者の共通価値の設定を求めて，現状の危機状態を積極的に新しい平和価値を創造する（公共財化）ため変革する必要性と可能性を見出さなければならない。

　したがって，グローバル平和危機（リスク）状態を統治・解決・変革し，適切な平和価値を創造するためには，そうした七つの地球公共財の構成条件に立脚するグローバル・ガバナンスの構築が要求される。ひとことでこのガバナンスを象徴的に，現状変革志向ガバナンスと呼んでいい。なぜならば，すべての国ぐにや人びとが自由に平和価値にアクセスし，そして平等に平和価値を享受できる，という新しい意味内容をもった平和価値を創造できるからに他ならない。分裂・対立・混迷・紛争が支配する現代のグローバル平和危機社会に挑戦的に対処することができるのは，現状維持ではなく現状変革しか選択肢はない。グローバル・ガバナンスは本質的に，排他的なものであったり，少数者の権力や特権を永続化するものではなく，革新・大胆な変革や新しい対応策のみだ。権力の唯一の好ましい使用は，善を行う権力以外ない[35]。

そうしたグローバル・ガバナンスの構築は単に，規範でしかないといわれている。しかし，そうしたガバナンスの構築をめざすことが現実であって，理想ではない。自己の求める平和価値を維持しようとするならば，かえって現状の平和価値の変革を試みることがその現状維持を可能にする，というパラドクスが成り立つことが現実なのだ。反対に，自己中心の平和価値の現状をあくまでも強固に維持しようとすればするほど，その価値を喪失することになる。現状を変革して新しい平和価値を創造していくことが，平和価値の享受を可能としよう。

[注]
1) Held, David and Pietro Maffettone, "Introduction: Globalization, Global Politics and the Cosmopolitan Plateau," in Held, David and Pietro Maffettone, eds., *Global Plitical Theory* (Cambridge: polity, 2016), pp. 3-4.
2) Mitchell, Audrch, "Only Human? A worldly approach to security," *Security Dialogue*, Vol. 45, No. 1 (2014), p. 5.
3) Rogers, Paul, "A century on the edge : form Cold war to hot world, 1945-2045," *International Affairs*, Vol. 90, No. 1 (2014), p. 93.
4) Beck, Ulrich, " Living in the World Risk Society," *Economy and Society*, Vol. 35, No. 3, (2006), p. 330.
5) Yunker, James A., "Inevitability Versus Desiability: Recent Discussion of World Government in the International Relations Literature," *Peace and Justice Studies*, pp. 61-82.
6) 星野昭吉『世界政治と地球公共財―地球的規模の問題群と現状変革志向地球公共財―』（同文館出版，2008年），155-64頁：星野昭吉『グローバル政治の形成・展開・変容・変革―世界政治の展開過程の弁証法―』（テイハン，2013年），210-27頁。
7) Mendez, Ruben P., "Peace as a Global Public Goods," in Kaul, Inge, Isabell Grunberg, and Marc A. Stern, eds., *Global public Goods: International Cooperation in the 21st Century* (New York: Oxford University Press, 1999), pp. 395-96.
8) Johansen, Robert C., "Enforcing Norms and Normalizing Enforcement of Humane Governance," in Wapner, Paul and Lester Edwin J. Raiz, eds., *Principled World Politics: The Challenge of Normative International Relations* (Lanham: Rowan & Littlefield, 2000), p. 209.
9) Beck, Ulrich, *World at Risk* (Cambridge: Polity, 2009), pp. 12-13.
10) Klare, Michael T., "Redefining Security: The New Global Schisms," in Barash, David P., ed., *Approaches to Peace in Peace Studies* (Oxford: Oxford University Press, 2000), p. 53.
11) Kendall, Gavin, "Global Networks, International Networks, Actor Networks," in Larner, Wendy and William Walters, eds., *Global Governmentality: Governing International Spaces* (London: Routledge, 2004), p. 79.
12) Cheeseman, Graeme, " Military Force (s) and In/security," in Booth, Ken, ed., *Critical Security Studies and World Politics* (Boulder: Lynne Rienner, 2005), p. 70.
13) ウルリッヒ・ベック／川端健嗣，ステフェン・メルテンス訳『世界内政のニュース』（法政大学出版局，2014年），1-15頁参照。
14) Mansbach Richard W., *The Global Puzzle: Issues and Actors in World Politics*, 3rd ed. (Boston:

Houghton Mifflin, 2000), p. 268.
15) Cheesman, Graeme, *op.cit.*, p. 73.
16) Kaul, Inge and Ronald U.Mendoza, "Advancing the Concept of Public Goods," in Kaul, Inage, Pedro Conceição Katell Le Goulven, and Ronald U. Mendoza, eds., *Providing Global Goods: Managing Globalization* (New York: Oxford University Press, 2000), p. 80.
17) *Ibid.*, pp. 87-97.
18) 星野昭吉『グローバル社会の平和学―「現状維持志向平和学」から「現状変革志向平和学」へ―』(同文館出版, 2005 年), 19-47 頁。
19) McGrew, Anthony, "Organized Violence in the Making (and Remaking) of Globalization," in Held, David and Anthony McGrew, eds., *Globalization Theory: Approaches and Controversies* (Cambridge: Polity, 2007), p. 16.
20) *Ibid.*, p. 23.
21) Wohlforth, William, "The Future of War as the Ultima Ratio," in Booth, Ken and Tomi Erskine, eds., *International Relations Theory Today*, 2nd ed. (Cambridge: Polity, 2016), pp. 129-32.
22) Craig, CaMpbell, "The Nuclear Revolution as Theory," in Booth, Ken and Tomi Erskine, eds., *loc.cit.*, p. 139.
23) Themner, Lotta and Wallesteen, "Armed conflict, 1946-2013," *Journal of Peace Research*, Vol. 51, No. 4 (2014), pp. 541-55.
24) ウルリッヒ・ベック／川端健嗣, ステファン・メルテンス訳, 前掲書, 78-83 頁。
25) McGrew, Anthony, *op.cit.*, p.27.
26) Beck, Ulrich, *World at Risk*, pp.146-53.
27) 星野昭吉『グローバル政治の形成・展開・変容・改革』244-52 頁；星野昭吉『世界政治と地球公共財』180-87 頁。
28) Johnson, Jesse C. and Brett Ashley Leeds, "Defense Pacts: A Prescription for Peace?," *Foreign Policy Analysis*, Vol. 7 (2011), pp. 45-65.
29) Mendez, Ruben P., "Peace as a Global Public Goods," in Kaul, Inage, Isabelle Grunberg, and Mare A. Stern, eds., *Global Public Goods: International Cooperation in the 21st Century* (New York: Oxford University Press, 1999), pp. 365-96.
30) 星野昭吉『戦後の「平和国家」日本の理念と現実』(同文館出版, 2017 年), 272-87 頁参照。
31) 星野昭吉『グローバル社会の平和学』134-44 頁。
32) Kegley, Charles W. Jr. and Gregory A. Raymond, *A Multipolar Peace?: Great Power in the Twenty-Frist Century* (New York: St. Martin's Press, 1994), p. 38.
33) Dower, Nigel, *World Ethics: The New Agenda* (Edinburgh: Edinburgh University Press, 1988), pp. 128-30.
34) 星野昭吉『グローバル政治の形成・展開・変容・変革―世界政治の展開過程の弁証法―』252-58 頁；星野昭吉「グローバル危機政治過程とガバナンスの構造」(星野昭吉編『グローバル化のダイナミクスにおける政治・法・経済・地域・文化・技術・環境』テイハン, 2018 年) 13-22 頁参照。
35) Gills, Barry K., "The Turning of the Tide," in Dasgupta, Samir and Ray Kiely, eds., *Globalization and After* (New Delhi: Sage, 2006), p. 64-5.

第3章
地球環境保全危機社会の形成と構造

1．はじめに―地球環境保全財構築の必要・可能条件―

　今日，我われ人類は事実上，その生存や生活の在り方に直接的な危機やリスクを根本的に高める多種多様な地球的規模の紛争群や問題群，公共悪群のなかの大きな一つであるが，他にも影響力を及ぼしている，地球環境破壊問題に直面している。この地球環境破壊問題は明らかに，グローバル危機（リスク）社会の構成要因であるばかりか，その他の問題群と相互作用することで大きな影響力を及ぼすことから複合的危機（リスク）状態を強めている[1]。今日のグローバル環境保全危機やリスクの象徴的現象である気候変動問題は，すでに1988年の段階で核に次ぐのみのものとされているように，人類の，また人類社会の絶滅を可能とする危機（リスク）と捉えられている[2]。地球環境破壊問題は実際，きわめて広範囲にわたる現象であると同時に，多元的な複雑な諸要件によって生み出され，不確実性も高いだけに，容易に防いだり，解決することが著しく困難である。それだけに，地球環境保全危機（リスク）状態の拡大再生産は避けられない。生態系はもはや，人間の一定レベルの生存・生活の継続の生態環境的条件を充足するに不十分な，限定的な持続的運用能力しかもっていないことはいうまでもない[3]。現実には，それどころかその能力を無限に低下させている。現在でも，核戦争の勃発と共に環境破壊とりわけ気候変動が人類社会の滅亡の危機につながるとの認識は決して杞憂ではない。

　もちろん，そうした危機やリスクについて認識することは，人類社会の滅亡の不可避性を容認することではないことはいうまでもない。グローバル危機（リスク）社会の拡大再生産を統治したり，解決したり，あるいはまた，変

革する必要性と可能性を否定することでもない。人類社会滅亡の危機やリスクを回避することが必要であり，また可能であるという考え方と同時に，そのための具体的な方策や政策，解決方法を模索し，それらを実践することができるかどうかの問題である。そのために，グローバル危機（リスク）社会の，とりわけ地球環境保全危機（リスク）状態の存在意義，その実態，その原因，そしてまたその統治・解決・変革の模索，などを積極的に試みるかどうかの問題に他ならない。T. アースキンと K. ブースが述べているように，今日，国際関係論理論家が直面しているリスクの多くは，国際関係において「生存的脅威」と「解放的脅威」との関係のなかで理解することができる。個人や集団の継続的生存のリスクを意味する「生存的脅威」は第一次大戦後に誕生した国際関係論にとって中心的テーマであった。数世代後では，この分野は核革命から生じる特異の生存的脅威に直面した。今日では彼らは，すべてのレベルの戦争や自然の破壊，無秩序状態にある気候の危険，そして暴力的非国家主体の活動などを含む生存脅威の織物に巻き込まれたままである。その一方で，人間の幸福や自由への難問に関わる「解放的脅威」は，グローバル資本主義秩序のような構造から，また強大な巨人企業や逆行する非国家主体，専制的な行動をとる政府などのような行為主体などから，生じるような脅威を含む。より具体的にいうならば，21世紀中頃までに，おそらく110億人まで近づくことになるグローバル化世界において，貧困や人権抑圧，国家権力の乱用などが顕著なものとなる。そしてまた，それらリスクの両形態は，グローバル破局や紛争の進展，人間の自由・繁栄に対する抑制に，また論争や学術的分裂，学問的差別などに関わりをもつ脅威であるが，きわめて重大である[4]。もちろん，そうした二つのリスクの形態を主張することは一定の意味をもつことでとりわけ問題はないといってよい。しかし，現実的にそれら二つは明確に区別できるものではない。例えば，すべての戦争とりわけ核戦争は単に人間を殺傷したり，物を破壊することだけでは終わらない。ほとんど同時に，解放的脅威である人間の幸福や自由，基本的人権などに事実上，大打撃を及ぼすことが一般的である。また同様に，気候の混迷状態が貧困や人権侵害を生み出すことになる。生存的脅威はほぼ解放的脅威と結びついていることが一般的である。多種多様な脅威群やリスク群，危機群は相互作用関係を構成しており，グローバル危機（リスク）

1. はじめに

状態を形成している。それだけに我われ人間にまた人類社会の生存やその在り方にそれら危機（リスク）状態が直接的な大打撃を与えることが常態化しているといってよい。

今日では，オゾン層の破壊，生物多様性の劣化，海洋汚染，漁業資源の低下，水資源の低下，水質汚染，大気汚染，天然資源・エネルギー枯渇，土壌汚染，化学廃棄物の大量放置，核のゴミ，森林破壊，砂漠化，気候変動，食糧不足，飢餓の増大，不衛生な生活環境，各種の伝染病の広がり，などといった多種多様な環境破壊問題群が地球的規模の複合的なネットワークを構成しており，ほぼ例外なく，すべての国ぐにや地域，社会，国民，エスニック集団，地方，市民，人びとをおおいつくし，それらの生存・生活状態の悪化や変化を押し進めている。もちろん，そうしたグローバル環境保全危機（リスク）状態に対する何らかの統治や解決，変革の試みが模索されることがあるものの，それは算術級数的対応でしかない。だが，現実の環境破壊問題（群）は実際には，幾何級数的拡大であるところから，両者の動向のギャップが広がる一方である。そのため，グローバル環境保全危機（リスク）状態の拡大再生産過程を形成することは避けられなくなる。二つの動向が本質的に非対称的関係を構成している以上，そうした性向は不可避となる。

そうしたグローバル環境保全危機（リスク）状態は事実上，地球上のすべての存在（生きもの）が，グローバルな環境破壊状態の危機（リスク）に支配されている一軒の家に住んでいる状態にきわめて似ている。この大きな家のどの部屋に住んでいようとも，同様な環境破壊問題を抱えることになり，その危害を日常的にこうむることは避けられなくなる。部屋と部屋との境界や壁は事実上なくなり，どのような部屋に住もうと関係なく，同様な危害に直面する。グローバル環境破壊問題群や公共悪群が，地球的規模の空間に，また日常的に張りめぐらされており，それらは特定の場所や空間，時間を選択しない。それらの環境的脅威はもはや政治的境界をもっていない。そのため，それらの統治や解決，あるいはまた変革は著しく困難であり，政治的境界を超える解決が要求される[5]。今日ではグローバル環境保全危機は明らかに，特定の国や地域，社会，国民，エスニック集団，地方，市民，人びとを，また特定の時間を選択しない。すなわち，グローバル環境保全危機（リスク）は，時間と空間（場

所）だけの特別な問題ではない。その一方で、ある特定の場所と時間で生じた環境破壊現象はその時空で固定されることなく、その他の時空で広がり、結局はグローバル環境保全危機（リスク）状態を再生することになる。特定の時空に関係なく、すべての存在が同様な環境破壊問題群によって規定されている状態のなかでは、そうした危機状態に何らかの統治・解決・変革のための対応策を講じない限り、さらに危機状態の悪化は避けられなくなり、その拡大再生産を防ぐことは著しく困難となる。そのため、もちろん特定の国や地域、社会、人びとが個別的にそうした状態に対応しても、何らの解決の成果を見ることはできない。グローバル環境保全危機（リスク）状態を克服するためには、すべての存在の共通認識・目標・政策・行動に基づく協調体制を形成することによって、そのグローバル環境保全危機（リスク）状態を構成する基本的原因そのものの除去なり変革を根本的に模索しなければならない。そうではなく、グローバル危機（リスク）状態を単にそれ以上に悪化しないように防ぐ対応や、またその危機状態への個別的・部分的統治・解決的対応である限り、つまり現状維持志向対策をとる限り、その危機（リスク）状態を維持し、悪化させることがあっても、その状態を除去したり、変革することはできない。人類滅亡の危機が単なる杞憂に終わることなく、その実現を可能にするということは、決して誇張ではない。

　グローバル環境保全危機（リスク）状態は事実上、その他のさまざまな危機（リスク）状態とは異なる特性が見られる。後者の地球公共悪（問題）危機（リスク）状態は概して、ある国家と他の国家の、ある地域と他の地域の、あるいはある社会と他の社会の間のように、個（部分）と個（部分）との間の、あるいは集団と集団との間での、価値や財、資源、能力（権力）、目標などの非両立的危機（リスク）状態、つまり紛争危機状態を構成している。すなわち、個と個の、水平的（ヨコ）レベルでの価値や財などの非両立的状態、ゼロ－サム的状態を形成している。しかし、グローバル環境保全危機（リスク）状態は、個（部分）と全体との間での、あるいは個（部分）と地域全体との間での環境保全価値（財）をめぐる非両立的危機（リスク）状態であり、垂直的（タテ）レベルでの、ゼロ－サム的状態を形成している。このような紛争危機状態が存在している場合には、個と全体とのどちら側が一定の価値や財、

1. はじめに

資源を喪失し,どちら側も共に得るという関係は成立していない。そこに成立している両者の関係は,両者ともそれらを確実に喪失せざるを得なくなるというものである。そこには,一人勝ちという「ゼロ－サム・ゲーム」や共に勝つという「非ゼロ－サム・ゲーム」は通用しない。両者とも敗け,喪失するという「共倒れのゲーム」しか通用しない。そのことは事実上,地球全体の環境保全危機(リスク)状態と個(部分)のそれとが無関係にあり,二分化することができないように,両者は両立的な,連動・構成関係を形成していることを物語っている。個と地球全体とがその環境保全価値(財)をめぐる危機の非対称的関係ではなく,相互構成関係にあると見なければならない[6]。そうした関係は,まさに長い間の冷戦時における核兵器による米ソ間の「相互確証破壊」関係に似ている。地球全体の生態系環境財を個(国家であれ人びとであれ)のそれとは相互に確実に破壊し合う関係を構成していると見ることは避けられそうにない。したがって,個(部分)と全体との環境保全価値(財)をめぐる「相互確証破壊」危機関係状態が構造化されている限り,グローバル環境保全危機状態を統治したり,解決したり,あるいはまた変革することは望むことはまったくできない。

　そうした特性をもつグローバル環境保全危機(リスク)状態の克服が著しく困難であることは,別の観点からも明らかである。なぜならば,そうした危機(リスク)状態を構成する原因の常態的存在が重大な意味をもっているからである。何よりも問題なのは,我われ人類が地球環境破壊によって直接的な危機やリスク,損害,ダメージを受けるといっても,多くの環境破壊は我われ人間自身が生み出したものであるとの認識がないことだ。我われ人間や人間社会が自ら積極的に地球環境破壊や悪化を押し進めてきたことを正確に認識することも,その実態を適切に分析・説明することも,その将来を妥当に予測することもできず,人類の持続生存不可能な危機(リスク)社会を拡大再生産している。地球環境破壊は自然に,あるいは先天的に存在しているものではなく,人間が自ら創造した社会的構成物(体)であるという認識が何よりも重要なのだ。すべての地球環境破壊は社会的構成物であることを理解できないことで,多くの人びとは地球環境危機という考えをもっていない[7]。我われ人間自らがその生存と生活のために,生態系破壊を生み出しているとの理解ができない

限り，地球環境問題の解決は決して望めない。むしろグローバル環境保全危機やリスクを高め，最悪な状態への道を突き進むだけだ。我われ人間がこの人間社会を取りまく自然環境をいかに人間中心に考えようと，人間は本質的に複合的な生態生物圏の一部にすぎない[8]。今日のグローバル化が大きく進展・深化している世界社会において我われ人類の生存と生活の在り方は実質的に，人間とその自然環境とが具体的にどのような関係を構成しているかに依存している。どうしても我われ人間は根本的に，人間中心主義によって支配されており，それを克服することは容易ではない[9]。

　S. ダルビィが強調しているように，地球上にはただ人間のみが存在しているのではなく，それ以上にその生存に関わるものが多く存在している。我われ人間は事実上，小さな地球という惑星を取り囲んでいるオゾン層や土壌，海洋，生命（動植物）などの複合的な生物圏の一部分を構成している存在でしかないことを十分に理解していない。我われが今日のように食べたり，飲んだりする食べ物や飲み物，我われが着る衣服，我われが住む建物，運転する車，流す廃水，などといったものはすべて，人間の生命にとって本質的なものである。そしてまた，それら自体，いかに我われはその生活を組織するのか，および，いかに我われが相互作用していくかに関係する問題である。それらは，このような方法のなかで考えない場合には，きわめて政治問題となるのだ[10]。

　そうした人間中心主義が根本的に，グローバル環境保全危機（リスク）状態を構成する重要な要件であるが，それと関連するいくつかの要件も指摘しなければならない。その一つが，物質的豊かさや経済成長，近代化の推進，生活水準の向上などの価値や財，目標が他の価値や目標より最優先され，その他の価値や目標が考慮されなかったり，無視，否定されることになり，また，前者のために後者が犠牲となったり，大きなコストを支払わせられることとなり，地球環境破壊を生み出していく。ある一定の価値や財，目標を充足することが重要となり，他のそれらに対する大きな損害やダメージ，コストなどの問題はほとんど考慮されない。そのため無限の環境保全危機（リスク）が再生産されていく。

　また，グローバル環境破壊問題群を生み出す要件として，個（具体的には国家）が全体（グローバル社会）にとっての環境的価値や環境財よりも個のそれ

1. はじめに

らを優先し，自国の生存や安全，経済成長，生活水準の向上などの利益（国家利益）を他国やグローバル社会全体のそれらの利益を無視したり，犠牲にしながら求めていく，自国だけ良ければいいという思考・行動様式である。ある国は，有限である共同体（コモンズ）の価値や利益，財を自国のためにだけ無原則に獲得し，使用することが多く見られる。そのことは事実上，グローバル社会全体からの価値や財の収奪であることと同時に，他者のそれらの収奪でもあることを意味する。こうしてグローバル環境保全危機（リスク）をいっそう高めていく。現実には，自国のみの環境保全価値（財）の獲得・行使は通用せず，そのためには他国との協調関係を積極的に構築しない限り環境問題の統治や解決はできないとの認識ができず，かえって自らの首を絞めることになる。

さらに，その要件とも関連しているが，現世代中心の価値観がその危機を強めていく要件が注目されてよい。環境破壊問題について現世代中心の視点からのみアプローチすると，現状の環境問題を中心にそれについての認識とそれを前提とする対策，そして将来世代にとって環境問題に対する視点の欠如，などの条件が優先されることで，現時点での，自分たちにとって都合のよい環境問題の統治や解決としての試みに終始する。それらの環境問題は現在だけ良ければよいという，現状維持志向性の強いものになる。そのため将来世代にとって環境問題の解決に決してつながるものでなく，グローバル環境保全危機（リスク）を高めることがあっても，弱めることはない。いわば現世代の環境問題のツケが将来世代に回ってくる。将来世代はよりいっそう致命的な打撃をこうむることになる。

今日のグローバル環境保全危機（リスク）状態において，そうした人間中心主義や個（国家）中心主義，現世代中心主義が作用することで，環境破壊問題の拡大再生産はまったく避けることができない。「世界の増大する環境問題はさまざまな社会に住んでいる人びとの生活と結びついている。そして個人は自己の生活に及ぶインパクトを最小限のものにしようと試みることができるものの，そうした現象から逃れようとすることは究極的には不可能である。いかなる人間も，植物も，動物もそれらの問題から逃れようとすることはできない」。我々はグローバル宇宙船に乗っている船員なのだ[11]。我々船員はまさに沈みつつあるグローバル環境破壊（環境保全危機）船「タイタニック号」

に乗っている船員と似ている。今日，我われ人類が抱えているグローバル環境保全危機（リスク）状態を本質的に統治し，解決し，あるいはまた変革することができなければ，将来は加速度的にその沈下を速めることになろう。しかも，その環境保全危機船「タイタニック号」には人間ばかりか，多種多様な生物や有限な資源エネルギーも含む共有地も押し込まれている。人間自らがその地球環境破壊船「タイタニック号」を建造した以上，環境破壊船「タイタニック号」を修復し，これ以上沈むことがないような，あるいはまた再浮上するような，頑丈な環境保全船「タイタニック号」を再建する責任は我われ人間自身である。なぜならば，そうした環境保全危機船「タイタニック号」を人間の生存と豊かな生活を享受するために積極的に建造してきたからに他ならない。

したがって，我われ人間自らが自然界の生命共同体の一部分として位置づけるなかで，人間は，現世代のまた将来世代の人びとも含めてすべての者に対して，他のすべての生物に対して，さらにすべての場所（空間）に対して，グローバル環境保全財（価値）を構築することが何よりも重要となる。人間も含めたすべての存在にもすべての場所に対して，また将来世代をも含むすべての者に対する責任という倫理観は単なる規範や理念ではなく，現実そのものだ。そうした倫理観を無視したり，単なる規範として捉えることは，むしろ非現実であるといってよい。

当然のことながら，そうした倫理観をもつことで，自動的にグローバル環境保全危機状態を弱めたり，削減することができるのではない。実際に，そうした状態を基本的に維持し，また強化している人間中心主義や個（国家）中心主義，現世代中心主義を前提とする現状維持志向環境保全政策に取って代わって，現状変革志向環境保全政策を形成し，そしてそれを積極的に実践していかなければならない。すなわち，グローバル環境保全危機状態を構成している諸原因を根本的に統治し，解決し，あるいはまた変革することを優先する政策を構成し，それを実現するために具体的な行動を取る以外ない。現在，現状維持志向環境保全政策は事実上，現状変革志向政策を圧倒して支配的地位を占めている。両政策は実際には著しく非対称的関係を構成している。そのため環境破壊勢力は弱まるどころか，拡大再生産することになる。換言すると，グローバル環境保全危機（リスク）状態が事実上，維持・強化されることは避けられな

くなる。そのため，解くべき重要な課題は，現状変革志向環境保全財構築の具体的な必要・可能条件を抽出することであり，また，そうした財の構築はどのようなグローバル・ガバナンスによって実現可能となるのかを問わねばならない。

　本章の目的は，グローバル環境保全危機（リスク）状態の構造と特性，その実態，その原因を検討するなかで，現状変革志向保全財の構築，およびその構築のためのガバナンス形成の必要・可能条件を究明していくことにある。そのため，第2節では，グローバル環境保全危機（リスク）社会の構造と特性を明らかにしていく。第3節においては，今日の環境破壊問題の全般的な実態を描いていく。とりわけ破壊問題の象徴的現象である気候変動を中心に問題の抽出を試みる。第4節のなかでは，そうしたグローバル環境破壊問題がどのような原因で，またどのような過程で形成されていくのかを究明していく。第5節では，グローバル環境保全危機（リスク）状態を統治し，解決し，あるいはまた変革するための現状変革志向環境保全政策の構築の，また，その政策構築のための具体的なグローバル・ガバナンス形成の，必要・可能条件を抽出していきたい。

2．グローバル環境保全危機（リスク）社会の構造と特性

　今日，グローバル環境保全危機（リスク）社会は止まることなく，ますます悪化の動向を強めている。不十分かつ不完全な形であれ一定レベルでの環境破壊問題の統治や，解決のための対応策が試みられており，具体的なガバナンスが作用しているものの，なぜ大きな勢力とならずに，環境保全危機（リスク）状態が拡大再生産されることになるのか，また，そうした事態の進展を弱めたり，防いだり，あるいは変革していくための必要・可能条件はどのようなものであろうか。そうした課題を理解するためには，グローバル環境保全危機（リスク）社会の構造的特性を検討する必要がある[12]。その場合，(1)グローバル化と環境保全危機（リスク）状態の強化との関係性，(2)グローバル危機（リスク）社会における環境保全危機の地位と存在意義，(3)環境保全危機とその

他の種類の危機との関連性，(4) グローバル環境保全危機勢力の存在とそれに対抗する勢力の存在，および両者の非対称的関係の形成，(5) グローバル環境保全危機（リスク）社会からグローバル環境保全公共財充足社会の必要・可能条件，およびそれを実現するための必要・可能条件，などの視点からグローバル環境保全危機（リスク）社会の構造的特性を検討していかなければならない。

　第1の地球環境問題の特性は何よりも，その規模と意味内容のグローバル化である。前述のように，多種多様の環境破壊問題の多くは事実上，一定のあるいは特定の空間や場所を選択することなく，また一定のあるいは特定の時間を選択することなく，地球上のすべての空間や場所に，また時間差がなく同時に波及していく。ある国や地域，社会，地方などの特定の空間や場所で発生した環境問題はそのまま他の国や地域などへ浸透し，またそれとは反対に，グローバル社会全体に存在している環境問題がほぼ即時的にかつ自動的にすべての国や地域などの環境条件に影響を及ぼし，破壊をもたらすことが構造化されている。我われ人類はほぼ同様に，地球的規模で張りめぐらされた環境保全危機（リスク）状態のなかに組み込まれており，その危機状態から容易に解放されることは許されない。オゾン層の破壊や気候変動，海洋汚染が象徴的に物語っているように，グローバル環境破壊保全危機は国境の存在や役割をまったく無意味にする脱国家的現象であるため，その問題解決には事実上，ただ国際的共同体による一致した行動を通してしか可能にならない[13]。そのため国ぐにの間で不十分なレベルであれ，地球運命共同体意識を，また，人びとの間で人類意識を育む可能性も生まれてきたといってよい。しかし，グローバル化と結びついている今日の生態系環境破壊の脅威のいくらかは，地球的規模の結びつきそれ自体よりもむしろ自由放任主義的経済政策にその理由があることに注意を向けるべきだ。環境悪化の責任の一端は，ある特別な種類のグローバル化現象としての新自由主義にあり，グローバル性それ自体の問題とはいえない[14]。単に結果として表出するグローバル化現象それ自体ではない。その上注視すべき点は，グローバルなるものの概念は，普遍的なヒューマニズムの表現でも，あるいはまた，地球意識についての意味でもないことだ。第三世界の貧困者を含むすべての人びとの生命，あるいはまた地球上の生命は，グローバルな環境

問題についての国際交渉における中心的課題ではない。グローバルなるものは実際上，支配的なローカルなものがグローバルな支配を求め，そして地方の，国家の，そしてグローバルな支配から自ら自由であることを求めている政治的空間であることを意味する。グローバルなるものはいかなる普遍的な人間の利益を意味するものではない[15]。そうした観点を正確に理解することは，環境破壊問題に対する統治や解決のためのガバナンスを構築する際に重要な意味をもっていることに注目しなければならない。何よりもそうした点を適切に認識することは，グローバル環境保全危機（リスク）社会の構造的特性を理解する場合に重要な要件となる。

第2のその危機（リスク）社会の特性は，その危機（リスク）状態の多元化・多様化・複合化の動向である。地球環境破壊問題が注目されはじめた1970年代の段階では主としてオゾン層破壊や土壌汚染，大気汚染，森林伐採などであった。その後，地球温暖化をはじめとして，気候変動，生物多様性の劣化，天然資源・エネルギーの枯渇，人口爆発，水・空気汚染，水資源の枯渇，砂漠化，各種インフルエンザの多発，漁礁の枯渇，海洋汚染，産業廃棄物放置，化学物質拡散，不衛生な生活環境の広がり，などといった多種多様な環境破壊問題がグローバル社会のほとんどすべての地域や場所で多発している。そうした環境問題がグローバル化したばかりか，多元化・多様化したことである。そうした多元化・多様化した環境問題が単に個々別々に我々の日常生活に影響を及ぼしているというよりも，それらの問題が相互に，複合的に絡み合うことで，重複的な形をもって日常的に我々の生存・生活を圧迫している。グローバル社会全体に広がりをもつ環境破壊問題のネットワークの多元化・複合化がいっそう進めば進むほど我々人類のみならず，ほぼすべての生物の生存環境の劣化をさらにいっそう高めている。それだけに環境問題を個々別々に統治・解決することはますます困難なものとなり，複合的対応策を講じることなしには統治・解決の可能性を見込めない。したがって，グローバル環境保全危機状態は事実上，重層的な構造化を無限に高めていく。すなわち，そうした危機状態の拡大再生産の構造が形成されていることを意味する。

第3の構造的特性として指摘すべきは，これまでのような環境破壊問題の空間や場を国内社会と国際（グローバル）社会を明確に二分化することは実際

に，できないばかりか，その意味を失うことになることだ。なぜならば，国内の環境問題が国内社会に止まることなく，そのまま国境を即時的に，容易に乗り超えて国際（グローバル）社会に浸透することで国際化（グローバル化）することになる。反対に，グローバル社会で形成されている環境問題が，地域を超え，また国境を超えて，国内社会に浸透しその国内化をほぼ即時的に，かつ自動的に行っている。こうして国内社会発環境問題と国際（グローバル）社会発のそれとが相互浸透・連動・依存・構成関係を形成しており，両者の問題が共に特定の地域や場所，空間を選択することなく，いかなる地域や空間へ容易に拡散していく。こうした事態は明らかに，グローバル環境保全危機（リスク）の時空の圧縮現象といってよい。それだけにそうした環境問題を統治・解決するためのガバナンスも実際に，国内的なものとグローバルなものとの二分化はできないばかりか，意味がない。中国の環境問題解決のガバナンスも，両領域を結びつけるガバナンスでなければ有効なものとはならないとの観点から，そうしたガバナンスを形成することによって，ある程度の環境保全に効果を収めている[16]。最近の中国の大気汚染問題（PM2.5）は中国で発生していても，中国の問題で終ることはない。日本も直接的にその影響を受けている以上，その中国の環境問題はそのまま日本の問題でもある。したがって，中国のこの環境問題を解決するためには，日本は自国の問題としてその解決を中国との協同作業をしていくなかで，求めていかざるをえない。そうした必要性を最も象徴的に示しているものが，地球温暖化や気候変動に対応する排出ガス規制問題に他ならない。

　第4の構造的特性といえるものは，グローバル環境保全危機状態をよりいっそう悪化させることがあっても，全く統治したり，解決することができない軍事力がこれまで国際政治過程でもっていた地位と機能を大きく低下させながらも，グローバル社会全体に依然として高いレベルで存在しており，いつでも暴力紛争を引き起こすことが可能な軍事化体系の維持・拡大をどの国も志向していることだ。一見してそうした軍事力の在り方と環境破壊問題とは無関係のように思われるものの，どの国も強大な軍事力の保有や軍事化体系の維持・強化に熱心となり，環境問題の解決が無視されたり，軽視されることで，環境問題は何ら解決されることなく，ますます拡大することになる。軍事訓練や軍事施

設の維持・強化は実際に環境条件にダメージを与え、兵器の生産とその増大は事実上、天然資源やエネルギーの大量消費を著しく促進することになる。戦争をはじめ暴力紛争が実際に起こると、多くの環境破壊を具体的に引き起こすことになる。

　第5の本質的特性として指摘すべきものは、一方の生態系や自然、地球環境と、他方の、人間および人間社会とを二分化することで、両者を不可分な関係として一体的な枠組みのなかで捉える視点を欠如していることである。この特性こそグローバル環境保全危機（リスク）状態を無限に生み出す最大の原因である。第4節で詳しく述べるが、ここでは簡単に見ていく。これまでは（現在でもその性向が強いが）、生態系や自然、地球環境と人間および人間社会とが明確に二分化され、それらが異質の空間や領域を構成するものと理解されてきた。両者が無関係であるとは見ないまでも、前者は後者のために存在するものであり、前者は後者にとって役立つもの、奉仕するためのものであり、両者は対等・平等の関係のなかで共存するものとは理解してこなかった。人間や人間社会が主（中心）で、生態系や自然環境は従（周辺）との関係が一般的な考え方として通用してきた。結局、人間の安全な生存や豊かな生活、経済発展、有効な便益、そしてまた人間社会にとって必要な多種多様な財などの充足のために生態系や自然、環境財は利用されてきた。いわば生態や自然環境を人間にとって副次的な存在として位置づける人間中心主義がこれまで支配的であった。そのため、誰が環境破壊を生み出しているのかを理解できないばかりか、人間自らがおよび人間社会活動自体が積極的に環境保全危機（リスク）を生み出し、高めているとの認識はほとんどできなかった。

　しかし、生態系や自然、地球環境は単に二分化できないどころか、人間は実際には、生態系（システム）を構成している一部分にすぎない。人間は本来的に、生態システムの一部のサブ・システムであり、その他のサブ・システムとは相互依存関係にある。一つの全体の生態システムの外在的なものではなく、内在的なものであり、地球環境と人間とは本質的に、共存・協栄関係にある。これまで人間社会は事実上、その関係を否定し、破壊してきた。というよりも人間は人間中心主義に支配されて、人間が生態システムの一部として、共存関係にあることを認識できなかったと理解することが正しいだろう。そうしたこ

との関係から，U.ベックは，エコロジー問題を社会学的に規定するためには，どのような概念が用いられていないかが注目されるという。エコロジーもしくは環境問題ということが，まともに問題にされていない。実際にエコロジー問題の社会科学的分析のための概念的枠組みは，エコロジー問題を環境問題としてではなく，社会の内部問題として把握することを可能にする。社会的分化によって生まれ，根拠づけられてきた自然，エコロジー環境といった表面上は当然の中心的概念の代わりに，社会と自然という二元論を超えたところにあり，文明的につくられた不安定性の視点と問題領域を中心に据えた概念を提示することだ。そうした概念とは，リスクや危険，副作用，保障可能性，個人化，グローバル化などである[17]。U.ベックのいう社会と自然という二元論を超えた，文明的につくられた状態を中心とする概念を主張することは妥当であろう。しかし，グローバル環境保全危機（リスク）状態へアプローチする重要な視点は何よりも，エコロジーや自然，地球環境という概念をいくら使用しようとも，人間がまた人間社会がそれらの一部であり，前者と後者の二分化は事実上，不可能であり，そして，前者のそれらを破壊している主体が後者の人間や人間の社会活動であり，さらに，その地球環境保全危機（リスク）状態がグローバル危機（リスク）社会を構成する最重要な要件の一つであるということだ。したがって，人間や人間社会が求めている安全な生存や豊かな生活，経済発展などの人間中心的な価値や財を変革して，グローバル環境保全危機状態を統治・解決・変革するための具体的な政策や行動様式をとることが必要となる。

　第6の重要な構造的特性は，今日のグローバル環境保全危機状態の拡大再生産という現実が存在していながらも，先に見てきた人間中心主義と同時に，個（国家を中心とする）の環境保全価値や財がグローバル社会全体にそれらをあくまで優先させる国家（個）中心主義が依然として支配していることだ。このことは第5の人間中心主義と同様に，グローバル環境保全危機（リスク）状態の重大な原因でもある。この国家中心主義が克服されない限り，その危機状態の拡大再生産への道を回避することができなくなる。換言すると，多くの国家や政治集団はすべての国ぐにや人びとに地球公共財として環境保全財（価値）を提供しようとする意図も能力ももっていない。タテマエとして国家は他国と協調して共通財を形成したり，あるいはまた，他国へ積極的に自国の所有して

いる財を提供するといったところで，ホンネではほほどの国家も自己の国家利益の擁護や強化という立場を堅持して他者への配慮から自己の価値や利益，財を提供するという利他的態度を取ることは現実的にはほとんど見られない。地球公共財を構築するためには，より豊かで大きな価値や財を提供するためにも，また，グローバル危機状態を統治・解決するために，大きなコストを払うべきだ。地球環境破壊問題は，公共財よりも私有財を優先させる限り，解決することも克服することもできない以上，地球環境保全危機状態は拡大再生産されることになる。こうした事態の展開はブーメラン効果で，環境価値や財をより多く所有して，享受している国にはね返り，そうした国は環境破壊問題でより大きなダメージを受けざるをえなくなり，自らがより大きな環境破壊の犠牲となることは避けられなくなる。むしろ自己の所有している環境財を公共財化することが，かえって自己にとって必要な環境財を享受することが可能となる。

第7のグローバル環境保全危機（リスク）社会の特性は，第1から第6までのグローバル環境保全危機（リスク）社会を維持・強化する特性があるが，その危機社会を統治し，解決していこうとする何らかの試みの必要性と可能性の条件が不十分ながら存在していることだ。個（国家）の求める環境保全価値や環境財をグローバル社会全体のそれらに優先する，という国家中心主義（国家第一主義）に対する疑問が不完全なものであれ表出してきたことだ。今日ではグローバル危機（リスク）社会において主権的領域国家がその地位と機能を大きく低下させたり，喪失し，環境問題を十分に統治し，解決する能力と機能を低下させると同時に，国家はその問題の何らかの統治・解決のため協調体制の構築を積極的に相互に求めざるをえなくなった。これまで国家は事実上，地球環境問題の存在とその重要性に対する認識は著しく弱いものでしかなかった。実際には，古くは18世紀ごろから部分的であれ環境問題は存在してきたものの，この問題が本格的に注目されるようになったのは1970年代に入ってからだ。しかし，その当初では国家が地球環境問題の重要性およびその問題解決のための対応策を取る必要性についての認識は，地球社会全体にとっての，あるいは人類にとっての最重要課題という視点に立つものではなく，自国の生存や安全，国益の擁護という偏狭な国家中心主義（ナショナリズム）的視点からのものにすぎなかった。現実的には，地球環境問題が地球の存在そのものに及

ぼすダメージの根は深く、その根を早急に抜かないと、我われは経済的停滞という状態に置かれることになる[18]。いかなる国家も環境問題の統治や解決を個々別々に行うことができず、他国との協調体制の構築を積極的に進めたり、あるいは、問題解決のためにグローバルな視点からの共通行動を取っていくことが必要であるとの認識が生まれてきた。問題はたしかに、そうした必要性が存在しているという現実と、国家中心的思考・行動様式を克服することができないという現実とが共存していることだ。1997年にできた「京都議定書」をめぐる気候変動問題の展開過程が物語っているように、依然として国家中心的価値や利益、立場がほとんどの環境問題の基底に流れている。グローバル環境保全危機状態を形成し、強化する大きな一つの原因である国家中心主義それ自体を根本的に打破しようとするものではなかった。地球環境問題の統治や解決のための思考・行動・政策の背後には現状維持志向環境保全観や勢力が存在しており、その問題に対する有効な統治や解決を困難なものにしている。現状の環境保全危機状態それ自体を根本的に変革するのではなく、その現状をより以上悪化させないことをめざして問題に対応する限り、環境問題を創出する原因が維持されることになり、根本的な問題の解決は望めない。現状維持志向政策を続ける限り、グローバル環境保全危機状態が変容することなく維持されるばかりか、拡大再生産されることになる。

　第8のその危機社会の特性は、第7の特性と同様に、グローバル環境保全危機社会を維持・強化する事態を統治し、解決し、あるいはまた変革する何らかの試みが不完全なものであれ存在していることだ。第7の特性はとりわけ国家中心主義に対する不十分ながらの認識に基づく協調体制構築の試みの存在であった。第8の特性は、そうした国家中心主義に対してばかりか、人間中心主義に対して批判したり、否定したり、あるいはまた挑戦する思考・行動・政策を取る組織や勢力、人びととの存在していることだ。多種多様な環境問題を国家が十分に統治することも、解決することもきわめて困難となったことから、さまざまな政府間レベルの国際組織や制度、国際法、国際レジームと、またNGOや非政府間国際組織、社会運動、市民社会、世論などの非（脱）国家主体が、ある場合には、両者が結びつくことで、グローバル社会で我われ人間の生存と生活にさまざまな危機的影響力を及ぼす環境問題に直接的・間接的に

関わりをもち，それら問題の根本的原因の除去や削減をめざして具体的な行動を取る動向が表出している。とりわけ脱国家主体がさまざまな環境問題に対して脱国益的行動様式をとることで，グローバル社会全体の環境保全公共財を構築する機能を果たしている。第7の国際組織やレジューム，国際法などは，そうした脱国家主体の機能の一面をもってはいるものの，現実的には国家主体のもっている思考・行動様式を確実に克服することは困難であるといわねばならない。なぜならば，それらの国際組織や制度などは本質的に，国家利益とグローバル社会全体の利益や価値とが一致する場合には問題ないが，両者の利益が不一致の場合には後者より前者を優先する行動様式を取ることが一般である。それらはあくまで国家主体と同じ立場で国家利益擁護のための機能を果たすのであって，決して後者を優先する行動を取ることはない。そのことから国際組織やレジュームはグローバル環境保全危機状態を統治したり，解決することには大きな限界を内在させている。まして，その危機状態を変革していく行動は取ることはまったく期待できない。そのため，脱（非）国家主体のみが，危機状態の変革を志向する必要性と可能性をもっている。脱国家主体こそ本質的に，人間中心主義および国家中心主義を根本的に批判し，それらに挑戦して現状変革志向の政策と行動を取ることができる。それにしても，現実的には，グローバル環境保全ガバナンスにおいて現状維持志向ガバナンスが現状変革志向ガバナンスに比較して，依然として支配的地位を占めていることを認めざるをえない。

したがって，第9の構造的特性は，グローバル環境保全危機（リスク）社会において，一応，現状維持志向政策や勢力と現状変革志向政策や勢力との弁証法的展開過程を形成していることだ。もちろん，前者と後者は事実上，対等・平等なものではなく，著しく非対称的関係を構成している。たしかに，今日では前者の現状維持志向政策・勢力が圧倒的に支配的地位を占めており，しかもますます強化する動向が見られるため，両者のギャップが拡大しているため，前者の拡大再生産を避けることができない。すなわち，グローバル環境保全危機状態が単に維持されるのではなく，その拡大再生産されることは回避できなくなる。現時点でそうした見方は正しいといってもよい。しかし，将来，そうした動向が永続的に見ることができるかもしれないが，できないかも

分らない。なぜならば，詳しく後述するが，将来に危機やリスクが高まる可能性も，反対に低下させたり，防いだりする可能性も予測することができるからである。すなわち，危機やリスクを変革していくチャンスがあるといえる。危機（より現実を重視するが）もとりわけリスクも本質的に将来の物語である以上，現状の維持や変革の予測を選択する可能性がある。今日のグローバル環境保全危機なりリスク状態に対して何ら具体的な手を打たない限り，その危機やリスクは拡大再生産されることになることが当然である。あるいは，現在と将来の危機やリスクに対して適切かつ有効な手を積極的に打つことがその危機やリスクを弱めたり，回避することが可能となるといってよい。事実上，後者の予測を選択する可能性は存在しつつある。その最も基本的な予測を選択する条件は，前述したように，今日のグローバル環境保全危機やリスク状態が維持されればその拡大再生産は避けられないとの認識，また，それを防ぐためには，その危機やリスクを生み出す原因である人間中心主義と国家中心主義を変革していく必要があるとの認識，さらに，第7と第8の特性で見てきたように，具体的に現状維持志向政策ではなく変革志向政策を選択すべきであるとの認識，などが重要となる。その上で，脱人間主義および脱国家主義ガバナンスを構築することが必要となる。結局，グローバル環境保全危機（リスク）を回避し，実質的に自己にとって好ましい地球環境保全価値（財）を維持・強化しようと望むならば，さまざまなレベルでのパラダイム転換を試みることが必要となる。我われ人類は「国際関係の伝統的知識から解放されなければならない。そして世界政治の課題である地球環境問題を取り込んだ新しいパラダイム，『地球は一つ』『世界は一つ』を模索していくことが肝要であろう」[19]。グローバル環境保全危機（リスク）社会の現実を正確に理解し，適切に説明し，また，妥当にその将来を予測するならば，現状維持志向パラダイムが非現実的であり，現状変革志向パラダイムを模索していくことが現実的である。

3．地球環境保全破壊の実態—気候変動を中心として—

今日，我われ人類は明らかに，我われの予想をはるかに超えて，多種多様な

無限といってもいいほどの環境保全破壊問題に直面しており，将来人類の絶滅の危機が杞憂に終わることができないほどにますます高まっている。それはあまりにも非科学的見方で，現実的なものではないとの批判が一方であることも否定できない。だが，最悪の事態の不可避性を予測することはあまりにも誇張であり，非現実的であると批判したところで，その科学的証明，つまり反証することはできない。そうした批判の背後には実際に，きわめて楽観的な，かつ短絡的な考え方や，イデオロギー，そしてまた厳しい現実に対する無知であったり，理解できなかったり，不確実性の高い現象から厳しい現実を抽出する構想力の欠如が見えかくれする。現在，我々人類がどのような地球環境破壊問題に直面しているのか，また，その問題の意味内容と存在意義はどのようなものであるか，などを理解するには，環境破壊の実態の解明であり，また，環境破壊を生み出す体系的な原因の究明に他ならない。さらに，そうした課題に応えていくには，地球環境破壊問題の象徴的現象とされている気候変動の実態を検討することが重要となろう。ここでは先ず，地球環境保全破壊の実態的枠組みを検討していきたい[20]。

そもそも地球環境保全危機状態は決して所与のものでも，自然のものでも，あるいは先天的なものでもない。それらの地球環境破壊問題のすべては，人間自らが自分たちの安全な生存や豊かな生活を求めて，環境破壊を自覚することなく押し進めてきた産物に他ならない。人間は一方的に生態系環境を許容することができないほどの重大なダメージを与えてきたのである。

地球環境破壊問題の本質は，我々人間が自分たちの欲望を充足するために，無制限な大量消費や大規模な汚染，その不平等配分の構造化，他の種類の紛争との関係の強化，大量の環境財の消費・汚染，持続可能な公共財の喪失，そしてまた人間中心主義と国家中心主義の継続的な再生による公共財の大量な消費・汚染，などといった生態系が本来内在化させている地球環境財の存在状態が悪化する現象である。地球環境問題の本質は事実上，地球環境保全財の在り方の問題であり，その私有財化の必要性と可能性の拡大であり，それと同時に地球公共財化の必要性と可能性の縮小現象に他ならない。そのことは，財の競合性と排除性が共に高い状態から，その競合性と排除性が共に低い状態へ転換する必要性を意味する。

もちろん，そうした地球環境問題の本質を規定するより根本的な条件を見ておかねばならない。それは，我われ人類の生存・生活を支える地球生態系が所有している環境保全財は無限に存在するものでも，十分に存在するものでもなく，事実上，有限なものであり，著しく希少性の高いものである。たしかに，一部の環境財のなかには科学技術の発展やその財を有効に使用することによって，再生可能なものがあるとしても，多くの地球環境財は本質的に有限なものであり，本来的に希少性の高いものであると理解しなければならない。なぜならば，きわめて有効な科学技術が発展しようとも，また，すぐれて有意義な使い方をしようとも，根本的かつ本質的なその有限性も希少性も克服することができないからである。これまで我われ人間は環境財の有限性や希少性を正確に理解することができず，またこのことをまったく無視して，無原則にかつ一方的に使用することで，その有限性や希少性をますます高いレベルにまで高めてきている。最近まで我われ人間は実際に，有限で希少な環境財の在り方を適切に理解することができずに，その環境財をその政治的・経済的・社会的・文化的生活を享受するために犠牲にしてきた。
　したがって，環境破壊問題の本質的なかつ基本的実態的枠組みを構成する要件は，人間社会における有限かつ希少な地球環境財の使い方，利用の仕方，その財に対する考え方や適応能力の在り方などの問題に他ならない。L. ヘンペルによれば，環境破壊の三つの側面として，汚染（負荷），単純化（複合性の喪失），そして天然資源の枯渇（消費）であるという[21]。ここでは，複合性の喪失として単純化現象よりも，環境財の不平等配分構造および環境破壊（当事者間のあるいは個と全体間の環境財の非両立的状態としての紛争状態と捉えることができる），環境財の紛争とその他の紛争との環境財をめぐる相互破壊関係の拡大，持続（再生）不可能環境財の増大，そしてまた，人間中心主義と国家（個）中心主義の継続的再生，などを環境破壊の実態的枠組みを構成する側面として捉えていきたい。すなわち，地球環境破壊の実態的側面として，環境財（資源）の消費（収奪・枯渇），それらの財の汚染（負荷），それらの財の不平等配分構造，それらの財の破壊とそれ以外の財（例えば，平和財や安全保障財，経済福祉財，アイデンティティ財，人権保障財など）の紛争状態との相互作用（相互に破壊状態を連動しながら強化していく），それら四つの側面の結

果としての，持続（再生）不可能環境保全財の拡大，そしてまた，以上五つの側面の集約的側面としての人間中心主義と国家中心主義の再生産の強化，という六つの側面を指摘したい。だが，その場合，明確な形をもっていない不確実な環境破壊の実態の存在も，また，容易に認識することのできない破壊の実態が存在していることに注目すべきである。

　地球環境財破壊の実態の一つの側面は，生態系環境財がその収容可能な，あるいは遂行能力の許容範囲を超えて大量消費・収奪されている状態である。生態系環境財が人間社会に提供可能な能力を超えてあるいは必要以上に無原則に大量に消費されたり，あるいはまた，その財が一方的に強制的に収奪され，その枯渇レベルを異常なほど高めることによって，人間がその財に自由に接近し，それを享受し，そして消費しうる機会を大きく低下させたり，喪失させていく。人間が経済的豊かさを求めて経済活動を積極的に展開していくことによってその質量を低下させたり，悪化させたり，喪失させていく動向を止めることができなくなる。人びとが簡単に使用したり，食べることが著しく困難となるほどに環境破壊状態をよりいっそう悪化させることになる。同時に，より多く使用したり，食べることができる人びと（国ぐに）と，より少なく，あるいはほとんど使用したり，食べることができない人びと（国ぐに）との間の経済的豊かさの明確なギャップがさらに拡大していくことは避けられない。

　環境財の大量消費・収奪は単に資源エネルギーに止まらず，多種多様な大量の生物も含まれており，人間が自らの目的を充足していく過程で無数の生物を犠牲にしている。人間はブーメラン効果でそのツケが自らにかかってくることを十分に理解していない。地上の動植物は人間を取りまく最も豊かな財の一つであり，また，人間が本来，その生存・生活のために大きく依存してきている。我われ人類の生存や生活も実際にも生物多様性によって支えられている。「生命形態の多様性には遺伝子として，種として，そしてまたエコシステムとしての三つの側面がある」。遺伝物質は生命形態へのカギとなっているが，その生命形態は種の再生や適応において自ら活動的であるはずだ[22]）。

　したがって，生物多様性の著しい破壊は本質的に，人間社会のための価値や利益，財，目標の喪失を意味する「共倒れの関係」を形成している。地球上の生物多様性全体の存在価値や財と，人間が求める生物多様性を享受しようとの

目標の関係は，前者が後者によって何らかの価値や利益を得ることはないものの，後者は前者から一方的に価値や便益を受けている。そのため後者の人間が前者の生物多様性を破壊したり，悪化させればさせるほど，人間は結局，生物多様性の便益を縮小したり，喪失することになる。人間と生物多様性の初期の関係においてはたしかに，一方が得て他方が失う，という「ゼロ—サム・ゲーム」のルールが通用しても，次第に両者とも失う，という「共倒れのゲーム」のルールが通用するようになる。本来は人間が生物多様性を悪化させることなく，後者を適切に保護するなかで共存することで「共に得る」つまり「非ゼロ—サム・ゲーム」のルールが通用するものだ。人間は「共倒れゲーム」のルールで事実上ゲームをやってきたことに気づくことなく，長期にわたって適正規模での生物種の便益を享受してきたにもかかわらず，人間の社会生活の営みや社会活動自体が生態系の妥当なバランスを大きく崩すなかで，生物種を地球上から大量に消滅させることになった。人間は最も大きな恩恵を受けていながらも，それに最も大きな犠牲を強制している。そうした状態は，G. ハーディンのいう「コモンズの悲劇」[23] なり「生物多様性パイの悲劇」に似ている。1970年代のそうした状態はグローバル化の進展・深化と共にさらに悪化させ，技術的・人工的・経済的勢力の作用によっていっそう破壊の危機に直面している。それらの勢力は社会的・生物的共同体の複雑な形態を浸食し，また，それに代わって相対的に共存の単純でかつ同質的な形態になる。明らかに，とりわけ農業開発の広がりが生物多様性の喪失を促進しているといえる[24]。

　地球環境破壊の実態の枠組みを構成する第2の側面は，汚染（負荷）である。この環境汚染という第2の側面は明らかに，第1の大量消費（収奪）という側面と有機的に関連しており，人間の経済活動の大規模な拡大による資源エネルギーや生物種の大量消費や大規模な環境破壊の産物である。利用できる多種多様な大量の環境財を積極的に見出し，無限に汚染し，使用できないようにしてきた。環境保全財を大量に消費すればするほど，大規模な汚染が進行し，後者が進展すればするほど，環境保全財を大幅に削減し，ますます使えないものにする。そうした意味で，第1の大量消費（収奪）と第2の大規模汚染（負荷）は実際に，環境破壊実態の1枚のコインのウラとオモテの関係にある。両者は相乗効果でグローバル環境保全危機（リスク）状態のいっそうの悪化を促

進する。

　水や空気，土地，河川海洋，大気，森林，オゾン層などは大規模に汚染され，人間の生存や生活，活動の質に大きな負荷をかけ，経済活動や社会生活環境を著しく悪化させる。また，資源エネルギーや動植物に生化学的汚染という形で負荷をかけている。とりわけ最近では水資源の質の悪化と枯渇および核放射物質の汚染問題に注目しなければならない。前者は，水が生命といわれるように人間の生存にとって最重要な人権問題であり，後者は，これまでほとんどその脅威の質と内容が十分に理解されてこなかった，人類の生存にとって致命的な重要な意味をもつ問題であるからだ。水は人間が生きていくために絶体的必要条件であるが，本質的に希少資源であり，人間のみならず生態系の保全維持にとっても水利機能は生態系環境のすべてにとって不可欠なものである。それだけに水が汚染されて水不足が起こることばかりが問題ではなく，政治的問題でもある[25]。水への接近は政治的な力関係によって左右され，人びとの間できわめて不平等に配分されていることが一般的だ。水資源のよりいっそうの公共性を高めるため，すべての人びとが安全かつ十分に利用できる方向を求めるべきだ[26]。核汚染問題も，1986年のソ連のチェルノブイリ原発事故や2011年の福島第1原発事故が何よりも物語るように，人類の生存にとって最重要な問題であるばかりか，地球生態系保全維持にとっても至高の問題でもある。同様に最重要な問題である気候変動については後で論じる。

　地球環境破壊実態の第3の側面は，国ぐにや地域，人びとの間での環境財それ自体の不平等配分構造が本来的・後天的に存在していることであり，そしてまた，それと結びついている環境財の消費や汚染の程度・レベルの不平等性が存在していることだ。地球環境財不平等配分構造の存在自体が環境破壊を生み出し，また環境問題を拡大すると見なければならない。環境財の消費と汚染という実態の側面といっても，現実的にすべての国ぐにや人びとにとって同様な程度や意味内容，存在意義をもっているのではない。一方で，環境財を大量に所有していたり，それを大量に消費するあるいは消費することができる国ぐにや人びとがいるが，他方で，環境財を少しか，あるいはほとんど所有していなかったり，環境財をほとんど消費することができない国ぐにや人びとの間で環境財の消費や汚染の程度や量についても著しく不平等が見られるため，環境

破壊問題に対するそれら当事者の間で共通の認識や政策，行動などを取ることは容易ではない。環境保全財の枯渇についての危機意識についても格差が大きい。

そうしたことから関係当事者の間で容易に，対立や紛争，暴力が起こりやすくなる。グローバル環境財全体にとっての消費や汚染の問題よりも，自己の視座や立場，利益を優先させることによって，自ら生み出す汚染や自己の大量消費を無視したり，正当化する。したがって，環境財の消費・汚染の拡大傾向は弱まることはない。結局，国ぐにや人びとの間での環境財配分の不均衡状態はまったく是正されるどころか，よりいっそう拡大していくことになる。オゾン層破壊や地球温暖化，森林伐採，酸性雨，砂漠化，水質汚染，大気汚染，気候変動などの例が物語っているように，環境破壊のグローバル化現象は，国境を自由に横断して特定の地理的・経済的・社会文化的違いを超えて特定の地域や空間，場所に関係なく波及している。そのため，共通の地域的利益の追求やそのための共通の協調体制の構築は困難となり，地球環境問題の解決が不可能となる[27]。地球環境破壊のグローバル化はすべての国や地域，人びとにまったく同様な汚染ダメージを与えるものではなく，開発途上諸国や弱小諸国は大国や先進諸国より以上の強力な汚染ダメージを受けている。その点からも，地球環境財の不平等配分構造と消費・汚染の不平等配分構造という二つの問題が共存していることを理解しなければならない。こうした事態が構造化すればするほど，グローバル環境保全危機（リスク）状態がより強固に構造化されることになり，その危機（リスク）を最悪の段階へよりいっそう進めることになる。

第4の環境破壊実態の側面は，環境破壊の結果として別の形をもつ多種多様な紛争や問題を引き起こしたり，別のレベルの紛争や問題と相互連動・浸透関係を構成していることで，環境問題のよりいっそうの悪化を招いていることだ。今日の文明危機において，土地や森林，水，大気の自然システムの遂行能力を使い果たしていることは，先例のない人間の安全保障のグローバル危機社会を形成している。そしてまた，そのことは増大する社会分裂や紛争などのようなグローバル化現象のなかですでに存在していた傾向をさらに悪化させている。経済活動の在り方にも環境破壊問題は影響を及ぼしている[28]。さらに，環境問題は，オゾン・レジュームのような地球共有地保護のための協調と同時

3．地球環境保全破壊の実態

に，水のような希少資源をめぐる国際紛争を含んでいる。なぜならば，そのことは多数のさまざまな不透明な環境に依存しているからだ[29]。そのことは明らかに，環境悪化の形態は多様なものであり，そして単一ではない，いくつかの根本的原因をもっている，ということを意味している。それらの原因は客観的な次元と主観的次元の両方とももっており，そして次のような諸要因の結合したものとして描くことができる。過度の競争，社会的不平等・貧困・持続不可能なレベルの資源搾取，土地の占有と商業・産業計画への転換，移民と人口過密，移動の恐れ，さらなる資源の搾取を招く負債構造，そして，資源の通常使用の悪用（あるいはそれについての認知）と説明責任の欠如，などが指摘できる[30]。

さらに，第4の側面の実例として次に見るようなものを挙げることができる。南北問題と環境破壊問題や貧困，飢餓と戦争（暴力紛争），資源エネルギー・食糧と武力衝突・地域紛争，などの関係がある。多種多様な環境問題が具体的な紛争を引き起こし，また，武力対立につながり暴力紛争化することも多い。また，温室効果による気候変動，オゾン層破壊，耕作地の悪化と喪失，森林の悪化，漁場の喪失，などといった地球環境変容が集団間の暴力紛争の原因となっている[31]。とりわけ水不足や汚染による暴力紛争化は明らかである。世界の水危機や水戦争という見方は必ずしも適切なものであるとはいえないが，世界の11億人の安全な水へのアクセスができずに，約25億人が十分な下水施設をもっていないという現実の数字を見れば，水問題の暴力紛争化の可能性は肯定できる。あるいはまた，人口増加と深刻な水不足が，食糧安全保障や保健，福祉，貧困などに大きな影響を及ぼし，武力衝突を生み出し，また，戦争の際の武器として利用されうるといってよい[32]。地球環境財の大量消費や大規模汚染から生じるさまざまな矛盾や紛争が暴力紛争を引き起こすことから明らかのように，前者の構造的暴力が直接的暴力（戦争）の原因となっていることが理解できる。また，その直接的暴力がそのまま再び，環境財の大量消費や汚染，その財の不平等配分構造に跳ね返り，それらの環境破壊のレベルを高めていく。こうして環境破壊問題が拡大再生産されると同時に，グローバル環境保全危機（リスク）をますます強めていく。

第5の実態の側面として指摘すべきは，持続不可能な環境保全社会の不可避

性である。この側面は，以上の四つの地球環境破壊問題の実態の結果である。それら四つの側面は，個々別々に形成され，相互に無関係に展開し，作用し，そして別々に四つの環境の側面を再生産しているというのではない。それら四つの側面は相互に結びつき，連動し，依存する関係を構成している。そうした事態は事実上，環境破壊の拡大再生産構造を形成しており，グローバル環境保全の持続の不可能性を長期にわたって高めることは避けられない。環境財破壊の拡大再生産が止めどもなく進展していく当然の帰結といえる。すなわち，そのことは，地球環境財の本質的な希少性を無限に高めていることを意味している。したがって，四つの環境破壊の実態的側面は同時に，地球環境財の持続不可能性と人類社会の持続不可能性の高い要件を蓄積していくなかで人類の絶滅を自らが促進していることを物語っている。この第5の環境破壊の実態的側面を認識することができずに，今日のグローバル危機（リスク）社会が自ら選択してその絶滅に向って進んでいるように見える。

　第6の実態的側面は，本質的に地球環境破壊を引き起こす基本的原因である人間中心主義・国家中心主義の再生・強化である。先に見てきた五つの環境問題の実態的側面が作用するなかで，それらを統治したり，解決したり，あるいはまた変革する必要性が認識され，成功はしないまでもそれに対して何らかの対応策が講じられてきた。しかし，環境問題の原点である人間中心主義や国家中心主義の思考・行動様式に対する自己批判や反省は見られず，グローバル環境保全危機（リスク）状態がいっそう深まるなかで，人間中心主義や国家中心主義が何度も表出することで，その危機（リスク）状態をかえって維持したり，悪化させている。本来，環境問題を引き起こすそれらの最大の原因を防ぎ，除去しなければならないにもかかわらず，問題の本質を正確かつ適切に認識することができずに，人類社会は過ちを繰り返している。本来では，それらの要件は環境破壊の原因であり，五つの環境問題の実態的側面を生み出しているが，それら諸側面が今度は集約的にそれらの原因を再生・強化しているといわねばならない。そうした矛盾を内在化させているメカニズムを統治・解決することはできないばかりか，かえって一方的に危機（リスク）を押し進めていると理解すべきだ。この点については次の節であらためて検討していく。

　その前にここで地球環境問題の象徴的現象である気候変動について見てみ

よう。前述したように，気候変動は1979年から1988年までの間に国際政治の課題として急速に取りあげられてきたという。1979年の世界気候会議で，化石燃料をもやすことで二酸化炭素（CO_2）を大気に増大させることになり，そのため地球温暖化現象が現れるとの結論が下された。その会議をはじめとするその後の一連の国際会合や会議の頂点として1988年に変動する大気に関するトロント会議が開催された。そのなかで，気候変動がグローバル核戦争に続くのみの実存する脅威として位置づけられた。もちろん，このことは何も気候変動が核戦争ほど最重要な問題ではないということを必ずしも意味するものではない。むしろ，このことは，気候変動が核戦争と同様に人類の絶滅をもたらすような害であるかどうか不確実性が高いとの理由からであろう。そのことを科学的に証明するようなデータの不足なり欠如の問題からだろう[33]。ここに，グローバル環境保全危機（リスク）と不確実性の関係をどう捉えたらいいのか，いかに理解すべきか，という重大な問題が存在している（もっともこの問題は環境保全危機やリスクだけではなく，平和や安全保障，貧困，アイデンティティ危機やリスクについても関わっているが）。

　たしかに，核問題と同様に，人間の生態系存続にとって危機的問題は気候変動（地球温暖化）であるといってよい。この問題はグローバル化の進展・深化するなかでの不可避的な危機的産物である。気候変動問題は経済活動グローバル化の進展・深化と直接的な関連性をもっている。炭素資本主義といわれているように資本主義的経済活動は本質的に大量の炭素を排出する。経済活動が拡大すればするほど，グローバル・レベルでの環境破壊を生み出す[34]。グローバル化勢力は国家間のまた国内の経済的不平等を増大させ，また，現在経済的価値を失っている人びとが気候変動の否定的効果の形での最大のコストを払わざるを得ないし，その結果として人類の危機をもたらしている[35]。グローバル開発計画は明らかに，エネルギー・気候・食糧危機という新しい困難な問題に直面している。経済開発の在り方と気候変動の問題は必然的にエネルギーや食糧危機と，また健康や貧困，病気などの問題とも結びついており，それらの危機が連動して環境破壊を拡大再生産することになる[36]。そうしたことからも，混迷した気候変動は環境破壊問題のなかでも中核的な重要な地位と意味を占めている。

そのことは正しい見方としても、そもそも客観的存在として混迷状態にある気候変動とは一体、どのような現実なのか、どのような意味内容をもっているのか、そしてまた、どのような存在意義があるだろうか。何よりも重視すべき問題は、単にその現実の不確実性が高いか低いかではない。気候変動は、単に科学の問題ではなく、つねにすぐれて政治的・経済的問題であることからも理解できる。なぜならば、過去の現実から新しく形成されつつある現実の未来の現実の在り方とそれに伴う規範を再構成することができるかどうかの問題に他ならない。それだけに、気候変動問題を単一の客観的特質をもった問題として捉えるのではなく、この問題に関する知識は物質的（科学的）要素と社会的価値の複合的なものを含んでいるとの認識をもつことが必要となろう。要するに、気候変動という現実の不確実性は明らかに、人間や人間社会が自ら創造したものであるからに他ならない。

A. バークらがいっているように、ある者は、核戦争とエコロジーの問題の関係に、一方の現実なるものと、他方の潜在的絶滅のイメージのなかでの感じているもの（知覚）との間に大きな隔たりを見る。1980年代までに地球システム科学は、たとえ限定核戦争でさえ人間の生存者のほとんどを餓死させるだろうし、また、我々の文明や人類への厳しい攻撃を与えるだろう。そうした運命は戦争後の数時間また数カ月で地球を打ちのめすだろう。それに対し、今日、地球システム科学は、強力なコンピューター・モデルや膨大なデータセットによって、人類絶滅の将来は、数十年あるいは数世紀もかかってよりゆっくりと、しかしよりありそうなことであることを示している。こうした将来は、戦争やテロのような異常な出来事や国家の衝突からではなく、人間の生活・消費・産業といった決まりきった、途方もないリズムから、つまり人間とエコロジーとの遭遇から生じるのだ[37]。

また、コペンハーゲン学派によれば、テロのリスクあるいは核戦争のリスクさえ、テロや核戦争を可能にする要因と関係している。その要因とは、政治的緊張を抱えている社会の脆弱さ、あるいは核兵器の存在や脆弱な国際レジュームなどである。それとは対照的に、テロの脅威は、故意の意図やテロ行為をする能力が存在し、またそれらをもっていると信じている特別な行為者と結びついている。同様に気候変動のリスクは、それが有害な出来事を可能にする方法

に関係しているが，脅威としての気候変動は有害の直接的原因についての命題を含んでいる[38]。ここでの問題はリスクと驚異の違いがあるいことではなく，テロや核戦争リスクがそれらを可能にする要因と，気候変動のリスクを可能にする方法についての違いについてである。テロも核戦争もそれらを可能にする一定のかなり具体的な原因があるが，気候変動のリスクはそれを引き起こす一定の明確な原因ではなく，不明確な方法でしかない。すなわち，前者の場合には明確な因果関係の存在が見られるが，後者の場合には明確な原因と結果との関係が見ることができない。そのため，気候変動は概して，科学的に証明できるような確実性のある因果関係が不透明であるとみなされることから，楽観主義と悲観主義とが生まれることになる。問題の核心は，気候変動現象についてどちらの考えが正しいかどうかではなく，その現象の不確実性をどう理解したらいいのか，また，どう理解すべきかについてである。

U．ベックは，今日の世界の混乱を「変化」ではなく，「変態」という概念を使用すべきだという。「変態」とは，現代社会が過去からの確実性を失い，新しい何かが出現してきているという，もっと急進的な変容を意味するという。今日の世界の変態を理解するために新たな始まりを探求する，つまり古いものから出現しつつあるものに焦点を当てることによって，現在の世界の混乱のなかで未来の構造と規範を理解しようとの試みが必要であるという。そこでその試みとして気候変動を取り上げる。

「気候変動をめぐる論争の多くは，気候変動が本当に起こっているのか，そしてそうであるなら私たちはそれを止めたり抑えたりするために何ができるのか，という点に焦点を当てていた。だが，このように解決策に重点が置かれることによって，私たちには，気候変動は変態の動作主であるという事実が見えなくなる。気候変動はすでに，世界における私たちのあり方—世界における暮らし方，世界についての考え方，社会的行為や政治を通じた世界への影響の及ぼし方—を変えたのだ。海面上昇は，不平等の新たな景観を生み出しつつある。従来の国家間に引かれた境界線ではなく，海抜何メートルかを示す線が重要になる新たな世界地図を描き出しつつあるのだ。それによって，世界を概念化する方法も，その中で私たちが生き残る可能性も，これまでとはまったく異なるものになるのだ」。そのため，こうした事態の理論は，世界リスク社会の

理論を超える。なぜならば，その理論は，グッズ（正の財）のマイナス面としての副次的効果の話ではなく，バッズ（負の財）のプラス面の副次的効果の話なのだ。後者の効果は，共通のグッズについての規範的な視野を生み出し，我われが国家の枠組みを超えたコスモポリタン的な見地をもつよう押し進めることになるという[39]。

　U. ベックが「変化」ではなく，「変態」という概念を使って気候変動を説明していることは，重要であると同時に必要でもあり，適切でもあり妥当なものだろう。気候変動は事態の動作主であり，それが世界での我われ人間の在り方を変えている，国家の枠組みを超えたコスモポリタン的観点の必要性を指摘していることは重要である。論者はほぼU. ベックのそうした主張を認める。だが，「変態」という概念ではなく，構造的変容という意味での変容なり変革を使用している。とくに変革とは，既存の現実を構成している構造なり確実性が根本的に，新しい現実を構成する構造なり確実性へ変容することと同時に，変容させていくことを意味する。現在の現実から未来の新しい現実へと変容する場合に，現実と規範との複合体として理解している。例えば，気候変動という現実は，人間や人間社会の在り方を変容させると同時に，人間や社会が気候変動という新しい現実を創り出しているからである。現実とは現状維持志向勢力と変革志向勢力の弁証法的産物である。先にもいってきたように，気候変動問題は，科学的な確実性があるかどうかの，また，明確な因果関係が存在しているかどうかの，さらに，その因果関係を正当化できるかどうかの問題ではない。それらの条件が不確実なものであっても，過去の現実から未来の現実として根本的に，構造的に大きく変容しつつある変革なり「変態」という現実が存在していると理解する必要がある。また，たしかに気候変動という大きな変容なり「変態」は人類にとって脅威であるものの，危機やリスクは同時に，その大きな変容を人類にとって好ましい公共財化を進めていくことができるチャンスでもある。

　U. ベックは，このリスクが生み出すチャンスとして，気候変動は我われ人類の現代の生活にコスモポリタン的転回をもたらし，世界はより好ましい方向に変わるかもしれない，と見ている。「気候変動（または世界的なリスク全般）のコスモポリタン的な変態は，リスク認識と規範的な視野の協働に関わ

る」。「気候変動という世界的なリスクは，一種の強制力のある集合的記憶である。現在私たちがさらされるものの中に過去の意思決定や過ちが内在しているという意味で，また，制度として最大限に物象化したものでさえ，覆される可能性のある物象化にすぎず，それら自らを危機にさらすことになるとしたら，変更が可能であり，変更されなければならない。借り物の行為様式にすぎないという意味で，気候変動は，継続中の産業化の全期の過ちが物象化されたものであり，気候のリスクは，全滅の可能性というありったけの破壊的な力をふるい，認識と是正を求めている。それらは抑圧されていたものの集合的復活といったものであり，そこでは，国民国家政治という形で組織された自信満々の産業資本主義が，自らの存在自体に対する具現化された脅威という形で，自らの過ちに直面しているのである」[40]。

　実際に，気候変動のリスクの悪化が進めば進むほど，他方で，危機意識が高まるなかで危機の進展に対する何らかの反対や，批判や，挑戦する勢力が出てくることも避けられないといわねばならない。たしかに，気候変動悪化の回避や阻止を求める声や運動，勢力の高まりのチャンスが表出してくることもたしかである。ナオミ・クラインが強調しているように，気候変動のさまざまな影響を受けるなかで，気候危機の緊急性がとりわけ強力な大衆運動の基盤となりうることを示す兆候——グループ同士の新たな連動やこれまでになかった議論——が表出してきたのである。「それは，一見バラバラに見える問題を結び合わせ，残忍なまでに不公平な経済システムと不安定化した気候システムの両方による惨害から人類を守るためにはどうすべきかについての，首尾一貫した物語にまとめあげる大衆運動である」。だが，一方で，そうした危機やリスク回避のチャンスがある反面，他方で，それとは対極にある気候変動がはるかに望ましくない形での多種多様な社会的・政治的・経済的な変化の触媒となりうる危機やリスクの再生のチャンスもあることに注意しなければならない。気候変動の危機がまたしても「1パーセント」の人たちの懐を肥やすために利用される恐れがあることは否定できない。しかし，気候変動はそれよりも大きな危機やリスク回避のチャンスとなると考えてよい。なぜならば，「多くの科学者が推奨するレベルまでCO_2排出量を削減する取り組みの一環として，人びとの生活を大幅に向上させ，貧困の格差を縮小し，良質な作用を多数創出し，民主主

義を土台から再活性化する政策を進めるチャンスを,私たちは再び手にしている」[41]。

そうした現実は事実上,前述したように,気候変動危機(リスク)の現状維持志向勢力とその現状変革志向勢力の弁証法的展開過程として捉えることが可能であり,前者が強力で後者が脆弱な勢力という非対称的関係が存在する限り,気候変動危機が拡大再生産されることになる。こうした事態の推移の重要な要件の大きな一つとして,気候変動の科学的因果関係の不確定性に求めて,気候変動の危機を否定したり,軽視したり,あるいはまた無視してしまう傾向が強い。CO_2の排出量による気温上昇が,両者が無関係であるとか,ほとんど上昇しないとか,2℃,4℃,6℃とかの確実性や客観性にバラツキがあったり,気候変動の不確実性があることが,気候変動危機の不在性を正当化するものではない。不確実性の高い気候変動現象が現実に存在していないことを意味するのではない。気候変動危機やリスクは本来,科学的問題であっても,この問題がつねに政治化や経済化して歪められてしまう。結局,そうしたことで気候変動危機を高めることになる。気候変動危機の克服のためには,何らかの具体的な行動を取る必要がある。A.ベントレイがいっているように,1980年代の気候変動問題の安全化を計る運動はたしかに,気候変動危機に対する認識を高め,そしてまた気候問題領域での制度化を誘因しても,多くの国際的行動を生むことがなかった。不作為の最悪の結果は,将来のある場合に実在的脅威感を維持することを困難にする。そうした事態を避けるために,新しいメカニズムを通して科学者が政治的影響力をもつことだ。すなわち科学者が課題や問題を組み立てるために宇宙論的言説に依存することで政治的行為を誘因することができる[42]。そうした不作為(活動)の問題は,気候変動のみならずすべての環境保全危機(リスク)状態を統治し,解決し,あるいは変革する際に関わる問題であるといえる。

4. グローバル環境保全危機(リスク)状態形成の構造的原因

今日の地球環境破壊の実態を知る限り,いかに楽観的に見たところで,グ

ローバル環境保全危機（リスク）状態の拡大再生産を避けることはできず，持続可能な環境保全人類社会の創造も維持も著しく困難であるといわねばならない。なぜならば，環境破壊問題に対症療法的な打開策を試みようともその危機状態の拡大再生産を止めることができないからだ。グローバル環境保全人類社会の創造のためには何よりも，環境破壊危機状態を形成するメカニズムの諸原因それ自体を根本的に変革しなければならない。それ以外の選択肢を見い出すことはむずかしい。地球環境破壊をもたらす構造的原因が究明されない限り，その環境破壊問題の統治や解決，変革は事実上，まったく望むことができない。今日のグローバル環境保全危機を克服するためにも，また持続可能な環境保全人類社会を構築するためにも，何よりその構造的原因を抽出することが，重大な必要課題に他ならない[43]。

　もちろん，これまで不十分なものであれ，その構造的原因の抽出が試みられてきたことはいうまでもない。人間が生態系環境に及ぼす危害（負）の量の増大や規模の拡大と，また，それらの危害についての我々の自覚の成長に伴って，なぜ地球環境問題が偏在しかつ増大しているのかに関する多くの理論が提示されるようになった。ある研究によると，地球環境問題の増大やそうした傾向のなかでの国家やそれらの問題をめぐる変容を，環境の快適さの供給と環境に求められる需要との関係の関数として見ている。そうした需要―供給の非両立的関係は，いかなる経済体系も環境を無視する刺激を積極的に生み出すために悪化することになるという。別の研究は，環境保全よりむしろ絶対的な獲得や安全保障を国家に要求することによって，消極的外部性を創造するために個人以上に国家に求めるものが，主権性や無政府状態の国際社会であると捉えている。さらに，エコ・フェミニズムの研究は環境悪化を，自然を無視する近代性や西欧の規範的構造の増大する支配による単なる固有のかつ決まりきった結果と見ている。それらの研究は，環境悪化の原因を構造的要因や人間（エージェント）に，あるいは両者に求める見方といってよい[44]。

　そうした試みのなかで最も注目すべきものは，L.ヘンペルが次のような地球環境破壊を押し進める動因として八つの変数を指摘していることだ。(1)生物の種を犠牲にする人間中心主義，(2)将来世代を犠牲にする現世代中心主義，(3)技術の進歩，(4)人口の成長，(5)貧困，(6)豊かさ，(7)市場の失敗，(8)市場

をもつことの失敗，である。(1)と(2)は中核的変数（価値）であり，生態系に対する人間の考え方や具体的態度に決定的な影響力を及ぼす基本的信念である。(3)と(4)は拡大機能を果たす器であり，それによって人間の価値・行動・所有が拡大される道具となる手段である。(5)と(6)は消費行動であり，人間の必要条件・願望と物質的豊かさを求める機能を果たす生態系の受ける結果との間の緊張である。(7)と(8)は政治と経済との関係であり，あるいは市場の失敗と政府の失敗との関係といってもよいが，環境問題を説明するために利用される支配的な経済構造とイデオロギーの関係である[45]。彼が指摘する変数のなかでもとりわけ重要なのは，人間中心主義や現世代中心主義，物質的成長中心主義（技術の進歩や豊かさ）である。そしてここでは明確な形で指摘されてはいないが，国家（個）の価値・生存・生活・繁栄などをグローバル社会のそれらより優先して一方的に求めるという国家中心主義が最も基本的な構造的原因を構成している。ここでは，事実上，四つの原因のなかでも，人間中心主義や現世代中心主義，国家中心主義の集約的なかつ具象的な物質的生産中心主義を基本的軸として，つまりシステムとして見ていきたい。

　そこで何よりも参考になるものは，A. シュネイバーグと K. A. グールドが，生態系からの収奪と生態系への負荷を生み出す経済・政治・社会構造を「生産の踏み車システム」と捉えているものである[46]。このシステムは事実上，生産力拡大志向（第一主義）システムを意味することで，「近代化志向（第一主義）システム」とも，「物質的生産力拡大志向システム」と呼んでもいいだろう。我われ人間があるいはその集合体としての国家や社会が無限の物質的生産力を追求し，より高い生活水準を永続的に求めていく勢力（力学）によって，生態系から地球環境財を大量に収奪（消費）し，生態系に大規模な負荷を与え，そしてまた，環境財の不平等配分構造を強固に形成する。さらに，それらの具体的な環境破壊の表出は，単にそれらの環境破壊で終ることなく，それら環境破壊問題と別の領域の多種多様な紛争や矛盾が相互に連動したり，あるいは，それら紛争や矛盾を拡大させると同時に環境破壊状態もより悪化させていく。「生産の踏み車システム」は事実上，人間の豊かさや富の拡大再生産を永続的に可能にするために地球環境財を際限なく消費・汚染・不平等配分構造を押し進めていく政治経済的力学を内包していることを理解しなければならな

い。そうしたシステムは本来的に，地球環境保全財とは非両立的な「ゼロ－サム・ゲーム」を構成している。前者がその勢力や力学を高めれば高めるほど，後者の地球環境はますますその破壊状態を悪化させることになる。グローバル環境保全危機（リスク）状態を無限に進めていく。すなわち，地球環境財の消費・汚染・不平等配分構造・環境問題とその他の紛争との相互構成関係・持続不可能な環境保全状態，などのレベルを高めていくばかりではない。そうした事態の進展と同時に，再度，人間中心主義や国家中心主義，現世代中心主義が顕著に表出することとなり，それがまた環境破壊の諸原因と結びつくことで，破壊状態をさらに悪化への傾斜を促進することになる。そうして見ると，それらの環境破壊の諸原因はそれぞれ別々に作用するのではなく，一つのサイクル・ベクトルを構成していると同時に，らせん上のサイクル・ベクトルを構成している結果，環境破壊もらせん状態で永続的にいっそうの悪化への軌跡を描いていく。

その「生産力の踏み車システム」は本質的に，生産力第一主義システムであるところから，生態系を犠牲にする人間中心主義システムであり，地球生態系全体の価値や存在意義を犠牲にして個（国家）の価値を優先する個（国家）中心主義システムであり，将来世代を犠牲にする現世代中心システムであり，人類社会における環境保全財の平等配分構造を犠牲にして関係当事者間の不平等配分構造の存在を正当化するシステムであり，そしてまた，事実上，弱者を犠牲にして強者の価値や利益，財を優先する強者中心主義システムであることを認めざるをえない。

そうした本質的特性をもつ「生産の踏み車システム」を構成し，また支えている下位システムの主要な一つが経済システムに他ならない。このシステムは，その他の下位システムの中核的な地位と機能をもっており，物質的価値の拡大再生産が可能となるような「生産の踏み車システム」を形成し，それを支え，それが順調に作用するような機能を遂行する。そのため本来的に経済システムは，地球環境財の公共財化を計っていく機能をもっていない。また，経済システムと連動し，それが描いた枠組みを支えもつことで「生産の踏み車システム」の維持・拡大を志向し，その正当性を計っていくのが政治システムである。政治システムは何よりも経済的価値の増大を最優先し，その妨害とな

るものを排除し，物質的価値の無限の拡大再生産が可能となるような政策決定を下し，それを遂行する。政治システムは実際に，生態系破壊勢力を統治・規制するどころか，「生産の踏み車システム」への批判，反対，抵抗勢力をコントロールする。政治システムは，いわば地球環境保全財の公共財化を促進するというよりも，むしろそれを阻むよう機能する。とりわけ「生産の踏み車システム」の潜在的能力の増大を志向する。しかし，そのことは同時に地球環境財からの収奪や生態系への負荷を著しく大きなものにしてしまう傾向は避けられない。技術システムは汚染の程度を引き下げたりするような技術的機能を果たすことがあるものの，環境破壊や環境財の負荷を避けることが可能となるような技術を見い出すことは簡単ではない。技術システムが一方的にかつ無原則に「生産の踏み車システム」を支え，強化していく限り，環境保全財の大量消費や大規模な汚染，財の不平等配分構造の維持・強化の回避は著しく困難である。

その上，環境財破壊の一つの重要な促進力が人口成長である。環境保全財破壊と人口増大との因果関係は，単純に考えてみればきわめて明確なものである。ある時点での人口増大はほぼ機械的に，それに比例してある時点での環境財の消費や汚染，その財の不平等配分状態をより悪化させることになる。「人口の増加の主要な環境的影響は長期にわたっての急激な収容能力によって一般的に説明されうる。天然資源の過剰消費，土地悪化，森林伐採，都市スモッグや交通渋滞，そして生息地破壊などのような問題は，収容人口数を含むことの失敗と自然システムの同化の限界によって部分的に引き起こされ，あるいは少なくとも悪化させる」[47]。例えば，人口増加と食糧増加の関係を考えてみれば分かる。人口は幾何級数的な増加であるのに対して，食糧は算術級数的な増加である。人口増加に応じて食糧が増加するのではない。問題が起きないためには，人口の増加にとって必要な食糧の増加は膨大な量を必要とする。マルサスのジレンマは食糧以外の資源や財にも適用する。一般的には，別の資源についてもほぼいうことができるといってもよい。資源エネルギー，水，空気，大気圏，漁業，オゾン層などの地球環境財を見れば明らかのようだ。それらの環境財破壊とは，大量消費と大規模汚染の両者を意味する。単純に考えて，より高い生活水準を追求する膨大な数に増大する世界人口は，環境にとって潜在的脅

威だ[48]。

　しかし，人口増加と環境財の消費や汚染の進展の関連性は実際には，単純なものというより複雑なものだ。ただ人口増加といっても，先進諸国や大国と開発途上諸国との間ではそのもつ意味は同じものではない。先進諸国である米国人や日本人の一名の増加は，開発途上諸国の約100人が消費し，汚染する環境財と同じ量を使用していることになる。人口増加と資源や食糧の増加との相関関係は機械的に考えることはできない。そう考えると，人口増加問題は，開発途上諸国や弱小諸国の問題であると同時に，先進諸国の問題でもある。

　また，人口増加と環境破壊状態の悪化との関係が明確ではないことは現実的には，別の理由からもいってよい。すなわち，20世紀では経済成長率が最も高く，生態系からの収奪や負荷が最大の社会は，人口増加率の最小の社会である。環境財の収奪や汚染の拡大は実際には，単なる人口増加という要因よりも，むしろ「生産の踏み車システム」自体の作用による物質的価値や利益の拡大再生産の強化に起因していると見ることが可能だ。たしかに，開発途上諸国にとって，人口増加と地球環境破壊状態の悪化との因果関係をまったく否定することができないものの，その因果関係は経済成長と環境破壊の強化とのそれと比べてそれほど大きなものとはいえない。そのことは開発途上諸国における貧困層の存在を考慮するならば容易に理解することができる。現在，世界中には絶対的貧困人口はほぼ10億人もいるが，農村地域でそのうちの70％を抱えている。また，それらの国ぐにには約8億人の飢餓人口が存在しているが，それ以外の地域ではわずか3,000万しかいない[49]。

　したがって，グローバル環境保全危機（リスク）の本質は，人口成長条件のみならず，環境財の消費や汚染，環境財の不平等配分構造，持続的不可能な環境財の不可避性，環境問題に関する価値観などの在り方と相互依存関係のなかで構成されている。すなわち，地球環境保全財問題は，前者と後者の諸条件との関数に他ならない。そうした環境問題の実態を正確かつ適切に理解できないと，環境問題の統治や解決，変革ができずに，結局，環境破壊状態の拡大再生産を防ぐことが不可能となる。グローバル環境保全財危機（リスク）を克服することは，本質的に，環境財の地球公共財化すること以外ないため，困難である。人口が増大してもあるいは減少しても，すべての国ぐにや人びとが環境保

全財に接近し，また平等にそれらを享受することができる条件をどうやって本質的に形成していくことができるかどうかの問題である。実際に，人口が単に増大していることの問題ではなく，豊かで，多くの環境財を使用している側から，貧しく，少しの環境財しか享受することができない側へより多くの環境財の移転であり，また，環境財不平等配分構造への変革の問題である。したがって，人口問題は豊かな者と貧しい者との間の格差という問題以上により大きな問題を構成している。人口抑制は南の貧しい国ぐにとってはきわめて複雑な問題である。開発途上諸国のいくつかは，グローバル資源に対する圧力は開発途上世界からではなく，先進諸国からくるものだ，と一般的に理解している。人口問題は事実上，文化や伝統，世界全体の人口成長，そのなかでの開発途上世界の位置，などの問題と関係している[50]。

したがって，環境破壊の実態的条件（システム）としての技術問題も人口成長問題も，地球環境破壊をもたらす構造的原因として捉えて，それを人間中心主義や現世代中心主義，物質的生産力第一主義，全体ではなく個（国家）中心主義，強者中心主義などの集約的な，具象的な「生産の踏み車システム」を構成し，それを支える構造的原因として結びつけることができる。先に述べたように，それらの構造的諸原因は個々別々に作用するのではなく，サイクル・ベクトルを構成し，らせん状の形をもって，地球環境保全財の破壊を永続的に拡大再生産過程が進展していく。そのため，グローバル環境保全財破壊を統治し，解決し，あるいはまた変革していくには，ある原因のみを対象としても問題の解決につながらない。問題の本質的かつ根本的解決のためには，環境破壊問題を生み出す構造的諸原因のサイクル・ベクトルそのものを，つまり「生産の踏み車システム」それ自体を根本的に変革していく必要がある。

5．グローバル環境保全危機（リスク）状態変革のための環境保全財の公共財化

地球環境保全財の破壊現象はつい最近になって表出したのではない。小規模で，部分的な環境破壊はかなり古くからあったと見てよい。もちろん，本格的

にそれが始まったのは第二次大戦後，とりわけその問題がかなり具体的にその存在が認識されるようになってきたのは1970年代に入ってからである。1970年代に，持続維持可能な地球環境保全状態が止まり，経済成長が不可能となる成長の限界に警鐘を鳴らしたのが，ローマ・クラブであった。その「成長の限界」とは事実上，経済成長を可能にする地球環境保全財を提供する許容能力が喪失したことを意味する。また，G.ハーディンは，人類にとっての共有地を自己の利益のために他人が使用できないように荒らして，結局共有地を使えないものにしてしまう，という「共有地の悲劇」をとなえ，さらに，K.ボールディングは，有限かつ閉鎖的な地球社会を「宇宙船地球号」と呼んだのだ。それらの三つの表現は，人類をはじめその他のすべての生物を乗せた「生態系環境破壊船タイタニック号」といい換えることができる。そして，そのタイタニック号は現在では，その船体の半分近くを海入に沈めている。何らかのすぐれた救済策を講じなければ，船体の半分以上をはるかに超えて沈むことは防げない段階にある。本来の人類（他の生物も含めて）共有の生態系地球環境保全財としての共有地が，人間や人間社会自らによって破壊され，すべての国家や地域，社会，地方，国民，エスニック集団，市民，そしてまた人類にとって地球公共財とはなってはいない。無限に絶滅の状態に向いつつある環境財を環境保全公共財として変革することができないと，人類の持続的な生存可能社会の構築は事実上，ほぼ不可能となる。どうすれば人為的な悲劇の「生態系環境破壊船タイタニック号」をこれ以上沈まないように，また，より浮上することが可能となるようにすることができるだろうか[51]）。

地球環境保全公共財構築の可能性は基本的には，環境財破壊システム構造それ自体の変革を選択すること以外は考えられない。すなわち，環境破壊を引き起こす根本的原因となっている要件によって集約的に構成されている「生産の踏み車システム」の変革に他ならない。そのシステムを「近代化第一システム」なり「資本主義システム」[52]）といい換えることもできる。そこで，グローバル環境保全危機（リスク）状態の変革がなぜ必要なのか，また，どのようにしてその変革を可能にすることができるのか，という変革の必要・可能条件を抽出しなければならない。たしかにこの変革は簡単で容易なものではないものの，決して不可能なものではない。なぜならば，グローバル環境保全危機（リ

スク）状態が自然に，先天的に創られたものではなく，人間や人間社会が創り出したものである以上，それを意図的に変革していくことは必要であると同時に，可能であるといってよい。S. C. チューが検討しているように，長い歴史過程（暗黒の時代）のなかで，グローバル環境問題の危機の克服や解決の必要性と可能性を明らかにしている。世界システム再生産への障害は，人間が生態系や気候に変動を誘発した時に形成される。人間活動の負の消極的側面は，世界システムの再生にインパクトを及ぼす，都市化や資本蓄積，戦争，技術革新，人口増加などといった社会的組織的要因によって条件づけられている。そしてグローバル環境悪化の状態を修復するための唯一の選択は，過去の実践に従って世界システムの地政学的な空間境界を広げることではなく，連続的な資本蓄積や都市化，人口成長などの条件に合うように，あるいはまた，人間社会が物質的生活の再生産を組織化する方法を全体的に再組織化するように，世界システムの社会経済過程を強化することだ。人間が社会経済生活を再生産していくためにはそれを取りまく環境を変えていくばかりか，その生活それ自体の在り方も変えていかねばならない。人間の営みを人間中心的志向性からエコ中心的志向性のものに再生する社会的・経済的・政治的構造および過程の全体像を変容する必要がある。我われ人間は結びついた自然－社会世界のなかで生活すべきであるし，また，そうした方法へ進めるためには，自主的な人間によってばかりか，人間社会が生態的・自然的資源の希少性によって直面している構造的条件によって促進されるべきことを理解しなければならない[53]。明らかに，環境破壊は自然に，先天的に所与のものとして形成されたものではなく，我われ人間が自ら意図的であれ，無意図的であれ，積極的に押し進めてきたのである。それだけに必要かつ適切な地球環境財再生産が可能であるとの認識をもつことは単なる理想ではなく，可能な現実なのだ。

　グローバル環境保全危機状態の根本的変革はたしかに容易なことではない。しかし，それは不可能なことではない。第1に，人間（国家）主体と環境破壊構造（生産の踏み車システム）との問題は，AとBなりC対Dというように両者は明確な境界線によって二分化できるものでも，無関係に閉鎖的状態として相互に連動したり，構成し合う関係に無いものでもない。それぞれが，他方に一方的な影響を及ぼしたり，あるいはまた規定するのではなく，非対称的

関係でありながらも，両者は相互に他方に影響を及ぼしたり，他方を規定したり，構成し合う関係を形成していることは否定できない。したがって，行動主体が構造に浸透したり，規定したり，変革したりする可能性は十分にある。先に見てきたように，地球環境財破壊システム構造は，自然に，先天的に，そしてまた不可避的に形成され，一方的に人間の環境問題に対する考え方や対応策，行動様式を規定したのではない。この現実の構造は人間自身が造り出したものである。だが創り出された現実は，この問題に対する思考・行動様式を支配してきたことを忘れてはいけない。したがって，人間は本質的に環境問題の現実を変革できる潜在性をもっている。そこで問題となるのが，この変革の潜在性を顕在化する条件である。その条件が，環境問題の現実に対する正確な描写，適切な分析・説明，妥当な将来の予測，そしてまた変革のための具体的条件の提示などを可能にする，思想や理論，倫理，規範などである。

そもそも，人間（国家）主体の思考や規範，倫理，イデオロギー，理念，思想，理論，あるいは言説などが自ら，存在する構造や現実を規定したり，新しい現実を創り出すチャンスを提示することができる。また，変革の顕在化のもう一つの条件が，前者の条件に対応する形での具体的な政策や方策，組織，運動，行動などである。前者の条件が十分なものであれば，後者の条件は現実にすぐれて有効なものとなる。後者の条件が不十分で，有効なものでなければ，前者の条件は非現実的な，単なる空論や理想に終ることになる。

一方的に見れば，前者と後者の条件が重要であることが理解できる。個人や集団が，また国際組織や脱国家的市民社会，グローバル市民社会が意識的に，環境的関心を反映するようにグローバル社会の価値を変えることができる[54]。また，環境破壊システム構造を変革可能にするには，新しい倫理観や正義感，公正感が概して求められる。グローバル経済には，依然として不平等が多くの制度上の失敗と深く関係している以上，それらを克服する必要がある。正すべき重大な怠慢に加え，基本的なグローバル正義のために取り組むべき深刻な問題に適切に対処しなければならない[55]。この問題は今日のグローバル環境破壊問題について何もしなくていいとか，さまざまな環境破壊は自然現象なので排出ガスを大量に出しても自国の責任ではないので出さないように努力する必要はないと，自己主張する場合が多く見られる。これは，今日，排

出ガス問題は自国も含めてすべての国に共通する問題であるとの認識に欠けている。この問題は他国だけではなく，規範的にも現実的にも自国の問題なのだ。まさに今日のグローバルな気候変動リスク（危機）は，そうした認識ができないこと自体がリスクを高めている。

　今日の地球環境保全財の破壊システムを変革する必要・可能条件とはどのようなものだろうか。その前にこれまでよく表現を使ってきた破壊システム（構造）の統治・解決・変革といった場合，それらはどのような意味をもっているのか。それぞれどのような違いがあるのだろうか。一般的に統治を広義に使用するなら解決も変革も含むことが可能だ。しかし，ここでは狭義に使用する。これは，現状の環境破壊状態をこれまで以上悪化しないように，あるいはその動向が進展しないように管理することを意味する。あくまで現状の環境破壊状態を結局のところ維持することになる。解決とは環境破壊の現状で生じている矛盾や問題，混乱を弱めたり，取り除くことであり，現状そのものを部分的に変容することを意味しない。それに対して変革とは，環境破壊の現状のみならずその現状を生み出している原因をも含めて根本的に取り除くことで，新しい意味内容をもつ現実に変容してしまうことを意味する。前二者はあくまでも現状維持志向の枠組みに収まる次元の変容だが，後者の変革は現状変革志向の枠組みの次元の変容である。すなわち，変革とは，ある現状を主体的に"根本的に"構造的に変容させることを意味する。

　それでは，地球環境保全財破壊システムとしての「生産の踏み車システム」を変革する必要・可能条件はどのようなものだろうか。その第1は，「生産の踏み車システム」を構成し，支えている「人間中心的価値」より「生態系環境中心的価値」を優先する価値観への転換である。我々人間は生産力拡大によって環境財を犠牲にして，人間の豊かさを無限に求める生活様式を積極的に追い求めてきた。「生態系と経済体は，地方的に，地域的に，国家的に，またグローバル的に，原因－結果のつなぎ目のないネットワークによりいっそう組み込まれている」[56]。そうしたグローバル環境保全危機社会において，環境保全価値よりも経済成長価値の優先が維持される限り，無限の環境財破壊を著しく悪化させていくことになる。人間中心主義を優先することは，単に人間に対し多種多様な害（harms）を及ぼすのみならず，地球上の他のすべての生物に

もさまざまな新しい害（mundicide）を与えることになる[57]。国際関係と世界政治についての我われの生存は国際的でも地球上でもなく，惑星のなかである。我われの人間中心的・国家中心的・資本中心的イメージは基本的には誤っている。それは，間違った現実，間違った関与・目的，そしてまた間違った世界図を永続化させる[58]。生態環境財保全中心的価値に経済成長価値を優先させる人間中心主義は実際に，後者の価値を無視するとか，否定することを意味するのではない。それは後者の価値を前者の価値のなかに適切に位置づけていくことに他ならない。すなわち，両者の価値は両立的な，対称的関係を形成することが可能なのだ。重要な視点は，人間中心主義や経済成長第一主義が必然的に，現代の文明危機における包括的な環境・気候変動危機をもたらしているとのことだ。それらの危機は，いかに資本が世界的規模の拡大再生産のために生物圏によって課された限界に達しているかを現しているようだ[59]。

第2の変革のための必要・可能条件は，「全体の環境保全財（価値）」を「個（部分）の環境保全財（価値）」より優先することだ。この条件も第1の条件と同様に，前者が後者を一方的に無視するとか，否定するとかではなく，前者と後者を両立するように適切に位置づけていくことで，後者の存在の妥当な地位と意義を矛盾することなく位置づけていくことである。両者の価値が両立的・対称的関係を構成しているとのことは，「ゼロ－サム的関係」ではなく，「非ゼロ－サム的関係」を形成していることである。後者の場合では両者とも勝ち，両者とも得ることを物語っている。グローバル化の進展・深化に伴って地球の時空の圧縮現象が高まっているなかで，すべての存在はグローバル環境保全危機（リスク）に直面している。環境問題の統治・解決・変革はどの存在にとっても一定の利益をもたらす。実際に，国家利益を超えて不十分であれ，部分的であれ世界をほぼ単一の全体的存在として認識する地球的（グローバル）利益が形成されつつあると見てよい[60]。地球環境保全財を自国固有の環境財の視点からではなく，その全体の枠組みのなかに自国のそれを適切に位置づけた上で，全体的問題を中心にその解決や変革のために自国の取るべき立場や政策，行動を考える必要がある。地球的全体的利益と国家的利益とは必然的に非両立的関係を構成するものではなく，実際に長期にわたって両立可能な密接なものなのだ[61]。そこには「非ゼロ－サム・ルール」が適用している。

第3の必要・可能条件として挙げることができるのは，ある個や部分の個別的環境財と別の個や部分の個別的環境財との間で共通の環境財が形成されていることだ。地球環境財破壊システム構造を変革するためには，個別的環境財と全体的地球環境財との両立的関係の構成が重要であると同時に，各々の個別的環境財の間での両立的関係の形成が必要であることも可能であることも当然である。そのことは共通環境財の形成に他ならない。個（部分）と個（部分）との環境財のヨコのレベルでの共通環境財の構成を補完する関係にある。個別的環境財より全体的環境財を優先するという条件が矛盾することなく成り立つのは，個と個の共通公共財の構成の可能性に依存している。そしてまた，そうした個や部分と個や部分の共通環境財の形成は，ほとんどの個や部分が環境財へ接近し，一定レベルの環境財を享受することが可能となるようなチャンスが平等に開放されていることを物語っている。この条件が存在しているならば，グローバル環境保全財危機状態は縮小の方向に向うことになる。

　第5の必要・可能条件といえるものは，現世代中心的環境財よりも将来世代中心的環境財を優先するということだ。前者の短期的，短絡的視点を容認する限り，環境財保全と環境財破壊の危機の現実を正確かつ適切に理解することは著しく困難となるばかりか，環境問題を統治したり，解決したり，あるいはまた，変革を可能にする具体的な条件や政策，運動，行動などは表出することはむずかしい。なぜならば，現世代中心的環境財は現時点でのその財の在り方のみを重視し，自己中心的にその財の在り方を規定することで現状維持志向性が強く作用することとなるからである。そのため，将来世代にとって望ましい，必要な環境財の在り方が一切考慮されることなく，無視されることになる。将来世代のための財の視点はまったくない。そのため，現世代のツケが将来世代に回り，両者の間の環境財の不平等配分構造が強化され，事実上，将来世代は現世代よりきわめて高いレベルでの環境破壊状態のもとに置かれることになる。グローバル環境保全危機（リスク）状態のさらなる致命的な悪化を避けることができない。そうした動向は，将来の人口増加は必ず現実のものになるので，将来世代にとって環境保全危機を克服するためには想像外の努力が要求されよう。現世代と将来世代との環境財をめぐる非対称的なゼロ－サム的な関係から，両立的な非ゼロ－サム的関係を構成できないと，「共倒れ」を避けるこ

とはむずかしい。なぜならば，将来世代の存在を考慮することなく，また，他国の将来世代の立場を考慮することなく現世代が自国中心主義に走れば，結局，事実上，現世代自ら大量消費と汚染を押し進めることになり，現世代と将来世代の「共倒れ」状態を招くことになるからだ。将来世代のための環境財の在り方を重視するなかで現代世代の環境財の在り方を規定することがかえって現世代のそれを維持することにつながるといってよい。

　第6の条件として指摘すべきは，グローバル環境保全危機（リスク）社会において，周辺部（開発途上諸国や弱者）中心の環境財配分構造を優先し，その枠組みのなかに中心部（先進諸国や大国，強者）の環境財を適切に位置づけることである。従来はとりわけ後者中心の環境財配分構造のなかに前者の財配分を組み込んでおり，後者と前者で支配－従属（中心－周辺）という不平等な環境財配分構造が形成されてきた。こうした両者の間で不平等配分構造が存在している限り，両者の環境財の両立的関係は容易に成り立つことなく，そこには「ゼロ－サム・ゲーム」のルールがつねに通用することは避けられない。実際に，グローバル環境保全危機（リスク）状態を統治・解決・変革するためには，グローバル社会の中心部の上からの視点や立場からではなく，周辺部のそれらから環境財破壊問題へアプローチする必要がある。なぜならば，この問題への周辺部の視点からのアプローチすることによっていかに中心部主導の地球環境財配分構造が形成されているかの実像を認識することが可能となり，またそのなかで両者の環境財を適切に位置づけることで，いかに危機的状態にあるかを提示することが可能となる。グローバル環境保全危機状態を変革していくためには，どれだけ上（中心あるいは強者）からの視点（立場）からではなく，下（周辺あるいは弱者）の視点（立場）から問題へアプローチすることができるかどうかである。強者の視点からのアプローチは現状変革は望めない。

　第7の必要・可能条件は，第1から第6までの条件の集約的条件であるが，現状維持志向環境財配分よりも現状変革志向環境財配分を優先させることだ。そうでなければ，グローバル環境保全危機（リスク）状態の永続的悪化傾向を止めることができない。グローバル環境保全財の公共財化は事実上，現状維持志向ではなく現状変革志向環境財配分によって可能となる。そうすることで，すべての国や人びとが自由に環境保全財にアクセスし，そしてその財を平等に

享受することができるのだ。

　以上の七つの地球環境財破壊システム構造の変革の必要・可能条件をどのように具体化していくことができるだろうか。これがグローバル環境ガバナンスの問題である。今日のグローバル環境保全危機（リスク）のガバナンスはほとんど十分に機能していない。例えば，気候変動に対する持続的なグローバル活動は，国家主権が依然として高い価値を残している国家中心的国際秩序のなかには見られない。いかなる国家も一国ではこの問題に対処できないので，国家は究極的には，国際制度によって調整を受けた他国の行動に依存している[62]。環境や経済，安全保障，健康のような分野での人間が生み出すグローバルリスクに対処できる現代のグローバル・ガバナンス制度は，グローバルリスクに取り込むことも，演繹的政策モデルを適用することもできない。有効なグローバルリスク・ガバナンスを抽出するためには，何よりも，複雑性・科学的不確実性・社会政治的あいまい性というグローバル性の特性を検討することが重要である[63]。

　全般的なグローバル・ガバナンスについては第8章で扱うので，ここでは要点だけ見ておく。グローバル環境ガバナンスは事実上，上で述べてきた七つの地球環境破壊システム構造の変革の必要・可能条件をそのまま反映するものでなければならない。それは，(1)人間中心的な価値（経済成長価値）よりも環境保全価値を優先，(2)個（部分）の環境保全財よりも全体のそれを優先，(3)各々の個別的環境財よりも個々の間での共通環境保全財を優先，(4)環境財の不平等配分構造よりも平等配分構造を優先，(5)現世代中心の環境財よりも将来世代中心の環境財を優先，(6)グローバル社会の中心部（大国や強者）中心の環境財配分よりも周辺部（開発途上国や弱者）中心の環境財配分を優先，(7)現状維持志向政策よりも現状変革志向政策を優先，などの諸条件を実現するガバナンスである。すなわち，それは集約的にいえば，現状変革志向グローバル環境ガバナンスに他ならない。このガバナンスが，すべての国ぐにや人びとが環境財へ自由にアクセスし，それを平等に享受できる地球公共財を提供することができる。

[注]

1）星野昭吉『グローバル政治の形成・展開・変容・変革―世界政治の展開過程の弁証法―』（テイハン，2013 年），318-42 頁；星野昭吉『グローバル危機社会の構造とガバナンスの展開』（亜細亜大学購買部ブックセンター，2014 年），223-64 頁。
2）Allan, Bentley B., "Second Only to Nuclear War: Science and the Making of Existential Threat in Global Climate Governance," *International Studies Quarterly*, Vol. 61 (2017), pp. 809-20.
3）Jackson, Robert and Georg Sørensen, *Introduction Relations: Theories and Approaches*, 2nd ed. (New York: Oxford University Press, 2003), p. 269.
4）Erskine, Toni and Ken Booth, "Conclusion: Responsibility, Risk, and IR Theory," in Booth, Ken and Toni Erskine, eds., *International Relations Theory Today*, 2nd ed. (Cambridge: Polity, 2016), pp. 279-80.
5）Dalby, Simon, "Security, Modernity, Ecology: The Dilemma of Post-Cold War Security Discourse," *Alternatives*, Vol. 17, No. 1 (1992), p. 115.
6）星野昭吉『世界政治と地球公共財―地球的規模の問題群と現状変革志向地球公共財―』（同文舘出版，2008 年），261-66 頁。
7）Gare, Arran E., *Postmodernism and the Environmental Crisis* (London: Routledge, 1995), pp. 73-107.
8）Dalby, Simon, "What Happens If We Don't Think in Human Terms?," in Edikins, Jenny and Maja Zehfuss, eds., *Global Politics: A New Introduction* (London: Routledge, 2009), pp. 62-63.
9）Mitchell, Audra, "Only human? A worldly approach to security," *Security Dialogue*, Vol. 45, No. 1 (2014), pp. 5-21.
10）人間は本来，生体生物圏の一部にすぎないことを忘れたり，無視する人間中心主義に陥ることで，生態系環境を一方的に破壊することが常態化することは避けられなくなり，環境問題はつねに政治問題化することになる。
11）Chiva, Vandana, "Conflicts of Global Ecology: Environmental Activism in a Period of Global Reach," *Alternatives*, Vol. 19, No. 2 (1994), pp. 3-9.
12）星野昭吉『グローバル政治の形成・展開・変容・変革』，321-30 頁。
13）Carter, Neil, *The Politics of the Environment: Ideas, Activism, Policy* (Cambridge: Cambridge University Press, 2001), p. 164.
14）Scholte, Jan Aart, *Globalization: A Critical Introduction*, 2nd ed. (Hampshire: Palgrave Macmillan, 2005), p. 288.
15）Conseição, Pedro and Ronald U. Mendoza, "Anatomy of the Global Food Crisis," *Third World Quarterly*, Vol. 30, No. 6 (2009), pp. 1159-182.
16）Chan, Gerald, Pak K. Lee and Lai-Ha Chan, "China's Environmental Governance: The Domestic-International Nexus," *Third World Quarterly*, Vol. 29, No. 2 (2008), pp. 291-314.
17）ウルリッヒ・ベック／島村賢一訳『世界リスク社会論―テロ，戦争，自然破壊―』（平凡社，2003 年），69-79 頁。
18）Postel, Sandra, "Carrying Capacity: Earth's Bottom Line," in Brown, Lester R., *et al.*, eds., *State of the World 1994* (New York: Norton, 1994), p. 5.
19）臼井久和「21 世紀の平和学―『共生』と『人間の平和保障』―」臼井久和・星野昭吉編『平和学』（三嶺書房，1999 年），271 頁。
20）星野昭吉『グローバル政治の形成・展開・変容・変革』，326-34 頁；星野昭吉『グローバル危機社会の構造とガバナンスの展開』，238-46 頁。
21）Hampel, Lamont C., *Environmental Governance: The Global Challenge* (Washington, D.C.:

22) Collett, Stephen, "Environmental Protection and the Earth Summit: Paving the Path to Sustainable Development," in Snarr, Michael T. and O. Neil Snarr, eds., *Introducing Global Issues* (Boulder: Lynne Rienner, 1998), p. 243 ; Hufty, Marc, "La Governance Internationale de la Bildiversité," *Études Internationale*, Vol. 32, No. 1 (2001), pp. 5-29.
23) Hardin, Garrett, "The Tragedy of the Commons," *Science*, 162, pp. 1243-48.
24) Hampel, Lamont C., *op.cit.*, pp. 53-54.
25) とりわけ水資源の汚染と枯渇問題は,人間の生存にとっても最重要な人権問題であるばかりか,生態系の保全維持にとっても不可欠なものであるだけに,必然的に政治問題化する。
26) Mohta, Lyla, "Problems of Publicness and Access Rights: Perspectives from the Water Domain," Kaul, Inge, Pedro Conseiçâo, Katell Le Goulven, and Roland U. Mendoza, eds., *Providing Global Public Goods: Managing Globalization* (New York: Oxford University Press, 2003), pp. 556-75.
27) Yearley, Steven, "Environmental Issues and the Compression of the Globe," in Held, David and Anthony McGrew, eds., *The Global Transformations Reader: An Introduction to the Global Debate* (Cambridge: Polity, 2000), pp. 222-28.
28) Gills, Barry K. "Going South: Capitalist Crisis, Systemic Crisis, Civilisational Crisis," *Third World Quarterly*, Vol. 31, No. 2 (2010), p. 179.
29) Jackson, Robert and Georg Sørensen, *op. cit.*, p. 254.
30) Mittelman, James H., *The Globalization Syndrome: Transformation and Resistance* (Princeton: Princeton University Press, 2000), p. 185.
31) Homer-Dixon, Thomas F., "Environmental Scarcities and Violent Conflict: Evidence from Cases," in Brown, Michael E., Owen R. Cote, Jr., Sean M. Lynn-Jones, and Steven E. Miller, eds., *Theories of War and Peace: An Introduction Security Reader* (Cambridge: MIT Press, 1998), p. 502.
32) Mehta, Lyla, *op.cit.*, pp. 356-75.
33) Allan, Bentley B., *op.cit.*, p. 809.
34) Dalby, Simon, "What Happens If We Don't Think in Human Terms?," pp. 62-66.
35) Munslow, Barry and Tim O'Dempsey, "Globalization and Climate Change in Asia: The Urban Health Impact," *Third World Quarterly*, Vol. 31, No. 8 (2010), pp. 1339-356.
36) MeMichel, Philip, "Contemporary Contradictions of the Global Development Project: Geopolitics, Global Ecology and the 'Development Climate'," *Third World Quarterly*, Vol. 30, No. 1 (2009), pp. 247-62.
37) Burke, Anthony, Stefanie Fishel, Audra Mitchell, Simon Dalby, and Daniel J. Levine, "Planet Politics: A Manifesto from the End of IR," *Millennium: Journal of International Studies*, Vol. 44, No. 3 (2016), p. 503.
38) Corry, Olaf, "Securitisation and 'Riskification': Second-order Security and the Politics of Climate Change," *Millennium: Journal of International Studies*, Vol. 40, No. 2 (2012), pp. 246-47.
39) ウルリッヒ・ベック／枝廣淳子・中小路佳代子訳『変態する世界』(岩波書店,2017年),2-3頁。
40) 同上書,30-40頁。
41) ナオミ・クライン／幾島幸子,荒井雅子訳『これがすべてを変える―資本主義vs.気候変動―』上(岩波書店,2017年),10-14頁。
42) Allan, Bentley, *op.cit.*, pp. 817-18.
43) 星野昭吉『グローバル政治の形成・展開・変容・変革』,330-34頁;星野昭吉『グローバル危機

社会の構造とガバナンスの展開』, 246-51 頁。
44) Hampel, Lamont C., *Environmental Governance: The Global Challenge* (Washington, D.C.: Island Press, 1996), p. 52.
45) Hampel, Lamont C., *op.cit.*, pp. 556-75.
46) A. シュネイバーグ, K. A. グールド／溝田久義（訳者代表）『環境と社会──果てしない対立の構図──』(ミネルヴァ書房, 1999 年), 85-88 頁。
47) Hampel, Lamont C., *op.cit.*, p. 72.
48) Jackson, Robert and Georg Sørensen, *Introduction to IR: Theories and Approaches*, 4th ed. (Oxford: Oxford University Press, 2010), p. 260.
49) Tessitore, John and Susan Woolfson, eds., *A Global Agenda: Issues Before the 55th General Assembly of the United Nations* (Lanham: Rowan & Littlefield, 2000), p. 138.
50) Mansbach, Richard W., *The Global Puzzle: Issues and Actors in World Politics*, 3rd ed. (Boston: Houghton, 2000), pp. 451-460.
51) 星野昭吉『グローバル政治の形成・展開・変容・変革』, 335-40 頁；星野昭吉『グローバル危機社会の構造とガバナンスの展開』, 251-60 頁。
52) ナオミ・クライン／幾島幸子, 荒井雅子訳, 前掲書, 上・下。
53) Chew, Sing C., "Global Environmental Crisis and Ecological Futures," in Dasgupta, Samir and Ray Kiely, eds., *Globalization and After* (New Delhi: Sage, 2006), pp. 185-218.
54) Mitchell, Ronald B., "International Environment," in Carlsnaes, Walter, Thomas Risse, and Beth A. Simmons, eds., *Handbook of International Relations* (London: Sage, 2002), pp. 501-12.
55) Sen Amartya, *Identity and Violence: The Illusion of Destiny* (New York: W. W. Norton, 2006), pp. 139-42.
56) Graham, Kennedy, "The Planetary Interest: Thoughts for the Future," in Graham, Kennedy, ed., *The Planetary Interest: A New Concept for the Global Age* (New Brunswick: Rutgers University Press, 1999), p. 159.
57) Mitchell, Audra, *op.cit.*, pp. 5-21.
58) Burke, Anthony, Stefanie Fichel, Audra Mitchell, Simon Dalby, and Daniel J. Levine, "Planet Politics: A Manifesto from the End of IR," *Millennium: Journal of International Studies*, Vol. 44, No. 4 (2016), p. 504.
59) Gills, Barry K., "Going South: Capitalist Crisis, Systemic Crisis, Civilisational Crisis," *Third World Quarterly*, Vol. 31, No. 2 (2010), pp. 179.
60) Graham, Kennedy, "The Planetary Interest," in Graham, Kennedy, ed., *loc.cit.*, pp. 4-7.
61) Kuehls, Thom, "Between Sovereignty and Environment: An Exploration of the Discourse of Government," in Litfin, Karen T., ed., *The Greening of the Sovereignty in World Politics* (Cambridge: MIT Press, 1998), p. 45.
62) Burke, Anthony, Katrina Lee-Koo, and Matt McDonald, "An Ethics of Global Security," *Journal of Global Security Studies*, Vol. 1, No. 1 (2016), p. 69.
63) Klinke, Andreas, "Postnational Discourse, Deliberation, and Participation to toward Global Risk Governance," *Review of International Studies*, Vol. 40 (2014), pp. 247-75.

第4章

グローバル危機（リスク）社会における貧困・不平等問題

1. はじめに
――グローバル資本主義経済体－不平等－貧困－未開発－配分的不正義連鎖の枠組み――

「今日の世界はある単一の国のみに属さない難問に満ちている。それらの難問は地球的規模で広がりをもつ急進的な近代化の産物である。それらは，古い意味における危機ではなく，最初の国民国家近代性の基本的制度を浸食する産業近代化の勝利の結果である。それらは我われが世界リスク社会と呼ぶものを構成している。それらのパスポートなしで作られたリスクは，集団的行動によって取り組まれることができる」。どの個別的政府も，いかに強大国であろうともそれらを解決することはできない。また，それらは数が多いことと同時に緊急なものだ。最近のものでは，金融危機である。こうした共有な難問の世界的広がりをもつ織物は不本意ながらも取り巻いており，また北側と南側，先進国と開発途上国，あるいはまた豊かな者と貧しいものを結びつけている。このことから逆説的に世界リスク社会の「コスモポリタン的機会」が生じる[1]。

今日では，グローバル危機社会（世界リスク社会）には，金融危機ばかりか多種多様な危機（リスク）が生み出されている。グローバル平和・安全保障危機や地球環境保全危機，グローバル不平等，グローバル貧困，さまざまなレベルでのアイデンティティ危機，グローバル科学技術危機，知識・情報危機，その他の食糧危機，健康危機，資源（水）危機，思想・教育危機，などといったものが挙げられる。それらの危機（リスク）は概して，地球的規模の問題群なり公共悪群，グローバル紛争群，不安全群と呼ばれているものであり，また，

1. はじめに

そうした問題群や紛争群によって支配されている社会が，前述したように，グローバル危機（世界リスク）社会に他ならない。そうした危機（リスク）状態を構成している多種多様な問題群や公共悪群はほぼ例外なく，どの問題や公共悪もどこかの一定の特別な生存・生活の空間，国や地域，社会，人びとのみに関わるものではなく，それぞれの閉鎖的な境界線を自由に横断する地球的規模の広がりをもつ現象である（これまで何度も言及してきたように，実際には，危機やリスクは，予測や予言的要素をもつものの，問題群や公共悪群，紛争群，不安全群，脅威群などといい代えることができる）。個々別々の存在にとっての問題や公共悪ではなく，地球上のすべての存在（とくに人類）の直接的，間接的なものとなっている。それらに何も関わることなく生存することも生活することも事実上，困難である。そしてまた，そのため，従来のように国内社会と国際社会（グローバル社会）との間に二分化する明確な境界線は著しくあいまいで，不透明なものとなる。両者の間で相互に浸透し，連動し，構成し合う，相互作用のベクトルが形成されている。

さらに，それらの具体的な危機やリスクは，個々別々にグローバル社会で作用するのではなく，それぞれの危機（リスク）の間で明確な二分化する境界線を設定することができず，相互に影響を及ぼしたり，連動したり，相互依存したり，あるいはまた相互構成関係を形成している。そのため，個々の危機（リスク）を別々に把握することができないばかりか，意味がないといってよい。それらの危機（リスク）の本質と特性は事実上，それぞれの危機（リスク）間との相互依存性や連動性を理解することと同時に，グローバル危機（リスク）社会の中心の適切な位置づけと意味づけが重要となる。ここでの主題はグローバル貧困の危機（リスク）であるが，M. スターンらが主張しているように，例えば，安全保障－開発連鎖（結合体）を簡単に見てみよう。元国連事務総長 K. アナンが述べているように，開発と安全保障は緊密に結びついている。現在，安全保障－開発連鎖に注目することは，国内・グローバル政策決定において一般的なことになっている。安全保障と開発は相互に結びついている。その関連は進展しているグローバル政治－経済状況のなかでその意味が成長している。連鎖の概念は，今日の複雑な政策問題や難題を問うよう意図された厳しく必要とされる進展する政策のための可能な枠組みを提供すると思われる。さ

らに，経済的資源と政治的意志の絶えず増大する量に伴って，安全保障－開発連鎖に取り組むことを目的とする国家自らおよび多国間制度の行動を修正しなければならなくなりつつあるようだ。こうして見ると，連鎖が重要であることがわかる。安全保障政策は，テロに対抗するグローバルな闘いにおいて開発や貧困削減への明確な言及も含んでいる。そうした安全保障－開発連鎖は，2000年に国連のミレニアム・サミットにおいて，グローバル危機（リスク）社会に存在する「開発と貧困」問題を解決するための八つのミレニアム開発目標（MDGs）のなかでも見ることができる。それらの目標は，地球上の人びとにとっての平和や安全保障を実現するために「開発と貧困」問題の解決が必要であることを示している[2]。実際に，平和や安全保障の問題は，単に「開発と貧困」問題に止まらず，グローバル危機（リスク）社会に存在しているその他の問題とも有機的な相互依存関係を，また相互連動関係や構成関係も形成している。地球環境破壊問題や資源エネルギー枯渇問題，ジェンダーやエスニック集団のアイデンティティ問題，栄養不良問題，健康問題，世界的流行病問題，社会的不正義問題，などの諸問題は事実上，平和・安全保障問題や貧困・開発問題と有機的な関連性をもっている。それだけに今日のグローバル危機（リスク）社会は事実上，問題ＡとＢの連鎖が，また問題ＣとＤとＥの連鎖が，さらに，問題ＡとＢとＣとＤとＥ……との連鎖が複合体を構成している。ある意味では，各々の問題が他の問題との関係で原因と課題の両者を同時にもっている。そうした事態は明らかに，個々の問題（危機やリスク）が他の問題との関係のみならず，個々の問題がグローバル社会全体の問題構造との関係でも通用している。そのため各々の問題や危機の解決は，それぞれ個別的に解決することはできず，他の問題および全体の問題の複合体との関係性を十分に理解することが要求される。

　そうした問題や危機の関連性を考慮してより簡潔に貧困危機を中心とする問題連鎖の仮説的枠組みを描くならば，グローバル資本主義経済体－経済的不平等－不良開発－貧困，という連鎖（結合体）を提示することができる。この場合，経済的要件を中心に捉えてグローバル資本主義経済体としてもいいが，より広いグローバル危機（リスク）政治経済社会と理解してもよい。しかし，ここでは，グローバル貧困の在り方を規定する条件（原因）をより明確にするた

1. はじめに

めにそうした貧困危機（問題）の連鎖の図式を見る必要がある。こうした連鎖の枠組みによって，ある国や地域，集団の貧困危機は事実上，グローバル危機（リスク）社会環境と，国内や地域内の危機（リスク）社会環境との諸原因の産物であることを知ることができる。すなわち，一般にいわれているように，貧困の本質は単に所得を中心に物質的条件の大小の，金額の多い少ないの問題ではないことが理解されよう。貧困であるかないかを計るモノサシは，所得中心から，グローバル社会と国内社会の貧困の在り方を規定する原因となる能力的条件である。また，グローバル不平等－貧困連鎖問題は，他国や他国の人びとのみの問題ではなく，自国民自身の問題でもある。どのような豊かな先進諸国も国内に，貧困状態のなかで生活せざるを得ない人びとをかかえている。しかも，グローバル社会と国内社会とは実際に，グローバル不平等・貧困危機をめぐって相互依存関係を形成しており，今日では豊かな先進諸国の人びとが一方的に豊かさを享受し続けることが不可能となりつつあり，単なる「ゼロ－サム」的関係を維持することが著しく困難となっている。先進諸国がその豊かさを享受し続けようとするならば，グローバル不平等・貧困危機を自らの問題として，その危機の解決や克服のための積極的な政策を決定し，具体的な行動が要求される。貧困や不平等危機のグローバル性が強まれば強まるほど，そうした条件が要求されることになる。グローバル危機社会における平等や配分的正義の実現を求めることは，単なる規範や理念の問題ではなく，きわめて現実的な問題でもある。とりわけ配分的不正義がグローバル貧困危機問題の連鎖の枠組みを構成する条件としてそれを加えることができる。貧困や不平等の削減は配分的正義の規範と直接的に両立的関係を形成している[3]。

　実際に，今日グローバル貧困の危機はどのような現実的状況にあるのだろうか。貧困状況は改善されているのだろうか。あるいは，より悪化しているのだろうか。貧困に関するある特定の指標や基準，視点から見ると，たしかにグローバル貧困状況は改善されているといってよい。先に述べた2000年に国連はミレニアム・サミットにおいて，グローバル危機社会を構成する「開発と貧困」危機解決のための八つのミレニアム開発目標（MDGs）を設定し，その第1目標として極貧と飢餓の根絶をとり挙げた。この目標はたしかに，他の七つの目標の集約的かつ象徴的な人間開発目標といえる。その第1目標は，三つの

具体的な目標を設定している。(1) 1990 年から 2015 年の間に，その収入が 1 日 1 ドル以下の人びとの割合を半減する。(2) 女性と若者を含めてすべての者の十分で，生産的な雇用と満足できる仕事を達成する。(3) 1990 年から 2015 年の間に，飢餓の状態に置かれている人びとの割合を半減する。第 1 目標以外の目標を見ても，それらの目標が第 1 目標と直接的に結びついている。他のミレニアム開発目標は，食糧や住居，教育，生活のような，権利と能力（条件）に根ざす具体的な社会的達成を指定している。その他の達成目標でも注目すべきは，5 才以下の幼児死亡率を 3 分の 2 まで下げること，また普遍的初等教育を充足することである。極貧状態を 1 日 1 ドル以下としている。1 日 1 ドル目標とはきわめて抽象的なものであり，それは誰もが実際に買うことができるひとかどの財に代わるものである（ここでは購買力平価の問題が重要である）[4]。目標達成年度の 2015 年まで待つことなく，第 1 目標の 1 日 1 ドル以下で生活している人びとの割合を半減することは達成した。しかし，その一方で，世界中で毎日 35,000 人の飢餓者の数が何ら変化することなく生まれているという現実[5]を直視するならば，グローバル貧困危機は本質的に少しも解決されていないと理解せざるを得ない。そもそも 1 日 1 ドル以下と基準する極貧状態の半減を達成したといっても，本質的意味で貧困問題の解決といえるだろうか。極貧状態を 1 日 1 ドル以下とする基準は適切なものであろうか，また，その基準を設定することはどのようなことを意味するのだろうか。後で詳しく検討していくが，1 日 1 ドル以上で生活している人びとは実質的に貧困者ではないといえるのだろうか。あるいは，1 日 2 ドル以下とか 5 ドル以下という基準を設定すれば問題がなくなるのだろうか。こうした基準を設定することがグローバル貧困危機の本質を理解することを困難にしているのではないのか。

　その一方で，貧困状態や貧困者，不平等状態を示す基準とは別に，経済成長と貧困者との関係という視点から，最近，貧困者は大幅に削減しているとの見解も簡単に発見できる。1998 年から 2006 年までの期間，先進諸国経済の実質的 GDP 平均値は 2.4％，開発途上諸国のそれは 4.8％，そして極貧開発途上諸国のそれは 6.6％を記録している。また，2004 年から 2007 年の間のグローバル GDP は，4 年間に年平均 8.5％まで伸びを示している世界貿易の驚異的な成長と連動して一世代のなかで最も早いペースで増大した。そうして長期にわた

るグローバル・レベルでの経済成長によって，グローバル貧困の削減を大幅に促進することを可能にし，貧困削減のための多国間制度による新しい協調体制を強化することによって多くの人びとを貧困状態から救出した，という見解も多く見ることができる。その反面で，P. コリアーが主張しているように，底辺の 10 億人つまり世界の最貧困層の 10 億人の存在は，その 10 億人は成長していないという問題があることを理解しなければならない。そうした人びとの住む社会における成長過程の失敗は明らかに，経済開発の中心的難題を維持することを物語っている。また，ESCAP（アジア・太平洋経済社会委員会）は，速度のおそい成長はわずかな人びとしか貧困状態から救出することができないと見ているが，UNMDG 報告書 2008 年は，MDGs を達成しようとする多くの開発途上諸国は 2000 年から長期にわたる経済成長および相対的に低いインフレから恩恵を受けている，という。経済成長がグローバル貧困の削減にとって実質的によいか悪いかは，さまざまな立場や視点，評価基準によって異なる見方が成り立つといってよい[6]。それだけに，何よりも重要なことは，経済成長と貧困層の削減との因果関係が明快なものでなければならない。貧困や不平等の問題は，単に量の問題だけではなく本質的に配分の問題でもあるだけに，経済成長が一体どのような意味をもっているかについても考慮されなければならない。

　こうして見ると，今日のグローバル貧困危機や不平等危機の問題の本質や実態，存在意義，解決方法，その他のグローバル紛争・公共悪・問題群との関係性などを解明するためには，貧困（不平等）およびグローバル貧困（不平等）概念ならびにグローバル貧困の因果関係の連鎖の枠組みに関わる諸問題を検討しなければならない。貧困を単に，特定な領域や特別な社会階層を優先して固定化され，静態的なカテゴリーとして扱うべきではない。貧困の在り方はさまざまな環境や条件によって規定され，またつねに変容するものとして理解する必要がある。ある一定の時間軸のなかで人びとが貧困や不平等危機に置かれているかいないかを，単に所得額や経済成長率という基準によって見る限り，その危機の一部分を理解することができても，すべての危機の本質についてすべてを適切かつ，妥当に評価することはできない。それだけに，貧困や不平等の概念的問題を適切に処理することの必要性と重要性が強調されてよい。

例えば，貧困定義ＡとＢあるいはＣが無原則の，特別に整合されていない形で並存している限り，グローバル貧困は一定の規模で削減したとも，あるいは削減していなかったり，かえって増大したともいうことも可能だ。どちらともいうことができない。同様に，不平等の定義ＡとＢあるいはＣが並存する場合には，不幸な状態が縮小したとも，拡大したとも，どちらもいうことができるし，また，どちらも評価することができる。そうであるならば，今日のグローバル貧困・不平等危機の本質のみならず，我われ人類にとってその危機（リスク）のもっている意義，その危機の実態，そしてその危機の解決や克服の方策，などに対する適切な解の抽出はきわめてむずかしい。それよりもむしろ，間違った，不適切な解を提示することになる。すべての社会事象についてもいえることであるが，とりわけグローバル貧困や不平等危機（リスク）については，それらの危機に対する人々の意見や詳しい解釈，理解は実質的に，それらの人びとの価値観や視座，尺度，データによって大きく左右される。すなわち，グローバル貧困や不平等危機の多様なマップを描くことになり，それらの危機の本質に迫ることができず，かえってその本質をぼかすことになる。そしてその危機の原因を理解できないことから，危機の拡大再生産を招くことになる。

　そのようなグローバル貧困や不平等に関する概念の抱える問題と同様に，グローバル貧困や不平等危機を生み出し，展開させ，そして変容するグローバル貧困（不平等）の一連の連鎖の基本的枠組みについてもいえよう。例えば，貧困状態を世界銀行が定義しているように，貧困とは，所得や消費を中心に，最低限度の生活水準を達成することができない無能力を意味すると見ても，それ自体まったく間違っており，まったく有用性がないということはできない。しかし，重要なことは，なぜそうした無能力の状態が形成されることになったのかの，というより広い視点からのグローバル貧困，不平等危機を構成する原因や条件の連鎖の基本的枠組みからの位置や意味づけが必要なのだ。貧困をより好ましい形で定義したり，また，グローバル貧困状態を形成し，維持し，強化していく体系的な連鎖の基本的枠組みを明らかにするためには，グローバル化や生産過程における辺境化，ジェンダー化社会関係の間で展開される相互作用の産物として再構成される必要がある。とりわけグローバル（新）自由主義勢

1. はじめに

力の不平等や貧困の形成・展開の影響力を重視しなければならない。そうした観点を理解することで，後で詳しく述べるように，いかに所得貧困パラダイムが単純なものであり，所得は貧困を規定する必要な条件であっても，さまざまな条件の一つと見なければならない。今日の貧困危機は単なる一国内や集団の不平等配分危機ではなく，グローバル・レベルでの，あるいはまた，グローバル・レベルと関連する貧困危機である。貧困や不平等危機は事実上，つねにグローバル貧困や不平等危機問題に他ならない。そうしたことから，貧困や不平等危機は事実上，グローバル危機社会におけるきわめて重要な危機問題の一つとなっていると見なければならない。

また，グローバル貧困・不平等危機問題に適切に対応していくためには，その危機問題をグローバル紛争・公共悪・問題群の一つの重大な危機問題であると捉えると同時に，グローバル貧困・不平等危機とその他の多元的な危機とが相互作用・連動・浸透・構成関係を形成している点を正確かつ適切に認識することが必要である。グローバル社会での紛争・公共悪・問題群が支配する危機（リスク）構造が，グローバル・レベルでの経済的価値（財）や政治的価値，社会文化的価値（アイデンティティ価値），地球環境保全価値，平和・安全保障価値，人権価値などについての非両立的状態を意味するように，富や生活の豊かさ，収入所得，資格，能力などの非両立的配分状態としてのグローバル貧困や不平等状態と共通分母をもっている。それと同時に，それぞれの危機（リスク）は個々別々に存在しているのではなく，それぞれ相互依存関係を形成しており，相互に影響力を及ぼしたり，また，構成し合う関係にある。それだけに，それらの危機をそれぞれ個別的に解決することは容易ではなく，それらの危機（リスク）を相互に関連づけながら体系的に解決・変革する方策を講じなければならない。グローバル貧困・不平等危機問題は明らかに，南北問題も地球環境破壊問題，ジェンダー問題，人権侵害問題などと重複する問題であり，それら問題群の一部分となっているとさえ見てもよい。

さらに，グローバル貧困・不平等危機の本質を解明し，その危機の解決・変革の必要・可能条件を抽出するためには，その危機を規範的なグローバル配分的正義の問題と関連づけたり，結びつけながら，グローバル貧困・不平等危機の本質とその解決策を見出さなければならない。なぜならば，今日，グローバ

ル貧困・不平等危機問題は我われ人類の生存や生活を直接的に脅かす現実的な不正義の問題であり，グローバル貧困・不平等危機問題の解決が求められているすぐれて現実の問題であると同時に正義の問題でもある。グローバル貧困・不平等は実際に，解決しなければならないグローバル配分的不正義問題となっている。こうしたことを強調することは，配分的正義の規範や理念，言説が単なる非現実的な規範なり理念，言説として空想的かつ非現実的な規範なり理念に終ることなく，グローバル配分的正義を現実のものとして創成することを可能にすることを意味する。こうした事象は実際には，日本国憲法とりわけ9条の平和主義についてもいうことができる。21世紀のグローバル危機社会において，さまざまな社会的正義も不正義も本質的にグローバル化していることを認識しなければならない。そうしたことから，グローバル貧困の連鎖の基本的枠組みは，グローバル自由主義的資本主義経済体－グローバル不平等－グローバル未開発－グローバル配分的不正義－グローバル貧困（自由主義的資本主義経済体－不平等－未開発－配分的不正義－貧困）という連鎖の枠組みを描くことができる。

　本章の目的は，グローバル貧困の概念的検討をグローバル貧困に関わる連鎖の基本的枠組みを構成することで，グローバル貧困危機の本質と特性を明らかにするなかで，その危機の統治（管理）・解決・変革する必要・可能条件の抽出を試みる。そのため，第2節では，グローバル社会における貧困・不平等の概念的検討を試みる。第3節においては，グローバル危機社会としての（新）自由主義的資本主義システムを中心に検討していく。第4節のなかでは，グローバル貧困・不平等危機の実態を描いていく。第5節では，グローバル貧困や配分的不正義の危機問題を正義という規範的視点からアプローチすることで，グローバル危機社会において人びとの生活の豊かさや平等，配分的正義が成り立つかどうかを究明していく。第6節においては，グローバル貧困や不平等危機問題を統治・解決・変革していくための必要・可能条件を検討していく。

2. グローバル貧困・不平等の概念的検討

　これまでは，概して，国際（世界）社会において，国家単位であれ人びとの個人単位であれ，それぞれの豊かさや富，生活水準をはかる指標なり基準として収入所得の高低なり，物質（経済的資源）的価値所有の大小というモノサシが通用してきた。しかし，貧困や経済的不平等を計る指標として所得や物質的資源はたしかに，貧困状態を計る一つの指標として便利なものであるものの，貧困状態の本質や実態を正確かつ適切に明らかにするような指標とはいえない。その指標は，狭く，またあいまいなものであることは否定できない。現在では，それを批判する形で，能力が強調されている（あるいは後で検討するが，構造的条件が重要な指標として注目される）。

　I. ロベインズは，グローバル貧困や不平等を評価する指標として，所得，資源，そして能力の三つを挙げている[7]。第1は所得尺度である。世界貧困や不平等のほとんどの統計や評価は，金額計量つまり比較の変数として所得を使用して行われている。所得のモノサシは，より好ましい代替物に同意がないために広く使用されている。また所得は，一つの尺度であり，明確な計算や評価を可能にするものである。現在，実際に世界銀行はグローバル貧困統計を作成している唯一の国際機関であるが，貧困者を1日1ドル以下で生活している人びとと定義している（最近ではこの基準は変わっているが）。現在の方法論に見られるバイアスによって，グローバル貧困の発生する簡単に過小評価に導く可能性が大きい。

　第2のグローバル貧困や不平等へのアプローチは資源（資料）である。そうした評価について使用されうる資源の五つの異なる説明を提示することができる。それらは，1人当たりの国民所得（第1タイプ），個人の可処分所得（第2タイプ），物質的財貨の個人的資格（第3タイプ），非人的資源と人的資源とを区別するダーキンの主張する資源（第4タイプ），合理的人間が求めうるすべてのものに関係なく求めると思われる財貨を意味するロールズのいう社会的な根本的財貨（第5タイプ），などである。それら五つの資源のタイプはそれぞ

れ個別的に使用されるなら、第1の所得の尺度と同じような意味をもつことになり、それらを統合的に使用すればより有用性をもつことになる。しかし、それらを矛盾することなく、整合性のある有機的な体系的枠組みを作ることには成功していない。そのためグローバル貧困や不平等の実態をバラバラに捉えがちである。

グローバル不平等や貧困を評価する第3のアプローチは機能と能力アプローチである。A. センが主張していることは、財貨はそれ自体ではなく、それらの特性が人びとに行動させるところのもの、つまり能力に重要性があるということだ。能力は人がそれらの財とサービスを生み出すことができるという。ところで、そうした転換の要件の三つのタイプは社会的・環境的・人的な要件である。とりわけすべての能力を含む人的能力群は福祉と代行者（主体）を得る自由を示している。だから三つのタイプのなかでも能力の重要な側面は人びとの代行者である。概して、この三番目のアプローチが一・二番目のアプローチより有用である。

ここで以上の三つのアプローチをもう少し詳しく検討してみよう。これまでは、一般的に見れば、第1のアプローチは、国家も人びとにとってもその豊かさや生活水準を示す指標として多く使用されてきた。貧困者とは、自らの生活を適切に維持することができなくなるような一定レベル以下の収入しか得ることができないような人びとをいう。非貧困者と貧困者を区別する一定の所得基準以下のレベル（貧困線）で生活せざるを得ない人びとなのだ。そうした貧困線以下の人びとがほとんどいなかったり、少ない場合に非貧困国や豊かな国、あるいはまた、貧困線以下で生活している人びとが多くいる場合には貧困国であり、さらにまた、それら以上に貧しいレベルの条件が圧倒的に高い国であれば極貧国といわれている。問題は、その貧困線の基準を何ドルにするかである。そもそも貧困線を設定することによってのみ貧困者と非貧困者を明確に分けることができるのか、あるいは正しい、適切なことなのか、という疑問は重要な問題であることはまったく否定することができない。収入所得の大小によって、その国やその国内の集団、人びとが豊かであるか、貧しいかを区別することはたしかに、一つの簡単な方法であり、数量的な具体性をもつところから、理解しやすいといってよい。しかし、単に所得のみを基準とする貧困の

定義は基本的には，グローバル貧困や不平等の危機の本質や実態，それら危機を生み出す原因，それら危機の統治や解決，変革の必要・可能条件，そしてまたそれらの問題意義などについて十分に理解できないばかりか，かえって誤った，偏った見方しか出てこないといってよい。

ところで，貧困概念にはこれまで見てきたように，所得貧困と呼ばれている，一定の貧困線以下での貧しい人びとの絶対数を意味する絶対的貧困のほかに，貧困問題の存在が社会に基礎をもつ貧困のレベルを意味する相対的貧困も存在する。これは貧困線が何ドルであるかに関係なく，社会におけるある一定の貧しい者と豊かな者の所得や富の格差を意味する貧困といってよい。実際に，グローバル危機社会での先進諸国と開発途上諸国との，あるいは北と南との富や経済的格差は相対的貧困と理解してよい。絶対的貧困と相対的貧困とは必ずしも，非両立的なものでも，対立的なものでもないが，貧困概念には二つの異なる側面をもっていることを知らねばならない。より具体的に見ると，一つが，絶対的貧困であり，それは生存に必要とされる最低限度の基本的条件を満足させることを反映する絶対的条件を意味する。もう一つが，相対的貧困であり，それは豊かな者と貧しい人びととの間の所得の格差を意味する。どちらの貧困概念がグローバル貧困・不平等危機の本質や実態を解明し，それらの問題の統治や解決を引き出すことを可能にするものかを問わねばならない[8]。

絶対的貧困概念は何よりも，貧困を計る尺度（モノサシ）によって必然的に生じる多くの問題を抱えている[9]。もちろん，貧困の尺度の問題は相対的貧困概念にも存在しているが，とりわけ絶対的貧困概念に多くの問題がつきまとっているといってよい。「生存にとっての基本的必要条件」は生活の全体的水準と容易に切り離すことはできない。絶対的貧困のいくつかの尺度は相対的脈絡のなかで位置づけられる必要がある。収入所得の金額で計る方法は実際には，さまざまな国ぐにに における異なる貨幣の購買力の問題に直面する。この問題に対し経済学者は，「購買力平価ドル」と呼ばれる人工的な形をもつ貨幣を借り出している。たしかに，そうした工夫によって貧困問題の実態に少しは接近可能であれ，絶対的貧困概念はより本質的な問題を抱えている。そもそも所得貧困水準は事実上，豊かな国や人びとと貧しい国や人びととを二分する有効かつ適切な変数とはなりえない。たとえ「購買力平価ドル」方式を導入したと

ころで，何ドル以上が豊かで，あるいは1日2ドル以下で生活している人びとを極貧者と位置づけたところで，こうした分類が不透明であるのみならず，適切かつ妥当な意味をもつものではない。人びとが1日1ドル以下で，あるいは2ドル以下で生活している国がなぜ極貧国といえるのか，そしてまた1日1ドル以上で，3ドル以上で，5ドル以上で，生活している人びとの間で何がどう異なるのか，あるいは，そうした所得水準で分類することがどれだけ妥当な客観的概念としていえるのか，などの問題は容易には払拭されることはできない。

その上，絶対的貧困という所得貧困については別の問題もある。これまで見てきた問題とも関連しているが，人びとが1日1ドルあるいは2ドル以下で生活している数が多い国が極貧国であり，2あるいは3ドル，それ以上を得ている人びとの数が多い国を豊かな国であり，また年間数千，数万ドル以上の国民所得を得ている国が豊かな先進国であると見ていいのか。また，1日数ドル以下の所得しか手に入れることができない人数の多い国が貧困国や開発途上国であるといっても，それぞれの国内に事実上の大きな所得格差が存在し，その国の人びとの所得の単なる平均値は妥当なものではなく，そこにはほとんどその有意性を見ることができない。開発途上諸国の間でも著しい平均的な所得格差がある。こうした問題は先進諸国にも，またそれらの国の間にも見ることができる。単純かつ数量的な所得貧困，つまり絶対的貧困概念によってはその内部に存在する実際の貧困構造の在り方やその意味を正確かつ適切に把握することはできない。グローバル危機社会で1日1ドルあるいは2ドル以下で生活せざるを得ない人びとがどれだけいるかを明らかにすることは，今日のグローバル貧困・不平等危機の本質もその実態をも明示することを意味するものではない。とりわけ絶対的あるいは相対的貧困概念であれ所得貧困概念に内在する重要な問題は，所得貧困の背後にある相互に関連する多元的条件を考慮することなくまったく無視していることだ。そのため貧困・不平等状態を生み出すメカニズムを理解することができないことだ。結果的に貧困・不平等危機の本質を解明することも，またその解決条件の抽出もできないことから貧困・不平等状態が維持されたり，より拡大することは避けられなくなる。

第2のグローバル貧困・不平等評価の資源（資料）のアプローチは，先にも

述べたように，一人当たりの国民所得や個人の可処分所得を含め五つの資源タイプは，第1アプローチの所得尺度と比較して，多様な資源からなるアプローチによってグローバル貧困，不平等問題の実態の解明により近づくことができるといえるものの，グローバル貧困・不平等問題の実像を個別的に描くことになる。そのため，一人当たりの国民所得も個人の可処分所得なども，所得尺度と同様な問題をもつことになる。その資源アプローチに優位性をもたせるためには，第3の機能・能力アプローチと同様に五つの資源タイプを整合性をもつ総合的な使用方法を考慮しなければならない。

グローバル貧困・不平等評価のための第3のアプローチである機能・能力アプローチが，第1，第2のアプローチを批判する形で提示されたのである。その中核的な考えが，A.センによる，人間開発の目的実現のために貧困概念として多元的能力の強調である。A.センの考え方の主題は，人間行為者が開発の言説の中核にあるというものだ。こうした人間を中核に置くことは，経済成長を狭い物質的条件に位置づけているような自由主義近代性の枠組みとは対照的に人間の自由化や解放として迎えられている。A.センは，UNDPの年報である『人間開発報告書』の人間開発指標のなかで明確にされたように，開発の今日の支配的理解の基礎を提供する人間開発の概念的土台を築いたのである。「『開発』の関心は，個人の権能（エンパワーメント）や選択決定能力が最前線にいる可能な環境に向けられた政策を強調する伝統的，政府によって介入された，マクロ―社会経済的領域から転換している」。これが能力アプローチといってよい[10]。また，J.ペイネも貧困状態を多次元的に捉え，飢餓や心理的領域，不適当（不十分）な下部構造，低い識字率，健康問題，不適切（不十分）な所得などの六つの要因を挙げている。もちろんこうした貧困状態を規定する多元的条件を考慮することはたしかに，一定の意味をもつものであり，重要であることは間違いない。しかし，そうした指摘をするだけで，グローバル貧困・不平等問題の本質を理解するには必ずしも十分ということができない。なぜならば，それら六つの多元的条件自体が自然発生的に表出するというよりも，むしろその背後にあり，それらの条件を規定し，それらを構成する構造的条件を考慮しなければならない。

そうしたグローバル危機社会における貧困や不平等概念に内在する問題点に

対応して，所得のような単一の変数に大きく依存することなく，多次元的変数から構成される複合的概念定義の設定が，A. センの人間開発概念（能力アプローチ）の提示を契機に，必要とされるようになった。国連開発計画（UNDP）の1997年版『貧困と人間開発』で単なる人びとの収入所得を増やしていくとか，経済成長率を高めていくのではなく，人間の生活の質の豊かさを開発していくという人間開発の視点から，貧困や不平等を単一の所得のみならず，その他の条件から成る多次元的な定義を与えている。「人間開発の視点からみると，貧困とは我慢し得るまずまずの生活を営むために必要な選択の幅と機会が全く与えられないということを意味する」。貧困は単に物質的な豊かさの欠如の状態をいうのではない。長期にわたる健康で創造的な継続，つつましい生活水準の享受，また自由・尊厳・自尊心・他者からの尊敬の享受，などのために必要な選択肢が与えられていないことを意味するという。この報告書は，単純に所得の格差だけではなく，短命，初等教育の欠如，公的・私的資源の欠如，疎外，などといった貧困の最も基本的な指標をも考慮する，人間貧困指数（HPI）を導入している[11]。貧困であるかどうか，つまり生活の質が高いか低いかの指標は収入所得の多少によってのみ決まるものではない。出生時平均余命や幼児死亡率，カロリー摂取量，教育・文盲率水準などが重要な意味をもっている。生活水準の指標の精巧化の試みは進んでいるようだが，それでもまだ完全かつ十分なものとなってはいない。なぜならば，生活水準の指標は何よりも生産の社会関係の質や階級構造関係の内容や階級関係構造と切り離しては理解することができない。開発の指標を工夫する場合には，単に社会的・経済的結果のみではなく，そうした結果を生み出す社会政治的・経済的構造と過程を見ることが重要だ[12]。そうした視点が，先に述べた貧困を生み出す基本的な構造的条件を重視すべき必要性を意味する。極貧状態を見る場合にはよりいっそうそうした観点から捉える必要があることが分かる。極貧者は，食べることも住むことも十分にできない，まったくの貧困状態のなかで生存している個人や家族，集団のすべてに関係している。極貧者を単に収入所得条件によってだけでは理解できない。なぜならば，貧困レベルは経済的・社会的脈絡に依存しているからだ[13]。

そうしてみると，その人間貧困指数を不平等指数（HII）といい換えること

もほぼ可能といってよい。もちろん両指数はまったく同一のものとはいえないものの，前者は後者の一部（一側面）であり，構造的共通性をもっているからだ。そうした貧困と開発と不平等を結びつける視点は，A. センの『不平等の再検討』のなかに発見することができる。「平等の倫理分析におけるふたつの中心的課題は，㈠なぜ平等でなければならないのかということ，㈡何の平等かということである。この二つの課題は別個のものであるが，相互に密接な依存関係にある。どの面（例えば，所得，富，機会，成果，自由，権利等）の平等について論じているかを知らずに，平等を擁護したり批判することはできない。㈡の課題を言及することなしに，㈠の課題に答えることはできないだろう」。しかし，それとは逆に㈡の課題に答えるためには，㈠の課題にも答える必要があるだろうか。もし結果あるいは権利，自由などの変数 X に関して平等を支持する議論を上手に行うことができるならば，我われは変数 X を比較の基準として支持する議論をすでに行ってきたことを意味する。そのためになぜ平等なのかについてこれ以上深く答える必要はない[14]。ある何らかの平等の変数それ自体に関心をもったり，あるいはそれらの変数の何らかを問題にしたり，肯定すること自体，その平等の変数とは反対に現実には不平等の変数が平等でなければならないかを問う必要もほぼ意味がなくなるといってよい。例えば，富や所得などの平等の変数は現実には，貧困や不平等それ自体を批判したり，反対する規範性を内包しているのだ。

　平等をそのような観点から捉えることは明らかに，政治的・経済的・社会的制度に関するどのような規範理論も，それぞれの理論が重要と位置づけている何らかの特定の平等変数を物語っている。しかし，平等主義が特定の変数に関する一定の平等価値の要求であること，また，ある変数における平等は他の変数にとって反平等主義的なものとなること，さらに，その平等変数についての総合的評価を行う段階で批判的に評価するために焦点を当てる，所得や富，効用，資源，自由，権利，生活の質などといった変数は複数存在しているために，そのうちのどのような変数に焦点を向けて選択・採用するべきかという困難な問題に直面せざるを得ない。焦点を合わせるべき適切な変数の組み合わせ領域を選択することは，平等状態や不平等問題と同様に貧困状態や問題を分析する際に著しく重要な課題となってくる。そもそも現実の人間性はきわめて多

様で，複雑であるため，焦点を合わせるどのような変数を選択するかは重要な結果を大きく方向づけることになると見なければならない[15]。こうして見ると，そうした性向を内在させている一連の過程の展開は，意識するしないに関わらず，何らかの規範や理念，道徳観，倫理などが反映し，作用していることがわかる。貧困や不平等危機（リスク）は統治したり，解決されるべきという正義・不正義の問題と結びつくことになる。したがって，今日のグローバル社会における貧困や不平等危機は同時に，グローバル配分的不正義問題に他ならない。

そうした特性をもつグローバル貧困・不平等危機の本質や実態を解明するためには，貧困の定義を再構成しなければならないことが理解できよう。それが先に述べてきたA.センの人間開発のための能力アプローチに他ならない。それは何よりも，貧困を単なる所得水準の高低や大小と捉える単純な所得中心の単一アプローチを批判する形で行われたことはいうまでもない。貧困状態を構成するにはどのような多元的な貧困基準（変数）が存在するかを規定する前提条件を理解しなければならない。貧困状態とは本質的に，受け入れ可能な最低限の水準に達するために必要な潜在的能力の欠如した状態として捉えることが何よりも重要である。そうした多元的な基本的潜在能力や条件を欠如した結果が所得貧困に過ぎない。貧困状態は所得変数も含めた多元的な貧困変数の複合状態である。そもそも所得貧困変数はその他の多元的な貧困変数によって規定される。貧困とは事実上，所得のような達成された結果の程度の問題ではなく，とりわけ経済的手段の不足，つまり必要最低限度の潜在的能力の不足なり欠如の問題に他ならない。結果としての所得と潜在的能力の多様な関係を無視して，単純に貧困と低所得を同一視することはできない[16]。また，不平等状態と低所得とを同一のものとして捉えることが問題であることがわかる。なぜならば，不平等状態も単に収入所得の多い少ないことではなく，それ以外の多元的な不平等変数によって規定されているからである。

所得は人びとの一定の生活水準の享受を可能にする単なる条件の一つに過ぎず，その他のどのような条件が人びとの豊かな生活を保証するのか，どのような能力が人びとの人間開発の基本的目標といえるのか，そしてまた，人びとが享受する人間生活の質の水準や本質的自由が最良なものとして評価されうるの

か,などといった問題については我われがそれらをどう理解するかの意味内容と結びついている。そのため,今まで一般的に使用されてきた貧困や不平等に関するさまざまな特性をもつ尺度は不完全なものであり,不平等の指標としてのジニ係数あるいは貧困の尺度としてのS尺度はある種の社会関係だけに焦点を当てているにすぎない。同様に,エントロピー尺度や総計貧困ギャップは個々人の貧困や不平等状態を見ることによってすべての人々のグローバル関係のそれらの状態を無視してしまっている。あらためてここでも,所得条件だけで貧困や不平等についての適切かつ妥当な尺度を定義することが不適切であることを強調しなければならない。特定の社会的脈絡のなかで貧困や不平等状態が考察されるべきだと見なければならない[17]。

したがって,M.ナスバウムが,粗雑な尺度である一人当たりの国民所得やGNPアプローチ,国家中心的アプローチなどは実際には有益なものではないというよりも,相当悪いものだと批判して,UNDPの『人間開発報告書』で主張されている能力アプローチや十分な正義(公平)の視点を求めていることは重要である[18]。実際に,1990年版の『人間開発報告書』のなかに導入された「人間開発指数(HDI)」は所得や保健,教育の三つであった。人間開発とは,人びとが自ら価値を認める生活,価値を認めるべき理由のある生活を追求する真の自由を拡大することになると定義するため,HDIは単なる所得指数を超えて保健と教育も測定する指標として取り入れたことは一定の意義のある試みであったといってよい。だが,このHDIは明らかに,人びとの選択肢のごとく一部を捉えるものであり,人びとが高い価値があるものとする多くのもの,つまりその一例として経済的・社会的・政治的自由,暴力や社会不安,差別からの保護といったものを無視したり,軽視したり,否定してきた事実を肯定しなければならない。その後今日までHDIの改良・開発が試みられると同時に,貧困や不平等危機の本質や実態を適切かつ妥当に測定するための指標の革新が試みられてきた。今日ではHDIはあくまで平均を表わすものであり,人間開発に存在している格差はブラックボックス化されてしまう弱点を補うために,多次元不平等の測定によって人間開発の現実の水準を明らかにする不平等調整済みの人間開発指数(IHDI)を受け入れた。これまでの人間開発指数を構成する要素である「出生時平均余命」「平均就学年数」「非所得HDI」な

どの指標から，IHDI の構成要素として「不平等調整済み出生時平均余命」「不平等調整済み教育指数」「不平等調整済み所得指数」「所得ジニ係数」などを設定している[19]。

　そうした不平等や人間開発の測定の改善の試みは今では，多次元貧困指数として形成されている。貧困の次元は所得の条件を大きく超えて，健康と栄養の貧しさ，教育と技術の貧しさ，生活の貧しさ，住環境の悪さ，社会的排除，参加の欠如などの条件にまで及んでいる。1997 年に発表された，各国の平均値を使用して生活水準，教育水準における相対的な欠乏を示す「人間貧困指数（HPI）」から多次元貧困の総合パターンが模索されたことはきわめて当然であった。そして，HPI に代って「多次元貧困指数（MPI）」が提示されることになった。MPI の構成要素は，生活水準や教育，保健という三つの次元と，各次元で同様の重みをもつ資産や床，電気，水，トイレ，炊事用燃料，子供の就学，就職年数，子供の死，栄養という 10 の指標である。実際の MPI は，多次元貧困の危険性のある人口，少なくとも教育，健康，生活水準などのなかで注目する一つが厳しい剥奪にある人口，1 日 1.25 ドル PPP と国内貧困ラインという経済的貧困ラインを下回る人口，などの指数から構成されている[20]。

　以上のような多次元にわたる指数を盛り込むことで，より人間開発の本質と実態の解明をめざす「不平等調整済み人間開発指数（IHDI）」も，そしてまた，多次元の指数を用いることによって貧困や不平等危機の本質や実像をより正確にかつ適切に抽出する試みはきわめて有用性をもつものとして肯定的に評価しなければならない。しかし，変数の多いことが必ずしも，貧困や不平等危機の本質や実態の適切かつ妥当なそれらの問題の解明を可能にすることを保証するものではない。ここでの重要な論点は，多次元にわたる変数がいかに妥当で，有用性をもっているのかということと，それらの変数の間でどのような有機的関連性をもっているかどうかである。例えば，所得指標は実際には，さまざまな潜在的能力によって規定される結果であり，また，そうした多次元的指標（所得指標も含む）はその国の構造的要件によっても規定されている。さらに，それらの指標や要件を規定するものがグローバル社会の構造的要件である。すなわち，現実に，グローバル社会におけるグローバル貧困や不平等危機は，大きくは国内社会とグローバル社会の構造的要件によって基本的に規定さ

れ，また構成されていると見なければならない。そのことを理解できないと，グローバル貧困や不平等危機の本質や実態を解明することも，そしてまたその危機の統治や解決，変革についての必要・可能条件も抽出することもできない。

3．グローバル危機社会構造と貧困・不平等危機問題

今日のグローバル危機（リスク）社会はたしかに，グローバル貧困・不平等危機状態に直面している。世界中のきわめて多くの人びとが貧困や飢餓，不衛生状態に置かれ，危機的な日常生活を強いられている。これらの人びとは事実上，その脆弱な経済的資源によって，最低限度の生活水準を維持するのに必要な，食糧や水，健康，住居，サービスのような基本的な財貨へ安全に接近するための諸条件が欠如している。そうした極端な貧困や不平等状態を統治したり，解決したり，あるいはまた変革していく必要は，世界中の大多数の人びとによって認識されている。だが，そうした危機の軽減のために何がなされるべきか，また，そのために誰が責任をもっているのか，について一致した見解は見い出すことはできない。B.ハイダールがいうように，一般的にその責任は二つのレベルのどちらかに求められている。一つは，ある場所の極貧は当地で存在し，作用する制度や政策，決定，実践，価値などの国内的条件に求められている。もう一つのその見方は，それが一連のグローバル制度やさまざまな国際的行動主体による実践・政策のような，グローバルな諸要因に求めるものである。そこでまた，どちらの見方が適切なものであるかという問題が存在している。もちろん両者の見方を対立的な，非両立的関係として捉える必要はない。我われは実際には，二つの見方のどちらかではなく，極貧状態を軽減することを期待するなら，最適なグローバル秩序と現実的な国内秩序を内包したシナリオ（見方）を主張することは妥当なことといってよい[21]。

この極貧状態を軽減するための二つのシナリオは事実上，グローバル社会において極貧状態や厳しい不平等状態がなぜ生じるのかを同時に問題にしていることを意味する。また，グローバル秩序と国内秩序の関係についてのシナリオ

もどちらの秩序なり要因がグローバル貧困状態や不平等状態を規定しているかを同時に問題にしていることを物語っている。ここではそうした問題意識に基づいて，今日のグローバル社会においてグローバル貧困や不平等状態が形成されてきたのかを明らかにしなければならない。なぜならば，グローバル貧困・不平等状態の本質や実態を解明し，その状態を統治・解決・変革するためにはその基本的原因を特定しなければならないからだ。グローバル危機社会において国家間の富や所得，多種多様な能力の不平等配分構造なり，グローバル貧困構造として，また，人びとの間での富や所得，能力構造や貧困構造として捉えるにしろ，それらの構造は本質的に，自然発生的にあるいは先天的に存在しているものでも，形成されたものでもない。それらの構造は何らかの基本的な構造的条件やメカニズムによってむしろ必然的に形成されると見なければならない。前述したように，グローバル貧困状態および富や所得，能力の不平等配分状態を具体的に規定する多元的条件の存在を強調することは正しいものの，それらの多次元的な能力や条件それ自体を規定し，構成する原因の存在を認識しなければならない。なぜならば，グローバル貧困や不平等配分危機問題を軽減したり，解決したり，あるいはまた変革するためには，何よりも危機の基底的な構造的原因そのものを統治したり，除去したり，変革していく必要があるからだ。

　20世紀末にグローバル不平等の現在の状態を形成するようになったのは，三つの変容によるという。(1) 1970年代から英米における新自由主義改革によって開始された先進諸国において，よりいっそう大きな平等へ向かっての顕著な第二次大戦後の動向が逆転することになったことだ。(2) とりわけアジア経済の勃興（次々に日本，台湾，韓国，中国，インドが）の結果として，同時期にわたって真のグローバル資本主義経済体が形成されたことである。(3) 存在する資本主義経済体において，より大きな開放と競合状態のなかで主導的地位にある政府や国際制度によって同時にその状態を促す動きが起きたことだ。不平等の現在の資源や形態は，グローバル化の勢力の結果としてではなく，地球的規模でのいっそうの協調政策に慎重に転換した結果である。21世紀に入り完全に新しい一連のグローバル環境が生み出されている。結果的に見ると，不平等の特性とダイナミクスは今日，過去のものときわめて異なっているの

だ[22]。だが，そのグローバル環境を基本的に形成するグローバル化勢力を，つまり新自由主義的資本主義勢力そのものを強調しなければならない。なぜならば，グローバル化勢力が実際には，グローバル社会において不平等や貧困状態を減らすのか，あるいは不平等や貧困状態を維持・強化するか，の問いに一定の答えを出す必要性と重要性があるからだ。

現実を直視するならば，グローバル新自由主義的資本主義経済勢力は，一方で，ある特権階層や先進諸国には富を提供し，特定のレベルの貧困状態を削減することがあっても，他方で，非特権階層や多くの開発途上諸国にはほとんど富を提供することなく，かえって不平等や貧困状態を高めるといってよい。持続する不平等や永続的な貧困状態は実際に，機会の平等性や上昇の可能性という信念に挑戦を生み出すことは避けられない。結局，極端な不平等状態は貧困状態を永続化し，経済的・政治権力の集中化を維持させ，そして，経済的効率を低下させることになる。そうした動向によって，不平等と貧困状態の永続化を可能にする制度を三つの方法で強化する。(1)不平等は，経済成長・発展に役立つ教育や健康管理，その他の便益に接近する可能性を減らすことになる。また，貧しい人びとの政治参加を妨げる。(2)不平等はしばしば，公平な制度の設立や適切な機能と，そしてまた，法の支配の順守を妨げていく。(3)不平等によって豊かな人びとは政治的あるいは経済的に妥協しなくてすむ。そのことは，グローバル社会において経済開発に比較的に早期に対応する必要性のある脆弱な社会をいっそう弱めてしまう。不平等をもたらすそういった結果はたしかに，貧しい社会が貧困や不平等状態をそのまま確実に維持できるように結びついている。そのためそうした社会に住んでいる人びとを貧困の破壊的なサイクルに陥らせる。国家間と国内で増大する不平等は，グローバル化にとって直接的・間接的意味をもっている[23]。新自由主義的資本主義のグローバル化勢力が強まれば強まるほど，グローバル・レベルでの貧困と不平等危機を再生産する構造的枠組みが形成されることになる。

こうしてグローバル化とグローバル不平等・貧困と一定の関係性をもっているものの，どのような具体的な関連性なのか，グローバル化勢力は不平等や貧困危機にとってどのような機能を果たすのか，などが検討されねばならない。グローバル化は事実上，経済的には新自由主義的資本主義化といってよいが，

それが不平等や貧困危機にとってどのような意味をもつかはさまざまな意見がある。J. A. ショルテは四つを指摘する。一つは，新自由主義者が主張するもので，レッセフェール・グローバル化はすべての人類にとって物質的繁栄をもたらす。改革主義者と変容主義者は，新自由主義者の主張するグローバル化は貧困を維持し，あるいは悪化させるという。グローバル化による地球的規模の結合は貧困問題を改善することができると見る。否定主義者は，グローバル化のいかなる形態も貧困者にとって有害なものとして否定する。その四つのうちのどの見方が正しいかを決めることはきわめてむずかしい。なぜならば，グローバル化がどのように貧困に影響を及ぼすかについての評価も，概念や指標に関する大きな問題に直結する。生存の必要条件や基本的悪条件などは超歴史的なものではなく，また，貧困は客観的条件であると同時に主観的条件でもあり，収入指標は不適切なものである[24]。グローバル貧困や不平等危機の解明のためには，グローバル化と貧困や不平等とがどのように関連しているのか，また，前者が後者にどのような影響力を及ぼしているかを問う場合には必然的に，貧困や不平等の定義や指標をめぐる問題を適切に処理しなければならない。グローバル貧困や不平等の本質と実態にせまり，それらの正確な描写や適切な分析・説明，そして妥当な将来の予測を可能にするには，前述のように，所得収入のみではなく，貧困や不平等な状態を構成する適切な多次元的基準や尺度を使用する必要があろう。

今日のグローバル化の進展・深化と結びつくなかでの新自由主義的資本主義経済体が不平等価値配分構造・貧困構造を構成しているが，その原形の形成期は16世紀前後の近代国際社会と資本主義世界経済システムの形成期であった。今日のグローバル・レベルでの経済的・政治的価値配分構造の形成は，その延長線上に位置づけることができる。形成期後の歴史的過程のなかで形成・展開・変容してきたグローバル社会構造である。その経済的・政治的不平等価値配分構造は，優位な地位にいる強い主体（国家）と劣勢にある脆弱な客体（植民地や弱小諸国）との間で構成される経済的価値や富，また政治的能力や権力をめぐる支配―従属関係構造を内在させている社会構造である。その構造をI. ウォーラスティンは世界資本主義経済（システム）構造といい，J. ガルトゥングのいう中心－周辺構造（P-Cモデル）という。あるいは，それを

不平等価値（富・能力）配分構造，南北非対称的紛争構造，構造的暴力構造，グローバル危機（リスク）社会構造といってもよい。それらのグローバル支配－従属構造などの表現は本来的に，グローバル性や構造性，非対称性，紛争性を分母として共有している。さまざまな顔をもつグローバル支配－従属構造は基本的には，資本主義世界経済システムの産物に他ならない。そのことは，グローバル・レベルで非対称的関係当事者（体）によって，経済的価値や利益，富，資源の非両立的な紛争状態の構造化，すなわち，グローバル経済的価値や財の不平等配分構造（貧困構造）を意味する。このグローバルな富や資源の不平等配分構造の形成は実際には，グローバル・レベルでの権力や権力資源の不平等配分構造の形成と有機的関連性をもって共存関係にある。資本主義世界経済体（システム）の経済的価値や財の不平等配分構造と資本主義世界政治体（システム）の権力や権力資源の不平等配分構造，つまり支配－従属構造とは相互依存関係を形成し，前者の構造は後者の構造によって支えられ，前者の構造を維持・拡大してきた。そのため，グローバル経済的価値や財の不平等配分構造を脆弱なものにしたり，解体したり，あるいはまた変革することは著しく困難なものになっている。

　こうして不平等価値・財配分構造を内在させているグローバル経済体は，資本主義的生産様式にその基礎を置いているため，無制限の利潤の拡大追求に基づく生産性の高まりに沿う形で，市場の拡大や資源，低賃金，失業，投資，労働力，格差，貧困，差別，抑圧，闘争などのグローバル経済体の在り方を規制する勢力として作用する。資本主義経済システムは二つの対立する政治的・社会的関係を内包しており，また，周辺地域に対する支配と同時に，資本主義（帝国主義）国家の間で紛争をくり返し強めてきた。資本主義経済システムは常態的に，国際社会レベルを含むグローバル・レベルでも国内的レベルでも，経済的価値や利益，財，資源の不平等配分構造およびその集約的な貧困構造と有機的に結びつける過程でそれらの拡大再生産をつねに追求してきた。その結果，豊かな国ぐにや地域，人びとと，貧しい国ぐにや地域，人びとを二分化し，グローバル・レベルで貧困を再生産する貧困構造が強固に設定されることになる。

　こうして，グローバル・レベルでの不平等価値配分構造を支える勢力は同時

に，グローバル貧困を再生産する貧困構造自体を維持・拡大させるといってよい。言い換えると，グローバル・レベルで豊かな先進諸国や人びとと貧しい開発途上諸国・弱小諸国や人びととの間で長期にわたって形成され，維持され，あるいはまた強化されてきた経済的価値（富）や資源，財のグローバル社会での公共財化を妨げる基底的なグローバル不平等配分構造や貧困構造の存在は，グローバル化の進展・深化するグローバル危機社会においても根本的に継続している。したがって，資本主義世界経済システムや中心－周辺あるいは支配－従属資本主義システムが，自由主義的あるいは新自由主義的資本主義，グローバル資本主義という異なる表現をしようとも，資本主義的世界経済体の本質や特性を基本的に大きく変容させていない。そのため，グローバル不平等経済的価値・財配分構造や，富や財の不平等配分を可能にする貧困構造も事実上，維持・強化されることになる。こうして見ると，今日のグローバル貧困・不平等危機の在り方は本質的に，グローバル社会構造的要件によって規定されていることが理解できよう。

4．グローバル貧困・不平等危機の実態

　グローバル貧困や不平等配分危機の実態を，UNDPの『人間開発報告書2013―南の台頭：多様な世界における人間開発―』を使用してその実態を描いてみよう。2012年度の人間開発指数（HDI：長寿で健康な生活，知識，人間らしい生活水準といった人間開発の三つの基本次元における平均達成度を測る指数）から見ると，HDIの0.805以上の47カ国・地域から成る人間開発最高位グループ，HDIの0.769～0.712の47カ国・地域から成る人間開発高位国グループ，HDIの0.710～0.536の47カ国・地域から成る人間開発中位国グループ，そしてまた，HDIの0.534～0.327の44カ国・地域から成る人間開発低位国グループの四つに分類することができる（朝鮮民主主義人民共和国やマーシャル諸島，モナコ，ナウル，サンマリノ，ソマリア，ツバルを除く）。また，2012年度の米ドル建て購買力平価による一人当たりの総所得（GNI）指数によると，人間開発最高位国の平均GNIは33,391ドル，人間開発高位国

のそれは 11,501 ドル，人間開発中位国のそれは 5,428 ドル，人間開発低位国のそれは 1,633 ドルにすぎない。人間開発最高位国の一人当たりの GNI は，人間開発低位国のそれの約 20.4 倍となっている。HDI ランクごとのグループ間での一人当たりの DNI での比較の数値と，HDI ランクごとの国家間レベルでの所得や富の配分状況を見るならば，それぞれのランクでどのグループ国家である，人間開発最高位諸国と高位諸国，中位諸国，低位諸国の四者間で富（所得）の不平等配分構造が形成されている状態がかなり鮮明に理解できる。同時に，ほぼ貧困危機構造の存在についても知ることができる。

しかし，この富（所得）は実際には，人間開発指数を構成する所得変数を含め生活水準や教育，保健変数などといった具体的な数量の形をもって結果として表出される富なり所得を形成する諸要件（これを能力あるいは資格要件と呼ぶことができるが）の産物である。したがって，国家間レベルでの富や所得の不平等配分構造はそれ自体，富や所得の在り方に大きな影響を及ぼし，また，それらの在り方を規定し，構成する複合的な，多次元的な能力や資格要件についても同様に不平等配分構造を形成していることを認識しなければならない。低いレベルの富や所得しか享受することができない，とりわけ人間開発低位諸国は同時に，高い富や所得を得ることができないように，低いレベルの富や所得創出能力や資格要件しかもっていないことを理解すべきだ。実際に，2012 年度の人間開発最高位国の 0.905，高位国の 0.758，中位国の 0.640，低位国の 0.466 という HDI が，人間開発最高位国の 0.807，高位国の 0.602，中位国の 0.485，そしてまた低位国の 0.310 という不平等調整済み人間開発指数（IHDI）と相違すること自体に，富や所得の不平等配分構造が高いレベルで同様に形成されている実態を読みとることができる。また，そうした要件が貧困状態の在り方に影響を及ぼしていることが理解できる。

2012 年の UNDP の人間開発指数（HDI）値や不平等調整済み人間開発指数（IHDI）値，それらの指数を構成する保健や健康，とりわけ生活水準（一人当たりの総所得〈GNI〉）などを見ることによって，現在の富や所得の不平等配分構造の在り方の実態を一応描くことができるものの，1990 年から今日までの人間開発や富や所得などの動向（トレンド）については十分に理解することはできない。したがって，富や所得などの不平等配分構造は縮小したの

か，あるいは拡大したかどうかについて知ることはできない。その点に注目するなら，どのようなことがいえるだろうか[25]。HDI 全体のトレンドを見るならば，世界の HDI 値の平均は，1970 年の 0.48 から，1990 年には 0.57，そして 2010 年には 0.68，2012 年では 0.694 へと上昇しており，世界の HDI 値は一応，順調に改善している。とりわけ保健・教育関連の指数は約 4 倍に，一人当たりの所得は 2 倍に上昇している。そのことは，HDI ランクごとのグループの HDI を通して見てもほぼ同様に改善していることが分かる。具体的には，人間開発最高位国の場合には，1990 年度 0.81，2000 年度の 0.858，2010 年度の 0.888，2012 年度の 0.905 へ，高位国の場合には，それぞれ 0.648，0.687，0.739，0.758 へ，中位国の場合には，それぞれ 0.48，0.548，0.625，0.640 へ，そして低位国の場合には，それぞれ 0.347，0.383，0.453，0.466 へと改善の傾向をたどっている。所得の変化率を見ても，一応好ましいデータを発見することが可能だ。1970－2010 年度は 107％，1990－2010 年度は 47％であった。とりわけ注目すべきは，中位国の平均所得率でそれぞれ 606％，237％，低位国の場合にはそれぞれ 33％，44％である。低位国以外の前者のそれは驚異的な伸びを示しているが，低位国のそれはきわめて限定的なものでしかない。それだけに低位国は長期にわたって貧困状態に置かれていることがわかる。いずれにしても，富や所得の向上は，国や地域のレベルで大きなバラツキがあることが理解できる。最も急速に向上している諸国は，東アジア・太平洋諸国で，その後に，南アジア・アラブが続いている。135 カ国のうち，コンゴ民主共和国やザンビア，ジンバブエの 3 カ国以外，1970 年の時点と比較して人間開発の水準は向上している。また，1970－2010 年度の HDI 最大改善国の 1 位から 10 位は，オマーン，中国，ネパール，インドネシア，サウジアラビア，ラオス，チュニジア，韓国，アルジェリア，モロッコの順である。非所得 HDI についての順番は，オマーン，ネパール，サウジアラビア，リビア，アルジェリア，チュニジア，イラン，エチオピア，韓国，インドネシアである。そして所得に関しての上位の順番は，中国，ボツワナ，韓国，香港，マレーシア，インドネシア，マルタ，ベトナム，モーリシャス，インドだ[26]。

　これまで見てきたいくつかの数値によって，HDI 値ランクによる分類グループ間での格差は概して，縮小しつつある動向は認めることができる。そのこと

は明らかに，貧しい国と豊かな国との富や所得の不平等配分状態は縮小したことを意味するものではない。たしかに，HDI 値を基準として考察するならば，全般的に見て，貧しい国ぐにの HDI 値と豊かな国ぐにとの HDI 格差は縮小しているように見える。開発途上諸国と先進諸国との HDI 値の格差は，2010 年には 1970 年と比べて約 5 分の 1 に縮小している。HDI を構成する保健や教育関連の変数に関してみると，たとえ類似の上限の存在が格差の縮小に結びつくとしても，開発途上諸国と先進諸国との間で保健の変数の状況に大きな格差がなくなりつつあるという事実は否定できないようだ。たしかに，開発途上諸国は概して，先進諸国に比べてより速いペースで状況を改善させていることは肯定してもよい。しかし，そのこと自体は，両者の間での本質的な富や所得の格差を縮小することを必ずしも意味しない。

事実上，世界のすべての国ぐにで所得が一様に伸びてきたのではない。むしろ先進諸国の所得とそれ以外の開発途上諸国との格差は拡がっており，両者の所得格差は依然として縮小していない。155 カ国（世界総人口の 95％ を占めている）で，1979 年に比べて一人当たりの実質所得は増えている。2010 年現在の世界の平均所得は 10,760 ドルで，20 年前（1990 年）のほほ 1.5 倍で，また，40 年前（1970 年）の 2 倍に増加している。地域によってバラツキはあるものの，世界中の国ぐにで，また地域において平均所得は増加している。そのため今日では人びとが享受することのできる生活水準は高いレベルにあることはたしかだ。だが，そのことと，グローバル社会における国ぐにや地域，人びとの富や所得の不平等配分構造が，また貧困状態が縮小したこととは同じではない。

先進諸国と開発途上諸国との富や所得の格差の縮小という神話は，数字のマジックに他ならない。例えば，前者の一人当たりの GDP の平均値は，各々の国の具体的な中身の苦しい格差の存在をぼかしてしまうし，全く同様に開発途上諸国の場合でもいうことができる。また，開発途上国として位置づけられている中国やインドの急速な経済成長が開発途上国側の富や所得を大幅に引き上げているという実態は無視できない。両国とも国内的に見れば富や所得の厳しい格差が存在しており，大量の貧困層を抱えている。もちろんそのことは程度の差があれ，米国でも日本でも例外ではない。さらに，たしかに一部の開発途

上国が富や所得を増大させることに成功しても，それとは反対に，多くの開発途上諸国は富や所得を増やしていないため，実際には人間開発最高位国や高位国グループと低位国（極貧国）グループとの格差はむしろ拡大している。

したがって，数字のマジックが作用して，グローバル危機社会に存在しているグローバル富・所得不平等配分構造や貧困構造の存在を単純に国家間関係の構造の問題としてアプローチしていくのは，根本的問題がある。そしてまた，その問題への国家や国家間関係中心のアプローチは事実上，人間にとっておよび人びとにとってグローバル不平等配分構造や貧困構造がどのようなものであり，また，人間や人びとにとってどのような意味をもっているかは不透明である。そのため，国家や地域を超えて，グローバル社会の構成員として，人類としての視点からグローバル不平等配分構造や貧困構造を再構成する必要がある。

その試みの一つが，所得の相違を計る一つの指標としてジニ係数を使用することだ。歴史的にこの指標は通常では国内の人びとの間での所得不平等状態を現している。この係数は，0に近づくほど所得格差は少なく，1に近づくほど所得格差の程度が大きいことを意味している。最近では国家間のレベルではなくグローバルな人類レベルでジニ係数での計算を試みている。世代間で見られる世界全体の所得不平等は，20世紀の第2半期における加速化させたグローバル化の時期の間ではほとんど見られない。その一つの計算は，1988年の0.63から1993年の0.67に上がり，1998年にふたたび0.63に下がっている。他の計算によると，グローバル・ジニ係数は，1980年の0.67から2000年の0.63へ下がっている。すべての研究が示すところによると，グローバル・ジニ係数は最も高い国内ジニ係数以外のすべてよりも大きいままだ。すなわち，地球的規模での個人間の所得の不平等は，国内における所得不平等よりつねにほぼ大きいものとなる[27]。

その一方で，国家間のレベルの男女の間での社会的性差，つまりジェンダー不平等指数もグローバル富や所得の不平等配分構造や貧困構造を人間開発指数とは異なる意味をもつ指数である。妊産婦死亡率，15－19歳の女性1,000人当たりの出生率，国会（議会）での女性の議席数，男女の少なくとも中等教育を受けた人口，男女の就学率，リプロダクティブ・ヘルス，総出産率などは，

いかにジェンダー不平等を形成しているかを描いている。この指数は，人間開発指数では不透明な男女間の社会的不平等状態を表出することが可能だ[28]。国家間であれ，個人間であれ不平等問題や貧困危機問題であれ，その本質と実態の正確かつ適切な解明を可能にしていくためには何よりもジェンダー指数が重大な意味をもっている。長い歴史を見ても，男性と女性との間に事実上，単純に比較することができないほどの富や所得のみならずほぼすべての価値，資源，財，権力などの不平等配分構造や貧困構造が存在しており，女性はそれらの犠牲者に他ならない。

　たしかに，ジニ係数もジェンダー不平等指数もグローバル・レベルでの不平等配分構造の一側面を明らかにすることは可能なものの，グローバル危機（リスク）社会全体の富や所得がより細分化された形で，実質的に世界全人口（人類）の間で配分されているか，あるいは人びとがグローバル・レベルでどのような富や所得の不平等配分構造を形成しているのか，などの問題に対して適切な解答を提示することはできない（今後ジェンダー不平等指数もふくめてよりジェンダーの問題を解決する試みや工夫が行われるべきだ）。とりあえず，全人口のうち最富裕層の20％，富裕層の20％，上位中間富裕層の20％，下位中間富裕層の20％，最低位富裕層（極貧困層）の20％と，世界全人口を5層に分類し，それぞれの層が世界全体の（グローバル社会全体）の富や所得をどれだけ占めているかを計ることで，より現実的で，より厳密で，またより実質的なグローバル・レベルの不平等配分構造や貧困状態（構造）を描くことができる。20％ごとの人口割合と所得（富）配分構造は，国家間レベルでの富や所得の不平等配分構造とは異なり，国家や地域の枠組みを超えた世界全人口の間での富や所得の配分状態を示している。もちろん，形式的には所得金額で表示されるが，その数字の内容は単なる所得ではなくその所得を規定するさまざまな能力，資格，富，構造的条件などのすべてを内包するものであることはいうまでもない。その構図の最上位の最富裕層の20％が全体の富の約70％以上を，次の20％の富裕層がその約15％を，その後の上・下位中間の40％がその約4％を，最貧国層の20％がその約1％しか占めていない。この世界全人口の所得の不平等配分状態を示すモデルは，シャンパングラスである。世界全体の富の大部分がシャンパングラスの最上位層に集中し，より下位層に行けば行くほ

ど富が細分化されていく[29]。先の五つの層の格差はグローバル化勢力によって富や所得の拡大することも縮小することもあるが，基本的には大きな変容を生み出してはいない。最富裕層以下の2，3，4，5層との間の格差はより拡大する傾向にある。また，最上位層・2層と第5層との格差は著しく拡大している。すなわち，第5層の最貧国層は全く富や所得を増やすことができないどころか，とりわけ最上位層との関係を見ると第5層の貧困状態はさらに悪化する傾向が見られる。

5．グローバル貧困・不平等危機社会における配分的正義

　グローバル化勢力は，我われ人類に一定の経済的価値や富，財を提供してきた反面，それを不平等に配分（分配）する危機（リスク）を引き起こした。このグローバル・レベルでの不平等配分問題は，豊かさの格差をめぐる問題であり，集約的には貧困問題であり，そして政治的，社会的，経済的な機会と権力の配分に見られる大きな不均衡に起因する問題なのだ。グローバルな配分の公平性の問題は同時に，グローバル配分的正義の問題に他ならない[30]。グローバル危機社会において明らかに厳しい富の不平等配分状態や貧困状態という危機的問題が重大な地位を占めている。その問題は，特定の国家や地域，社会にとっての問題ではなく，すべての境界を超えてすべての国ぐにや人びとにとって共通する死活的問題となっている[31]。

　たしかに，グローバル不平等配分構造や貧困構造の存在は，富裕層の人びとや先進諸国であろうと関係なく，すべての国ぐにや人びとの直接的な問題である。これまでは，富裕な国ぐにや人びとと貧困状態に置かれている国ぐにや人びとは事実上，経済的価値や財をめぐって「ゼロ－サム・ゲーム」のルールが通用する関係にあると捉えることが可能であった。しかし，今日では「非ゼロ－サム・ゲーム」のルールを適用しないと，両者の富や資源，財を維持したり，拡大していくことが容易ではなくなりつつある。富裕国や人びとであれ富の不平等配分構造や貧困構造の問題として，他国や他者と共通の認識や目標，政策，行動を積極的に取らない限り，現在に享受している経済的価値や財を維

持することができない脈絡に置かれている。そうした事態のなかで，グローバル配分的正義の問題は，現実的な規範として要求されている。とりわけ不公平な配分的不正義という現実によって支配されている貧困諸国や人びとにとって配分的正義の規範を要求することは現実的なものである。今日の21世紀の新しい社会契約は次のようなものということができる。(1)社会的正義は国民国家に限定された領域を大きく超えて推進されるべきだ。そして進歩的目標を実現できるような支配権と権威の複合的な重複的形態をもつ新しい形の統治を考慮することである。(2)社会的正義とグローバル正義の基本的原理は本来的には，非両立的であるよりもむしろ相互に強化し合うことが可能でありうることを示すことが重要だ[32]。

しかし，実際にグローバル危機社会において正義の規範は通用するのだろうか。一般的に，グローバル社会における配分的正義の規範問題について三つの見方がある。(1)グローバル・レベルにおいては，いかなる配分的正義も存在しない。(2)グローバル・レベルにおいては，国内レベルと同様な配分的正義は存在しない。(3)グローバル・レベルにおいても国内レベルと同様な方法を適用できる配分的正義が存在する。(1)の見方は，長い間にわたって（ほぼすべての規範や理念，倫理，道徳を含めて）現実主義理論によって主張されている。(2)の見方は，国際社会における個人的配分的正義と国内の人びととの間のそれとは同一のものといえそうにないという。国内社会における配分的正義と合致するその概念を世界全体に適用することは，非現実的であるばかりか，倫理的にも問題である[33]。(3)の考え方は，単なる好ましい規範や観念的な倫理として主張される以上，グローバル化の進展・深化するなかで，グローバル富不平等配分や貧困状態の問題は，多種多様なグローバル紛争・公共悪・問題群が支配する危機（リスク）社会が形成されつつあることに注目する。グローバル危機社会の出現に対応する形で，グローバル・レベルでのさまざまな規範や倫理理論，言説の再構成が求められるようになった産物である。とりわけ配分的不正義の現実に対応する配分的正義規範の必要・可能条件が模索されることになった点に注目すべきだ。実際に，これまでの伝統的な民主主義，正義，人権，平等，自由，ナショナリズムなどの諸問題が国家内での諸現象に適用されるように焦点を合わせてきた研究者は，今日，それらの問題がグローバル政治

に適用するようにそれら問題を考察し始めている[34]。

　今日のグローバル危機（リスク）社会においてそれら三つの見方のうちどれが適切かつ妥当なものとして捉えたらいいのだろうか。正義の規範問題は事実上，ギリシャ時代から今日までの政治・社会思想において長期にわたって最大の関心ごとの一つであった。とりわけ配分的正義が注目されるようになったのは比較的最近のことであり，J.ロールズが社会的格差は正当化される必要性があると主張したときである[35]。また，国際的正義が国際政治の場へ適用されはじめたのは現世代のことである[36]。国際関係論において配分的正義の問題が注目されるようになったのは，現実の世界が南北問題という形でのグローバル・レベルでの富や経済的資源の不平等配分構造や貧困構造が著しく強化されてきたことに対する認識の高まりやそれへの批判の広がりを反映している。その批判は，グローバル・レベルでの経済的不平等や貧困状態の顕在化に対してJ.ロールズの公平としての正義の規範が適用可能かどうかという形で行われた。具体的に見ると，グローバル配分的正義の問題は，コミュニタリアン・アプローチとコスモポリタン・アプローチのどちらが妥当性をもつかの問題として展開された。グローバル配分的正義の問題の論点は，戦争の問題とは対照的に，主として行動ではなく所有についてである。すなわち，誰が何をするかではなく，誰が何をもっているかいないかの問題である。配分的正義の問題は本質的に，人びとが妥当な生活を送るに必要な富や資源，物理的安全保障，食糧，水，雇用，技術などの財についての公平な配分の問題である。配分が公平であるかどうかは，配分されるものとそれを生み出した手続きに依存している[37]。だが，実質的な公平な配分とは，より多くの富や財をもっている側も，またより少ないものしかもっていない側もが許容することが可能なレベルにまで両者の格差を縮小することではなく，不平等状態に置かれている弱者なり貧困者が一定レベルの妥当な生活を享受するために必要な諸条件を充足することに他ならない。

　配分的正義の規範を実質的不公平な配分を意味するといったところで，この問題が終るのではない。そうした意味での配分的正義の規範が，国家政治社会内部で個別的に，特殊な規範として限定的に通用するものなのか，あるいは，国家政治社会を超えてよりグローバル・レベルでより普遍的な規範として通用

するものなのか，という問題が残されている。すなわち，配分的正義の規範を適切に通用する領域をめぐって二つの対立する見方があることなのだ。一つの見方は，配分的正義は排他的な国内的概念であり，国家社会内の社会的・経済的不平等状態を一般的には規制しているが，グローバル配分的正義は契約への遵守あるいは忠誠の原理や相互援助の義務を含むが，配分的正義は含まないという。配分的正義は国家間のいわば国際的正義の基礎の上で協調する正しい国家のなかで実現されうると見る。もう一つは，配分的正義の原理は国境内であるかないかに関係なくそれを超えて，直接的にまた普遍的なものとして，グローバル共同社会全体にわたって通用するという見方である。各々の国の人びととの間でグローバルな富が適当な形で配分されるのは，正義のグローバル概念によって決定されるという[38]。そうした二つの見方（最初に挙げた(2)と(3)の見方）を，A.センは別の観点から，より広い枠組みとして国家的特殊主義と大普遍主義として表現している。前者によると，公平（正）が実施される領域はそれぞれの個別的な国内であり，また，原初状態という仕組みは国ごとに適用される。国家間関係は国際的な公平に関する補足的な作業によって調整されることになる。他方の後者の見るところによると，公平（正）が実践されうる領域は世界のあらゆる場所に存在しているすべての人びとであり，全人類にとって正義の規則と原理を選定するための仮想の作業に応用されるという[39]。そうした二つの見方は基本的には，正義の規範の通用するような領域（空間）が閉鎖的な国家社会か開放的なグローバル社会化の次元の問題である。

後者の見方の一つとしてグローバル配分的正義問題は，その他の種類の正義や倫理的規範，道徳的価値と同様に，政治的共同体を正義規範との関係でどのように位置づけるかに依存している。配分的正義の規範については，自己の属する共同体社会の外では配分的正義の実現の義務を負う必要がないという極論がある。たしかに主権的領域国家間関係としての国際社会は，規範的・倫理的原理に基づいた社会を確立するための中央集権的な政治共同体の基盤を構築してはいない。それとは対照的に中央集権的な統治体をもつ国内社会では，国民の間で一定の共同体意識がかなり明確な形で存在しており，配分的な正義の規範を維持し，それを保護する政治的基盤をほぼ確立しており，国民がその規範を守るべき価値として積極的に容認し，それを支援している，などという諸条

件が整っている。個々の国家政治共同体にとって,それぞれの富の配分的正義の規範が存在することは可能であっても,それらの政治的共同体の間で共有する一つの配分的正義が成り立つことは容易ではないといえよう。

それでは,国際社会は明らかに,国家政治共同体とは本質的に異なる構造的条件に基づいて成り立っているため,配分的正義の規範は存在しないし,また通用しない,との考え方は妥当なものだろうか。J. ロールズはじめ多くの哲学者や思想家は概して,国際社会と国家政治共同体との間ではさまざまな点で非対称的および非両立的な条件が存在しているために,国内社会領域で通用可能な正義の原理は本質的にグローバル政治社会領域には適用できないという。しかし,そうした見方はいくつかの重要な問題を抱えている。第1に指摘すべきことは,規範や理念,倫理,理論と現実の捉え方である。そもそもJ. ロールズらの主張は,理念的世界と現実的世界との有機的な関係性を正確かつ適切に処理していない。理念的世界は本来的に現実世界の在り方を解釈し,規定し,その変容に際してどのような理念や目標を求めるべきかを明示する。配分的正義をはじめ倫理的規範は,現実的に公平な制度が存在していないところに何らかの制度を創出するという自然な義務という形になって現実政治のなかに存在し,作用している。理論や理想,理念,倫理的規範が現実的結果を生み出すことが可能である以上,単純に理念的理論と現実世界とを二分化することができない[40]。また,人間と社会とは相互に構成・再構成の過程をつねに経験している。理想は現実それ自体のよりよき潜在性として理解してよい。人間は本質的に,よりよき将来をつくる目的をもった道徳的存在とさえいってよい[41]。経験理論のように,結果的に起った事実を一方的に強調するのではなく,多くの規範理論家や構成主義者のように,現実(事実)と価値とを機械的に二分化することなく一体のものとして捉えることがとりわけ配分的正義の問題を適切に処理するにあたって重要であるといえる。たしかに,我々は厳しい貧困や不平等富配分状態にとっていかなる因果的義務をもっているが,我々は貧困や不平等を引き起こすことに対する責任を部分的に分担する消極的戦略をもっている[42]。しかし,グローバル・レベルでの貧困や不平等状態を変革していくには,後者の積極的義務化が必要となろう。

第2の問題は,J. ロールズらの政治的自由主義者が主張する,国家政治共同

体と国際社会（グローバル社会）とを二分化し，後者はアナキー社会であるため，前者と根本的本質的相違性をもっている，先天的・自然的不平等条件として理解していることだ。権威的統治体をもっていない国家政治共同体と本質的に異なるアナキーな国際社会では，力が正義をつくり，正義は力とならない。国際社会（グローバル社会）においても，国家政治共同体における場合と比較してより不明確で，より不完全なものであれ，配分的正義が通用することが可能である[43]。現代の著しく危機的状況にあるグローバル社会においても配分的正義は，成り立つ可能性も，成り立たせる必要性も十分にもっている。

　第3の指摘すべき論点は，第2の論点と関連しているが，配分的正義が通用するのは自給自足体制を確立している国家政治共同体の上だけである，という主張だ。超権威的統治体も十分な自給自足体制も存在していない国際政治社会では配分的正義はまったく通用することができないのだろうか。この主張は国家の政治的枠組みを超える配分的正義の存在の可能性を基本的に否定する。たとえ国際的な配分的正義を認める場合でも，それは国家において通用する配分的正義の延長線上であり，両者が両立可能となる場合だけであるとされる。しかし，国際政治社会でも固有の配分的正義が通用することが可能である。なぜならば，超権威的な統治体が存在していなくても，それとほぼ近い機能を果たすことができる国際組織・制度，国際法，外交，国際レジューム，非（脱）国家主体などによるグローバル・ガバナンスの存在，および，そのガバナンスを構成し，支える意識や理念，倫理的規範が作用しており，不十分ながらも配分的正義を生み出していることは肯定しなければならない。グローバル政治社会全体が協調採用の場となっている[44]。しかも，国際社会（グローバル社会）は国民国家の自給自足体制が存在していないとの主張は自己矛盾している。なぜならば，グローバル化勢力の進展・深化によって，世界の相互依存関係が著しく増大したことで国民国家の自給自足体制の動揺は不可避となっているからだ[45]。配分的正義が通用する前提条件が事実上，喪失しつつある。そのため自給自足体制が確立していないグローバル社会では配分的正義は通用しないという論拠は成り立たない。

　第4の問題の論点として考慮すべきものは，配分的正義規範は誰のためのものなのか，その規範の対象者（主体者）は誰なのかが明確になっていないこと

だ。自国民のみに適用される国家中心的配分的正義と国家を超える人びと（人類）に対する人類中心的配分的正義はどのような関係にあるのだろうかは不透明である。そもそも両者を二分化することができるのだろうか。グローバル社会においては事実上，国内の人びとと国家の枠組み外の人びとを明確に二分化することはできないばかりか，意味がない。国内に生活基盤をもっている人びとも，国外で生活し，行動する人びとも，グローバル・レベルの不平等富配分構造や貧困構造の在り方によって影響を受け，規定されている。したがって，もし両者の規模の違いをいっても，それは全く異質の規範ではなく，程度の違いにすぎない。すなわち，両者の配分的正義は非対称的な，非両立的関係ではなく，一定の両立的関係を構成していることを知らねばならない。

こうして見ると，グローバル配分的正義の規範は，グローバル・レベルで深刻な富の不平等配分状態や貧困状態が支配する危機的段階に直面している，という配分的不正義の通用している現実を反映している。すなわち，グローバル配分的正義の規範は，単純な理想としての規範ではなく，現実的要求に他ならない。グローバル配分的正義は，グローバル社会における国ぐにの間でも人びとの間でも貧困状態や富の不平等配分状態がないことを意味するため，すべての国ぐにや人びとが，富や経済的価値（財）に自由に接近し，それらを平等に享受することが可能な地球公共財の概念と類似している。グローバル不正義（配分的不正義も含む）とグローバル正義（配分的正義も含む）との関係はまさに，地球公共悪群（地球的規模の問題や紛争群）と地球公共財群の関係と同じといえよう。

6．グローバル危機社会における現状変革志向財（価値）配分ガバナンスの構築

今日のグローバル危機（リスク）社会を構成している，大きな一つであるグローバル自由主義的資本主義経済体－グローバル貧困－不平等－配分的不正義－未開発連鎖の枠組みは，単に変容することなく存在しているばかりか，拡大再生産されており，ますます人類の生存・生活の危機状態を高めている（こ

の場合，未開発とはグローバル自由主義的資本主義経済体－グローバル貧困－不平等－配分的不正義連鎖の枠組みを構成し，その枠組みの結果であると同時に，その枠組みを維持する条件を意味する)。その上，重要な問題なのは，そうしたグローバル危機（リスク）社会の形成・展開・変容について，正確な描写も，適切な説明も，妥当な将来の予測も，そしてまた，そうした現実の危機を変革する可能性と必要性の提示，などもできず，よりいっそう危機が高まっていることだ。グローバル不平等富配分構造から一定の富や経済福祉財を享受している先進諸国や特権的な富裕層は，その構造を解体も変革することなく，あくまでもそれを維持することによって富や経済的福祉財を維持・強化しようと試みている。それに対して，開発途上諸国や貧困層はその構造を解体したり，あるいは変革しようと試みても富や経済的福祉財の再分配を望んだところで，それを可能にする権力や条件をほとんどもっていない。そのため，その不平等配分構造や貧困構造は単に再生産されるばかりか，拡大再生産されることになる。グローバル自由主義的資本主義経済体－グローバル貧困－不平等－配分的不正義－未開発連鎖の枠組みは強まることすれ弱まることはない。この問題は，単に開発途上諸国や弱小諸国の問題であるばかりか，先進諸国や大国にとっても最重要な問題となっている[46]。

　そうした危機の拡大再生産の事態は，個（国家）中心的な富や経済的福祉財の在り方を地球公共化すべきことを意味する。私的な経済的価値や財の公共財化は容易ではないことはいうまでもない。経済的価値や財の不公平な配分状態から公平な在り方への変革は容易なことではないことは当然であるものの，それを積極的に求めざるを得ない現実が著しく顕在化している。国家政府はグローバル化勢力に直面してこれまでのような権力をもってはいないため，国民国家だけで社会正義を充足する枠組みの構築はできない[47]。いかなる国家であれ，富や経済的福祉財を享受するためには他国との協調体制を積極的に形成することが要求される。グローバル危機（リスク）社会において現状維持志向政策やその行動を取るならば，危機（リスク）状態を単に維持するどころか，かえて強化させることになる。自国が価値や財の現状維持を求めるためには，反対に，現状変革志向政策や行動を取る必要がある。現状変革志向グローバル配分的正義化こそ地球公共財となりうる。

現状変革志向グローバル配分的正義のためのグローバル・ガバナンスの必要・可能条件はどのようなものであろうか。第1の条件は，グローバル危機（リスク）社会を構成するいかなる主体も，それらの個別的・特殊的な経済的価値や財，配分的正義よりも，グローバル社会にとっての全体的な経済的価値や財，また配分的正義を優先することだ。そのことは全体的価値や財，配分的正義を優先することによって個別的価値や財，正義を必然的に無視したり，軽視したり，あるいはまた否定することを意味するものではない。そのことは実際に，個別的価値や正義をグローバル社会全体のなかに矛盾することなく適切に位置づけていくことに他ならない。こうした特性は，全体と部分（個）との価値や正義の両立的関係を可能にする。すなわち，両者の関係が必然的に，両者とも勝者となる「非ゼロ－サム的」なものとなることを意味する。

第2の条件は，第1の個（部分）と全体とのタテの，垂直的関係ではなく，個（部分）と個（部分）とのヨコの，水平的関係に関するものである。各々の個がそれぞれの個別的・特殊的価値や正義の間で共通の，両立的価値や正義を志向するものだ。自己の個別的価値や財，正義を含めて，すべての主体の価値や正義の両立をはかることによって，各々のもっている価値や正義を犠牲にしたり，否定したり，あるいは排除することなく，すべての主体が共通の価値や財，正義を享受することができる状態を積極的に実現していくことだ。今日のグローバル配分的不正義状態や問題は国家間でも人びとの間でも，それぞれ個が自己主張して，また独走する限り，不平等状態や不正義状態の解決や変革は望めない。他者だけに犠牲を求めれば，ブーメラン効果で自己の犠牲を招くことになる。豊かな国の政府と貧しい国の政府間で積極的な協力関係を遂行していくならば，貧困の削減や除去によって全体の福祉を増大させるだろうし，また，誰にとっても重大な犠牲を要求することはなくなる[48]。結局，ほとんどすべての国ぐにの間でまた人びとの間で「非ゼロ－サム・ゲーム」のルールが十分に通用することが可能となる。

第3の条件は，第2の条件と関連するものであるが，個々の当事者がそれぞれの価値や財，配分的正義を求めていく場合，そのチャンスが自由にかつ平等に開放されていることだ。各々が平等に価値配分や配分的正義を相互に創出することが可能な開放的構造を形成していくことが重要となる。グローバル危機

社会において相互に排他的な関係をもつことでは両者は「共倒れ」の可能性が大きい。グローバルな不平等・貧困状態や配分的不正義状態を変革していくためには，より大きなまた多くの価値や財，配分的正義をもつ側が，より小さなまた少ない側へ前者のそれらを積極的に再配分していく必要がある。そのことがかえって前者のもっている価値や正義の規範を大きく喪失することなく，かえって長期にわたってそれらを維持することが可能となる。両者の共倒れの危険性は回避され，「非ゼロ－サム的」関係が成り立つのだ。

　第4の条件は，現世代の価値や財，目標を設定し，それを追求していく場合，現時点の，あるいは短期的なものではなく，将来世代をも射程に入れた長期的時間幅をもって設定する必要があることだ。現世代の当事者が短期的な時間軸で価値や財，配分的正義，目標を設定する限り，将来世代との間でかえって非両立的な価値や財，配分的正義，目標が形成されることになり，後者のそれらは軽視され，無視され，あるいは否定されることになる。現世代は概して，自己中心的な現状維持志向性をあくまで堅持しようと考え，行動しがちだ。現世代は将来世代との関係で「ゼロ－サム的」ルールではなく，「非ゼロ－サム的」ルールを志向すべきだ。

　第5の条件は，すべての関係当事者が，グローバル政治社会空間の中心部（大国や先進諸国）の視点（立場）からではなく，周辺部（開発途上諸国や弱小国家）の視点（立場）からそれぞれの価値や財，配分的正義を位置づけることである。このことは，中心部が求めたり，現時点でもっている価値や財，配分的正義規範を全く無視するとか，否定することを意味するものではない。実は中心部もグローバル社会の一部分として，あるいは普遍的存在ではなく特殊な存在でしかないものとして，適切かつ妥当に位置づけることに他ならない。そのことは，周辺部が中心部と同様に，やはりグローバル社会の一部であり，特殊な存在でしかないことを意味している。この第5の条件は，第1の全体の価値や財，配分的正義が部分（個）のそれらに優先すべきであるという要件がそのまま，周辺部より中心部を優先すべきという論理の逆転を防ぐためにも，きわめて重要な条件である。しかし，そうした主張は，中心部と周辺部とが対等な地位にあることを強調しないからではない。これまでの中心部は事実上，強者であり，周辺部はその支配の対象である弱者であった。そのため世界を強

者の中心部が支配し，弱者の周辺部を従属の枠組みに押し込んできた。そのため，現実の世界はつねに上から下への視点のベクトルが通用してきた。今日のグローバル危機（リスク）社会を見ていく場合にはそれを下から上へという視点のベクトルを逆転させない限り，現代の危機（リスク）社会の本質も実態も理解できず，またその統治・解決・変革ができない。その意味で，第5の周辺部の弱者（下）中心のガバナンスの構築が必要となる。

　第6の条件は，それら五つの条件を集約した形の条件である現状変革志向勢力・政策・規範・思想（理論や知識）を反映したグローバル・ガバナンスの構築なのだ。こうしたガバナンスの構築は理想的で，非現実的と見られがちだ。しかし，U. ベックが強調するように，これまでにない世界の変容ではなく「変態」であり，これまでにないさまざまなリスク（危機）を抱えた社会の創出である。今日の世界的リスク（危機）は「未知の無知」つまり「自分たちが知らないということを私たちがわかっていないことがある」という事実をとらえているのだ[49]。こうした世界リスク（危機）社会に対応するには，現状変革志向勢力・政策・規範・思想に基づくグローバル・ガバナンスの構築以外に選択肢は見つからない。

[注]
1) Beck, Ulrich and Natan Sznaider, "New Cosmopolitan in the Social Sciences," in Turner, Bryan S., ed., *The Routledge International Handbook of Globalization Studies* (Oxon: Routledge, 2010), p. 643.
2) Stern, Maris and Joakim Öjendal, "Mapping the Security-Development Nexus: Conflict, Complexity, Cacophony, Convergence?," *Security Dialogue*, Vol. 41, No. 1 (2010), pp. 5-7.
3) 星野昭吉『グローバル危機社会の構造とガバナンスの展開』（亜細亜大学購買部ブックセンター，2014 年），163-220 頁。
4) Freeman, Alan, "The Poverty of Statistics and the Statistics of Poverty," *Third World Quarterly*, Vol. 30, No. 8 (2009), pp. 1427-428.
5) Cohen, Robin and Paul Kennedy, *Global Sociology*, 2nd ed. (Hampshire: Palgrave Macmillan, 2007), p. 202.
6) Renrick, Neil, "Millennium Development Goal 1: Poverty, Hunger and Decent Work in Southeast," *Third World Quarterly*, Vol. 32, No. 1 (2011), pp. 65-66.
7) 星野昭吉『世界政治と地球公共財―地球の規模の問題群と現状変革志向地球公共財―』（同文舘出版，2008 年），226-32 頁参照。
8) Kaplinsky, Raphael, *Globalization, Poverty and Inequality* (Cambridge: Polity, 2005), pp. 27-37.
9) Chandler, David, "'Human-Centred' Development? Rethinking 'Freedom' and 'Agency' in

Discourses of International Development," *Millennium: Journal of International Studies*, Vol. 42, No. 1 (2013), p. 4.
10) Rayne, Richard J., *Global Issues: Politics, Economics, Culture* (New York: Pearson Longman, 2007), p. 241.
11) 足立文彦『人間開発報告書を読む』(古今書院, 2006 年), 76-78 頁。
12) Petras, James and Henry Veltmeyer, *Globalization Unmasked: Imperialism in the 21th Century* (Halifax: Fernwood, 2001), pp. 123-24.
13) *Commission on Human Security Now* (New York: Communication Development, 2003), p. 74.
14) アマルティア・セン/池本幸生, 野上裕生, 佐藤仁訳『不平等の再検討―潜在能力と自由―』(岩波書店, 1999 年), 17 頁。
15) 同上書, 17-25 頁参照。
16) 同上書, 163-87 頁参照。
17) Sen, Amartya, "Conceptualizing and Measuring Poverty," in Grusky, David B. and Ravi Kanbur, eds., *Poverty and Inequality* (Stanford: Stanford University Press, 2000), pp. 34-45.
18) Nussbaum, Martha C., "Poverty and Human Functioning: Capabilities as Fundamental Entitlements," in Grusky, David B. and Ravi Kanbur, eds., *loc.cit.*, pp. 47-48.
19) UNDP・横田洋三/秋月弘子/二宮正人監修『人間開発報告書 2010―国家の真の豊かさ:人間開発への道筋―』(阪急コミュニケーションズ, 2011 年), 103-13 頁参照。
20) 同上書, 118-19 および 185-87 頁。
21) Hayder, Bashshar, "Extreme Poverty and Global Responsibility," in Barry, Christian and Thomas W. Pogge, eds., *loc.cit.*, pp. 310-11.
22) Cammack, Paul, "Why Are Some People Better off them Other?," in Edkins, Jenny and Maja Zehfuss, eds., *Global Politics: A New Introduction* (London: Routledge, 2009), p. 298.
23) Rayne, Richard J., *Global Issues: Politics, Economics, Culture* (New York: Pearson Longman, 2007), pp. 219-20.
24) 星野昭吉『世界政治と地球公共財』, 226-32 頁。
25) UNDP・横田洋三/秋月弘子/二宮正人監修『人間開発報告書 2010―国家の真の豊かさ:人間開発への道筋―』(阪急コミュニケーションズ, 2011 年), 33-38 頁。
26) 同上書, 37 頁。
27) Sholte, Jan Aart, *Globalization: A Critical Introduction*, 2nd ed. (Hampshire: Palgrave Macmillan, 2005), p. 321.
28) UNDP・横田洋三/秋月弘子/二宮正人監修『人間開発報告書 2010』, 171-74 頁。
29) シャンパングラスの図は, 世界人口の所得配分がいかに豊かな人びとが世界の富の極端なほどの大きな部分を占めていること, また, 世界人口の大部分の人びとがきわめてわずかな富しか占めていないことを象徴的に示している。これは, 国家間レベルでの富や所得の不平等な配分構造でブラックボックス化された人びととの間での不平等配分構造の内実を明らかにしている。
30) アマルティア・セン/加藤幹雄訳『グローバリゼーションと人間の安全保障』(筑摩書房, 2017 年), 39-41 頁参照。
31) 星野昭吉『グローバル社会の平和学―「現状維持志向平和学」から「現状変革志向平和学」へ―』(同文舘出版, 2005 年), 212-21 頁。
32) Mandle, Jon, *Global Justice* (Cambridge: Polity, 2006).
33) Chanvier, Stéphane, "Justice and Nakedness," in Pogge, Thomas W., ed., *Global Justice* (Oxford: Blackwell, 2001), p. 69.
34) Frost, Merryn, "A Turn Not Taken: Ethics in IR at the Millennium," in Dunne, Tim,

Michael Cox and Ken Booth, eds., *The Eighty Years Crisis: International Relations 1991-1999* (Cambridge: Cambridge University Press, 1998), p. 132.

35) Hoffman, Mark, "Normative International Theory: Approaches and Issues," in Groom, A. J. R. and Margot Light, eds., *Contemporary International Relations: A Guide to Theory* (London: Pinter, 1994), pp. 27-28.

36) Nardin, Terry, "Justice and Coercion," in Bellamy, Alex J., ed., *International Society and Its Critics* (Oxford: Oxford University Press, 2005).

37) Nardin, Terry, "International Political Theory and Question of Justice," *International Affairs*, Vol. 82, No. 2 (2006), p. 456.

38) Hinsch, Wilfries, "Global Distributive Justice," in Pogge, Thomas W., ed., *loc.cit.*, p. 55.

39) Sen, Amartya, "Global Justice: Beyond International Equity," in Kaul, Inge, Isaabelle Grumberg, and Marc A. Stern, eds., *Global Public Goods: International Cooperation in the 21st Century* (New York: Oxford University Press, 1999), pp. 118-19.

40) Beitz, Charles R., *Political Theory and International Relations* (Princeton: Princeton University Press, 1974), pp. 169-76. (C. ベイツ／進藤榮一訳『国際秩序と正義』, 岩波書店, 1989年, 205-58 頁)。

41) Allott, Philip, "Globalization From above: Actualizing the Ideal through Law," in Booth, Ken, Tim Dunne and Michael Cox, eds., *How Might We Live? Global Ethics in a New Century* (Cambridge: Cambridge University Press, 2001), pp. 61-79.

42) Mandel, Tom, *op.cit.*, p. 114.

43) 力が正義をつくることは否定することはできない。力をもつ権力者や特権階級が，自己の権力が利益を維持し，強化し，また，彼らの主張する正義をそして行動を正当化することが一般論である。しかし，力をもたない貧困者や人びとが何らかの目的を実現したり，自己の行動を正当化することは，力ではなく正義なり理念，規範が力を生み出すことも，一般的なことだ。結局，このことは，規範や理念，理論と現実が相互構成関係を形成していることの証拠である。

44) Beitz, Charles R., *op.cit.*, p. 132. (邦訳, 199 頁。)

45) Cabrera, Luis, *Political Theory of Global Justice: A Cosmopolitan Case for the World State* (London: Routledge, 2004), p. 78.

46) 星野昭吉『グローバル危機社会の構造とガバナンスの展開』, 212-16 参照。

47) Cramme, Olaf and Patrick Diamond, "Rethinking Social Justice in the Global Age," in Cramme, Olaf and Patrick Diamond, eds., *Social Justice in the Global Age* (Cambridge: Polity, 2009), p. 19.

48) Alegre, Marcelo, "Extreme Poverty in a Wealthy World: What Justice Demands Today, in Pogge, Thomas, ed., *loc.cit.*, pp. 239-54.

49) ウルリッヒ・ベック／枝廣淳子，中小路佳代子訳『変態する世界』（岩波書店, 2017 年), 第 1 章および 76-78 頁。

第5章

グローバル危機（リスク）社会における文化・宗教・文明アイデンティティ危機の構造

1．はじめに
——グローバル危機（リスク）社会における文明アイデンティティ危機——

　今日，我われの存在，生存，生活，行動はグローバル化（グローバルな意味をもつようになる）し，コスモポリタン化している現実は否定することはできない。U．ベックは，コスモポリタン化された世界の変態を次のように強調する。「変態は社会変動ではなく，進化でも，革命でもないし，変態は危機でもない。それは，人間の存在の性質を変える変化の様子である。副次的効果の時代を意味し，世界における私たちのあり方，世界についての私たちの考え方，私たちの創造の仕方や政治の行い方に疑問を呈する。そして，『方法論的なナショナリズム』から『方法論的コスモポリタニズム』への（Thomas Kuhn, 1962が考えたような）科学革命を必要とする」[1]。こうしたコスモポリタン化された世界の変態の現実に対して，国家中心的方法論は世界中心的方法論，つまり「方法論的なナショナリズム」は「方法論的なコスモポリタニズム」への転換が要求されているにもかかわらず，現実には明らかに根本的な転換は実現されておらず，いまだに前者が支配的であるといってよい。この現実と世界観の乖離こそ，グローバル危機（リスク）社会の拡大再生産を永続化させることになる。なぜならば，現実の危機（リスク）を正確かつ適切に理解することも，また将来の妥当な予測もすることもできないことも，さらに，それらの危機に積極的な対応も，解決もできないことが，危機（リスク）の現状維持志向性を克服することができないからである。

今日のグローバル危機（リスク）社会を構成している重要な一側面は，世界的・人類的意義をもつ多種多様な複合的アイデンティティ危機によって形成されている。アイデンティティ危機（紛争）とは本質的に，アイデンティティ（価値）の非両立的状態を意味するものの，部分的にはこれまで長い歴史的過程のなかで当然，存在してきた。しかし，世界（国際社会）のグローバル化やコスモポリタン化の進展・深化に伴って，グローバル危機（リスク）社会が形成されるなかで，さまざまなアイデンティティ危機（リスク）を全面的に招くことになった。なぜならば，人びとの存在や生存，生活，行動を維持し，支えている多種多様な基盤の枠組みがグローバル化（コスモポリタン化）勢力の浸透を受けることによって，それぞれの枠組みが大きく動揺したり，変容を避けることができなくなったからである。国際社会危機をはじめ，国民国家危機，地域危機，社会危機，政治危機，経済危機，文化・文明危機，エスニック危機，階級危機，部族・人種危機，地方危機，移民・難民危機，ジェンダー（社会的性差）危機，大きくは人類危機，などが著しい勢いをもって表出してきたのである。これらのなかでも文化・宗教・文明危機に注目しなければならない。文化・宗教・文明危機はそれ自体が，グローバル危機（リスク）社会を構成している重要な条件であるばかりか，グローバル政治・経済・社会・地球環境の在り方に影響を及ぼし，さまざまなグローバルな危機群と連動関係を構成していることを重視する必要がある。我われ人類が，グローバル危機（リスク）社会を克服し，持続的な安全・発展可能な社会を構築するためにも，文化・宗教・文明アイデンティティ危機の解明とその解決は重要な課題である[2]。

　グローバル危機（リスク）社会における文化や宗教，文明のアイデンティティ危機といっても，そもそもアイデンティティ概念がきわめてあいまいで，また複雑であるという問題と文化や宗教，文明をどのように定義するかの問題と有機的関連性をもっている。一般的に，アイデンティティは，自己同一性なり，帰属性（帰属・所属意識）といったところで，アイデンティティは本質的に，やっかいな難問を内包している。「自己と同一であるという概念から，特定の集団にいる他者と同一性を共有するという概念に目を向けると（社会的アイデンティティの考え方はたいがいこの形態をとる），事態はさらにややこし

1. はじめに

くなる。それどころか，現代の政治・社会問題の多くは，異なる集団にかかわる多様なアイデンティティの主張の衝突をめぐって起きている。アイデンティティの概念はわれわれの思考や行動にさまざまな影響を及ぼすからだ」[3]。そして，R. フォークが述べているように，アイデンティティとは，多くの資源から生じうるものであり，また，人間性の諸側面に対する重なる訴えや共同体の変化する境界，人間の意識的・純粋な経験の科学的妥当性などによって実際に再構成されている。同様に，アイデンティティの問題は，ある集団や団体，社会，とりわけ国家への忠誠心の問題と結びついている[4]。それだけにアイデンティティ問題は実質的に，政治・社会・文化・宗教などの問題である。とりわけグローバル文化や宗教，文明をめぐるアイデンティティ危機の在り方が，グローバル危機社会を構成する一側面であると同時に，そのグローバル危機社会の全体構造の在り方に大きな影響を及ぼしたり，規定すると見なければならない。

　そうした事態の推移は，前述したように，世界のグローバル化やコスモポリタン化の進展・深化の過程と有機的関連性をもっている。R. J. ペイネが主張しているように，グローバル化勢力は事実上，これまで支配的であった伝統的な国家社会の確実性や保守的価値，自己中心主義などに意義を唱えたり，また，国民性や地理的配置，宗教，社会的地位，エスニシティ（民族性）に基づくアイデンティティも浸食する。グローバル金融市場やボーダレス世界，脱国家的エリートの出現，脆弱な国家制度の不安全を引き起こしている。そうした不安全がグローバルな，国際的な，そして国内的な紛争を生み出している[5]。そうした諸条件がグローバル危機（リスク）社会の重要な諸側面を構成しているが，その危機構造の本質をグローバルな文明的危機構造と捉えることが可能だ。その場合，この危機（構造）をどう理解するかが大きな意義をもつ。危機（リスク）をどう定義できるかについては第1章で検討したが，ここでは文明危機をどう意味づけることができるかを明らかにするために，危機の意味について論及していきたい。B. K. ギルズがいっているように，危機には次のようないろいろな意味を見ることができる。患者が健康の回復あるいは死のどちらかになる医療状況のもとにあるギリシャ的意味や，危険と機会とが結びついている中国的意味，転換点および決定的段階や混乱した時代などのオックス

フォード英語辞書の意味，資本蓄積と階級闘争の歴史過程におけるある地点と見る伝統的マルクス主義的概念，などの意味がある。しかし，K. B. ギルズ自身は，I. カルダンや R. コックスなどの歴史的唯物論者らの理念に根ざす，より深くかつより歴史的意味のなかで危機を見ている。ある危機は，全体的な歴史構造を共に構成する，基底的な物質的構造・過程と包括的な理念的・政治的形態や制度との間の一致あるいは有効な機能的調和の欠如を現わしている。そのことは，経済が政治的イデオロギーを決定するということを意味するのではなく，むしろそうした危機の考え方は，物質的な構造と理念的構造との流動的で相互に構成的な関係を，また，とりわけ全体としてそれらの一致に注目している。そうした枠組みにおいて文明的危機は，包括的な理念的な形態や制度，実践がもはや基底的な物質的過程や構造に有効かつ一貫して調和あるいは機能していない時に，生じるといってよい[6]。文明を理念的構造を構成する一要因として捉えていることは適切な有意的なことと評価してよい。

　こうして見ると，文化や文明のアイデンティティ危機（紛争）は，人びとや住民，国民と国家の文化や宗教，信念，知覚，生活様式と国家との支配―従属レベルでの非両立的状態としてばかりか，また，ある人びとや集団，組織，団体と他の人びとや集団，組織，団体との間での，ヨコのレベルでの文化や宗教，信念，知覚，生活様式の非両立的状態として，さらに，ある人びとや集団，組織，団体などが本来的にもっているアイデンティティとグローバルな物質的と理念的構造とのタテのレベルとの非両立的関係として表出する。主体間あるいは集団間のアイデンティティ危機（紛争）は実質的に，それをめぐるグローバル化する経済や政治，社会文化，生態系などのグローバル危機社会環境と明確に切り離すことができない，有機的な相互構成関係を形成していることが認識されるべきだ。実際に，2001年9月11日に発生した米国での同時多発テロ事件も，その後，各地で発生する一連のテロ事件もそうした脈絡のなかで把握するべきである。そうしたテロ問題は，単なるイスラム原理主義とキリスト教やユダヤ教徒の宗教的紛争構造からの産物ではなく，長期にわたる歴史的な宗教的・経済的・政治的紛争構造からの結果でもあることを容認しなければならない。また，民族（エスニック）紛争や地域紛争，M. ショーのいうグローバル時代の大量虐殺暴力の発生や，M. カルドーのいう新しい戦争の多発

1. はじめに

などの現象も，同様な脈絡のなかで捉えるべきだし，そしてまた，捉えることが可能である。それらの大量虐殺暴力や新しい戦争の発生は，文化や宗教のアイデンティティ紛争の単なる表出であるばかりか，経済的・政治的・社会的・生態系的環境でもあると理解することによって，暴力を生み出すアイデンティティ紛争を解決する必要・可能条件の抽出が可能となるからだ。

　同時に，文化や宗教，文明のアイデンティティ危機や紛争の問題を検討する場合に，異質の文化や宗教，文明は自動的に暴力紛争や対立関係を引き起こしたり，当事者間の関係悪化の不回避性を強調する先入観を否定しなければならない。たしかに，ある文化や宗教が暴力紛争や対立を引き起こすことがあっても，それがすべてではなく，暴力行為や厳しい対立や闘争を避けることができる。そうした先入観や偏見を信じることは，永続的に暴力紛争や闘争，テロを引き起こす潜在的構造を維持・強化するばかりか，具体的に戦争や衝突，テロを引き起こすことになる。実際に，ある文化や宗教，文明が平和的，友好的，協調的，共存的行動様式を取ったり，また，そうした関係構築を積極的に推進する動向をいくらでも発見することができる。実際に，文化や宗教，文明を1枚のコインとすると，そのコインは，潜在的に，紛争的機能の側面と，非紛争的機能の側面との二側面から成っている。そしてまた，文化や宗教，文明は自動的にかつ機械的にどちらかの側面を表出するのではなく，経済的・政治的・社会的・生態系的環境との相互構成関係の結果であることを十分にかつ適切に理解することが必要であると同時に重要である。

　そうした文化や宗教，文明の基本的在り方を強調したところで，今日のグローバル危機（リスク）社会における文化・宗教・文明危機とはどのようなものであり，また，それらの危機と経済的・政治的・社会的・生態系的危機との有機的関連性とはどのようなものなのか，さらに，文化・文明などの危機をどう克服していくことができるか，などの課題に回答することは容易なことではない。そもそも，各々の文化や宗教，文明は本質的に，あいまいで，多義的で，イデオロギー的であると同時に，それら三者の関連性についてもあいまいで，多面的で，論争的な概念である。その上，文化や宗教の概念は本来的に変容するものであるところから，明確かつ固定的な意味づけすることは困難である。だが，この後者の問題は必ずしも負の条件として見る必要はない。なぜな

らば，固定的かつ閉鎖的な意味を与えるのではなく，動態的な意味内容を提示することが可能となるからに他ならない。その点を認めても，前述した課題に適切な解答を与えるためにも，「文化とは何か」の定義がある程度に一定の，明確な枠組みが提示されることが望ましい[7]。文化の一定の定義がないと，グローバル文化や宗教，文明との関連性も明らかにならない。そしてまた，何らかの文化の概念を設定しない限り，文化や宗教，文明がグローバル危機社会においてどのような影響力を及ぼしているのか，また，それがどのような機能を果たしているか，すなわち，グローバル危機社会において文化・宗教・文明のアイデンティティ危機がなぜ生じ，それらのアイデンティティ危機がその危機社会にとってどのような意味をもっているか，についても適切な答えを提示することができない。その上，文化・文明のアイデンティティ危機をどう克服していくかの問題についても答えを出すこともできない。

　本章の目的は，グローバル危機社会において，文化・宗教・文明のアイデンティティ危機（紛争）がどのような意味をもっているのか，また，どのような影響を及ぼしているのか，さらに文明のアイデンティティ危機の克服にはどのような必要・可能条件が重要であるのか，などの問題を解明することにある。したがって，第2節では，グローバル文化と文化・宗教・文明の概念的枠組みについて検討していく。第3節のなかでは，グローバル危機（リスク）社会における文化・文明のアイデンティティ危機の存在意義について論及していく。第4節において，宗教・文明の衝突という論法の批判的検討を試みる。第5節では，文化・宗教・文明のアイデンティティ危機克服の必要・可能条件の抽出を試みる。

2．グローバル文化と文化・宗教・文明の概念的枠組み

　S.ムーデンが述べているように，文化とはきわめて多面的概念であるため，むしろ漠然としたおよび直感的な方法によってのみ適用することしかできないことから，文化とは何かを決定し，また，その影響を分離することが，中心的課題となる。文化はたしかにその全体像を描くことは決してできない。しか

2. グローバル文化と文化・宗教・文明の概念的枠組み

し,「実際には,文化的混迷を通して見ることは,文化的トーテム(文化を象徴する像)を確認し,そして政治的・社会的生活がどのようなものであるかを決定する際にとりわけ重要と思われるイメージや意味,規範,価値,物語,そしてまた実践などについての何らかの一般化を試みなければならない」[8]。また,A. D. スミスは単一に「文化」を論じることの可能性についての疑問をこういっている。「もし『文化』が集合的様式あるいは信念,スタイル,価値,そしてシンボルの蓄えを意味するならば,我われは複数の文化だけを語ることができるが,決して本当の一つの文化について語ってはいない。というのは生活の集合的様式あるいは信念の蓄えなどは,さまざまな様式や蓄えなどの世界のなかの多様な様式や蓄えを前提としている。そこで,『グローバル文化』という考えは,宇宙空間的条件における以外には実際上不可能なのである」[9]。たしかに,A. D. スミスがいうように,国民国家や民族,地方の文化にしろ,地域やグローバル文化にしても,文化とはその主体の固有の信念や知覚,価値,意味の様式に関係しているといってよい。概して,文化には本質的には多元的で,多様な信念や価値,意味,生活スタイルの集合的様式が存在すること,ある文化を構成する信念や価値などの集合的様式の在り方を見ると他の文化のそれらと同類のものと異質のものとが共存していること,それぞれの文化の形態や意味,機能は変容すること,そしてまた,同一レベルの文化間の関係や異なるレベルの文化の間での関係の在り方が変容すること(例えば,混合文化やグローバル文化),などの諸条件は認められよう。そうであれば,概して,文化を信念や価値,知覚,生活スタイルなどの複合的様式と捉えることは正しいといってよい。C. ギアツが強調しているように,文化とは,シンボルを通して具体化された意味の歴史的に伝道された形態,つまり人びとが自分たちの生活に関する知識やそれに対する態度を伝え,永続化させ,そして発展させる手段によってシンボル的形態において表現される受け継がれた概念の体系,を意味すると見てよい。彼の主張するように,シンボルの機能は文化の形成・展開・変容にとって中核的な存在である[10]。文化の本質的存在意義の観点からすると,「文化とは,意味,知覚そして価値などの何らかの個人間で共有されているシステムとして考えてもよい」[11]。

グローバル社会を構成する人びとや集団,社会のそれぞれに固有の文化が存

在するということは，文化は共同体自体の構成要件となっていることを物語っている。なぜならば，人びとの内面での，社会の内面での，あるいは人びとの間での，集団の間での，社会の間でのコミュニケーションや協調行動，社会生活自体がその内面において何らかの形をもつ文化そのものが存在しなければ，それぞれの存在は事実上，困難となるからに他ならない。文化の存在は，集団や社会生活を形成し，維持し，展開させるに役立つ媒介的エネルギーのように機能する。文化は人間社会関係のなかに，あるいはまた，集団内部の関係や集団間関係のなかに共通（間）主観的意味を生み出し，その構成員がその内的・外的現実を認識し，解決し，評価し，そして行動することを可能にする[12]。そのため，人間の社会関係が形成されているところにはつねに一定の文化が構成されていることになる。前述したように，文化は著しく多面的な社会的構成物であって，自然の，先天的な，与件的なものではない。文化は具体的かつ明確な形をもっていなくても，いかに社会が動いていくべきかに関して人びとに吹き込む信条や信念によって創造されたものである。すなわち，文化は共通の信念，民族性，歴史，宗教，習慣，制度，伝統，言語などから構成されており，そして，自己同一性（アイデンティティ，一体性，帰属性）のトーテム像（アイデンティティの象徴的像）に他ならない[13]。文化アイデンティティの最も大きな構成物が文明といってよい。文明とは文化アイデンティティのふくらみのある意味をもつトーテム像と見てよい。「文明は，十分に一貫性をもつ美学の，哲学的，歴史的，そして社会的伝統の一連の装置と一体化できる広い人びとの集団を分類する記述的用語として再定義されてきた[14]。そのため，文明は宗教と重複する概念と見ることができる。

　文化とは実際に，意味の社会的構成物，意味の明確化，そして意味の受け入れであるならば，それぞれの文化を構成する人びと，社会集団，エスニック集団，国家の政治的共同体としての国民などのそれぞれの内部での，またそれぞれのレベルでの間での，さらにそれら異なるレベルでの間での社会関係の多元的な意味の構成が形成され，存在することになる。しかも，信条や価値，知覚シンボル，生活スタイル，宗教から成る多元的意味での集合的様式は，それをめぐる経済的・政治的・社会的・生態系的環境によって影響を受け，規定され，実際にその意味の様式は変容している。もちろん，その意味の様式がその

社会環境の在り方に影響を及ぼしたり，それを規定したり，あるいはまた構成することはいうまでもない。前者と後者はつねに，相互構成関係を形成している。

　グローバル化の進展・深化に伴ってグローバル危機社会の形成・展開・変容過程のなかで，多元的な意味の集合的様式である文化や宗教にどのような定義を与えることができるだろうか。また，そのような過程に文化や宗教，文明の作用が影響を及ぼすのか，また役割を行使できるのか，また，グローバル危機社会の在り方によって影響を受け，グローバル・レベルで文化・宗教・文明アイデンティティ危機に陥るのか，などを考えなければならない。グローバル社会で作用している信条や価値，知覚，生活スタイルなどから成る集合的様式を国家社会の境界を超えてグローバル社会で見つけ出すことができる。しかし，グローバル社会で作用する文化は，単一の集合的様式が存在しているのではない。グローバル社会での集団的様式としての文化は，同質の，単一の文化ではなく，異質の，多元的な形態をもって共存したり，対立している。グローバル社会では，主体間の文化関係や文化問題はグローバル性をもっていることは理解する必要がある。そのことは，地球的規模の一つのまとまりをもった多元的意味の集合的様式としての文化が形成されていることを意味するのではない。グローバル社会においては，多元的な意味の集合的様式としての文化が存在して，個々別々に並存しているのではなく，文化の同質化と異質化（分裂化）の二つの勢力のベクトルの弁証法的運動過程のネットワークを構成している。グローバルネットワークは「一連の文化的無秩序が比較的に同質的な文化がこれまで孤立化した空間をともに結びつけ，そこでアイデンティティを強化する反応と他者とより複合的なものを生み出す過程であり，また第2には，国境を超えて方向づけられた純粋な『第三文化』として理解することができる脱国家的文化が形成される」[15]ことを意味する。さらにもう一つの特性を指摘するならば，そのグローバル文化ネットワークに，これまでの支配的な伝統的文化様式を維持したり，新しい文化様式に抵抗したり，対抗する動きが存在していることである。いわば文化的流動のグローバル複合的枠組みは，グローバル化される以前の文化的流動と新しい，脱国家的流動から構成されていると理解することができる。

したがって，今日のグローバル社会においては実際には，複数のグローバル性をもつ文化は存在しているが，単一の，普遍的なグローバル文化は存在しないといってよい。多元的な文化的行動主体や文化的単位，文化的空間のアイデンティティの観点からグローバル文化の複合的在り方を見ると，それは，グローバリズム，コスモポリタン主義，西洋文化，東洋文化，地域主義，国際主義，コミュニタリアニズム，ナショナリズム，エスノナショナリズム，地方主義，そして個人主義から構成されている。それらは，分裂的勢力と統合的勢力として弁証法的運動過程のネットワークを形成している。文化のグローバル化が深化すればするほど，一方で，文化の多元化が進展するが，他方で，部分的であるがその多元化のなかで共同化や同質化の動向も進展していく。そうした二つの勢力の在り方がグローバル社会の構成主体と行動様式により大きな影響を及ぼしている。グローバル社会における一連の社会的実践や行動は，人びとや集団の感情や主観，価値，知覚，理念，シンボルなどによって形成され，維持され，展開され，変容している。「我われは，正しい行動が形成され，あるいは，決定されるべきかを考えるかどうかは，感情や価値，理念が世界事象を引き起こし，あるいは，単にそれらを条件づけると考えるかどうかに依存していると理解することができる」[16]。文化現象が，自然の，先天的な所与ではなく，後天的な社会的構成物である限り，グローバル危機社会の在り方は大きく文化や文明の在り方を規定することを認める必要がある。同時に，文化や文明の在り方がグローバル危機（リスク）社会にどのような影響力を及ぼすかも解明しなければならない。

3．グローバル危機社会における文化・宗教・文明アイデンティティ危機

すでに見てきたように，今日，グローバル危機（リスク）社会の一側面を構成すると同時に，この危機（リスク）社会を構成するその他の危機的側面とも有機的結びつきをもつことでその危機社会状態を異常なほど高いレベルに押し進めている要件が，文化・宗教・文明アイデンティティ危機問題に他ならな

い。当然のことながら文化・宗教・文明は，危機的状態のレベルを低下させたり，弱めたり，あるいはまた，その状態を根本的に解消することがあっても，概して基本的には危機状態を強める傾向が見られる。文化・宗教・文明問題は本質的に，人類，階級，国民，地域，エスニック集団（民族），地方，移民・難民，社会的性差（ジェンダー），人種などの問題と共通し，またそれらと有機的関連性をもって，アイデンティティ（自己同一性，一体性，帰属性などの価値）をめぐる多種多様な領域とレベルの行動主体や集団間の関係現象に他ならない。理念的には，文化的・宗教的・文明的アイデンティティ（価値）が非両立的状態を意味するアイデンティティ紛争（危機）状態と，アイデンティティ（価値）が両立的状態を意味するアイデンティティ非紛争あるいはアイデンティティ共存状態，との二つの形態が存在している。実際には，今日のグローバル危機社会においては，前者の文化的アイデンティティ危機が顕著に表出し，また展開し，グローバル危機社会の在り方を大きく規定し，構成しているといってよい。我われ人類の生存と生活にとって危機的状態を創成する文化・文明問題の顕在化は事実上，他のさまざまな危機群と同様に，グローバル社会を構成するグローバル化勢力なりコスモポリタン化勢力の進展・深化と連動している。文化・宗教・文明現象のグローバル化であるものの，グローバル文化（文明）とは地球的規模の空間的広がりをもちながらも，単一の，統合的な，同質的なり，文化の持続的なアイデンティティ様式が形成され，存在していることを意味するものではない。実際には，むしろ文化・文明現象はグローバル性をもつものの，多元的な，分裂的な，異質的な文化なり，文化アイデンティティ危機（紛争）を内包している。文化のグローバル化はグローバル文化の時空の圧縮現象であり，また，その産物の具体的構造は，文化的・宗教的・文明的アイデンティティの両立的関係状態と非両立的関係状態から構成されているが，後者の危機（紛争）状態が支配的である。なぜそうした意味内容や特性をもつグローバル文化が形成され，展開しているのだろうか。

　第1の要件は，グローバル（コスモポリタン）社会が形成され，展開し，変容していくなかで，地球的規模の紛争・公共悪・問題群が形成され，危機的状態が悪化するなかにすべての文化や宗教，文明，国ぐに，地域，社会，集団，国民，エスニック集団，市民，人びとが組み込まれ，すべての存在や行動

主体がその生存や生活，関係，行動について危機や不安感，脅威を強めることで，それぞれの生存・生活・行動の基盤に対する自己のアイデンティティ危機（リスク）意識を高めることになった。それぞれの主体は一体，自分がどのような存在なのか，どこに存在（帰属・所属）しているのか，何に依存したらいいのか，アイデンティティ危機を克服するにはどのように対応すべきか，どのような行動を取るべきか，などを模索せざるを得なくなる。グローバル危機状態が強まれば強まるほど，アイデンティティ危機意識のグローバル化が進展し，それがまたグローバル危機社会の拡大再生産を促すことになる。そのことがまた，グローバル文化的アイデンティティ（宗教や文明，女性，難民・移民などのアイデンティティも含む）も拡大再生産される。

　第2のグローバル・アイデンティティ危機を高めることになった要件は，第1のものと関連しているが，グローバル化現象の進展・深化によって，これまでの文化的アイデンティティ紛争や問題を閉じ込めておくことを可能にしてきたグローバル環境の変容に伴って，さまざまな行動主体の文化的アイデンティティに影響を強く及ぼすことになり，それぞれの主体のアイデンティティ危機意識を表出することが避けられなくなったことだ。多くの行動主体や集団が他の抑圧的・支配的集団との間に存在している政治的・経済的・文化的価値や利益，権力の非両立的紛争状態の存在についての危機意識や自覚の高まりと，また，それに基づく自己意識や自己主張，自立意識の高まりに伴って，アイデンティティ紛争が著しく増大・強化することにより，新しい形態の戦争や暴力紛争を多発させることになる。

　第3の要件は，グローバル・アイデンティティ紛争や問題の顕在化を大きく促したのは，グローバル経済の形成・展開と情報通信技術の驚異的な発展である。それらの勢力はつねにかつ容易に国境を横断して他国の国内社会に浸透することで，国民やエスニック集団・市民などのアイデンティティに直接的な影響を及ぼしたり，その在り方を自由に規定することになる。他国の人びとや社会集団，エスニック集団が自国の政府にどのような地位に置かれているのか，いかに自分の経済生活が他国によって搾取されたり，抑圧されているか，国の権力によって支配・弾圧されているか，あるいはまた，他者によって自己の文化的アイデンティティが無視・差別・抑圧・否定されているのか，などの現実

についての客観的・主観的理解を可能にする。自己と他者とのとりわけ社会文化的価値やアイデンティティをめぐって非両立的な紛争状態を構成していることをかなり明確に認識するようになる。グローバル文化的アイデンティティ紛争や問題の時空の圧縮現象を大きく進展させている一つの主要な勢力が情報通信技術革命に他ならない。

　第4の文化的アイデンティティ紛争や問題のグローバル化の要件は，国民やエスニック集団，宗教団体，企業家，ビジネスマン，旅行者，知識人，研究家，留学生，政治家，官僚，難民・移民，外国人労働者，などとして国境を自由に横断する，多種多様なヒトのグローバル（国際的）移動が著しく増大したことである。一般人やさまざまな立場や地位にある人びとがグローバル文化的アイデンティティ紛争や問題に関心をもつようになったのは，「人々が大量に国境を越えて移動するようになったからではないだろうか。つまり，現在，民族と国民との間に従来みられなかったような関係が生まれつつあり，それは『ヒトの国際的移動』によってもたらされていると考えられるのである」[17]。それは単なる物理的なヒトとして，また何の文化や世界観をまったくもつことのない機械的なヒトとして，他の国や地域，社会へ移動するのではない。ヒトはみんな実際には，何らかの一定の政治的・経済的・文化的価値や利益，イデオロギー，価値観，信念，思想などを背負っている。今日のように世界中に大量の旅行者としてのヒトの移動は，他国や他の地域，他の社会の人びとやエスニック集団と接触したり，交流することによって，自己の文化的アイデンティティと他者のそれを自覚したり，認識することが可能となるからだ[18]。また，移民や難民，外国人労働者としてのヒトの他国や他の社会への移動についても同様なことがいえよう。ヒトの地球的規模での大量移動が活発になればなるほど，グローバル文化的アイデンティティ紛争や問題をますます増大させることになる（しかし，部分的には相互理解・認識や問題の解決を可能にすることになることもある）。

　第5の要件は，グローバル化の進展・深化の動きと結びついているが，グローバル政治過程の構造的要件ばかりか，これまでの国家政治の枠組みや国家権力，機能が低下したことである。今日，いかなる主権的領域国家も事実上，グローバル社会における政治的・経済的・文化的価値や思想，イデオロギー，

価値観，ヒト，モノ，カネ，宗教，芸術などの国内社会への浸透・影響を防ぐことも，また，それらをコントロールすることも，容易にかつ十分にできなくなった。そうした目的を実現する能力を大きく喪失している。それとは反対のベクトルについても同様である。どの国家も例外なく，これまでのように国家は国民やエスニック集団からのアイデンティティや忠誠心を独占することが難しくなり，アイデンティティと忠誠心の対象の多元化・多様化を避けることができなくなった。

　第6の要件は，そもそも多民族国家の在り方が，アイデンティティ紛争や問題を統治したり，解決する能力を低下させているということよりも，本質的にアイデンティティ紛争や問題を引き起こしやすくしたことである[19]。国民国家のほぼすべては本来的に，多民族（多エスニック集団）・多文化国民国家であって，単一の民族国家ではない。これまでは，「一民族（一文化的共同体）＝一国民（一政治的共同体）＝一国家（権力組織）」という等式が通用してきた。実際には「多民族＝一国民＝一国家」モデルが通用している。実際的には「多民族国家」であるところから，国内でも，また，国家間でも文化的アイデンティティ紛争や問題がつねに生じうる潜在的条件が構造化されていることを理解しなければならない。

　こうして見ると，文化的アイデンティティは所与的なものでなく，社会的構成物であること，また，そのため文化的アイデンティティは変容するものであり，変容させることも可能であること，さらに，アイデンティティ紛争や問題はグローバル紛争・公共悪・問題群と相互構成関係を形成していること，その上，文化的アイデンティティ紛争はグローバル危機（リスク）社会を構成していること，などが理解できる。そうした観点は，文化的アイデンティティの最大の構成物である文明（宗教も含む）についてもほぼ同様にいうことができよう。

4．宗教・文明アイデンティティの衝突

　今日，グローバル化が進展・深化する過程において，アイデンティティ紛

争（危機）が顕著に表出しているのは，政治的共同体としての国民や文化的共同体としての民族（エスニック集団），ナショナリズム，エスノナショナリズム，国際関係ばかりか，文明や宗教のアイデンティティをめぐる問題は明らかに，グローバル危機社会を構成する一つの重要な要件となっている。宗教や文明のアイデンティティ危機の在り方は実際に，グローバル危機（リスク）社会に重大なインパクトを与え，我われ人類の生存に対する危機意識を呼び起こした事実は，2001年9月11日に米国で発生した同時多発テロ事件が何よりも物語っている。なぜならば，この事件はたしかに米国で起きたものであれ，特定の国や地域，社会，国民，エスニック集団，生活空間に関係なく，グローバル社会においていつでも起こる可能性をもっている日常的危機としてのテロ行動に直接的にも間接的にも直面しているからに他ならない。米国での出来事や問題は同時に，そのまま日本の問題でもある。中東問題の原点であるパレスチナとイスラエル紛争は中東地域に限定されるどころか，地球的規模の政治過程の在り方を決定的に左右することになる危機を生み出している。また，現在のシリアを中心とする中東地域で展開されている混迷状態も全世界的問題である。今日では，グローバル危機（リスク）状態は，グローバル化しているばかりか，構造化し，そしてまた，いつでも起こりうる日常化している。すなわち，グローバル危機は時間的にも空間的にも圧縮されており，時空のシームレス危機状態が形成されている。

　S.ハンチントンのいう文明の衝突という考え方では，国民国家はグローバル事象において最も強力な主体でありつづけるようであるものの，グローバル紛争は文化的相違によって起こる文明の断層線であるようだ。文明は，そのなかで多様性が見られるものの，他の文明から区別することができる文化的実体として広義に定義される[20]。本来，アイデンティティ問題は，より深く，より広い文化的結びつきに，根をもっている。「アイデンティティは，何が生活に意味を与えるのか，また，幸福あるいは充足を達成するために行動するのか，いかに調整するか，についてなどの広範囲に及ぶ共通理解を反映している」[21]。宗教や文明などのアイデンティティは広義では文化と共通項をもっており，文化の一側面と言い換えることができるが，文化はより具体的には宗教，より大きな意味では文明と理解してよい。すなわち，文明は文化より大き

な意味のふくらみをもつ概念であり，文化的アイデンティティの最大の構成物である。一般的には，宗教は文化の構成要素の一つとして位置づけることができる。そのため，エスニシティ（民族）あるいはエスニック集団と重複する要素をもっている。したがって，宗教とネーション，エスノ政治的紛争は矛盾することなく，一本の連動関係を構成している[22]。その意味で，エスニック・アイデンティティ紛争と宗教アイデンティティ紛争とは重複しているといえる。同様に，国家社会を超える，より深くかつより広い文化的結びつきをもつ枠組みである文明の一つの重要な構成要因であるところから，文明の衝突と宗教アイデンティティ紛争とは大きく重複するものであるといってよい。

　宗教的アイデンティティ紛争は概して，一方で，国家社会内部のまた国家社会間の相対的に明確な紛争と，他方で，政治社会の枠組みを超えるグローバル・レベルでの紛争と，二つに分けることが可能だ。エスニック集団の構成メンバーは，自分自身が居住している場所や地域と一体化し，また，それらに強い愛着を抱いている。文化的アイデンティティと宗教との違いは，前者が普通，そのアイデンティティの対象として一定の空間をもっているが，後者（土着宗教は別として）は本来的に，固有のアイデンティティ空間を超えて脱国家化あるいは脱地域化する傾向をもつ一種の文化といってよい。そうした意味で，宗教は本来的に，固定した境界をもつことなく，とくに場所を選ばないという特性をもっており，つねに，相対的にグローバル化する傾向をもっている。グローバル経済体の領域やグローバルな国際システムにおいてと同様に，グローバル化の宗教的領域もまた紛争と論争を引き起こしてきた。それは，どの宗教が多くの宗教のなかで正当なものとみなされるべきか，また，それらの宗教の固有の内容はどのようなものか，さらに，宗教的影響力や作用の範囲はどのようなものであるべきか，などである[23]。宗教は文化とは異なる特定のアイデンティティを要求する傾向をもっている。世界のグローバル化過程で，二つの方向が宗教には存在している。一つは，グローバル・システムを特別に下位グローバル文化の観点からアプローチする。もう一つは，グローバル文化それ自体に焦点を合わせるものだ。そのことはたしかに，文化の混成形態を排除しないものの，宗教の上で純粋な形態は，普遍的なものと特殊なものとの，また超越的なものと偏在的なものとの，逆説的な同時性を示している[24]。

国際社会からグローバル化社会へ大きく進展するこの数十年の間に人間社会事象において潜在的にも顕在的にも，宗教の多面的な世界的規模の復活が見られた[25]。とりわけ冷戦構造の崩壊前後の1990年代に，文化と宗教，文明をめぐる問題は，グローバル政治過程やグローバル紛争のきわめて注目すべき領域となっている。21世紀に入ると共に，文化や宗教は政治共同体の利益とアイデンティティを構成する勢力として顕著なものとなっているようだ[26]。たしかに，そうした見方は，文化や宗教すべてが我われの日常生活やグローバル政治の在り方に大きなかつ重要な影響力を及ぼしていることを意味している。しかし，その影響力はとりわけ我われの生活の一部分を占めている政治と宗教との関係である。なぜならば，宗教アイデンティティ紛争の在り方は，宗教と政治との関係そのものであるからだ。両者の間の明確な形態は，西側の宗教と政治とのパートナー型や東側の宗教の否定型など六つある[27]。もちろん，政治と宗教の関係の形態がどのようなものがあるかは重要な問題であることは否定できないものの，現実の政治の世界でどのような機能を果たしているかが考慮すべき問題なのだ。宗教の果たす機能は二つの顔をもっている。世界の宗教はときどき，一方で，平和と市民社会に不可欠である倫理的価値および行動の創造とそれらの永続化に貢献する顔をもつ。宗教は同時に，他方で，人間が経験することができるもっとも残酷で，野蛮な行動を生み出し，それを正当化し，そしてまた，大喜びする顔をもっている[28]。人類の長い歴史にわたって，宗教はまた，重要な平和に関連する価値への文化的関与を文明に提供した法や理念を発展させたのである[29]。

　概して，宗教紛争は宗教的アイデンティティの非両立的状態，つまり自己の宗教が求めるアイデンティティ（価値）の未充足状態のことである。一般にいわれているように，自分の宗教の信条やアイデンティティが他者のそれらと異なること自体が自動的に紛争や緊張を引き起こすのではない。自己の信じる宗教が他者の宗教によって無視されたり，差別されたり，弾圧されたり，否定される場合に生じる。あるいは，それとはまったく逆の場合にも起こる。宗教紛争がエスニック紛争と同様に起こるのは，ある宗教が他の宗教によって文化的のみならず政治的・経済的利益やアイデンティティの軽視や差別，抑圧，搾取に依存している。宗教と同様に，文明の衝突は，ある文明の主義主張やアイデ

ンティティが他の文明のそれらと単に異なることが理由で必然的に紛争を引き起こすのではない。どのような文明であれ不可避的に紛争につながるのではない。自己の文明が文化的・宗教的のみならず，政治的・経済的価値やアイデンティティの充足が他の文明によって差別されたり，抑圧されたり，否定されることで紛争状態が形成される。その意味で米国を中心とする西欧文明とイスラム原理主義との衝突を単なる文明の衝突として捉えることは適切な考え方とはいえない。極端な言い方をすれば，それは，アメリカ帝国主義勢力とイスラムの反帝国主義勢力の衝突といってよい[30]。そうした文明紛争の論点は，イスラエル・パレスチナ紛争やインド・パキスタン紛争，イラン・イラク戦争，北アイルランド紛争，レバノン紛争，シリアをめぐる一連の中東の混迷状態，IS問題などでも通用できよう。

　宗教や文化より大きなふくらみをもった文明（より脱国家的・文化的・宗教的アイデンティティ）も，冷戦崩壊後のグローバル政治の在り方を大きく左右する勢力となっている。西洋文明や東洋（反西洋）文明と二分化することは必ずしも適切ではないが，一応それらの異なる文明は，個々人がいかに人生を送るべきかについて人びとに異なる解答を与えている。異なる文明は，個々人の相互関係の在り方を導き，また，個々人がその生存を充足するとみなしているものを所有することが可能となる。各文化間の溝がいかに重要であることが今日きわめて大きな議論を呼んでいる[31]。それだけに現在のグローバル文明（文化）危機が我われ人類の在り方にとって重要な意味をもっている。

　文明や宗教がふくらみをもったものという意味は，宗教が特殊なものと普遍的なものの両者を含んでいると理解される必要性があるという事実に基づいている。グローバル政治過程における行動様式と関係様式は，きわめてグローバルなものと特別なものとの，いわばそういった逆説的な特性によって影響を受けている。そのことは明らかに，キリスト教やイスラム教，ユダヤ教，仏教などについてもいえよう。それらの宗教は地域的に限定されたアイデンティティなしに，もっとも効果的にグローバル化する勢力である。各々の宗教は事実上，その内容や本質，意味，影響力を長い間にわたって変容させてきた。例えば，キリスト教は，純粋に文化的運動であることをやめ，政治的イデオロギーとして機能してきた。西欧近代性と結びつくことによって，キリスト教は相当

世俗化し，また，私有化された[32]）。そのことは明らかに，宗教そのものが大きくグローバル化し，そして人びとの信念や行動を左右する力をもっていることを物語っている。

だが注目すべきは，世界のグローバル化は直接的にも間接的にも，ファンタメンタリズム（原理主義）のグローバル・レベルでの展開を助長してきたことである。それは原則的には，普遍的なものとみなされてきた西欧文明の選択や近代化を拒否し，あるいはまた反対してきた。とりわけイスラム原理主義は1970年代に高い関心を集めた。「『イスラム原理主義』は，イスラム社会自体の産物であると同じくらいに，グローバルな脈絡において西欧の介入や相互浸透の構成物である。『原理主義』というラベルは，そうしたラベルをはった人びとによって使用されているものではない（それはキリスト教内部での論争から変更されることなく，移された言葉である）」[33]）。イスラム世界は事実上，西欧文化によって創られた国際システムのなかに存在している。今日のグローバル社会のなかでイスラムは恐ろしいほどにたくましい勢力となっている。非西欧文化としてのイスラムの政治空間は，西欧文化における以上のさまざまに組織化されている[34]）。

イスラム原理主義者は，原理主義のアイデンティティの充足を求める形で復興運動が活発となった。イスラム復興の政治的インパクトは国内の政治的領域に限定されるものではない。むしろそれは国際システムにおける秩序や安定に顕在的・潜在的インパクトをもたらす脱国家的現象となっている。イスラム復興運動のグローバル化はきわめて強まっている。イスラム復興運動は世界政治にとって，脱国家的連携，国際的モスレムの連帯，戦略の問題領域を生み出した[35]）。そうした世界政治の過程のなかで，1978・79年のイラン（イスラム）革命，1979年12月のソ連軍のアフガニスタン侵攻，また永続的なパレスチナ問題（その根は1948年のイスラエル国家の建設）の存在，という三つの主要な発展[36]）があったことに注目すべきだ。

その一方で，冷戦構造の変容・崩壊過程のなかで，S. P. ハンチントンの「文明の衝突」論はイスラム原理主義運動が本格化する状態に対応するものであった。彼の主張は，第1次湾岸戦争の勃発や民族紛争の激化，アイデンティティ危機状況のなかで自らの解放を求める「宗教の活性化」などといった，とりわ

け冷戦イデオロギーの終結とナショナリズムの高揚という国際情勢の形成に答えるものだった[37]。彼の中心的論点は，冷戦終焉後には紛争や戦争はこれまでのようなイデオロギーのような経済的・社会的利害によってではなく，文明の相違によって生じることになる，といったものである。文明とは，人びとが共通の言葉や歴史，宗教的慣習や制度を共有している「文化的実体」と定義する。この文明には，儒教（中華）文明，日本文明，ヒンズー文明，イスラム文明，西欧文明，ロシア正教会文明，ラテン・アメリカ文明，そして存在するとした場合のアフリカ文明の七つないし八つあるという。西欧文明自体は決して普遍的なものではないものの，それ以外の非西欧的な文明が固有のものとなり自己主張していくことで，西欧文明に挑戦してくるだろう。そのなかでも西欧文明と著しい異質の内容をもっている儒教とイスラム文明とが結びついて，西欧文明に挑戦してくるだろう。今後はそうした異文化間の衝突が生じやすくなるために，いかにして文明間の共有をはかっていくかが重要な課題となると見る[38]。

　S. P. ハンチントンのいう「文明の衝突」とは，異質の文明のアイデンティティや自己主張による非両立的な紛争状態や暴力紛争状態を意味するが，その暴力紛争状態とは具体的に「文明の断層線（Fault Line）」での戦争・紛争として位置づける。とくにイスラム世界と西欧世界との間の線を「文明間の断層線」と捉えて強調している。概して，国際政治の舞台は文化（文明）の境界線に沿う形で再構成されつつある。人も国も同様な文化を所有する者同士はますます離散していくようになる。「政治的境界線は民族や宗教，文明の境界線と重複していく。文化を共有する国軍が冷戦時代の東西軍事ブロックに代わって登場し，世界政治のなかで文化（文明）の断層線として紛争が起こるようになってきている」[39]という。軍事的境界線は東西冷戦構造の崩壊で従来のその意味を失い，それに代わって，文化・文明の境界線が紛争を引き起こす重要な意味をもつようになったと見る。民族（エスニック集団や部族エスニック集団），宗教的共同体，国家の間での戦争の原因は基本的には，人間のアイデンティティに根ざしていると捉える。

　明らかに，S. P. ハンチントンが見る異文化間で衝突が発生することや，断層線に沿う形で紛争や戦争が起こるとの見方は部分的には通用するといえる

ものの,全体的には多くの問題を内包しているといってよい。彼の見解は,文明の概念があいまいであることは別にして,世界政治を形成する勢力や要件として文明・文化の影響力を過大評価しており,また,紛争や戦争の源である政治的・社会的・経済的問題領域をおおっているより広い政治的脈絡の意義を過小評価している。異文化間のアイデンティティの非両立性のみを主張することは,民族浄化のような政策を正当化するために使用されることになりがちだ[40]。

そしてまた,A. センが強調しているように,「文明の衝突」論の最も基本的な弱点は,たった一つの他を圧倒するとされる分類によって世界の人びとを区別してしまう仕組みにある。すなわち,その議論は,我われが文明は衝突しなくてはいけないのかどうかを問うずっと以前の段階から間違っている。こうした問いの形に沿ってしまうと,それにどう答えようとも,狭く,恣意的で,誤解の多い方法で世界の人びとを考えられるように追いやってしまう。「文明の衝突」論は,世界を文明の小箱に分けるというお粗末な世界観でしかない[41]。すなわち,何よりも問題なのは,S. P. ハンチントンが,想像から生まれた単一基準のアイデンティティを利用したことである。このアプローチの難点は,「文明の衝突」という命題が,文明の境界線に沿った単一基準の分類法がもつ支配的な力に,概念的に依存していることだ[42]。そのため,それら一連の文化・宗教・文明紛争問題を解決するためには,文化や宗教,文明などの異質性そのものが問題ではなく,相互に他の宗教や文明を無視したり,差別したり,否定しないことばかりか,異なる宗教や文明アイデンティティの非両立性は不可避なことではなく,両立性は可能であることも正当に認識することが重要である。そうでなければ,そこに自己充足的予言機能が作用して,それらの紛争の永続化につながってしまうことになる。

5. 文化・宗教・文明アイデンティティの再構成の必要・可能条件の模索

今日のグローバル危機(リスク)社会を構成する一つの要因としてのグロー

バル文化・宗教・文明のアイデンティティ危機は，他のグローバル危機（リスク）構造と相互連動・構成関係を形成しながら，我われ人類の生存や生活，社会関係，行動の危機的状態を再生産している。しかも現実のグローバル文化・宗教・文明（ひとことで文明を使用）アイデンティティ危機は，従来の文化・宗教・文明の概念的枠組みでは読み込むことができないほど，現実の危機と文化・文明の概念や理論との乖離がますます拡大していることだ。そのこと自体が問題の危機的状態を再生産することになっている。そのため，現実の文化・宗教・文明アイデンティティ危機の解決や克服のためには同時に，文化・宗教・文明の概念的枠組みや理論の再構成が要求されよう。今日のグローバル文化・宗教・文明アイデンティティ危機の解決や克服のためには，そのアイデンティティ危機構造の根本的変革しかない。単にその危機構造の現状の管理や統制，部分的修正や解決というガバナンスではなく，根本的な構造変革ガバナンスでなければならない。それは単なる非現実的な規範ではなく，現実の問題である。

　グローバル文明アイデンティティ危機構造の変革の必要・可能条件をいくつか指摘することが可能だ。1点目は，A.センが強調しているように，先ほど見てきた文明の衝突の命題の批判と同様に，文化を文明や宗教的アイデンティティごとに歴然と分割された枠組みに押し込めて考えることは文化の属性を狭く捉えすぎているため，その歴然と分割された狭い枠組みから解放されることだ。文化の支配的な力を運命と見ると，幻想の影響力に囚われた空想上の奴隷になることが避けられなくなる[43]。そうした文明や文化の捉え方は神話でしかないことに気づかなければならない。2点目は，前に述べてきたように，グローバル・アイデンティティ紛争は，単に文化的アイデンティティの未充足状態であるばかりか，グローバル政治的・安全保障的・経済的アイデンティティ（利益）の未充足状態の産物でもある。前者の紛争は後者のそれと有機的関連性をもっている事実を理解する必要がある。また，ネーションやナショナリズムの意味や役割を考える場合に，政治的・経済的条件との結びつきを注目しなければならない[44]。3点目は，エスニック集団やエスニック紛争，ネーション，文化，国民国家，国際紛争，文明，宗教戦争，文明の衝突などの概念も実態も変容していることだ。この条件が正確かつ適切に理解できないと，さまざ

まな概念の有効性も精巧性も，またそれらの現実の変容の本質の把握も保証されない。4点目は，グローバル文化的アイデンティティ紛争や問題は必要・可能条件を抽出できるし，またそうすべきだ，ということだ。個人やエスニック集団，非（脱）国家主体，国民，主権国家，地域，国際組織などが現状維持志向のアイデンティティではなく，現状変革のそれを求めていくべきだし，また求めていくことができる。そうする選択をするかしないかの問題であって，選択することは非現実的な，単なる規範でなく，現実なのだ。最近のアルジェリア紛争の例が示すように，「新しい戦争紛争」を超える，市民戦争の脱構成が要求されている[45]。5点目は，グローバル危機やリスクが高まれば高まるほど，その危機やリスクのなかでそれらを変革していこうとする可能条件が必然的に生じている[46]。以前でも見てきた通り，変革のチャンスを探り，それを選択するかしないかの問題であって，危機やリスクの変革を求めていくことは決して単なる規範の問題ではない。

　それでは，現状変革志向文化・文明アイデンティティを充足するにはどのような条件が必要となるだろうか（ここでは第7章で詳しく検討するので簡単に検討する）[47]。第1の条件は，グローバル危機（リスク）社会における行動主体や集団，組織が，それぞれ自己中心の個別的・部分的アイデンティティや価値よりも，グローバル社会全体（人類）の一般的・全体的アイデンティティや価値を優先することだ。このことは実際には，自己と他者の個別的アイデンティティや価値を全体的なそれらに適切かつ妥当に位置づけていくことによって，部分と全体とのアイデンティティや価値の両立的状態を創成していくことに他ならない。B.ギルズが見ているように，文明的危機を狭い枠組みに押し込むことなく，人類社会全体の危機として捉えることができる[48]。

　第2の条件は，すべての当事者間で共通のアイデンティティや価値を構築することだ。ある個人や行動主体，集団の個別的アイデンティティや価値を優先して，他者のそれらを否定したり，犠牲にしたり，あるいは排除することなく，それぞれが相互に共通のアイデンティティや価値をつみ上げていくことだ。それによって，個と個のあるいは集団と集団との協調体制を構築することが可能となる。

　第3の条件は，当事者がそれぞれ自己のアイデンティティや価値を求めてい

く場合に，民主的で，開放的なアクセス・チャンスが容認されていることだ。より大きな，より多いアイデンティティや価値をもっている側がそれらを独占することなく，弱者もそれらにアクセスする方法や道が開かれていかねばならない。

　第4の条件は，長期的なアイデンティティや価値を短期的なそれらに優先させることだ。当事者自らが，固有のアイデンティティや価値，その内容を設定し，追求していく場合，現時点中心の短期的なものではなく，長期的視点に立ってそれらを設定し，追求していかねばならない。そうでなければ，そのツケがきて，結局それらを失うことになりうる。

　第5の条件は，グローバル政治社会において中心部を形成し，きわめて多くのアイデンティティや価値を享受している大国や先進諸国，多数者エスニック集団，支配層などの強者の立場や視点ではなく，周辺部の弱小の開発途上諸国などの弱者の立場や視点からそれらを設定することが何よりも重要である。現時点でそれらの配分決定過程で支配的地位を占めている強者の視点からではなく，その過程からつねに排除されている周辺部の弱者の視点からグローバル社会全体におけるアイデンティティや価値の配分構造を決定すべきである。そうでなければ，両者のアイデンティティや価値の不平等配分構造が維持・強化され，ますますグローバル危機（リスク）社会の維持・強化は避けられなくなる。

　第6の条件は，そうした五つの条件によって，現状変革志向アイデンティティ（価値）の充足を可能なものにすることだ。そうではなく現状維持志向アイデンティティ（価値）を求めるガバナンスによっては，かえって自己の求めるアイデンティティ（価値）を削減したり，失うことになる。一見すると，こうした事態はきわめて規範的で，非現実的なものと思われている。しかし，今日の地球的規模の紛争・公共悪・問題群の支配するグローバル危機（リスク）社会においては，現状変革志向アイデンティティや価値の方策や道，ガバナンスを選択することがかえって，自己の求めるアイデンティティや価値の充足を可能にしよう。

[注] 　217

[注]

1) ウルリッヒ・ベック／枝廣淳子・中小路佳代子訳『変態する世界』（岩波書店，2017 年），23 頁。
2) 星野昭吉『グローバル危機社会の構造とガバナンスの展開』（亜細亜大学購買部ブックセンター，2014 年），267-316 頁。
3) アマルティア・セン／大門毅監訳／東郷えりか訳『アイデンティティと暴力―運命は幻想である―』（勁草書房，2011 年），2 頁。
4) Falk, Richard, "Religion and Global Governance: Harmony or Clash?," in Kittrie, Nicholas N., Rodorigo Carazo, and James R. Mancham, eds., *The Future of Peace in the Twenty-First Century* (Durham: Carolina Academic Press, 2003), p. 478.
5) Payne, Richard J., *Global Issues: Politics, Economics, and Culture* (New York: Pearson Longman, 2007), p. 379.
6) Gills, Barry K., "Going South: Capitalist Crisis, Systemic Crisis, Civilisational Crisis," *Third World Quarterly*, Vol. 31, No. 2 (2010), p. 177.
7) 星野昭吉『世界政治の原理と変動―地球的規模の問題群と平和―』（同文舘出版，2002 年），131-37 頁。
8) Murden, Simon, "Culture in World Affairs," in Baylis, John, Steve Smith, and Patricia Owens, eds., *The Globalization of World Politics: An Introduction to International Relations*, 7th ed. (Oxford: Oxford University Press, 2017), pp. 420-21.
9) Smith, Anthony D., "Towards a Global Culture?," *Theory, Cultures and Society*, Vol. 7, No. 213 (1990), p. 171.
10) Geertz, Clifford, *The Interpretation of Cultures* (New York: Basic Books, 1973), p. 89.
11) Velweij, Marco, Andrew Oros and Dominique Jacquin-Berdal, "Culture in World Politics: An Introduction," in Jacquin-Berdal, Dominique, Andrew Oros and Marco Velweij, eds., *Culture in World Politics* (London: Macmillan, 1998), p. 2.
12) Cohn, Raymond, "Conflict Resolution Across Cultures: Bridging the Gap," in Jaquin-Berdal, Andrew Oros and Marco Verweij eds., *loc.cit.*, p. 117.
13) Murden, Simon, "Cultural Conflict in International Relations: The West and Islam," in Baylis, John and Steve Smith, eds., *The Globalization of World Politics: An Introduction to International Relations* (Oxford: Oxford University Press, 1997), p. 379.
14) Murden, Simon, "Cultural in World Affairs," *op.cit.*, p. 421.
15) Featherstone, Mike, "Global Culture: An Introduction," *Theory, Cultures and Society*, Vol. 7, No. 213 (1990), p. 6.
16) Pettman, Ralph, *International Politics: Balance of Power, Balance of Production, Balance of Ideologies* (Melbourne: Longman Cheshire, 1991), p. 130 ; Rubinstein, David, *Culture, Structure, and Agency: Toward a Truly Multidimensional Society* (California: Sage, 2001).
17) 平野健一郎「民族・国家論の新展開―『ヒトの国際的移動』の視点から―」（『国際法外交雑誌』88 巻，第 3 号，1989 年），3 頁。
18) Cohen, Robin and Paul Kennedy, *Global Sociology*, 2nd ed. (Hampshire: Palgrave Macmillan, 2007), pp. 289-310.
19) 星野昭吉『世界政治の原理と変動』，166-67 頁。
20) Payne, Richard J., *Global Issues: Politics, Economics, and Culture* (New York: Pearson Longman, 2007), p. 379.
21) Mansbach, Richard W. and Edward Rhodes, eds., *Global Politics in a Changing World: A Reader* (Boston: Houghton Mifflin, 2000), p. 425.

22) Razavi, Shapra and Annne Jenichen, "The Unhappy Marriage of Religion and Politics: Problems and Pitfalls for Gender Equality," *Third World Quarterly*, Vol. 131, No. 6 (2010), pp. 833-50.
23) Beyer, Peter, "Religion out of Place?: The Globalization of Fundamentalism," in Turner, Bryan S., ed., *The Routledge International Handbook of Globalization Studies* (Oxon: Routledge, 2010), p. 271.
24) 平野健一郎「国民統合研究の発展のために」平野健一郎ほか『アジアにおける国民統合—歴史・文化・国際関係—』(東京大学出版会, 1988年), 234頁。
25) Falk, Richard, "Religion and Global Governance: Harmony or Clash?," in Kittrie, Nicholas N. *et al.*, eds., *The Future of Pearce: In the Twenty-First Century* (Durham: Carolina Academic Press, 2003), p. 474.
26) O'Hagen, Jacinta, "A 'Clash of Civilization'?," in Frey, Greg and Jacinta O'Hagen, eds., *Contending Images of World Politics* (London: Macmillan, 2000), p. 135.
27) Smith, Huston, "The Worldwide Impact of Religion on Contemporary Society," in Kittrie, Nicholas N. *et al.*, eds., *loc.cit.*, p. 409.
28) Coplin, Marc, "The Religions Foundations of a Peaceful World," *ibid.*, p. 440.
29) Coplin, Marc, "Religion, Violence, and Conflict Resolution," *Peace and Change*, Vol. 22, No. 1 (1997), p. 2.
30) Zeghal, Malika, "Les Usages du Savoir et de la Violence: Quelgues Reflexions antour 11 Septembre," *Politique Étrangère*, 67e Année, 1/2002, pp. 21-38 ; Ali, Tariq, *The Clash of Foundamentalism: Crusades, Jihads and Modernity* (London: Verso, 2002).
31) Mansbach, Richard W. and Edward Rhodes, *op.cit.*, p. 425.
32) Cochrance, Allan, "Global Worlds and Worlds of Difference," in Anderson, Johes, Chris Brook, and Allan Cochrance, eds., *A Global World?* (Oxford: Oxford University Press, 1995), p. 262.
33) Beeley, Brian, "Global Options: Islamic Alternatives," in Anderson, Brook and Allan Cochrance, eds., *loc.cit.*, p. 174.
34) 平野健一郎『国際文化論』東京大学出版会, 2000年, 192頁。
35) Azav, Edward and A Chung-in Moon, "The Many Faces of Islamic Revivalism," in Kittrie, Nicholas N. *et al.*, eds., *loc.cit.*, p. 434.
36) Saikal, Amin, "Islam and the West?," in Fry, Greg and Jacinta O'Hagen, eds., *loc.cit.*, p. 164.
37) 加藤一夫『エスノナショナリズムの胎動—民族問題再論—』(論創社, 2000年), 178-79頁。
38) Huntington, Samuel P., "The Clash of Civilization?," *Foreign Affairs*, Vol. 72 (1993), pp. 349-74.
39) Huntington, Samuel P., *The Clash of Civilization and the Remaking of World Orders* (New York: Simon & Schuster, 1996), p. 207.
40) O'Hagan, Jacinta, *op.cit.*, pp. 142-45.
41) Sen, Amartya, *Identity and Violence: The Illusion of Destiny* (New York: W.W. Norton, pp. 10-12. (アマルティア・セン／大内毅監訳／東郷えりか訳『アイデンティティと暴力—運命は幻想である—』(2011年), 27-29頁。)
42) アマルティア・セン／加藤幹雄訳『グローバリゼーションと人間の安全保障』(筑摩書房, 2017年), 89-95頁参照。
43) Sen, Amartya, *op.cit.*, p. 103. (邦訳, 148頁。)
44) Desai, Radhika, "Introduction: Nationalism and Their Understandings in Historical Perspective," *Third World Quarterly*, Vol. 29, No. 3 (2008), pp. 397-428.

45) Mundy, Jacob, "Deconstructing Civil Wars: Beyond and the New Wars Debate," *Security Dialogue*, Vol. 42, No. 3 (2011), pp. 297-95.
46) Gills, Barry K. and Kevin Grey, "Introduction: People Power in the Era of Global Crisis: Rebellion, Resistance, and Liberation," *Third World Quarterly*, Vol. 33, No. 2 (2012), pp. 205-24；ウルリッヒ・ベック／枝廣淳子，中小路佳代子訳『変態する世界』（岩波書店，2017年）。
47) 星野昭吉『世界秩序の構造と弁証法―「コミュニタリアニズム中心的秩序勢力」と「コスモポリタニズム中心的秩序勢力」の相克―』（テイハン，2009年），171-75頁。
48) Gills, Barry K., *op.cit.*, pp. 177-82.

第 6 章

グローバル危機（リスク）社会における
デジタル情報通信技術革命

1. はじめに
　　―地球公共財としてのデジタル情報通信技術（財）のガバナンス構築―

　グローバル政治社会を形成し，展開させ，そして変容をもたらす価値や要件として権力，平和，安全保障，民主主義，経済福祉，地球環境保全ばかりか情報，知識，科学技術も取り上げなければならない。今日のグローバル危機（リスク）社会を構成する一つの主要な要件が，デジタル情報通信技術である。この要件は他のグローバル平和・安全保障危機や環境保全危機，不平等・貧困危機，文化・宗教・文明アイデンティティ危機などとも相互連動や構成関係を形成しながら，世界の変態を生み出している。現在，グローバル危機（リスク）社会においては実質的に，とりわけ情報通信およびそれに関連する技術の発展とその機能の在り方が，そのまま，グローバル危機（リスク）社会の在り方に顕著な影響を及ぼし，そしてまたその在り方を大きく規定している。情報革命なり，情報通信革命，情報通信技術革命といわれる時代の実態を十分かつ適切に描写し，分析・説明し，その将来の展開と変容を妥当に予測し，そしてまたその危機やリスクを適切に統治・解決・変革するためのガバナンス・システムを提示することは困難である[1]。
　デジタル情報通信技術革命は実際，グローバル化の進展・深化の産物であると同時に，グローバル化を構成し，それを支える一つの決定的勢力となっている。グローバル・コミュニケーションに見られる技術的進歩はグローバル化を可能にしているが，グローバル化自体の事実はグローバルに行われる人間活動

の現在の高まりのなかで見出すことができる。グローバル化は，技術的進歩が世界的に広がりをもつコミュニケーションに対し多くの物理的障害を打破することで起こっている。コミュニケーションや技術情報革命はグローバル化の原因であるといってよい[2]。情報時代は一般的に，コンピュータ時代やデジタル時代ともいわれているように20世紀の最後の四半世紀に始まった歴史時代をいうために使用されている。その特徴は，とりわけコンピュータとそれと関連する技術によって促進された情報通信の増大する重要性と可能性である。1970年代に出現することになるが，具体的にインターネットや付随して起こるパソコンの急激な拡大，携帯電話，Wi-Fi，光ファイバーケーブル，そしてまたマイクロプロセッサーなどが，国内でも国際社会でも，情報通信の伝達と処理を加速したのである[3]。

　そうしたデジタル情報通信技術革命はたしかに，一方で，我われ人類の生存や政治的・経済的・社会的・文明的生活に便利で豊かな利益，財を提供してきた。しかし同時に，その他方で，さまざまな危機，リスクを生み出してきており，グローバル危機（リスク）状態をよりいっそう強化している。グローバル化の推進と連動する形で，デジタル情報通信関係網（ネットワーク）がよりいっそう勢いを増すなかで国境，地域境界，社会境界，国民境界，エスニック集団境界，地方境界，個人境界などを横断して，すべての国，地域，社会，国民，エスニック集団，地方，市民，個人に浸透し，それらを単一統合してはいないものの一つに結び付けている。これまで支配的であった主権的領域国家中心の閉鎖的な情報通信ネットワークは大きな変容を避けられなくなった。グローバル・レベルでの情報通信化社会が形成されている。そのため，デジタル情報通信技術はいかなる国家にも大きなインパクトを与えているが，とくに政府と政策決定者に次のような四つのインパクトを及ぼしている。(1)政府や政策決定者は，より有効で，より多くの情報に接近し，膨大な量の情報を手に入れることが可能となる。(2)グローバル・ネットワークは，政策決定が集権化あるいは分極化されうることを意味する。(3)グローバル・ネットワークは政府がもっている情報の独占状態を浸食する。企業やジャーナリスト，NGOは，より良き，タイムリーな情報をもつことができる。政府はBBCやCNNの情報とその分析に依存する。(4)グローバル・ネットワークはすべての人び

とに透明性を提供する。そして地球温暖化のような地球的規模の問題群を扱うよう勧める。明らかに，情報通信技術革命は国家が相互に対処する方法を変容させている。グローバル化とグローバル・ネットワークは，外交と軍事問題への対処方法を変容させている。そしてまた。国家間の経済関係も，NGOや国際関係におけるIGO（政府間国際組織）の役割も変えている[4]。

このように情報通信技術革命は，グローバルな社会文化システムや環境破壊問題，知識・情報問題自体にも顕著なインパクトを及ぼし，それぞれの分野の問題を統治したり，解決したり，あるいはそれら問題を再生産する，という二面性をもっている。デジタル情報通信技術はむしろ地球公共財の構成に重要な役割を演じるよりも，地球公共悪の再生産を推し進めるよう作用することを理解しなければならない。

そのことは，情報通信技術革命は主権的領域国家は浸食され，従来の権威や自立性，権力性，正当性などを低下させ，それに対応する形でNGOや多国籍企業，非政府間国際組織，社会運動，世論などの非（脱）国家主体が国家のそれらに取って代わってしまったことを意味しない。依然として国家は基本的には，情報通信技術の中枢部を支配していることを認めざるを得ない。そのことが地球公共財の構築を阻んでいる要因でもある。実際に，情報通信技術革命は，すべての国，地域，社会，国民，民族，市民，人びとに平等な情報通信価値や利益を配分してはいない。たしかに，コンピュータはよりいっそう，世界中に広く分散している利用者のネットワークの成長を通じて脱国家的な相互依存関係形成に役立っているが，コンピュータ能力の配分は多くの開発途上諸国や弱小諸国に不利な，不平等なものであり，それら諸国に新しい技術の約束と同時に脅威を与えている。それらの国ぐにには明らかに，権力となりうる情報を獲得し，有効に支配も，利用もできないために，より強力な国ぐにの操作の対象となりがちだ。またその革命は，技術移転の不平等問題も存在するし，さらに核兵器問題や経済福祉の不平等配分問題，人権問題，環境破壊問題などの顕在化に重要な作用を及ぼしている。今日，確かにグローバル社会を形成し，展開させ，変容させる過程で情報通信技術革命が及ぼす影響力はますます拡大し，グローバル・レベルでの政治的・経済的・社会文化的・地球環境的現象に構造的インパクトを及ぼし，規定している。しかし，そのインパクトは我われ

人類にとってプラス面とマイナス面の二重性をもっている。しかも，一部の国ぐにや人びとにとってプラスで，他の一部のそれらにとってマイナスという状態と，すべての存在にとってマイナスという状態が存在する。換言するならば，グローバル社会において現状維持志向情報通信技術勢力と現状変革志向勢力とが共存している。もちろん，前者が支配的で，後者は劣勢であり，両者は非対称的関係を構成している。そのこと自体が重要な問題を提起している。

　本章の目的は，デジタル情報通信技術革命がグローバル危機（リスク）社会においてどのような存在意義があり，また前者が後者にどのような影響力を及ぼしているかを明らかにすることにある。第2節では，情報通信技術革命が，グローバル平和安全保障やグローバル経済体の形成・展開，グローバル社会文化にどのようなインパクトを及ぼしているかを考察していく。第3節においては，デジタル情報通信技術革命とガバナンスとどのような有機的関連性をもっているのかを探っていく。その際，U.ベックのグローバル・コミュニケーションの考え方について説明する[5]。そのうえで，第4節のなかで，現状変革志向情報通信技術中心のグローバル情報通信技術ガバナンス構築の必要・可能条件の抽出を試みる。

2．デジタル情報通信技術革命とグローバル平和安全保障・経済体・社会文化

　今日，科学技術とりわけ情報通信技術の在り方は事実上，世界社会における紛争や戦争および平和や安全保障の問題と緊密な関係を構成している。情報通信技術は実質的に，人間社会にとって二面性を内包している。「技術は一般に，日常生活や民間需要など平和的に利用することができるが，同じ技術を軍事技術，戦争技術として利用できるという二面性を内包している」[6]。これまでも今でも，準アナキー国際社会においてどの国家も，自国の安全保障を確保するために，軍事体制の強化や軍備拡大を積極的に推進してきた。そうした動向の結果，国家―軍事力中心安全保障を目的とする戦争が何度も繰り返されてきた。軍事化や軍備拡大競争を構造的に再生産する要因が，「安全保障のジレ

ンマ」であり、また、国家安全保障を中核とする国家利益や政策を実現する手段としての軍事力自体が著しく目的化することであり、さらに軍事技術開発と発展である[7]。

20世紀と21世紀における戦争の発生と展開過程は概して、一方の軍事科学技術（兵器）の開発と発展、結果、特性と、他方の戦争・戦略・政策・思想の様式との複合的な相互作用によって特徴づけられる。その特徴の最も象徴的表れは、国際政治舞台での核兵器の出現・開発・発展である。安全保障や平和、戦争、紛争、軍事力の在り方や考え方、に決定的なインパクトを与えることになった。歴史的に、これまでの戦争の形態・規模・意味・結果、の変容、また、戦争で使用される兵器の殺傷力や破壊力の規模・強度はそのまま、科学技術の開発・発展を顕著に反映している。戦争・兵器と科学技術とは、相互補完関係を構成しており、両者がともに無制限にそのレベルを高めあっている。技術革新は一般に、まず軍事技術を革命化し、また、戦争技術を革命化している。事実上、軍事史は兵器体系の新しい形態を生み出した技術革新のサイクルとして概念化できよう[8]。そしてまた、戦争史も兵器体系を拡大再生産する技術革新のサイクルとみなすことが可能なのだ。

また、グローバル・レベルでの軍事化なり軍拡競争を推し進めている大きな一つの要因は、情報通信技術革命そのものだ。情報通信技術は直接的に・間接的に軍事・兵器技術と結びついており、それによって、軍事化や軍拡競争を維持し、強化することで、世界軍事秩序を構成している。ネットワーク中心的戦争は、さまざまな戦線での監視と戦場戦略のための先進技術を使用し、また同時にさまざま戦線での軍事行動をとることを意味する。コンピュータ化されたミサイルや爆弾の運搬のシステムは、個々の建物にサテライトやレーザー誘導技術からコンピュータによって正確に的中することができるようにきわめて正確なものであることがわかる。24時間いつでも敵を攻撃することができるように、超精巧なB-2ステルス戦闘機、軍事目標のための情報技術、軍事システムやグローバル・メディア企業に向けての広報活動およびデジタルカメラなども、情報革命の産物である[9]。情報通信技術と兵器開発・発展志向複合体の存在が構造化されると、その存在自らがいっそうの軍事化と軍拡競争を発展させるメカニズムとして自律性をもち、直接的な外的脅威の存在の有無にかか

わらず，その複合体自体が肥大化し，自己充足的に軍事情報通信技術開発を中心とする軍事化体系を巨大化する。さらにその複合体に官僚も研究機関，研究者も積極的に加わり，より大規模で，強力な軍産官学複合体を形成することになる。

こうして科学技術，とりわけデジタル情報通信技術革命が，世界政治における軍事化体系，すなわち，核兵器を中核とする大量破壊軍事力，核抑止戦略，軍産官学複合体，軍拡競争，兵器の地球的規模の移転，各国の抑圧（暴力）的政治体系，などからなる世界軍事秩序（世界軍事化体系）を構成し，展開させ，維持する重要な要因となっている。そうした世界軍事体系を構造的に形成し，発展させていく媒介項の役割を果たしている。この軍事情報通信技術の開発・発展が施行されればされるほど，軍事化体系も維持・拡大し，戦争の起こる潜在的可能性も蓄積されていくことで，国家であれ国民であれ平和安全保障が確保されるどころか，つねに不安全な状態が構造化される。また，事実上，多くのサイバー戦争が日常化されている[10]。不安全状態を克服するためには，軍事情報通信技術の在り方を非軍事情報通信技術へ適切に変革していく必要がある。なぜならば，今日，グローバル化の機動力になっている情報革命は軍事における革命としてますます軍事力や兵器に大きな影響力をもっている[11]。情報技術革命は事実上，軍事技術革命をもたらしており，兵器，戦略，協議，組織などのあらゆる分野で変化を引き起こしているからだ[12]。

デジタル情報通信技術革命はグローバル経済体の形成にも決定的要因の一つとなっている。グローバル化の進展・深化と並行して，これまで支配的であった国家経済体中心の国際経済の枠組みが根本的に変容し，国境を横断して地球的規模で広がる経済活動をするグローバル経済の枠組みが，形成されている。M. カステルが主張しているように，グローバル経済体の存在は次のような要件を意味する。(1) 金融市場のグローバルな相互依存性。(2) 多国籍企業とその付随的なネットワークを中心に財と便益の生産や管理，配分の国際化。(3) 大きくは(2)の結果として，経済成長の重要な構成要件としての国際貿易。(4) 企業や地域，国ぐににとって生産性と競争性の源である科学技術，方法の国際化。(5) 最高級の能力を需要志向するグローバル労働市場およびスキルのすべてのレベルのための供給志向の国際的移民の形成による，労働力の区分けされ

た国際化[13]。すなわち，グローバル経済は実際に，生産・交換・分配・消費の一連の経済活動が一まとまりのグローバルな経済網のなかで展開している。そうした経済活動網を構成している実態的な条件が，ヒト，モノ，カネ，労働力，資本，知識，情報，技術，資源エネルギー，組織，多国籍企業などである。それら諸条件を有機的にかつ具体的に結びつけている重要な媒介項が情報通信技術に他ならない。情報通信技術革命によって，新しい情報通信技術は経済活動と相互に緊密な結びつきの範囲を拡大させ，よりいっそうの相互構成関係を強めている。サイバースペースの拡大をはじめ以上の諸条件の増大は必然的に，主権的領域に基盤を置く国家権力を浸食し，国家が従来もっていた公的権威も政治的権威もその能力と効果を大きく制約している[14]。情報通信技術革命はたしかに，グローバル経済の形成・展開・変容に特別な意味をもってはいるものの，それと同時に国家の政治的権威や権力を弱めたり，制約する機能も果たしている。

　それだけに，グローバル経済体にとって，とりわけデジタル情報通信技術はある種の公共財としての意味をもっている。そのことは，情報通信技術が世界経済の形成およびその発展にとって圧倒的な影響力なり規定力をもっていることを意味している。デジタル化を可能にする，コンピュータ，コンピュータのソフト，そして通信技術に関連する要件の膨大な増加は，世界経済の時空の圧縮現象の表出に役立っている。カネ，モノ，ヒトの流動はさまざまな技術，とりわけ電話通信分野からの技術を使用することによって加速させたのである。新しい電話通信メディアの驚くべき発展によって，たとえ政府がそうしたくても力のない弱い政府はさまざまな要因に抵抗することはできない。多くの先進資本主義諸国における生産の構造は，物質的なモノから，生産過程でシンボル操作に集約した情報処理活動へ移行している[15]。

　グローバル経済体を構成している先進諸国にとって，デジタル情報通信技術革命は，その経済成長にとって決定的な有利な条件となってはいるが，開発途上国にとってそれは経済成長にとっては有利な条件とはなってはいない。本来的に地球公共財としての情報通信技術であっても，実際にそれに接近し，使用することが可能なのは主として先進諸国であって，多くの開発途上諸国はそうではない。情報通信技術の配分も南北間での非対称的構造が支配的である。い

わば「デジタル・デバイド」が存在している。開発途上諸国は情報通信技術革命からの恩恵を受けることができず，経済開発発展を可能にする多くの条件をほとんどもってない。情報通信技術の南北間の不平等配分構造はそのまま経済福祉や富の不平等配分構造に結び付いている。しかも，グローバル・レベルでの経済的価値や富の不平等配分構造は開発途上諸国のみならず，先進諸国の国内にも存在している。その上，先進諸国自身が今日，金融危機や資源エネルギー問題，地球環境破壊問題に直面していることを考えるならば，情報通信技術革命が生み出す問題は先進諸国自体の問題でもある。

　さらに，情報通信技術革命は我われの社会文化生活にどのようなインパクトを及ぼしているだろうか。情報通信技術革命は，グローバル危機（リスク）社会における国ぐにや人びとの平和・安全保障や経済生活・活動の在り方に対してばかりか，社会生活や文化・文明の在り方にも大きな影響力を及ぼし，またそれらを規定している。人びとの接触，交流，買い物，催し物であれ，家族生活の管理・維持であれ，技術はこれらに接近したり，所有できる人びとによって世界中に受け入れられている。しかもこの動きは終わりのない革命であり，新しい技術が連続的に導入されており，フロンティアは，社会生活に対する技術革新がインパクトを及ぼすに応じて広がりつつある。その反面，技術的方法によっては解決することができない多種多様な問題が存在している。新しい技術導入で引き起こされる失業，新しい兵器のインパクト，新しい技術の環境破壊問題，心理的破綻，不安定な生活状態，そしてまたプライバシー権利の侵害問題などが著しく増大している。人間の道徳意味や人間性，基本的人権を考慮することなく技術を優先する考えや行動をめぐって重要な論争が人間条件の主題となっており，また，グローバル政策をめぐる論争となっている。現実を見るならば，情報革命はさまざまな矛盾するインパクトを生み出していることの認識が重要である[16]。たしかに，デジタル情報通信技術革命で，我われ人類の社会生活は便利となったり，豊かになったり，有意義なものになった側面があることは否定できない。しかし，人びとの日常生活のなかでそうした正の側面ばかりか，負の側面も経験している。今まで以上に簡単にさまざまな基本的人権が奪われたり，抑圧され苦痛な生活を送らざるを得ない人びとが増大している。世界中の多くの人びとは先進諸国であれ開発途上諸国であれ関係なく，

情報通信技術革命が生み出す負の条件である環境破壊や暴力紛争，サイバーテロ，サイバー犯罪，貧困・飢餓・栄養不良，不衛生な生活状態，などといった厳しい生活環境に置かれている。また，何よりも留意すべきは，情報通信技術に自由に接近し，それを享受できる人びとと，それを享受し，利用できない人びとに二分化していることだ。国家間でも国内でも，豊かな生活水準を享受できる人びととできない人々との格差がよりいっそう広がっていることだ。すべての国も人も接近し，享受することができる情報通信技術という公共財は十分に提供されてはいない。

情報通信技術革命は同時に，人びとの文化・宗教・文明アイデンティティ危機にも大きな影響を及ぼし，その形態や意味内容，存在意義などを変容させている。グローバル化の進展・深化によって，主権的領域国家の権力の枠組みや国境が極めてあいまいなものとなり，その他も脆弱な状態に置かれることになり，情報や知識，生活スタイル，ヒト，モノ，カネ，思想，宗教，文化などの勢力や圧力がデジタル情報通信技術を媒介として容易に国際社会に浸透することで，その文化的共同体としてエスニック集団（民族），経済社会を構成する階級・階層，そして政治的共同体としての国民，などの在り方が影響を受けることが常態化している[17]。グローバル危機（リスク）社会における現代の国民国家社会はさまざまな情報やサイバー攻撃に対して脆弱である。潜在的結果を生み出すなかには，情報操作，情報のまた重要な下部構造構成要素の破壊，コミュニケーションの混乱，公的情報や知的情報の搾取が日常化している[18]。そしてまた，グローバル危機（リスク）社会に存在している価値や規範，文化・宗教・文明アイデンティティが情報通信技術の媒介によって国境を超えて浸透することをどこの国家も防ぐことができないために，国内社会の価値，文化，アイデンティティなどが直接的に向き合う状態が一般化する。グローバル経済を推進する新自由主義と価値体系が，またグローバル民主主義の理念が，さらに，人権や人道，環境保全，民族自決，アイデンティティの充足などといった規範が，情報通信技術を媒介にいつでも自由に国内社会に出入りする。その一方で，グローバル危機（リスク）社会の形成される過程で国内社会の文化や信条体系，意識構造も変容し，国境を横断して「地球運命共同体」や「グローバル村」，「地球は一体」，「マックワールド」などの意識が生まれて

いる[19]。グローバルな, 脱国家的な, 開放的な文化や価値体系, 規範, アイデンティティと, 国内社会での伝統的な, 個別的な, 閉鎖的なそれらとが対立したり, 衝突したりする。その時, 当事者はアイデンティティの危機意識を高める。アイデンティティの危機意識を生み出するのは, 普遍的で, 全体的な価値や規範と特殊的で, 個別的なそれらとの間での関係からのみではない。情報通信技術革命によって, 他者の文化や価値, 規範と自己のそれらとが接触したり, 相互に認識したり, 比較したりすることのなかで, 両者の間に存在する紛争(価値の非両立的状態)および他者による自己に対する差別, 抑圧, 無視を知ることで, アイデンティティの危機が生じる。

そうした事態の推移は, U.ベックの見るように, デジタル情報通信技術革命時代において世界リスク(危機)社会が新しい変態する社会を構成する際の重要な構造的要件として作用することを物語っている。彼は, 世界の変態を意味する世界リスク社会にとってコミュニケーションの重要性について注目する。すなわち, デジタル通信の時代において, 世界リスク社会は, 世界的なリスクが新たな形態の「共同体」を生み出す際の重要な構造上の力学を説明するという。この構造上の力学を理解することは, デジタル時代における近代社会の変態を理解することになるからという。気候変動や金融危機などの世界的リスクは政治や社会を変える力をもっているが, 公共のコミュニケーションを通してはじめてその力をもつことができる。世界的リスクそれ自体は間接的にしか見えないそのリスクがこの不可避性を打破する力を得る唯一の方法が, 公共のコミュニケーションという媒体を通してのイメージに他ならない。「大規模な災害があらゆるところで起こっているが, そう言った災害が開放的な潜在力を展開するのは, 世界的な公共圏―国家的な見方にとらわれた公とは全く異なる種類の公―を生み出す世界一般のイメージという力を得たときだけなのである。私たちの目に見えるのは相互作用だ。世界的なリスクがグローバル化された公衆を生み出し, グローバル化された公衆が世界的なリスクを目に見えるものにし, 政治的なものにするのである」。「二度と繰り返えさない」という倫理観のための規範的枠組みを提供できるのは, 単なるイメージではなく, 可視化を100万倍にできる, 世界的メディアに媒介され, 開設されたイメージに他ならない。グローバル・コミュニケーションの形成は, 新しい情報伝達の準

拠枠には，内側も外側もないし，この国もあの国ももう存在しない。グローバル・コミュニケーションの新しい景観が生まれつつあることを強調する[20]。U.ベックのそうした強調の意図は，「公共」のレンズを通して変態する世界リスク社会の統治・解決・変革の可能性を提供することにあるといってよい。

　一般的に，グローバル情報通信技術革命がグローバル危機（リスク）社会にとって，その危機を統治・解決・変革するに好ましいプラスの機能と，悪しき，マイナスの機能の二面性をもつことを強調するが，U.ベックは，グローバル・コミュニケーションが世界リスク社会を解決・変革する可能性とそのためにどのような機能を果たすのかに焦点をあわせている。著者は，今日のグローバル危機（リスク）社会において情報通信技術革命のもたらすプラス面とマイナス面を検討したうえで，そのグローバル情報通信技術革命の世界的危機（リスク）社会変革の必要・可能性およびその条件を内包するガバナンスの構築を模索する。

3．グローバル危機（リスク）社会における情報通信技術革命の存在意義

　今日のデジタル情報通信技術革命のグローバル化は現実的には，これまで人類社会が抱えてきた古い問題の一部を解決するためにたしかに助けになってきた。だが同時に，新しい問題を生み出している。この情報通信技術革命がグローバル化しても，それはすべての国ぐにや人びとが自由にそれに接近し，享受することが可能な地球公共財とはなっていない，という現実を見なければならない。何よりも情報通信技術（財）が平等に配分されていないばかりか，すべての国ぐにや人びとに対しても負の政治的・技術的・経済的・文化的・制度的変容をもたらしていくなかで，危機的な矛盾や紛争，問題を再生産している。すなわち，グローバル危機（リスク）社会の再生産どころか，拡大再生産に他ならない。「おそらく，我われが現在，直面している最も基本的な問題は，そうした変容を管理する立場にある政治制度の危機に他にない」。たしかに，我われは多くの危機的問題の存在を知り，課題を理解し，そうして多くの

国ぐにでそうした問題の解決に共同で対処していこうという政治的意思が存在していることも理解できる。しかし，統治の組織的・制度的手段が不十分であったり，あるいは，不適切なものでしかない。さらに，ガバナンスの危機は市民と代表者との間の距離の拡大によって特徴づけられる政治的正当性の危機と関連している[21]。

そうした実情をグローバル政治とグローバル・ガバナンスの視点から見れば，ガバナンスの中核的問題は，とりわけ情報通信技術（財）問題に絞ってみるならば，その財の負の在り方や配分問題を十分にかつ適切に統治・解決・変革できるグローバル・レベル（国内レベル）のガバナンスが構築されていないということだ。換言するならば，すべての国ぐにや人びとが自由にかつ平等に情報通信技術（財）に接近し，享受することができるような地球公共財を構築するグローバル・ガバナンスがまだ存在していないことだ。グローバル・ガバナンスといわれている組織や制度，手段があっても，また現存している不適切で，あるいは，有用なものであっても，あくまでもその財の現状維持を志向する国家中心的ガバナンス以上のものではない。現状維持志向ガバナンスである限り，名前はガバナンスであっても，紛争や公共悪，問題群そのものを根本的に解決する本質的性向性は見られない。紛争，公共悪，問題群，そしてまた危機やリスクを解決したり，変革することはなく，それらの紛争や問題や危機をせいぜい一時的に，表面的に管理することしかできない。現実に，情報通信技術（財）の国内的・国際的不平等配分構造も，また，それに関連するグローバル紛争，公共悪，問題群などによって支配されている危機（リスク）構造を実質的にほとんど解決，変革している様子は見えてこない。デジタル情報通信技術革命は具体的に，すべての国ぐにや人びとにとっての平和・安全保障の確保，経済福祉の増進，一定レベルの生活水準の維持，経済的不平等・貧困の解消，社会文化的・宗教・文明アイデンティティの充足，基本的人権の保障，地球環境保全，などといった目標をほとんど実現していない。

たしかに，情報通信技術革命は，各国で大きな進展を見てきたものの，同時に発展途上国では，大きなリスクと機会に直面している。インターネットの発展は米国をはじめ先進諸国では早いが，発展途上国では大きく進んではいない。前者において知識の共有と習得が進展すると，後者はよりいっそう不利な

状態となり，知識の格差がより広がる可能性が大きい。両者の間では，価値や財の不平等配分の構造を維持・拡大する非対称的紛争構造が強固に存在している。とりわけ知識や情報は本来的に強者と弱者で不平等配分構造が形成されやすい[22]。また，知識や情報を転送するに必要な技術や下部構造についても同様と見てよい。D. L. スパーが主張しているように，サイバー・スペースを驚異的に広げるインターネットはどんどん私有化される傾向が強まりつつあり，接近にコストがかかるという格差問題があり，消極的外部性を打破することを難しくしている[23]。まして宇宙までの空間のグローバル化により，宇宙空間の人類化が進展しつつあるが，それに伴って宇宙技術の発展も要求される。しかし，その要求に応えることができるのは，一部の先進大国だけである。そのため，そうした国とその他の国ぐにとの情報通信技術や知識の格差はますます広がることになる。それと同じことが，技術移転についてもいえる。技術移転についての不幸な現実は，開発途上国にとって技術移転によって便益を得る以上に害を受け入れることになるということだ。技術はつねに，また構造的に不平等に配分されているのだ。グローバル危機（リスク）社会においては，ある種の価値や財の不平等な，あるいはまた不公正な配分構造の存在はそのまま，その他の種類の価値や財の不平等配分構造や不公正配分構造と相互連動関係を構成している。また，地球環境保全価値や財の場合のように，すべての国がグローバル危機（リスク）に直面しているため，個と個の不平等配分構造の危機問題と連動していることで結局，すべての国ぐにが例外なくつねに危機的状態を避けることができないのだ。グローバル危機（リスク）社会を変革するためのガバナンス構築は，そうした現実を十分に認識しなければならない。

4．現状変革志向情報通信技術中心グローバル・ガバナンス構築の試み

今日，グローバル危機（リスク）社会においては，平和・安全保障，経済福祉，経済価値の不平等配分・貧困問題の解決，人権保障，地球環境保全，などと同様に情報通信技術も，グローバル・レベルでの紛争・公共悪・問題群を

解決・変革するためには，情報通信技術（財）を地球公共財化しなければならない。現在では依然として，強者の私的財や個別財が優先するグローバル危機（リスク）社会が強化されつつある。どのようなグローバル・ガバナンスが，危機的状態にあるさまざまな価値や財を地球公共財化することが可能だろうか。そうしたグローバル・ガバナンスをどのように構築していくことができるかが，最大の課題である。前述したように，そうした課題に応えていくためには，グローバル情報通信技術（財）の配置構造を関係網（ネットワーク）の考え方を使用することによって，その構造の本質的な在り方や意味内容，存在意義が明らかになると同時に，現状変革志向情報通信技術グローバル・ガバナンスが抽出できるからに他ならない。事実上，この情報通信技術のネットワークは，知識や思想のネットワークときわめて緊密な関係を構成していることを理解する必要がある。グローバル危機（リスク）社会は実際に，政治的，経済的，社会文化的，地球環境的，制度的，規範的，科学技術的などのさまざまなネットワークが相互に複合する形でグローバル・ネットワークを形成しているが，その一部分がデジタル情報通信技術ネットワークである。このネットワークは他の種類のそれらと同様に，一方の，既存の価値や財の利益を享受している国家中心の現状維持志向勢力のネットワークと，他方の，価値配分構造から否定されたり，排除されたり，抑圧されている非（脱）国家主体や開発途上諸国，公衆などを中心とする現状変革志向勢力のネットワークからなっている。前者と後者のネットワークは著しく非対称的関係である。すなわち，グローバル危機（リスク）社会では，前者中心のグローバル情報通信技術ネットワークが支配的地位を占めている。したがって，そのような前者中心のグローバル・ネットワークを変革して，後者中心のガバナンスを構築していくことである。それが，現状変革志向脱国家中心のグローバル・ガバナンスである。

　そうしたグローバル・ガバナンスの構築はどのような要件によって可能となるだろうか。脆弱な現状変革志向脱国家中心的な情報通信技術ガバナンスが既存のガバナンスに抵抗，挑戦，批判勢力として連帯・統一することは言うまでもない。いわゆる弱者の立場にある，公衆や非（脱）国家主体，市民社会を含む人類的視点をもつさまざまな勢力や運動が国家中心的現状維持志向勢力に挑戦・抵抗することが重要である。例えば，ウォールストリート占拠運動やアラ

ブの春，ウィキリークスの出現，スノーデン・NSA 暴露などの「プロテスト 2.0」がある[24]。また，グローバル危機の進展するなかでの公衆の抗議が急増する 1990 年代初期に表れた「低強度民主主義」も見ることができる[25]。さらに，M. カステルが主張するように，草の根組織，共同体集団，労働組合，利益団体などの集団，また，NGO，さらに，それらの組織も含め，グローバル化過程のコントロールを目的にする社会運動からなるグローバル市民社会形成のための協力，その上，世論の動向などである。すなわち，多次元的なグローバル市民社会の存在である[26]。結局，グローバル危機（リスク）社会の変革を可能にする基本的ガバナンスの在り方は公衆の力がいかに大きな勢力となることができるかどうかである[27]。

　そうした事態に注目すれば，先進諸国も開発途上諸国や弱小諸国を含め，すべての人びとが現状変革志向ガバナンスを構築することによって，すべての国ぐにやすべての人びとが自由かつ平等に情報通信技術に接近し，享受できるような地球公共財を構築する要件はどのようなものであろうか。この点について第 7 章で詳しい検討を加えるので，ここでは簡単に述べておきたい。すべての人びとや集団，組織が人類意識に基づいて人類社会の持続的発展を実現するという観点から見ると，次のような要件が必要となろう。(1) すべての当事者（国であれ人であれ）がグローバル危機社会において個（部分）の情報通信技術（財）よりも，全体のそれを優先することである。こうした必要性は，全体の財に個の財を適切に位置づけることによって，個の財と全体の財とが両立することであって，個の財を否定することでも排除することを意味するものではない。(2) 個と個の間で共通する情報通信技術（財）を設定することによって，ともに勝つ，ともに得ることを可能にする「非ゼロ－サム・ゲーム」のルールを積極的に定着させることだ。財の共有性を高めることによって両者の協調体制が強化される。すべての当事者が自由に情報通信技術（財）に接近し，それを享受する機会が平等に開放されていることだ。両者の間で財の非両立的な，閉鎖的な枠組みを解体していくことが重要である。(3) 現世代の情報通信技術（財）と将来世代のそれとが両立可能となるようなグローバル・ガバナンスを設定することだ。前者中心のガバナンスの構築は，後者にとってそのツケがまわることで，財の充足が妨げられることになる。(4) グローバル社会の中

心部を占める強者（大国や先進諸国，各国の支配層）の情報通信技術（財）に対する視点以上に周辺部（開発途上諸国や世界の底辺層の人びと）の弱者からの視点を優先することである。そのことは，前者の財を無視したり，否定することではなく，後者の財と同様に全体の財のなかでそれぞれ適切に位置づけることによって，両者の財の妥当な両立関係を可能にすることを意味する。

(5) そうした四つの要件によって，すべての国ぐにや人びとが自由に情報通信技術（財）に接近し，平等にその財を享受することが可能な，現状変革志向情報通信技術（財）ガバナンス構築が可能となろう。そうしたグローバル・ガバナンスを構築することは，単なる理想ではなく，現実である。今日，もし強者自らがそうした現状変革志向ガバナンスを求めていかない限り，強者の享受している価値や財を現実的に失うことになるほどに，世界の危機的変態が進展しているからだ。強者に現状変革志向ガバナンスを求めさせることができるのは，公衆を中核とするグローバル・コミュニケーション・システムの構築しかない。

［注］
1) 星野昭吉『グローバル政治の形成・展開・変容・変革―世界政治の展開過程の弁証法―』。
2) Longhorne, Richard, *The Essentials of Global Politics* (London: Hodder Arnold, 2006), p. 2.
3) Wight, Colin, "Protest and International Politics in the Information Age," in Booth, Ken and Toni Erskine, eds., *International Relations Today*, 2nd ed. (Cambridge: Polity, 2016), p. 203.
4) Aronson, Jonathan D., "The Communications and Internet Revolution," in Baylis, John, and Steve Smith, eds., *The Globalization of World Politics: An Introduction to International Relations*, 2nd ed. (Oxford:Oxford University Press, 2001), pp. 549-53.
5) ウルリッヒ・ベック／枝廣淳子，中小路佳代子訳『変態する世界』（岩波書店，2017 年），148-51 頁。
6) 齋藤優「科学技術と安全保障」日本国際政治学会編『科学技術と国際政治』（〈国際政治〉第 83 号，有斐閣，1986 年），12-13 頁。
7) Aronson, Jonathan D., *op.cit.*, pp. 547-53.
8) Väyrynen, Raimo, "Technology and Conflict Management in International Relations," *Co-existence*, Vol. 22 (1985), p. 31.
9) Synott, John P., " Information Revolution," in Griffiths, Martin, ed., *Encyclopedia of International and Global Politics* (London:Routledge, 2005) p. 408.
10) Sleat, Matt, "Just cyber war?: Casus belli information ethics, and the human perspective," *Review of International Studies*, Vol. 44, part 2, pp. 324-42.
11) 山本吉宣「国際システムの変容―グローバリゼーションの進展―」日本国際問題研究所編『国際問題』（489 号，2000 年 12 月），14 頁。
12) 加藤朗「IT 革命と軍事革命（RMA）」日本国際問題研究所編『国際問題』（495 号，2001 年 6 月），50-65 頁。

13) Castells, Manuel, "Global Governance and Global Politics," *Political Science and Politics*, Vol. 38, No.1 (2005), p. 10.
14) Held, David, *Democracy and the Global Order: From the Modern State to Cosmopolitan governance* (Stanford: Stanford University Press, 1995), pp. 127-28.
15) Carnoy, Martin, Manuel Castells, Stephen S. Cohen, and Fernando Henrique Cardoso, *The New Global Economy in the Information Age: Reflections on Our Changing World* (University Park: Pennsylvania State University Press, 1993), p. 5.
16) Synott, John P., *op.cit.*, pp. 408-409.
17) 星野昭吉『世界政治における行動主体と構造』(アジア書房, 2001年), 2・3・4章。
18) Ferguson, Yale H. and Richard W. Mansbach, *Remapping Global Politics: History's Revenge and Future Shock* (Cambridge: Cambridge University Press, 2004), p. 298.
19) 山本吉宣, 前掲論文, 8-10頁。
20) 注5), 48-74頁。
21) Stiglitz, Joseph E., "Knowledge as a Global Public Goods," in Kaul, Inge, *et al.*, eds., *Global Public Goods: International Cooperationn in the 21st Century* (New York: Oxford University Press, 1999), pp. 308-23.
22) Sy, J. Habib, " Global Communications for a More Equitable World," in Kaul, Inge, *et al.*, eds., *loc.cit.*, pp. 326-42.
23) Spar, Debora L., "The Public Face of Cyberspace," in Kaul, Inge, *et.al.*, eds., *loc.cit.*, pp. 344-59.
24) Wight, Colin, *op.cit.*, pp. 202-16.
25) Dickens, Peter and Jamed S. Ormrod, "Globalization of Space: From the Global to the Galactic," in Tarner, Bryan S. ed., *The Routledge International Handbook of Globalization Studies* (Oxon: Routledge, 2010), pp. 531-51.
26) Castells, Manuel, "Global Governance and Global Politics," *Political Science and Politics*, Vol. 38, No. 1 (2005), pp. 12-14.
27) Gills, Barry K. and Kevin Gray, "Introduction: People Power in the Era of Global Crisis: rebellion, resistance, and liberation," *Third World Quarterly*, Vol. 33, No. 2 (2012), pp. 205-24.

第 7 章
グローバル危機（リスク）社会における
グローバル・ガバナンス構築の試み

1．はじめに
──グローバル危機（リスク）社会における地球公共財ガバナンスの模索──

　今日は，我われ人類はグローバル化の進展・深化と共に多種多様な地球的規模の公共悪群や紛争群，問題群が支配するグローバル危機（リスク）社会にすっかり組み込まれ，その生存と生活はほとんど正確に認識することができないほどの深刻な危機的状態にますます追い込まれている。D. ヘルドがいっているように，我われが抱えている現代のパラドクスは，我われが取り組むべきグローバルな問題が増大する広がりと強烈さであり，また，それらの問題に立ち向かうための方法が脆弱であり，そして不十分であることだ。実際に，地球温暖化を管理するための持続可能な枠組み作りは，あったとしてもほとんど前進が見られない。今日，大気圏に二酸化炭素の集積は前産業革命時代においてよりもほぼ35％増加している。また，国際社会で一致した人間開発目標あるいはその道徳的意味あいであるミレニアム目標を達成する方向にはほとんど進んではいない。現実に，ミレニアム目標は，貧困の削減や健康，教育強化，HIV/AIDS撲滅，環境保全などとの関連で達成されるべき最小限基準を下げている。さらに，核大惨事の脅威は縮小しているように見えるが，ただ一時的なことでしかない。なぜならば，膨大な核兵器が備蓄されたままだし，国家間で核の拡散がつづいており，核兵器や核物質が盗まれうるし，新世代の戦術核兵器が製造されつつあり，そしてまた汚い弾頭技術は核テロリズムを重大な脅威にしている[1]。

膨大な地球的規模の問題群が増大するが，それらに取り組む手段が不十分であるというパラドクスは，現代のグローバル危機（リスク）社会の形成のみならず，その危機（リスク）社会の拡大再生産の不可避性を物語っている。我われは概して，グローバル危機（リスク）社会の現実を正当かつ適切に理解しているとは思われない。グローバル危機（リスク）時代は，不確実性が支配し，国家権力が変容しつつあり，より大規模な相互依存関係が生まれつつあり，紛争・貧困・環境破壊，不健康・人間の不安全などが散満しており，大惨事に対処するための既存のメカニズムが危機状態にあり，権威およびガバナンスの新しい形態，そしてまた透明性や民主的説明責任に対する要求がより大きな声となっている[2]。そうした今日のグローバル危機（リスク）時代がどのような状況にあるのか，どのような意味内容をもっているのか，そしてまたいかなる存在意義をもっているのか，などを適切に認識されない限り，グローバル危機（リスク）社会を支配するグローバル公共悪群や紛争群，問題群などを統治したり，解決したり，あるいはまた変革するガバナンスを抽出することはできない。多くの人々は一般的に，そもそもそうしたグローバル危機（リスク）時代を正確に理解できなかったり，それを否定したり，無視したり，あるいはまた軽視しがちである。危機意識が弱かったり，もっていない場合には，グローバル危機（リスク）状態を統治・解決・変革する十分な可能性も必要性もさぐることはできない。そうした動向こそまさに危機であり，結局，現実のグローバル危機（リスク）状態を維持し，強化することになる。

　たしかに，これまでもまた現在も，グローバル危機（リスク）社会の統治や解決，変革のためのガバナンス形成・展開の試みが部分的には見られることは肯定してよい。しかし，グローバル危機（リスク）社会を克服するための十分に有効なガバナンスを見ることはできない。グローバル危機（リスク）状態は事実上，幾何級数的に拡散しているものの，その状態を統治したり，解決したり，あるいはまた変革する試みである多種多様な政策や組織，制度，運動，思想，行動，知識，メディアなどからなるガバナンスの枠組み（システム）は単に算術級数的拡大にすぎない。前者のグローバル危機（リスク）状態と後者のガバナンス枠組みとの格差は事実上，よりいっそう拡大してしまうことは避けられない。後者のガバナンスがまったく，あるいはほとんど前者の状態を統治

1. はじめに

することも，解決することも，まして根本的に変革することができない以上，格差の永続的な拡大は当然なことだ。有用かつ妥当なグローバル・ガバナンスの不在や脆弱性自体が，グローバル危機（リスク）社会を構成し，維持し，そしてまた強化しており，グローバル危機（リスク）状態の単なる再生産ではなく，拡大再生は不可避的な動向となる。

　そうしたグローバル危機（リスク）社会の形成・展開過程は実際に，グローバル・ガバナンスの問題を考える場合に，グローバル政治の形成・展開過程と一体の関係にある。世界は政治や技術，経済，文化，制度などの多元的な次元で，構造的変容過程にある。この危機的な変容過程は実際には，多種多様な重大な危機を引き起こすと同様に，多くの機会を生み出している。それらの致命的な危機（リスク）は必ずしも不可避的なものではない。たしかにそれらの危機（リスク）を回避することは著しく困難なものであるが，それらを克服する機会も多く存在していると理解することができる。何よりも問題は，それら危機（リスク）の克服のために何らかの手を打つかどうかであり，また，具体的な有用かつ適切な対応策をとることができるかどうかである。何らかの克服策を取らない限り，また，具体的な有効な対応策を取ることができない限り，危機（リスク）の拡大再生産過程の動向を避けることができなくなることはいうまでもない。M. カステルが主張するように，「おそらく我われが現在，直面している最大の基本的問題は，その転換期を管理する政治制度の危機に他ならない」。一般的に見れば，我われはそれらの問題を知っており，理解しており，また，多くの国では取り組むべき問題に対処する十分な意思がある（だが実際のところ，そうした条件はもっているのは一部の国であり，前述したように，多くの場合，そうした問題を認識できなかったり，理解しなかったり，あるいはまた，無視してしまっている）。しかし，そうした条件があっても，ガバナンスの組織的・制度的手段（措置）は不十分であるか，あるいは不適切なものでしかない。さらに，ガバナンスの危機は市民とその代表との距離をますます拡大することによって，政治的正当性の危機と結びついている。多様な社会的主体と同様に社会的運動や草の根組織などが，代表者と正当な政策決定との現在の穴を埋めようと試みている。グローバル市民社会も形成されつつある。しかし，実際には，現代世界の問題を解決することは，多様な構成体に底通する

利益や価値の分裂のために限界がある[3]。そして，グローバル社会において そうした要件は支配的であり，グローバル政治的危機状態を克服できる有用な ガバナンスを創成することはいっそう困難なものである。だからといって，そ うした危機状態を有効かつ適切にガバナンスしうる装置を取らない状態がつづ く限り，遠くない将来に，ある特定の地域や社会の人びとのみではなく，我わ れ人類の生存を，また人類社会の持続的存在を，著しく脅かすことになるから だ。そうした見通しは決して，単なる杞憂に終わらない，きわめて現実なもの だ。そうしたことから，グローバル危機（リスク）社会の克服や統治の枠組み であるガバナンスを再構成する試みは，我われ人類のまた人類社会の生き残り にとって最重要な課題である[4]。そうした課題に応えることは容易ではない ことはいうまでもない。だが，一方で楽観的な見方をしたり，他方で悲観的見 方をしたり，あるいは否定することを容認する必要はない。なぜならば，現実 のグローバル危機（リスク）状態は決して，自然に，先天的に存在しているも のではなく，人間自らが創出したものである以上，人間自らがその危機（リス ク）状態を統治したり，解決したり，あるいはまた変革することも可能である といってよい。また，そうした機能を遂行するガバナンスを創成することも可 能とみてよい。厳しいグローバル危機（リスク）の現実とそのためのガバナン スを構築すべきという規範とは両立するものであり，グローバル・ガバナンス の創出は単なる規範ではない。

そこで問題は何よりも，そうした有効かつ適切なグローバル・ガバナンスは どのようなものであり，また，どのように創出していくかである。だが，そも そもガバナンスはどのようなものなのか，どのような意味をもっているのか， また，どのような定義をするべきか，などに関して一致した共通の枠組みが形 成されてはいないことはいうまでもない。そのため，ガバナンスという用語は 本質的にあいまいで，不透明なものであり，社会現象を正確に描き（把握し）， 適切に分析・説明し，将来を妥当に予測することができない，という理由から 有効な概念でないと概して，批判を抱くことも多い。しかし，そうした批判を 理解しても，ガバナンス用語の有効性を全面的に否定する必要はない。なぜな らば，およそ社会科学の概念はほぼ例外なく，概念というものは本質的に，時 代性や階級制，文化性，価値観などによって，多義的で，イデオロギー的で，

論争的なものである。そのことは，国家，平和，自由，平等，正義，権力，公共性，福祉，市民権などの概念や用語が何よりも物語っている。したがって，有効かつ適切なグローバル・ガバナンスを抽出するためには，何よりも社会科学の国際関係論やグローバル政治学と現実の国際関係やグローバル政治の場に，どのような時代的背景や歴史過程のなかでグローバル・ガバナンス概念や用語が表出するようになったのかを明らかにする必要がある。グローバル・ガバナンスとは何かについての詳しい検討は次節で行うが，ここでは，ガバナンスの考え方について論じておきたい。

　その一つがグローバル・ガバナンス概念なり用語の構成要件や側面に関係するものだ。グローバル・ガバナンス用語の理論的・実践的な表出は，グローバル化の進展・深化と大きな関わりをもっており，また，グローバル化に伴ってこれまでの国家間関係中心の国際政治社会の地殻変動と大きく関連している。たしかに，90年代前後の冷戦構造の終焉と21世紀を迎えたことは，世界政治がそれに付随して生じる変容によって，世界政治の理解への新しいアプローチに強い関心を刺激することになる。この関心と関連して同時に発生したのが「グローバル・ガバナンス」用語であり，ますますその使用が大きく増加することになった。多くの研究者や政策決定者にとって，グローバル・ガバナンスは世界政治の重要な（たとえあいまいなものであっても）側面を捉えているようである。それは，多くの人びとが世界政治へのより伝統的なアプローチの限界であると見るものへの対応と同じほどに経験的にまた分析的に新しいものを知らせる方法である。たしかに，グローバル化と同様に，グローバル・ガバナンスもまた，研究調査を全般的に失望させる用語であり，また領域でもありうる。グローバル化はますます遍在するようになるが，グローバル化も分析的であれ政策的用語であれ，不明確な用語のままである。そのため，グローバル・ガバナンス用語は何でも取り入れている流行の安易な表現となる危険性は存在することになる。したがって，そうした危険性を避けるためには，その用語を有用なものにするためには，より焦点を合わせた，特殊な意味づけをする必要がある，との批判は肯定してよい[5]。しかし，多種多様なグローバル・ガバナンスの分析的にも実践的にも遍在する現実が，多種多様なグローバル・ガバナンス概念や用語の遍在とは同一の意味をもつものではない。すなわち，

242　第7章　グローバル危機（リスク）社会におけるグローバル・ガバナンス構築の試み

a'，b'，c'，d'，e'，f'，……などのグローバル・ガバナンスが存在することと，A，B，C，D，E，F，……というグローバル・ガバナンス概念や用語が存在することとは同一のことではない。A，B，C，D，E，F，……などの概念的枠組み（容器）のなか，側面の一つの具体的な現実（現象）として，a'，b'，c'，d'，e'，f'，……が表出する。何よりも問題なのは，A，B，C，D，E，F，……などの概念や用語がどのようなものなのかを明らかにすることである。換言すれば，グローバル・ガバナンス概念がなぜ多元的，イデオロギー的，あるいはまた論争的なものになりやすいのかを適切に解明することができることが重要である。そのことは実際，グローバル・ガバナンスが多元的，イデオロギー的，あるいは論争的になることが不可避であり，またそうした性向をもつことが正しいことである，ということを意味するものではない。なぜその概念や用語がそうした性向をもちやすい根拠や理由を明らかにすることだ。その概念や理由を説明できるその概念的枠組みを設定する作業が必要となる。

　そうした一連のグローバル・ガバナンス概念や用語に関連する同様な問題について，T. G. ワイスと R. ウィルキンソンからも検討されている。今日グローバル・ガバナンスは遍在しており，学界と政策決定者によって使用されたり，誤用されたりしている。その遍在性にかかわらず，あるいは多分その理由で，グローバル・ガバナンスは周知のうすっぺらいままである。その用語は現代のグローバルな権威の複雑さをもつ以上の潜在性をもっている。それはなかんずく，国際組織に代わるあだ名やきわめてより多くの行動主体で埋まった世界舞台を描くもの，よりよき世界のための戦いの呼びかけ，加速的な経済的・社会的変化の有害な側面をコントロールする試み，そしてまた，世界政治の類語となっている。たしかに，こうした扱いにくさは，グローバル・ガバナンスの概念的厳密化の条件を奪うことになり，いかに世界が動いているかの賢明かつ重要な理解を求めるためにそれを使用することができない。T. G. ワイスらが述べているように，フィンケルシュタインは，「グローバル・ガバナンスとは何か」という問いに，「仮想現実」と答えているという[6]。明らかにそうした答えは部分的に通用することが可能でも，グローバル・ガバナンスが全面的に仮想現実であると断定することができない。仮想現実といえる側面があると同時に，実態としての現実の側面もある。グローバル・ガバナンス概念がきわめて

1. はじめに

あいまいで，多義的で，あるいはまたイデオロギー的性向をもつ不確実性の高い用語であることと，仮想現実的なものであることとは同じことではない。この問題の本質はそもそもその用語の概念的枠組がどのようなものであるかに依存している。グローバル・ガバナンス用語がAかB，C，D，E，……ではなく，AやBその他の用語がどのような枠組的枠組み，つまり一つのグローバル・ガバナンス概念がどのような条件や側面によって構成されたものであるかないかが重要である。何らかの一つの概念的枠組みの一つの条件や側面が仮想現実であり，またもう一つの条件や側面が実態的現実と捉える必要がある。もちろん，その二つの条件や側面のどちらがより強く実際に表出することはありうる。

前者と同様に後者の場合も，グローバル・ガバナンスというコインが，グローバル・ガバナンスAコイン，グローバル・ガバナンスBコイン，Cコイン，Dコインが存在すると捉える場合であれ，それぞれ1枚のグローバル・ガバナンス・コインに二つ（三つ，……）の構成要件や側面があると理解しなければならない。すなわち，それぞれのコインが表と裏から成っているように，二つの構成要件なり側面をもっている。例えば，大小複数のグローバル・ガバナンス・コインが存在していても，それぞれのコインが実体的な，具体的な形態の側面と政策的な，理念（規範）的形態とをもっている。しかもその二つの側面が非両立的ではなく，両立的関係を構成している。その関係は事実上，原因－結果の関係である。コインA，B，C，……とグローバル・ガバナンスがたしかに，多元化し，遍在していることは肯定できるが，それらのコインが共通して二つ（三つ，四つ，……）の構成要件や側面を内在化させ，両立させていることを理解しなければならない。そうすることによって，その概念や用語の多元性や遍在性をすべて否定的にではなく，肯定的に捉えることができる。グローバル・ガバナンスを単純に，あいまいで捉えにくい用語として批判することは正しいことではない。

もう一つのグローバル・ガバナンス概念を規定するものが，二つの構成要件なり側面の問題と異なる（連動関係を形成しているが），その概念の質や機能のレベルの問題である。一般的に，ガバナンスは統治という意味で使用されている。しかし同時に，それは管理，支配，調整，共治，運営，行政，体制，

統制などと多義的に使用されている。ガバナンスを質や機能の観点でも多元的な意味をもっている。もちろん，第1との問題とも関連するが，政治的・社会的現象の在り方を意味する。ガバナンスはこうした多元的な意味や機能が個々別々に存在しているのではなく，一つの統治あるいは統治行為のレベルの，次元の多様性の表出に他ならない。一つの例として，管理，支配，運営，統制が個々別々に多元的に共存しているのではなく，統治A，統治B，統治C，……は，それぞれ三つのレベルや次元で構成されていると考えることができる。例えば，ある政治社会に何らかの紛争や危機（リスク）状態が存在している場合，それらの状態をそれ以上悪化させることがないように一定のレベルで管理（統制）するという意味での統治状態のレベルと，それら紛争や危機（リスク）状態を部分的に弱めたり，低減したり，除去するように一定レベルで解決するという意味での統治の状態のレベル，そしてまた，それらの紛争や危機（リスク）状態を全面的に解決するばかりか，それら紛争や危機（リスク）を生み出す根源的原因を変革していくという意味での統治状態のレベル，などの三つの統治状態の連続的なレベルを指摘することができる。すなわち，グローバル・ガバナンスは，統治（管理）―解決―変革という一連の三つのレベルの統治状態から構成されている。より具体的な例を挙げてそのことを説明しよう。

　D.ヘルドが強調しているように，我々人類は現実に，すべての人類の生存・生活に関わる地球環境破壊問題をはじめ，貧困・保健・教育・エイズやマラリア・環境保全問題などの克服を目指すミレニアム目標の未充足，核による破局の脅威，などといった三つの喫緊の課題に直面している。そうした課題を解決するためには多くの国家がそれぞれ個別的行動をとることによっては困難であって，集団的な協力体制の構築が必然的に求められている。現在では事実上，そうした課題の解決を可能にする適切かつ妥当なガバナンス（集団的協力体制）が十分に存在しているとはいえない段階にある。妥当なグローバル・ガバナンスは，連帯や社会正義，民主政治，実効性などの四つの要因によって構築されるべきである[7]。たしかに，地球的規模の複合的な紛争・公共悪・問題群が支配するグローバル危機（リスク）社会が形成・展開しつつある現実を認識する限り（実際にはほとんど正確には認識されていないが），そうした四

1. はじめに

つの要因によって構築されるグローバル・ガバナンスを創出することによってしか，グローバル危機（リスク）社会を克服することはできない。この場合，グローバル危機（リスク）社会をそれ以上悪化しないように一時的に押し止めるガバナンス状態のレベルが管理（統治，統制）である（しかし，実際はこの管理や統制のガバナンス状態のレベルは危機（リスク）状態を押し止めるというよりも，その状態を維持することで，何らそれを何ら解決していないことを意味する）。また，グローバル危機（リスク）状態の表面的な部分的解決のガバナンス状態のレベルが解決であり，さらに，そのグローバル危機（リスク）状態のその構造的原因も含めてほぼ全面的に，根本的に解決するガバナンス状態のレベルを変革といってよい。そうした一連のグローバル・ガバナンス状態のレベルでは，今日の実際のガバナンス状態レベルではせいぜい第1レベルの管理・統制のレベルでしかない。むしろ実際には第1のレベルであっても充足していない。したがって，グローバル危機（リスク）状態を再生産あるいは拡大再生産する要因を支え，維持することは容易となる。そのため，グローバル危機（リスク）社会の克服には第3のガバナンス状態のレベルである変革を志向しない限り問題は解決を見ないことになる。

　そうした見解は別の事例を見れば容易に理解できよう。グローバル平和・安全危機（リスク）や環境保全危機（リスク）によって支配されているグローバル危機（リスク）船「タイタニック号」の乗客や船員・その他の生物などのことを考えてみるといい。このグローバル危機（リスク）船「タイタニック号」は今日，沈下しつつあるが，その沈下を何らかの手を打つことによって，その沈下の速度を低下させたり，一時的でもそれ以上の沈下を止めたりするガバナンス状態のレベルが管理や統制であり，また，その「タイタニック号」の沈下をより確実に止め，場合によっては部分的でも，わずかでも浮上させることを可能にしているガバナンス状態のレベルが解決であり，さらに「タイタニック号」を沈下させている原因を根本的に取り除き，その浮上を確実に可能にするグローバル状態レベルが変革に他ならない。現在では，第1の管理や統制を試みている段階にある。実際に「タイタニック号」の永続的沈下傾向を防ぐことができていない。以上のように，グローバル・ガバナンスとは何か，どのようなガバナンスが有効で適切なものなのか，そしてまた，そうしたガバナンスは

どのように構築すべきか，などの課題に応えるためには，グローバル・ガバナンス概念や用語をどのように捉えていったらいいのかについての二つの要件について見てきた。詳しくは次に検討していく。

　本論の目的は，グローバル危機（リスク）社会を克服するための有効かつ適切なグローバル・ガバナンス枠組みを構築する必要・可能条件を抽出することにある。したがって，第2節では，グローバル危機（リスク）社会におけるガバナンス概念や用語をめぐる形成過程と問題点を検討しながら，グローバル・ガバナンスの本質と特性，機能，限界などを明らかにしていく。第3節において，グローバル・ガバナンス枠組み（システム）を構築する，一つであるサブ・システムとして伝統的線上に位置づけることができる国家中心的な現状維持志向ガバナンスの主体や形態，意味内容，機能，統治能力，存在意義，問題点などについて検討を加えていく。第4節のなかで，それとは対照的な関係にある，もう一方のサブ・システムである非国家中心的現状変革志向ガバナンスの主体や形態，意味内容，機能，統治能力，問題点などについても同様に考察していく。第5節においては，グローバル・ガバナンスを構成している二つの下位の枠組み（サブ・システム）の比較検討とその相互関係的在り方を論及する。第6節では，非国家中心的現状変革志向ガバナンスが支配的なグローバル・ガバナンス構築の必要・可能条件の抽出をめざす[8]）。

2．グローバル危機（リスク）社会におけるガバナンス概念的枠組み

　概して，ガバナンスは統治と言い換えることが可能であるが，具体的な意味内容や形態，機能から見るならば，管理や統制，支配，抑圧，調整，などと多義的なものであるばかりか，紛争・危機（リスク）・問題の管理（統制）状態レベルから，それらの解決状態レベル，そしてまたそれらの変革状態レベルまでの幅広い概念である。どのような具体的なガバナンスが現実的に表出するかは，それぞれの時代背景や国内・グローバル社会環境に基本的には依存している。ガバナンス現象は実際に，これまでの国際危機（リスク）社会でも，ま

た，今日のグローバル危機（リスク）社会でも多く見られる。事実上，権威的な統治体としての政府（権力組織）が存在している国内社会でのガバナンスと，そのガバナンスの意味内容や形態，機能とが同一のものではないものの，そうした政府（世界国家や世界政府，世界連邦政府）の欠如している国際社会やグローバル社会でも存在し，不十分なものであれ，一定レベルで通用している。グローバル・ガバナンス概念や用語がたしかに，あいまいで，不透明なものであり，また多義的で，論争的であるところから，その有用性への疑問や批判があるものの，実際にその概念や用語が現実の世界を学問的にも実践的にも解き明かす試みにとってきわめて重要な地位を占めている。グローバル・ガバナンス概念や用語が当てにならないものとして，それを無視したり，軽視したり，あるいはまた否定することではすまなくなっている。

　それだけに，なぜグローバル・ガバナンス概念や用語が実際に，我々人類社会に表出するようになったのかを明らかにしなければならない。そうすることによって，グローバル・ガバナンスの概念的枠組みを理解することが可能となるからだ。これまでも論じてきたように，グローバル・ガバナンス概念や用語の表出は簡単にいえば，グローバル化の進展・深化と共に，世界に大きく変容が生じたことで，これまでの国際危機（リスク）社会で支配的地位を占めてきた国際ガバナンス（国際組織・制度）ではほとんど通用することができず，代わって，グローバル危機（リスク）社会が抱える多種多様な危機やリスク，問題群を統治（管理・統制）したり，解決したり，あるいは変革するため必要なグローバル・ガバナンスが要求されるようになったからといってよい。M. カステルが主張しているように，どの国でも国民や政府の日常生活を条件づける重大な問題が大きく，国家主権下の領域の枠組みを超える地球的規模の相互依存過程によって生み出されている。そうした多くの過程はグローバル政治の新しい環境を構築している。そのため，諸問題が規定されるグローバルな空間と，その諸問題が管理される国民国家空間との格差が増大している。そのことが実際に，国家の制度的ガバナンスに，能力・正当性・アイデンティティ・公正という政治的危機の源である。それらの危機（リスク）群の形成とそれらを管理・解決する能力の低下によって，それに代って，非国家主体が多くの人びとの必要条件や利益，価値を守る声や運動となり，グローバル化や構造的変動

の圧力に対応する中心的役割をさらに強化させている[9]。

　そうしたM.カステルの主張は，国家主体と政治的危機を中心にグローバル・ガバナンスの出現理由を理解することは妥当な見方といってよい。M.ベビアが述べているように，グローバル・ガバナンスの議論は事実上，国家の質が変容してきているかどうかという論争から切り離すことはできるものではない。各国家は世界秩序の構成主体であり，世界秩序に劇的な変容が起こった場合に，国家がその影響を受けることはきわめて当然である。「多くの社会科学者は，国家の空洞化やメガガバナンス台頭の背景には，グローバリゼーションという駆動力があると見ている。国家が国境の内側で統治できる能力は，たとえば欧州連合（EU）などをはじめとする地域ブロックの台頭や，全地球的相互交流の成長，さらには金融資本移動の自由化などにより侵食されているか，少なくとも変更を加えられてきている」[10]。グローバル・ガバナンスの出現を考える場合，たしかに，国家の変質が重要な意味をもっているものの，その背後にあるグルーバル政治（秩序）を生み出すグローバル化という駆動力が重大な意味をもっていることが強調されてよい。そのため，より大きな枠組みをもつ駆動力を捉えることが必要となる。

　D.ヘルドはそれを次のようにいっている。「冷戦後の多国間秩序は，人道的・経済的・環境的危機の相互横断する，また統合することによって脅威になっている。さらにそれらの危機を悪い状態からさらに悪化させる勢力が存在する。私はそれらを，構造的グローバル脆弱性の現れつつあるシステム，ワシントン政策セット（ワシントン・コンセンサス），そして現代地政学の構図と呼んでいる」。第1の要件は現代のグローバル（化）時代の特徴であり，また，その他の二つの要件は明確な政治的選択の結果であり，また，それらは修正される。それらの勢力は意志の力である。言い換えるならば，グローバル化の現在の状態は変容しやすい。グローバル化過程つまり国ぐにの相互結合を深く駆動する条件として次のようなものを指摘する。○IT革命と連携しているグローバル・コミュニケーションの変容する基礎構造。○新しい情報の世界的規模の広がりと結びついた財とサービスでのグローバル市場の発展。○人口統計学と環境破壊において経済的要求の形態での変化と結びついた移民の圧力と人びとの動向。○冷戦の終焉と，それへのいくつかの特徴のある反応と並んで

世界の地域の多くを横断する民主的・消費価値の拡散。○グローバル世論の要素の具体化によって，グローバル市民社会の新しい形態と種類の出現[11]。現代の分裂や紛争，予算，その他の問題などが支配する危機（リスク）構造が形成されていても，世界中の多くの社会はますます結びつきを高め，また相互依存関係を強めている。それだけにますますグローバル・ガバナンスが要求されることになる。

　グローバル化過程を駆動する力の第2の組合せは，ワシントン経済的コンセンサスと，ワシントン安全保障という二つの表現に集約できる。ワシントン・コンセンサスは，地方的に，国家的に，そして地球的に統治する能力を弱め，また，それは緊急な公共財を提供する能力を低下させている。経済的自由は実際に，社会的正義と環境的持続性を犠牲にして勝利を収めており，両者に長期的な損害を与えている。しかも，ワシントン・コンセンサスは事実上，新しいワシントン安全保障ドクトリンによって悪化させている[12]。経済的グローバル化は事実上，グローバル自由主義（資本主義）化を意味するが，それが実際にはワシントン経済コンセンサスの具体的内容である。その理論の追及はアメリカはじめ先進諸国の経済的利益の拡大につながる［実際はそれらの国もさまざま危機（リスク）や矛盾を抱えている］が，地球レベルで社会的不正義を生み出し，また環境破壊を広げている。ワシントン・コンセンサスはさまざまなグローバル危機（リスク）を創成する。D. ヘルドと A. マグルーが主張しているように，グローバル・ガバナンスとみなされている公式機関と非公式のエリート・ネットワークである IMF や世界銀行，WTO，G7（8），国際決済銀行（BIS）などの世界的規模の経済管理機関は，強力な既得権益に支配されているだけに，より広範な自由主義的イデオロギーとグローバル型企業資本主義を統制することによって世界とその民衆を隷属させているという。その一方で，グローバル・ガバナンスは世界的規模の諸機関の相対的自律性や脱国家的な市民社会の拮抗力をはじめ，グローバル経済の管理をめぐって複合的な多国間主義政治が展開している，という実態を強調する見解も存在しているといってよい。グローバル化およびグローバル・ガバナンスのそうした二つの見方の論争点は，新しいグローバル化という文脈のなかで，権力と支配に関わる政治生活の根本問題，すなわち，誰が，誰のために，どのような手段で，どのよう

な目的によって支配（統治）しているかの問題，についてである[13]。グローバル・ガバナンスは明らかに，自然に，先天的に存在するものではなく，何らかの一定の目的に基づいて形成されるものであると同時に，その形成者のイデオロギーを反映している。それだけに，グローバル・ガバナンスの正当性が主要な問題となる。それらのことは，グローバル・ガバナンスが明らかに，何らかの具体的な形態と何らかの目的や規範をもっていると見てよい。そうした意味で，上で見てきた二つのグローバル・ガバナンスが存在することは決してめずらしいことではなく，新自由主義（資本主義）的な新ワシントン・コンセンサスが中心的ガバナンスとそれに抵抗する反新自由主義的ガバナンスとの二分化に基づくグローバル・ガバナンスの捉え方にも基本的問題を含んでいるといわねばならない[14]。

　一方で，現実の世界変容として形成されている現実的なグローバル危機（リスク）状態を直接的に反映するグローバル・ガバナンス概念は，他方で，その現実的なグローバル危機（リスク）状態を正確に認識できるかできないか，何を強調するか軽視するか，否定するか無視するか，つまり現実をどう理解するか，また，その現実にどう対応すべきか，その現実をどう統治・解決・変革するか，それをどう具体化していくべきか，つまり規範や政策がどうあるべきか，などのガバナンス概念でもある。そのためグローバル・ガバナンス概念は，本質的に，一方の，グローバルな関係や問題を規定する超（脱）国家的・超（脱）領域的構造と過程を描写する現実的な分析概念と，その現実に対する規範的願望に分けることができると見られている[15]。だからこそ，グローバル・ガバナンス概念は，本質的に，多義性やイデオロギー性，論争性を内在化しているといわねばならない。

　M. ベビアが主張している視点は妥当なものといってよい。すなわち，グローバル・ガバナンスという用語は，「『ガバナンス』全般と同様，非常に広範な理論的意味と，それよりはやや限定された実証的意味をもっている。理論的論争においては，グローバル・ガバナンスは，国際関係に対する新しい考え方を提示している。社会科学者は長らく国際関係を，ほぼ例外なく主権国家間の関係として捉えてきた。国際機関がいまだに脆弱であることは，国際社会が世界政府に当たるものを欠く無政府状態にあることを示唆している。国際法や

世界政府という有効なシステムが欠如するなか，主権国家はおのおのが自分たちの利益を追求しており，現在の世界秩序はその産物だ」。それに対して，グローバル・ガバナンスという用語は，実効性をもつ一つの超権威的な世界政府（国家）が形成されていなくても，多種多様な種類の行動主体が脱国境的秩序や国際秩序構成に寄与し，何らかのグローバル・ガバナンスを形成しているという理論的視点を提示しているのだ[16]）。

　グローバル・ガバナンス概念や用語が実際に，実証的側面と理論的側面をもっていることは，現実のグローバル危機（リスク）の存在が我々に，いかに世界が真に組織化（統治）されるかをより深く立証するよう求めていることを意味する。T. ワイスとR. ウィルキンソンは，グローバル・ガバナンスの分析的有用性を実現するためになすべきことは何かを問題にする。その回答の第1は，問題や文脈によって分裂してしまうことを恐れずに，より満足できる様式のなかでグローバル複雑性に取り組み，そして説明する全体にデータを取り込むと共に適合させねばならない。また，行動主体は何であり，いかにそれらが相互に結びついているのかばかりか，いかに特別の結果を生み出し，そしてなぜ，どのような根拠で権威が効果的にあるいは無効果的に行使されるかも描くべきである。第2の本質的課題は，ドイツはガボンでないこと，出現しつつある国家は伸張する傾向にあること，そしてまた，パックス・アメリカーナの終焉はほとんどないことなどを示す以上に，権力が他者に行使される方法を見ることは重要となる。今日の国際システムにおいて国家権力は，公式・非公式な制度が国家間の関係を媒介する方法や，財やサービスが交換され，管理される方法を取る際に重要である。行動主体の数や種類が拡散する時に，市場は国家によって多くは統制されず，より複雑な関係が行動主体と市場の間には存在しているし，そして権力はそれほど直接的ではないことなどを理解しなければならない。第3の課題は，我々が，存在する組織を運営する理念や利益を十分に理解し，より特別にそれら組織がいかに興こり，発展するのか，そしてまた国際システムに浸透し，それを修正していくのかも理解しなければならない。理念そのものも，言説や利益などが重要な意味をもつことを理解する必要もある。そうした三つの一致した努力がなければ世界を誤解するばかりか，世界秩序へ有用な対処をする能力を過小評価する危険を冒すことになる。我々

はもはや，現在と過去，未来との変化を理解するグローバル・ガバナンスの能力を無視することはできない[17]。

今日の世界の変容したグローバル危機（リスク）社会の形成からグローバル・ガバナンス概念や用語を表出してきたものの，ガバナンスは実際には，過去の国際社会からも存在してきた古いものだ（国際ガバナンス）。M. ホフマンとA. バァがいうように今日，グローバル・ガバナンスの見方（見通し）に少なくとも三つあるといってよい[18]。一つは，グローバル・ガバナンスを現状として捉える。すなわち特定の組織なり制度の自己意識的活動と見るアプローチである。この見方は実際に世界政治を見て，より地球的規模で取り扱われたり管理されなければならない一連の新しいあるいは拡大した問題（環境破壊をはじめ難民，貧困，AIDS，経済発展，グローバル資本主義システムの促進など）を考える。そしてまた，グローバル・ガバナンスは存在しあるいは企図されるべき一連の道具あるいは活動であると見ている。意識的行動はどのような行動であるかについても，一つめは国連や国際金融制度のこのような国際組織の活動であり，二つめは，グローバル政府を期待している様子のグローバル・ガバナンスであり，三つめは，グローバル化を管理するため制度的意図を明らかにもっている考え方である。

第二のグローバル・ガバナンスは，自由主義世界秩序の成長のための計画と捉えることができる。すなわち，それを世界秩序のより大きな文脈のなかで特別なグローバル問題を管理することと見る。グローバル制度のグローバル・ガバナンス活動は潜在的に（あるいは現実化に）抑圧的であり，そして抑圧的な政治経済世界秩序をつづけるために行動する。グローバル・ガバナンスはさらに，富・権力・知識をめぐる闘争が起きている一つの大きな場である。現代のグローバル・ガバナンスは産業資本主義の全面的理論に予期できる制度的対応のままである。

第三のグローバル・ガバナンスは，新しい分析的アプローチである世界として捉えられる。そのアプローチは世界政治の理解を換えるための焦点と共に国際関係分野として見る。そのままで，グローバル・ガバナンスは，有効な分析的・概念的道具であり，また，世界が変容しまた変容しつづけていることを示す方法である。ある者は，グローバル・ガバナンスを，国際システムの混乱し

た，つねに加速度的な変容を捉え，描くための発見的工夫として使用すべきだという。この第三の見方は，それが世界政治への伝統的アプローチと絶交する意識的努力をし，また，それがこの絶交を知らせるためにグローバル・ガバナンスというレッテルを使用することで，とくに重要である。研究者たちは自ら，三つの方法で明白な古い国際関係理論から分離する。一つは，彼らは多種多様な新しい問題と同様に多種多様な主体を含める分析の幅を拡大している。二つめは，彼らは，権力やのびのびした国家間の相互作用により伝統的な焦点を当てることに反対して，主体の行動を制約し，またその行動に影響を及ぼすルールやルール・システムに焦点を合わせる。三つめは，ほとんどの研究者や研究は，伝統的アプローチの静態的な概念より複合的かつ動態的に世界政治を考えている。グローバル・ガバナンスの知識内容は，グローバル化やグローバル市民社会，社会運動，冷戦の崩壊に伴うその他の領域などの研究成果から出ている。グローバル・ガバナンス研究は世界政治のダイナミクスに集約する傾向にある。

　以上見てきた三つのグローバル・ガバナンスの見方，すなわち，グローバルな諸問題を管理する現象としてのガバナンス，自由主義世界の成長という計画としてのガバナンス，新しい分析的アプローチという世界観としてのガバナンスという見方から，グローバル・ガバナンス概念が明確になったのではなく，欲求不満を引き起こす概念のように思われがちだ。しかし，そうしたグローバル・ガバナンス概念を理解することは正しくない。なぜならば，「はじめに」で見たように，そのパースペクティブごとにグローバル・ガバナンスというコインが三枚存在しているのではない。1枚のコインを構成するいくつかの側面なり要件が存在していると理解しなければならない。三つのパースペクティブは，ある特定の側面や要件から一枚のグローバル・ガバナンスを提示，理解していると考えていい。グローバル・ガバナンスをそれぞれ三方向から意味づけを試みているのだ。三枚のコインが個々別々に存在しているのではない。したがって，一枚のグローバル・ガバナンスを総合的に捉える試みであって，三つのそのパースペクティブは本質的に非両立的関係を構成しているのではない。このグローバル・ガバナンスのパースペクティブが正しく，他のそれが間違っているのではない。あるパースペクティブを強調することは，他のそれを否定

することを意味するものではない。

　前述のように，グローバル・ガバナンスの概念は本質的に，グローバルな関係や問題を規制（管理，統制）する超（脱）国家的・超（脱）領域的構造と過程を描写する現実的な分析的概念と，その現実に対する規則的願望あるいは行動の政治的計画という規範的概念に分けられるのではなく，二つの現実的（分析的）概念と規範的概念とから成っていると見なければならない。二側面は対立も，分裂も，排他的でも，あるいはまた非両立的関係にあるのではない。言い換えるならば，二側面は原因と結果（現実）の関係にある。先に挙げた三つの見方と結びつければ，第一のグローバル諸問題を規制・管理・統制する現象としてのグローバル・ガバナンスの見方は，分析的な現実的概念である。第二の自由主義世界秩序の成長計画グローバル・ガバナンスの見方は，規範的願望あるいは行動の政治的計画という規範的概念である。第三の新しい分析的アプローチの世界観としての見方は，分析的な現実的概念と現実に対する規範的願望あるいは行動の政治的計画という規範的概念の両者にある。

　そうしたグローバル・ガバナンスの枠組み（1枚のコイン）を形成する二つの側面の相互構成関係をどう理解したらいいのだろうか。概して，グローバル・ガバナンスを多元的な公的・私的（非公的）主体やサイト，組織，制度，機能から成る複合的ガバナンスの枠組みと捉えることが可能でも，実際にそれらの多種多様な主体や組織，制度，政策などがどのような相互関係を構成しているのか，それにどのようなガバナンスのメカニズムが作用しているのかを解明しなければならない。多元的な要因が単に無関係に，バラバラに，並置的に，あるいはまた無原則に展開しているのではない。グローバル・ガバナンスの枠組みは公的な政府なしのガバナンスの枠組みと理解できても，より具体的には，(1)大きく拡大され，機能を有する行動主体が形成する領域なのか，(2)より高いレベルで発展し，強化された多国間主義か，(3)高いレベルをもつ個別分野のガバナンスか，あるいはまた，(4)ガバナンスのさまざまな種類や次元のグローバルな規模での集合体なのか，などを明らかにする必要があろう。それらの形態は，グローバル・ガバナンスの枠組みの一側面を構成しているといえるが，その内の一つが全体の枠組みを構成していることはない。

　実際にグローバル・ガバナンスを構成している多元的要件の相互関係を明ら

かにしていく作業の一つの重要な試みは，グローバル・ガバナンスにおいて，これまで圧倒的な能力と地位を占めていた主権的領域国家が今日，どのような存在になっているかを明らかにしなければならない。グローバル危機（リスク）社会における主権国家は，その主権性や権威性を大きく低下させており，グローバル社会で多種多様な危機やリスク群を十分にガバナンス（解決や変革）することができないどころか，管理や統制すらできない段階にきている。まさに国家（政府）それ自体の存在が危機的状況に置かれている。より具体的に見るならば，事実上，政府のガバナンス主体性の低下，そのガバナンス能力の低下，そのガバナンス機能の低下，そしてまたそのガバナンス存在意義の低下，などの諸条件がグローバル危機（リスク）社会にガバナンスの基本的枠組みの再編成を規定し，あるいはそのことに影響を及ぼしているのかを検討しなければならない。今日のグローバル・ガバナンスの在り方は当然，これまでの国家政府中心の統治（管理，統制）システムの根本的な変容を求めていくことになる。そう考えてくると，今日のそれは，(1)政府は，制度としてではなく，過程として理解すべきであること，(2)多様な非（脱）国家主体がグローバルな政治過程において大きな力をもつことで，国家はその力と地位を低下させたこと，(3)政治的権威はますます主権国家から離れていくことになり，脱国家的政策ネットワークの方向に移行していること，などを理解することができる[19]。これに加えて，新しいグローバル・ガバナンスの枠組み（システム）は実際に，2種類のサブ・システムから構成されていることも肯定してもよい。だが，現実的にはそのことは，二つのサブ・ガバナンスが非両立的関係ではなくなったことも，非国家主体中心的サブ・システムがこれまでの国家政府中心的なサブ・システムに取って代わったことも，前者が支配的地域を占めたいとか，あるいはまた，両者が対等な関係を形成していることを決して意味しない。そうしたことを明らかにするためにも，後者とは異なる前者のサブ・システムはどのようなガバナンスの本質と特性をもつものなのか，また，全体のグローバル・ガバナンスの在り方にとってどのような意味をもつのか，を検討していかなければならない。同時に，二つのサブ・ガバナンスの関係がどうなっているかについても明らかにしていく必要がある。そうした二つの課題を探求していくことで，今日のグローバル・ガバナンスとは何なのか，について一定

の答えを出すことができよう。そして，とりわけグローバル・ガバナンス概念が分析的な現実的側面と政策的な規範的側面から成っていることも，さらに，その概念が幅広く，グローバル危機（リスク）や紛争，問題の管理（統制，統治）から，それらの解決，そしてまたそれらの変革までを含む概念であることも改めて理解できよう。

　これまでの国際社会におけるガバナンスの実態は，公的な主体である国家政府による，またそれらの関係のなかで形成され，作用する具体的な国際組織・制度中心の国際ガバナンスであった。それらの国際ガバナンスは事実上，主権国家以上の権威的統治体が存在していない，つまり世界国家や世界政府，世界連邦府が存在していないガバナンスである。また，その国際ガバナンスの在り方は大きく，準アナキーな国際社会での危機や紛争，問題を反映するものだった。したがって，事実上一定レベルの権威的な統治体としての政府（権力組織）が存在している国内社会でのガバナンスの意味，内容，形態，機能，存在意義と，そうした権威的統治体不在の国際社会のガバナンスとは同一のものではないことはいうまでもない。それでも，国際危機社会に対応する一定のレベルでのガバナンス機能を果たしてきたことは認めなければならない。しかし，実際にそのガバナンスの機能は文字通り，自国の利益や価値に関係なく，国際社会全体にとっての利益や価値を優先してのガバナンス機能を遂行しないという限界を否定できない。国家政府間で形成した国際組織・制度は，自国の利益や価値と国際社会の利益や価値とが両立する限りはそれらの国際組織・制度・法ガバナンス機能を発揮するが，むしろ前者と後者の利益や価値が両立しない場合には，国際組織などは前者を優先することになる。両立する場合にはたしかに，国際組織などは一定のガバナンスとして通用することになる。いずれにしても，国際社会において作用することが可能な国際ガバナンスは明らかに，「政府（公的な統治体）によるガバナンス」といってよい。「政府なしのガバナンス」は実際には，ほとんど形成されることはなかった。

　こうして，今日のグローバル社会におけるガバナンス（管理，統制，統治）行動は現実的に，公的な統治体（国家政府）以外の別の統治組織によってかなりの程度で通用している。今日，公的統治組織としての政府はガバナンスの依然として，重要な主体であっても，多くの多様な主体のなかの一つの重要な主

体となっている。統治行動は政府なしでも発生するが，政府は統治行動なしには発生することができない[20]。国内社会においては，この社会の統治行動の主体である国家政府が公共財を形成し，国民にそれを提供できる主体であり，その公共財が国民にとって良き，妥当な財であるかどうかを別にして，政府は国内の公共悪を管理・統制・解決というガバナンス機能を一応果たしている。これまでの国際社会での統治行動の主体は超権威的統治体の存在していない国家政府であり，国際社会は不完全で，不十分ながらも国際公共財を形成し，国際社会にそれを部分的に提供してきた。国家政府は実際に，国際社会全体に対して公共財を提供できないばかりか，国際社会の公共悪を管理・統制（現状維持）することができても，それを解決・変革することは困難であった。グローバル社会が形成された今日では，国家政府はグローバル社会でグローバル公共財を形成し，グローバル社会にそれを提供することがほとんど十分にできなくなっている。国家政府は事実上，グローバル公共悪を管理・統制・解決という統治行動を不十分にしかとることができなくなっている。そのため，ここに公的な国家政府以外の私的な行動主体の存在とその統治行動・機能が顕在化するようになったのである。もちろん，このことは，政府がこれまでのように，統治行動を行う圧倒的な能力や条件，国際社会環境をもつことができなくなったという意味であり，ガバナンス機能をほとんどできなくなったということではない。むしろ政府は依然としてその主体性を相対的に低下させながらも，一定の管理・統制というガバナンス機能を遂行していることは無視できない。実際にそのことが後で詳しく見ていくが，グローバル・ガバナンスの在り方にとって重要な問題なのだと理解する必要がある。

　しかしここでは，今日の「政府なし（公的な統治体不在）のガバナンス」の表出を検討していく。先述してきたように，「政府なしのガバナンス」という見方や言説は事実上，グローバル危機（リスク）社会の形成・展開・変容という現実そのものを大きく反映している。従来の国際社会における危機（リスク）や紛争，問題，公共悪の顕在化に対して国家政府は自己にとって都合のいい形や様式で，それらを管理したり，統制したり，修正・調整したり，解決する統治能力も，またそうしたなかでの国家自体の価値や利益，財を維持・強化するために他者の所有する価値や利益，財，行動様式を統制したり，抑圧し

たり，支配したり，否定する統治能力を大きく弱めたり，低下させたり，あるいはまた喪失しつつある。そのことはこれまでの国際社会でのガバナンスを支える主権の正当性がさまざまな勢力によって大きく揺らぐことになった結果である。すなわち，主権の神聖さが揺らいだのが技術革新と経済的挑戦，権威に対する挑戦，さまざまな人権擁護の要求，市民保護の責任，国境の神聖さと分離の不承認への挑戦，そしてまた環境破壊の場合のように無能力，などといった諸要因の結果である[21]。そうした国家政府の主権性の低下や部分的な喪失は，その公的統治体のガバナンスにとって中心的な危機や紛争，問題のグローバル化に直面し，多種多様な行動主体から構成される新しい別の計画を生み出すことになる。それらの計画の最も意味のあるものは次のようなものだ。(a) 現在の国際制度を基盤とする世界政府の構成は，国民国家と国際制度との制度的関係システムを創出し，また，長期にわたって形成されてきたグローバル・ガバナンスの制度によって人権を基礎とする世界組織を導くというものだ。また，(b) 国民国家はグローバル・ネットワークの時代に，市場が政府の管理によって経済成長と平衡に関心をもつこと，また，NGOやその他の利益集団から成るグローバル市民社会が人びとの声や抗議を組織することといった二つの動向に直面している。だがそれに対応するため政治領域への市民の参加によっておよび経済活動の管理と主要なグローバルな問題群に市民との連携によって，事実上のガバナンス・システムを広げるというものだ。さらに，(c) きわめて厳しい新アナーキスト傾向をもつ現代の社会運動が国家の解体を追求し，そしてまた，社会のすべてのレベルで人びとやNGO，草の根組織からなるインターネット・ネットワークによって国家に取って代わることを求めていというものである[22]。そのため主権的領域国家政府は積極的に他国政府との間で国際組織・制度を形成し，協力関係を強化・推進することによって何らかのガバナンスの枠組みを構築せざるを得ない状態に置かれている。さらに，そうした状態に対応する形で多種多様な私的な非（脱）国家主体がグローバル危機（リスク）社会の危機や紛争，問題，公共悪を管理したり，統制したり，調整したり，解決したり，あるいはまた変革する統治行動を積極的に強化・拡大していく有効かつ適切なガバナンスの枠組みの構築を試みている。そうしたことから，これまでの国際政治や国際関係の理論や言説，考え方の中核的仮説で

あった無政府状態あるいは無秩序状態というアナキー仮説は，たしかに現実のグローバル危機（リスク）社会と結びつけてグローバル・ガバナンスの枠組みの在り方を見ていくならば，グローバル危機（リスク）社会において世界国家や政府という超権威的な統治体不在という，無政府状態としてのアナキー社会の存在は現実であるといわざるを得ない。しかし，アナキーなグローバル危機（リスク）社会が存在していても，国家政府の統治主体と行動の枠組みが部分的で，不十分なものであれ形成されていることも現実に他ならない。言い換えるならば，アナキー状態は，単に統治主体不在の状態ではなく，統治主体の不在が統治行動（状態）の不在を意味したのだが，今日のグローバル危機（リスク）社会におけるアナキー状態とは，統治体（世界国家や世界連邦政府）の不在が統治行動（状態）の不在を意味するのではなく，統治体不在の統治行動（状態）の存在を意味する。要するに，国際危機社会であれ，グローバル危機（リスク）社会であれ，主権国家政府を超える上位の権威的統治主体の不在であっても，実際には統治行動を可能にするそれとは別の統治主体としての組織や制度，機関，運動，サイトなどから成る複合的勢力が存在することによって統治行動や状態が構成されうる，という意味に他ならない。まぜならば，公的統治主体としての国家政府の存在がそのまま，統治行動や状態自体の存在を物語るものではない。国際危機社会やグローバル危機（リスク）社会に存在する多種多様なガバナンスは，主権的統治主体の不在のなかで統治すると同時に，国内社会で政府の行っている統治行動が国際的にも世界的にも行われている。ガバナンスは本質的に単なる行動主体でも，能力やルール，法の体系そのものではない。ガバナンス概念に内在するそうした問題は，アナキー概念を政府や秩序の有無によって定義する問題と同質的なものといってよい。そうした問題を適切に対処することができない限り，有用で妥当なガバナンスを，またグーバル・ガバナンスを定義することも困難であり，両ガバナンスの本質も意味内容，形態，機能についても容易に理解することもできない。

　それだけに「公的統治体不在のガバナンス」の本質的な意味づけが重要となる。J. ローズナウが主張するように，「政府なき統治の存在」を仮定することは，システムが明らかに機能を遂行する責任ある組織や制度をもっているかどうかに関わらず，何らかの有益な人間システムにおいて遂行されるべき機能を

果たすことを意味する[23]。J. ローズナウが，ガバナンスを公的権威（主権）不在のなかの国家政府や人間活動のための一連の機能的に有効な規制メカニズムとしていることは，ガバナンスが存在していることについての一つの公的権威（主権）の有無の基準よりも，結果的に統治を可能にする何らかの主体や組織，制度，仕組みの有無という基準を最重要視しているからに他ならない。グローバル・ガバナンスはたしかに，一定の具体的な危機や紛争，問題群を管理・解決するための統治行動，つまり具体的な政策決定行動や政策決定過程メカニズムの明確な存在を前提とするものではなく，一定の共通の目的を前提に相互に結びついてはいるものの，多種多様な個々の行動主体や組織の存在を意味する。ガバナンスは実施に，国家政府の存在やその行動を排除することなくそれらを内包しているばかりか，それらがグローバル・ガバナンスの（大きな一部分の）システムを構成するように結びついてる[24]。前述したように，グローバル・ガバナンスとは，具体的な単一の統治主体がグローバル危機（リスク）社会に存在していることをいうのではなく，多元的な統治行動する主体や組織・制度が織り成す過程が存在している状態として捉えることができる。

　こうして見ると，「グローバル・ガバナンス」という概念や用語は，「国際関係を組織する多種多様な行動やプロセスに注目を集める作用をもつ。グローバル・ガバナンスは，ルールの越境的，国際的なパターンに寄与するすべての行動との関連で定義されることが多い。グローバル・ガバナンスの適用範囲には，国家や国際関係の行動のみならず，非政府組織（NGO）の行動も含まれる。さらに。国境を越えた多くの課題の周りに発生する市場やネットワークなども含まれる。このようにグローバル・ガバナンスは，関心の焦点を，無政府状態の国際社会における主権国家から，グローバルな行動パターンの誕生，実践，変動にシフトさせる」。さらに，グローバル・ガバナンス用語は事実上，グローバル危機（リスク）社会のなかで統治行動の対象となるような多種多様な危機的事象にも注目を向けるように作用する[25]。

　そうしたグローバル・ガバナンスの捉え方から理解するならば，グローバル公的権威体（統治体不在のグローバル・ガバナンス）が不十分ながらも表出するようになったのは事実上，前述してきた通り，グローバル危機（リスク）や紛争・公共悪・問題群の顕在化の結果である。そうした動向がグローバル・ガ

バナンスの構築を積極的に要求してきたということができる。そのことは，グローバル・ガバナンス構築の要因である，グローバル危機社会の形成，国家政府統治能力の低下，そして新しい統治勢力の台頭などをより具体的に検討することで容易に理解することができる。すなわち，(1)冷戦の崩壊によって国連と結びついていた行動主体の間での行詰りが深まるなかで，多国間主義の包括的な，より活動的・効果的な国際システムの出現が期待されている。(2)グローバル化が深化したことにより，地球公共財の提供，多くの問題領域に共通の基準を設定すること，また，環境保全を実現する要求の高まり，などが求められている。(3)過去30年間にわたって国家権力や権威の主要な再構成が見られる。すなわち，主権的領域国家や社会を超えるルールの形成，政治的調整，そして問題解決システムの結びつきを明らかにすることに関心が向けられたのだ[26]。

そうした動向をより基本的な視点から見ると，グローバル化の進展・深化に伴って国際危機（リスク）社会からグローバル危機（リスク）社会への転換は必然的に，これまでの国際ガバナンス・システム（枠組み）からグローバル・ガバナンス・システム（枠組み）への転換を要求した結果と捉えることができる。また，グローバル・ガバナンス概念は本質的に，伝統的な公的統治体としての国家政府に関しての意味内容や地位に対抗的内容をもっている。そうした観点からより具体的にグローバル・ガバナンスを定義するならば，グローバル・ガバナンス委員会が定義しているように，「ガバナンスというのは，個人と機関，私と公とが，共通の問題に取り組む多くの方法の集まりである。相反する，あるいは多様な利害関係を調整したり，協力的な行動をとる継続的プロセスのことである。承諾を強いる権限を与えられた公的な機関や制度に加えて，人々や機関が同意する，あるいは自らの利益にかなうと認識するような，非公式の申し合わせもそこに含まれる」[27]。また，R.コックスはグローバル・ガバナンスをこう意味づけている。それは，政治的・経済的・社会的事象の管理のための世界（あるいは地域）レベルに存在しているさまざまな手続きや実践である。ガバナンスの一つの仮説的形態（世界政府あるいは世界帝国）は調整の階層的形成をもっていると捉えることができるものであり，そして調整の他の形態は，非階層的なものであって，多国間的なものである[28]。さらに，

J. A. ショルテがいっているように，グローバル・ガバナンスは，多層から成る公的ガバナンスや非国家主体によって形成される私的なガバナンスおよびグローバル市民社会ガバナンスといった，公的・非公的（私的）主体や組織，集団が創成する多種多様なサブ・ガバナンスの複合体として理解することもできる[29]。グローバル・ガバナンスの基本的特性は，権力の多元化と権威の分散化の統治の枠組みであり，超権威的な世界政府なしのガバナンスという新しい形態である。言い換えるならば，「（グローバル）・ガバナンス概念は明らかに，統制するために集権化された組織の様式やレベル，政策決定権威の拡散を仮定している」[30]。グローバル・ガバナンスの基本的枠組みは，公的，私的な主体や組織，社会，運動などから成る複合的なものである。

より具体的に見るならば，概してグローバル・ガバナンスは，政府や政府間国際組織などの公的な統治体によって構成されるサブ・ガバナンスと，非（脱）国家主体や非国家政府間国際組織，社会運動体，市民社会，個人などの非（脱）国家主体が構成するサブ・システムから成る複合的ガバナンスに他ならない。何よりも明らかにすべき重要な問題は，その二つのサブ・システムがどのような関連を構成しているからである。二つのサブ・システムは実際には，非対称的関係であり，前者が支配的な地位を占めている。そのことが事実上，グローバル・ガバナンスの本質や特性，形態，意味，内容，機能，存在意義を適切に理解することになる。

グローバル・ガバナンスを構成する両サブ・システムの間で権力の非対称性が存在しているのみならず，それぞれのサブ・ガバナンスの意味内容や機能，存在意義などについても非対称性が存在している。だが，両システムは部分的には，両立的関係を形成することも見られる。そのため，二つのサブ・ガバナンス領域間を二分化することは実際にはできないし，また，明確に二分化することは意味がない。その点と同時に，二つのサブ・システムの明確な二分化ができない理由がある。それは，二つのサブ・システムはそれぞれ固定的で，静態的にその領域内で何らの変容も見ない状態を維持しているのでないばかりか，二つのサブ・ガバナンスの間で弁証法的運動を展開していることに注視しなければならない。たしかに，両サブ・システムは非対称的関係を構成しているものの，それはつねに相互作用関係過程を構成して，現実的にグローバ

ル・ガバナンスそれ自体の形態や意味内容や機能，存在意義を規定している。そのため，グローバル危機（リスク）社会の在り方によって，グローバル・ガバナンスと同時に二つのサブ・ガバナンス自体も影響を受けたり，規定されるのだ。その反面，二つのサブ・ガバナンスの弁証法的運動がグローバル・ガバナンスの在り方を規定することが，グローバル危機（リスク）社会の在り方に影響を及ぼし，変容を導いている。実際に，二つのサブ・ガバナンス・システム，グローバル・ガバナンス，そしてまた，グローバル危機（リスク）社会との間で相互に弁証法的なダイナミックな運動過程を構成していることを理解する必要がある。そのことから，グローバル・ガバナンスは本質的に，誰が何のために，どのように形成させるのか，主体，形態，機能，形成のシステムについてどのようなものなのかを理解することができる。とりわけそれは分析的な現実的側面と政策的な規範的側面という両側面をもっていること，また，グローバル・ガバナンスの統治レベルが，グローバル危機（リスク）社会の管理（統制・調整）か，多種多様な危機や紛争，公共悪，問題群などの解決か，あるいはそれら原因も含めての根本的変革であるかどうかの幅広い多元的な段階的側面を潜在的に内在させていること，が肯定されてよい。もちろん，グローバル・ガバナンスが本来的に，自然に，先天的に存在しているものではなく，さまざまな要因によって社会的に，後天的に創成されること，またしたがって，それはつねに変容するものであること，も容認されてよい。したがって，グローバル危機（リスク）社会を幅広い統治行動レベルの管理・解決・変革を可能にするグローバル・ガバナンス構築のための必要・可能条件の抽出を可能としよう。

3．国家政府中心的現状維持志向ガバナンス
――国家政府主体・国際レジューム・政府間国際組織・外交――

　グローバル・ガバナンスの枠組みは実際には，公的な国家（政府）主体による管理（統制）中心の統治行動，グローバル社会で共通の価値や公共財よりも国家政府の求める個別的価値や私有財を優先する現状維持志向ガバナンスと，

私的な非(脱)国家による,解決・変革中心の統治行動,個別的価値や私有財よりもグローバル社会の共通利益や公共財を優先する現状変革志向ガバナンスとの二つのサブ・ガバナンスからなっている。前述した通り,前者と後者のガバナンスは,まったく対等な関係でも,完全に両立的関係でも,あるいはまた,すべて対称的関係にはない。むしろ両サブ・システムは不対等,非両立的,また非対称的関係を構成している。前者の国家中心的ガバナンスは,国家政府や国際レジューム,国際組織,国際制度,国際法,国際会議,超国家組織,地方自治体,多国間主義,地域主義,外交などから構成されており,国家政府の公的な主権的要素と実質的に結びついている権力統治組織体である[31]。国家主体を中核とするそれらの公的権力統治体は形式的には,他のどの主体からも命令されたり,支配されることがない至高の権力としての主権性を所有しており(主権の所有者は本来的には国家主体それ自体ではなく,国民であり,あるいは人民であるものの),実質的には対他的(対外的)には権力所有であり,また行使者である。そして公的統治体は,その他のどの主体からも妨害されたり,干渉されることもなく,その権威性と正当性を所有することによってその地位と能力を維持・強化させ,また,安定させる。公的統治体は事実上,公的主体者として国内社会での公共財を形成し,国民に提供し,また,国際社会にとっての共同財を他国と協力することによって形成し,それを国際社会の関係当事者へ提供する。そうしたことは実質的に有効に実現することが可能なガバナンスが,良き,すぐれたガバナンスであることを意味する。国際社会で発生する国際的危機や紛争,公共悪,問題群などがあれば,それらの状態を独自にあるいは何らかの協調体制を取ることによって管理(統制),解決を試みる。公的統治体がそれらの危機や問題群を一定レベルで管理や解決できなかったり,あるいは不十分であれば,その正当性や権威性,有効性を低下させたり,喪失させることで,その統治能力を失い,公的統治体としての地位や機能を大きく動揺させることになる。また,公的統治体としての国家や国際組織などの統治機能は主として,ある危機や問題群に対してそれを根本的に解決するのではなく,その状態を一時的に管理・統制することでそれ以上の悪化をしないようにその状態を維持するような統治機能である。また,国際組織やレジューム,地域組織を形成しても,自国の求める価値や利益,財が国際社

会や地域全体の求めるそれらとが一致する限り，国家は国際組織や地域組織などを創成し，支持していくが，それら両者が両立しない場合には，国家は国際組織や地域組織を無視したり，否定するし，あるいは，それら組織は国家利益や価値，財と国際社会のそれらが両立できない場合には，国際組織などは前者を優先する統治行動をとることが一般的である。国家や国際レジューム，国際組織などは本質的に公的統治体としての国家中心的ガバナンスであり，また，国家のための管理，国家の私有財のための統制機能のガバナンスに他ならない。

　そこで国家中心的現状維持志向ガバナンス・システム（構造的枠組み）を具体的に見ていこう。国家主体は事実上，国家中心的ガバナンスを構成している基本主体であり，国家主体自ら，外交政策決定・遂行，法の作成，他国との協調体制の構築，バランス・オブ・パワー戦略，規範や規則・倫理を基礎とする対外関係の形成，下位国家主体への権力の賦与，国際組織や制度の形成，国内・国際世論の形成，などを通して統治行動を実践している。国際（グローバル）政治秩序の構造は，国際組織や制度などの追加的な資源や構造によって支持され，強化される必要がある。国際組織や制度はグローバル・ガバナンスを構成する本質的な構造的ブロックである。それらは国家間の協力を組織化し，相互依存関係を高め，秩序の下部構造の中核を形成する。すなわち，多国間主義はその構造の中核的地位を占めている。それだけに，国際社会の主導の主要国が参加する多国間主義であれば，国際秩序構造を強固なものにする可能性が高まると同時に，統治機能を強化することになる。

　国家主体は概して，統治構造の枠組み（システム）のなかでさまざまなレベルでの下位的主体を創成したり，それら下位的主体を結びつけ，思い通りに操作するための媒介主体として不可欠な統治機能を遂行している。国家が国際（グローバル）社会における価値や財の配分決定や危機，紛争，問題の解決を試みる場合に，国家権力を行使したり，統治能力の正当性と権威性を所有し，維持・強化するための手段として軍事力を独占している。そのため，国家は究極的には自由に自己の利益や財（公共財より私有財を優先して）を充足するために軍事力を行使することができる。グローバル化の進展・深化によって，国際社会からグローバル社会へ大きく変容するなかで，国家は全体的にその統治

能力を低下させると同時に，統治能力の正当性や権威性，有効性を弱めているものの，主権国家は依然として最重要な権力統治体としての地位と機能を押し留めている。至高の統治権力を国家に保障する軍事力は弱めながらも，強制的な軍事力の体系は高いレベルで維持・強化されている。世界軍事体系（世界軍事秩序）はグローバル危機や紛争，公共悪，問題群を十分にかつ管理したり，解決することはできない。

　また，準公的主体としての地方自治体は，一方では国家権力の枠組みのなかに，他方で国家権力の枠組みを超えてグローバル社会舞台で統治行動に参加する可能性を広げている[32]。国家の統治能力の低下するグローバル社会において他方自治体は独自の機能を果たす準統治主体としての存在感を高めている。他方自治体は他方のそれらと国境を越えて直接に結びつくと同時に，地方自治体（県，州，省，道），市町村対地方自治体，市町村という，同一行政レベル間だけでなく，国家も含めてレベルの異なる主体間のクロス交流関係のネットワークが増大している。本来，非対称的関係にある国家と市町村との国際交流や協力関係すらある。また，国家をとび越えて，地方自治体が国家や国際組織，非（脱）国家主体と結びついて統治行動で協力することも著しく拡大している。他方自治体が他のネットワークを支えたり，補強するばかりか，国家ができない統治活動のネットワークを創成したり，補強するばかりか，後者ができない統治活動を代って行っているケースも多く見られる。地方自治体は実際，国家中心的ガバナンスと非（脱）国家中心的ガバナンスの中間的領域を構成する地位にいる。地方自治体は，非（脱）国家主体と同様な地位と機能をもっているため，非（脱）国家主体とみることも可能である。

　さらに，基本的には国家中心的ガバナンスを構成する主体でありながらも，主権国家の枠組みを乗り越えて，共通主権性を共有することによって主権国家から自立することで統治活動を行う EU のような超国家組織も形成されつつある。こうした傾向は国連はじめとする国際組織も形成されている。また，多種多様な地域組織も EU のような超国家組織として成長する可能性も大きい。超国家組織の形成は，国際社会からグローバル社会への変容のなかで主権国家主体がその統治能力を低下させ，多様な価値や財の配分決定をめぐる問題や危機状態を十分に統治する能力を弱めたり，低下させることになる。でも，国家主

体の統治能力を凌駕する組織として捉えることはきわめて困難である。そもそも主権国家の在り方の再編成による国際組織であるため，国家中心的ガバナンスと非（脱）国家中心的ガバナンスが重複する中間層のガバナンスの地位と統治機能をもっていると見ることができるものの，基本的には国家中心的ガバナンスの枠組みに入れるべきだろう。

　国家中心的ガバナンスを構成するさまざまな統治主体が政府間国際組織（IGO）に他ならない。従来の国際社会においては事実上，この政府間国際組織が中心であった。国際組織や制度が国際社会において占める地位や果たす機能，能力も公的統治体の間で構成される国際組織や制度である限り，主権国家間関係の一部であり，国際組織を主権国家間関係の延長線上で捉えねばならない。たしかに，ほとんどの国際組織は本質的に国家利益や私有財の代弁者で，一方で，それらの維持・増大のために機能する性向を強く内在化させているが，他方で，国家利益や私的財を超えてグローバル社会にとって共通の利益を追求する機能をもっていることを認識しなければならない。国際組織の機能のそうした二面性の存在を主張することは正しいとしても，それらは基本的には前者の機能を優先することは認めてよい。これまで現実的に国際組織が取ってきた統治行動の多くは国家中心的なものであったことは，歴史が何よりも物語っている。

　概して，国家主権や国家利益，私的財は本来的に自然に存在しているものでも，先天的なものではなく，社会関係によって創成される後天的な社会的構成物である。グローバル化の進展・深化によって国際からグローバル社会へと大きく変容している今日では，国家主権と統治能力が低下するなかで，国家政府が積極的に国家利益や私的財をグローバル社会の利益や公共財を否定したり，無視することで積極的に維持・強化することが困難となることから，かえって国際組織や制度の構築を強く求めざるを得なくなる。個々の国家が単独でかつ自由に国家利益や私的財を維持したり，増大させることができなくなり，多くの国家は他国と協力体制を構築するために国際組織を積極的に構築せざるを得ない。多くの国家が国家利益や私的財以上にグローバル社会の共通利益や公共財を追求していくことは，国家利益や私的財そのものと非両立的関係を構成することでも，それらを否定することでもない。むしろ国家が積極的にグローバ

ル社会の共通利益や公共財を求めていくことが、かえって自国の求める国家利益を充足することが可能となり、国家と国際社会との統治能力も機能も両立させることができるのだ。国家主体と国際組織との権力と機能、利益についての関係は、必ずしもゼロ―サム的なものではない。

　一般的には、国際組織・制度自らが固有の利益や統治機能を構築するのではなく、基本的には国家主体自らがその利益や統治機能を充足するために、国際組織・制度を形成することは言うまでもない。「国家は、自己の利益と共同体の利益とを反映するような一致（同意）を求めて交渉し、また、それを遂行するために政府間国際組織に参加する。国家は問題解決のためのメカニズムを提供するために参加する。国家は集団的作業で遂行するなかで集団的組織を利用するために参加する。国際組織に参加することによって、国家は、重要な問題について国際的論争を形成し、そして行動の重要な規範を育むことに同意する」。しかしながら、そうしたことは国家がその主権も行動の自主性も放棄することを意味しない。それぞれの国家は依然として、自国の主権および多様な程度の行動の自立性を維持していることに注目しなければならない[33]。

　しかし、そうした点を過大評価すべきではない。国家はその行動の自立性を維持することは実際には、国際組織に部分的であれ依存しているからだ。そこで、なぜ国家は二国間協定のような何らかの外交的回路によるよりも多国間主義に基づく国際組織を通じて国家利益を追求していくのかを解明していく必要がある。この場合、国際組織の二つの特性を強調することが重要である。国際組織は集中化と自立性によって多様な機能をより効果的に遂行することが可能となる。そうした条件によって求められる規範の創造や対立の解決のための仲介、グローバルな共同体的価値の促進、などを志向する[34]。国際関係がより規模の大きなグローバル社会において統治機能を遂行できるかどうかは、それぞれの国際組織がいかにそれぞれの集中化と自立性をもっているかによっている。国際組織はたしかに、具体的で、安定的な組織上の構造とそれを支える行動機関によって集合的活動の集中化が可能となる。その集中化によって国際組織の統治活動の有効性を高めることになり、国家利益や私的財の在り方に好ましい条件を与えることになる。また、国際組織の自律性は一定の問題領域での統治活動を自律的に行う能力を内包していることを意味するが、その自律性

を維持・強化することによって，その本質的自律性を高めることに大きな助けとなる[35]。そうした国際組織の機能を有効なものにする二つの集中化と自律性という条件は，国家の統治能力の低下に結びつくものではなく，むしろその低下を補完するものである。言い換えるならば，国家の統治能力と国際組織のそれとは，ゼロ－サム的な関係ではなく，非ゼロ－サム的なものだ，と見てよい。

その上，国家主体中心的ガバナンスを検討していく場合，国際レジームの存在に注目しなければならない。そもそもレジーム概念はガバナンス概念と類似している。総じて，ガバナンス・システムは実際に，特定の問題領域に存在するサブ・システムとしてのレジームから構成されるとみなされている。ガバナンスは，統治的機能を遂行することが可能な社会的価値や財の配分決定能力をもつ多元的な主体や組織，制度，法，運動から構成される複合的枠組みとして理解することができるので，サブ・ガバナンス（グローバル・ガバナンスを構成する二つのサブ・ガバナンスとは異なるもの）の機能を果たすために存在しているレジームと呼んでもよい。レジームとは，特定の問題領域や分野において主体や制度，組織，集団，方法などにより特定の価値や財の配分決定をめぐる過程で作用する規範や原理，規則，政策決定手続きと見ることができる。

国際レジームの主要な特性は，ガバナンスと同様に，レジームの存在とそれを形成する政府間国際組織や制度自体とは同一のものではなく，後者自らはレジームを自動的に構成するものではない，というものだ。国家や国際組織などの国際的行動主体が作用するなかで，それらの行動主体の行動様式に影響を及ぼしたり，それらの行動様式を規定する場合に，レジームがはじめて存在することになる。すなわち，国際レジームが存在しているとするならば，それに参加している国家政府や国際組織が単に存在しているのではなく，それらが一定の義務の存在を認識し，それを尊重すべきであるという自覚をしなければならない[36]。レジーム概念が1970年代に国際組織や制度への静態的・形式的アプローチを批判する形で国際関係論に登場してきたことが，レジームの存在と機能を容易に国際組織の存在と機能とを直接的に結びつける傾向を批判する根拠を何よりも明らかにしている[37]。したがって，S.クラ

スナーが国際レジームを,「行動主体の期待が国際関係の一定の領域において収斂する一連の暗黙のあるいは明白な原理,規範,規則,そして政策決定手続き」と定義していることはきわめて妥当なものと認めてよい。すなわち,レジームの一般的定義は,四つの異なる側面から,見られている。原理(事実に対する信条や主張,廉直),規範(権利・義務によって定義される行動の基準),規則(行動に対する特定の規定あるいは禁止),政策決定手続き(集合的選択を行い,また,遂行するための支配的実践)である[38]。

したがって,国際レジームは,それを創成する主体や組織,制度,手段それ自体というよりも,それらが何らかの統治行動を生み出す原理や規範,規則,政策決定手続きであり,あるいは,さまざまな主体や組織,集団などの行動や関係様式に影響を及ぼしたり,それらを規定することを可能にする媒介体と理解してよい。そのため,国際レジームは,具象的な国際組織というよりも,社会的制度と考えると理解しやすい。国際レジームは環境や人権問題のような問題領域においてさまざまな国家や国際組織,さらに非国家主体の相互作用を統治している。要するに,国際レジームは実際には,規則や規範,原理などによって統治された一定の領域と捉えてよい[39]。

こうして見ると,国家中心的ガバナンスを構成する,国家政府自らの統治行動のみならず,下位国家主体や超国家主体,政府間国際組織,国際レジームなどの作用する統治行動は,グローバル政治社会における価値や利益,財の配分決定過程をめぐる統治行動の大きな部分を構成しており,国家中心的ガバナンスは,自国の国家利益や私的財を地球公共財より優先していることで,グローバル危機(リスク)社会の内包する危機や紛争,公共悪問題群をほとんど十分に統治することはできない。たとえば部分的に統治を可能としていてもそのレベルには,その危機や公共悪,問題群の状態を一時的にまた表面的に管理や統制する機能にとどまり,それらをより具体的に解決・変革しうるものではない。なぜならば,国家中心的ガバナンスが本質的に現状維持志向性を内容しているからだ。国家行動主体を包めて公的組織主体の構成する国家中心的ガバナンスは本質的にその現実維持志向性を克服することができない限り,今日のグローバル危機(リスク)社会の抱えている危機や公共悪群を根本的に統治(解決・変革として)する機能と能力を遂行することはできない。したがっ

て，そのサブ・ガバナンスは統治することに成功することができないため，グローバル危機（リスク）状態はつねに，拡大再生産することになる。

4．非（脱）国家中心的ガバナンスの機能と構造
　　―グローバル市民社会・NGO・社会運動―

　そうした本質的な危機（リスク）構造を内包している国家中心的ガバナンスに対し，非（脱）国家中心的ガバナンスとはどのようなものであろうか[40]。グローバル危機（リスク）社会のなかで国家中心的ガバナンスが本来の有効な統治能力を低下させたり，あるいはまた喪失させたりすることで，グローバル危機（リスク）社会への非（脱）国家主体の大量登場を招くと同時に，それら主体による重要な統治行動を引き起こすことになった。国家中心的ガバナンスの統治能力の後退と非（脱）国家中心的ガバナンスの進出は，ゼロ－サム的関係として見ることができる。すなわち，地球的規模の紛争・公共悪・問題群が支配するグローバル危機社会において，領域国家はその主権性や権威性，正当性を動揺させ，また低下させると同時に，その統治能力も低下させた事態に対応して，多種多様な非（脱）国家主体のグローバル社会への登場を促し，一定の統治機能を遂行する大量の機会を与えざるを得なくなったのだ。もちろん，そうした動向を国家主体が意図的に，政策的に押し進めたというより，むしろ結果的にそうした事態が避けられなくなったのである。しかし，そうした動向を主張することによって，グローバル・ガバナンスにおいて，国家中心的ガバナンスを過小評価することも，非（脱）国家中心的ガバナンスを過大評価する必要もない。なぜならば，グローバル・ガバナンスにおける前者のサブ・ガバナンスのこれまでの支配的地位と機能の低下と，後者の急進的な地位と機能の高まりを単純に予想することとしてではなく，有機的な両立的な関係を部分的にもつものとして理解する必要がある。非（脱）国家主体の権力や統治能力が国家主体の権力や統治能力に基本的には，依然として取って代ってはいないこと，また，両者の権力や権威，正当性，統治能力などの間では，単にゼロ－サム的関係なものではなく，場合によっては非ゼロ－サム的関係も成り立ってい

ることに留意する必要がある[41]。いずれにしろ，グローバル危機（リスク）社会において非（脱）国家主体中心的ガバナンスの形成とその展開は実際は，グローバル化の進展・深化に伴うグローバル危機や紛争，公共悪，問題群の創成であることから，国家中心的行動主体が多元・多様化するとともに非（脱）国家中心的行動主体自体の多元化・多様化を必然的に生み出すことになり，統治したり，それに関連する政策決定を行う主体や対象問題領域，サイトなどの多元化・多様化が不可避となる。両サブ・ガバナンスの形成・展開・変容は相互構成関係を形成しており，個々別々に捉えることができないし，また，そのように理解すべきではない。

　非（脱）国家中心的ガバナンスの多くを構成する非（脱）国家主体は，NGO/INGO，NPO，脱国家的ネットワーク・提携，脱国家的政策提言ネットワーク，社会運動，グローバル政策ネットワーク，専門的・知的共同体，宗教団体，エスニック集団，多国籍企業，市民外交，市民社会，草の根集団，などである。大きく分類すると，非（脱）国家主体や社会運動，市民社会（市民），グローバル市民社会である。なかでもとりわけ非（脱）国家中心的ガバナンスを具体的に構成し，また，グローバル・ガバナンス全体の大きな部分を直接的に構成する行動主体がNGO/INGO，そしてNPOである。今日，グローバル危機（リスク）社会における価値配分決定過程および危機や紛争，公共悪，問題群などの統治過程に大量のNGOが直接的に参入したり，それらの過程を批判したり，反対したり，あるいはそれらに挑戦するさまざまな行動を取っている。実際に，グローバル危機（リスク）社会において多種多様な非公的な圧力団体やエスニック集団，社会運動体，脱国家的政策提言集団，知的・研究専門家集団，市民団体，オピニオン・リーダー，マス・メディア，移民・難民，教会・宗教団体，グリンピースなどの環境保護団体，アムネスティなどのような人権保護団体や非営利団体，市民運動や住民運動などばかりか，さまざまなテロ集団や麻薬業者，国際犯罪者集団などのようなグローバル危機（リスク）社会を部分的に構成する負の脱国家主体など，膨大な数のNGOやNPO，その他の非国家組織主体が国境を越えて活動している。国内で形成され，存在しているNGOやNPOはほとんど同時に脱国家化するばかりか，国内にあっても自国の政府や他国の政府の対外的政策や対外行動に影響を及ぼしたり，また，

NGO や国際赤十字協会のような国際非政府間組織は，国連のような国際組織と直接的，間接的に関連性をもって統治行動を行っている。それぞれの NGO は，非（脱）国家主義の立場で国家主体との間で一定の距離を保ちながら，独自のアイデンティティや価値，財，そして目標・規範をもって，グローバル危機（リスク）社会における政策決定過程や統治過程に批判・挑戦する立場で積極的に関与している。

　NGO が関与し，形成する政策決定過程や統治過程は現実的には，国家主体中心的ガバナンスの形成・展開過程に対して，対抗的，批判的，否定的，補完的，協調的，共存的そしてまた従属的関係を形成している。国家政府や政府間国際組織は現に直面している多様なグローバル危機や紛争，公共悪，問題群を独自に管理したり，解決することができなかったり，グローバル政策決定過程を十分に統制することが容易でなくなっているところから，政府や国際組織は，NGO の大量登場やそれらの統治活動の拡大を単に妨害したり，反対したりすることなく，むしろ必要に応じて NGO との協調やその支持を積極的に求めたり，また，NGO 活動領域の場を開放したり，提供することも多く見られる。そのことは，NGO の統治能力が国家中心的ガバナンスのそれを凌駕するとか，NGO の機能や能力が取って代ったことを意味するものではない。

　多くの NGO の活動は，平和・反戦・非核運動，難民の救済，飢餓や貧困に対する開発援助協力，人権擁護，環境保全，PKO 協力，人的・文化交流活動，政治不安定国の選挙管理・監視活動，自然災害に対する人道援助活動など，さまざまな問題や危機や紛争の管理や解決の統治活動を積極的に遂行している。国家政府主体間の問題解決の統治活動は事実上，各国の利害関係が錯綜しがちとなり，協力体制づくりの場合はむしろ対立の場になりやすい。概して，どの国家も自己の国益をグローバル社会全体の共通利益より優先する傾向がある。地球温暖化防止をめぐる二酸化炭素排出規制のための京都議定書（1997年）のための京都会議や対人地雷全面禁止条約締結（1997年）のための国際会議がその好例である。国家政府間レベルでの交渉の行詰りのなかで NGO が脱国家的・地球的立場で統治運動を行うことできわめて重要な成果を収めることができる。また，そうした NGO の統治活動は，問題解決のためのグローバル・レベルでの世論形成を容易に可能にする。

一般的に，政府間国際組織は，一方で自らの国家利益や立場に近いスタンスで行動し，国益の支持や擁護を基本的に押し進めている。他方で，今日，その国際組織は統治目標を実現するためにNGOと提携したり，支援を求めたり，協調関係の強化を試みている。環境保全の協力体制の構築，人道支援，緊急食糧援助，難民救済・保護，PKOへの協力，などといった国連が問題解決のための一定の方針が打ち出した場合には，その具体的な実行をNGOが担うことが常態化している。また，国連軍縮特別総会をはじめ国連での軍縮交渉や開発問題，人道問題，そして環境問題の多くに，NGOが直接的に間接的に参加している。国家の領域境界を横断して自由に活動するNGOは以前よりも，政策や組織の課題について直接的に関与して影響を及ぼしており，また，グローバル・ネットワークやレジュームへの参加を通して，あるNGOは国境を横断してより大きな影響力を及ぼすことが可能だ[42]。なお，多くのNGOが国家政府の対外政策を直接的に規定することもなく見ることもできる。NGOは自国や他国の対外政策決定に関与し，影響を及ぼし，とりわけ人道規範を制度化し，政策決定過程の民主化をはかり，人道的救済を提供し，そしてまた環境保全や共通財，共通利益の実践を促進している。

こうして見ると，NGOやNPOは，グローバル・ガバナンスを直接的に構成する地位をますます占めるようになっているばかりか，また，国家中心的ガバナンスに対しても一定の影響力を発揮し，さらに，国家中心的ガバナンスと有機的な関係性を高めていくなかで相互に協調しながら統治活動を推進している。その上，NGOは国内社会のガバナンスとグローバル社会のガバナンス（グローバル・ガバナンス）とを結びつけ，両次元のガバナンスの相互連動・浸透・依存・構成関係を構造的に形成している。NGOや脱国家的政策集団は必ずしも，単に国家中心的ガバナンスと対立する存在ではなくなっており，NGOの統治活動は事実上，国家利益とグローバル社会利益とを一致させることに役立っている。

NGOと有機的な関係性をもちながらも，それとは異なる行動様式を取る非（脱）国家主体中心のガバナンスが脱国家的社会運動（体）に他ならない。NGOは国内でもそれぞれ個別的に行動することもあるが，複数の国家のNGOが領域国家の枠を超えて相互に結びつき，社会運動として国内でもグローバ

ル社会においても活動することも多い。NGO は本質に脱国家的社会運動組織といってもよい。NGO や社会集団が一定の目標をもって，重要かつ効果的な機能を遂行するために一般化した勢力として活動として脱国家的社会運動化することは必然的なことだ。NGO や社会集団が単に存在しているだけでは目標を充足することはできない。何らかの具体的な行動として運動形態を取ることで何らかの望ましい結果を生み出すことになる。平和や開発，環境，人権，軍縮，援助協力などの問題領域での社会運動は。脱国家的社会運動組織（TSMOs）と呼ばれる NGO である。

　グローバル危機（リスク）社会状態が支配的であり，しかも多種多様な危機（リスク）が常態化していれば，多くの，さまざまな種類の社会運動の統治活動が要求される。脱国家的社会運動は，いかなる単一の国家あるいはそのなかの利益を表現する支配的な基盤をもっていないし，主権的領域国家の境界を横断して構成する社会的・文化的・政治的ネットワークとして理解することが可能だ。脱国家的社会運動は，国内政治の境界によって構成されたもの以上に一連のより広い問題意識を主張すると見ることができる[43]。そのため，脱国家的社会運動はグローバル社会運動と言い換えることもできるが，個々の運動は非公式的・非営利的「第三セクター」であり，またむすびつきがグローバル規模のものであり，さらに，アポリジニの権利から HIV/AIDS にまでに及ぶ広範囲な問題群に関わる機能を果たすという条件が重要である[44]。従来，私的な問題とされたときに多種多様な矛盾や紛争が人類や正義といった普遍的な価値と結びつくことによって，それら国内の私的な矛盾や危機は国家の枠を超えてグローバル危機（リスク）社会において公的な問題となる。それが今度は反転して，国内の私的矛盾や紛争を公的問題に高める。

　脱国家的社会運動は，いくつかの方法でグローバル政治過程での政策決定の結果の在り方にも影響を及ぼしうる。すなわち，(1) 運動はエリートの注意を引き起こし，重要かつグローバル規範の問題群へ公衆の関心をもたせ，注意を引きつける。脱国家コミュニケーションを助長することによって，脱国家的社会運動は特定の枠組みについて合意を取り付け，グローバルな問題の解決が可能となるように援助協力する。(2) 脱国家的社会運動は，問題について，また失敗の政治的コストについて，課題に対する世論や交渉それ自体について政治

的情報を代表者に提供することができる。(3) グローバル政治過程における脱国家的社会運動の存在は、ほとんどの政策決定過程に広範囲な大衆の参加を認めていない政府の説明責任を高めることになる[45]。それらの運動はNGOと共に、グローバル政治社会におけるガバナンスの重要な構成部分となっているだけに、地球公共財の一部の形成者および提供者としての条件をもちつつある。

今後も脱国家的社会運動はNGOと連動しながら、非(脱)国家中心的ガバナンスを強化していくことになると思われる。なぜならば、グローバル危機(リスク)政治社会において道徳的権威がますます影響力を及ぼしうる主要な源とみなされているからだ。強制的権威は抵抗や批判を受け入れざるを得なくなるだろう。「国内的・国際的環境のなかでそれらの正当性を評価する勢力において、増大する非国家主体は人権や民主主義のような主題に特権を与えている。非国家主体はまた、グローバル政治において道徳的企業家として行動する」[46]。国家中心的ガバナンスが地球的規模の問題群や紛争群、公共悪群などの解決を可能にするような私的財を超える地球公共財を提供できなくなるほど、非国家中心的ガバナンスが十分にそうした統治活動が可能となるかどうかは、NGOと共に脱国家的社会運動の在り方に大きく依存しているのだ。

そうした非国家主体や社会運動組織から成る非(脱)国家中心的ガバナンスは実際は、市民や市民社会によって支えられ、展開している。なぜならば、NGOや社会運動体は事実上、本質的に市民や市民集団、市民社会が生み出したものであり、また、それらを支持し、影響力をもつ市民自らが世論および直接的な行動を通じてガバナンスの一部分を構成しているからに他ならない。

非(脱)国家中心的ガバナンスの有効な機能遂行を考える場合、マスメディアの存在とその役割に注目しなければならない。マスメディアは、グローバル危機・紛争・公共悪・問題群の存在を明らかにし、国家政府に対して批判を加え、また、現在のグローバル危機(リスク)の実態を非(脱)国家主体や市民に公にして、市民社会の活性化をはかっていく役割を演じている。いわば知識や情報、世論の形成者や提供者として非(脱)国家主体中心的ガバナンスを構成している重要な地位を占めている。コミュニケーション技術革新に伴って、知識・情報・思想のグローバル・ネットワークの密度を高めていることは無視できない。また、市民やNGO、社会運動組織から成るグローバル市民社会の

形成にも媒介体としての重要な機能を遂行している。

　今日，グローバル市民社会は事実上，多くの非（脱）国家主体中心的ガバナンスを構成している地球的規模の広がりをもつガバナンスの地位にある。M. カステルが述べているように多くの NGO やその他の形態の集合体から成るグローバル市民は，グローバル社会における計画や需要の加工者として政府と結びつきをもちながら，人々（市民）の意見や要求を組織化する。グローバル市民社会は事実上のガバナンス・システムであり，それが政治的領域への市民参加によって，また経済体や主要なグローバル問題の管理に公的な連携によって拡大しつつある[47]。また，R. オブライアンがいっているように，グローバル市民社会は主として，自発的な，非営利団体から構成されており，それは実際には人びとが世界で生活を送る方法に影響を及ぼそうと市民の試みている舞台あるいは空間である。あるグローバル国家（世界国家，世界政府，世界連邦国家など）が存在しなくても，グローバル市民社会なりグローバル社会運動が存在している[48]。

　たしかに，R. ラングホーンも述べているように，グローバル市民社会は脱国家的行動に対する新しい名前ではない。むしろそれは現代の複雑な世界のガバナンスにおいて市民や非政府ネットワークの増大する制度化を意味する。「政府なしの統治」と呼んでいるものが存在していることが認められている。市民は現代の危機社会，つまり世界の危機的構造のなかで，国家政府がその危機を解決することができない問題に直面している場合に，その危機的構造に反対する声を出すにちがいない。グローバル市民社会は本質的に，市民の声や行動と相互に結びついた世界の現実に相応するような組織のネットワークから表出している[49]。また，その視点との結びつきから，R. コヘインと P. ケネディの次のような概念定義は一定の妥当性をもっているといってよい。すなわち，一方の，市民社会は国民国家の範囲内で政治的見解や政策形成に影響を及ぼすことを試みる国家と家庭との間の集団のネットワークから構成されているが，他方の，その共有の関心と闘争が国民国家の境界を越えて拡がるすべての社会的エージェントを含んでいる[50]。

　しかし，何よりも注視すべき問題は，グローバル市民社会が実際にグローバル危機（リスク）社会においてどのような統治機能を遂行することができ

るか,また,非(脱)国家中心的ガバナンスにおいてどのような地位と機能をもっているのか,さらに,グローバル市民社会が,国家主体中心的ガバナンスと非(脱)国家主体中心的ガバナンスの関係の中心でどのような地位と意味をもっているのか,などの問題である。問うべきことは何よりも,グローバル市民社会がグローバル危機(リスク)社会においてどのような統治機能と能力(権力)をもっているのか,また,国家中心的ガバナンスとどのような関係にあるのか,についてである。概して,グローバル市民社会は,グローバル・レベルで市民社会が現実に,国家による統治の対象となることなく,その統治権力から自立している公共空間を構成していることを意味する。市民社会は基本的には,国家権力との関係では非両立的なものではないとしても,少なくとも国家権力からの一方的支配を受けることなく,国家権力から自立できる公共空間を形成しようとする脱国家権力的社会である。そしてまた,国家権力の支配の枠組みをつねに乗り越える潜在的可能性をつねにもっているところから,市民社会は本質的に脱国家権力とグローバル化を志向する性向をもっている。市民社会はつねに,NGOや社会運動組織と同様に,国家権力の枠組みを超えてグローバル市民社会化する傾向が強い。

　たしかに,市民社会を構成する市民は実質的に無目的から個人的に行動するよりも,何らかの目的や国家的や価値の実現,あるいは問題の解決という規範をもって集団的統治行動を取っていく。それらは,国境に関係なく国内社会で,またグローバル社会で,NGOや社会運動,メディア活動という形態を取ったり,世論を形成したり,国際機関や国際会議に参加したり,それらに影響を及ぼしたり,またデモなどの直接的行動をとることで実践的なものとなっていく。反戦反核運動や環境保全運動,人権擁護運動,反基地闘争,経済開発協力活動,自然災害救済活動,などを志向するNGOやNPO,住民団体,ボランティア団体,フェミニスト集団,などを通して国家権力から自立する公的空間を内外で組織し,自律的な運動が展開されていく。そのため,これまで国民社会に埋もれていた市民社会が姿を現したといった方がいいと思われる[51]。まさにグローバル市民社会の形成は,これまで支配的な主権領域国家間関係から成る公共空間としての国際政治社会空間の限界に対するアンチ・テーゼに他ならない。グローバル危機(リスク)社会が形成される過程で,従

来の公共問題を一応管理（統制）できた統治能力とその正当性を動揺させることになったのである。現実的に，今日の国民国家の自律性は，世界経済の行動主体のメタ権力のみならず，グローバル市民社会のメタ権力によっても従来のような確かなものではなくなっていると見なければならない。グローバル市民のもつメタ権力は人権に効力をもたせることに基礎をおいている。世界経済の基本枠組みのなかで，国家主権の基盤が相対化され，対抗を生み出し，世界市民的な状態への規範，法，政治が先取りされると，国民国家の独立性に待ったがかかるようになる。人権の要求によって，NGOだけでなく，世界市民の立場から人権に関与し行動する一連の国家が国境を横断して他国の内部の権威や正当性に影響を及ぼすことが可能となる[52]。そのことは，市民社会が国家から自立して，国家の行動様式を，また国家間の関係様式を統治する可能性が生じていることを物語っている。グローバル市民社会と国家との関係を見ると，一部分は主権的国家を制約するものとして，一部分は主権国家に取って代わるものとしてみなされている。グローバル社会は同時に，より好ましい民主主義政治を確立し，展開していくための媒介として位置づけされている[53]。市民社会は事実上，国家と社会との間を結びつける架橋であり，主権国家の在り方にまたその対外関係に影響を及ぼしたり，それを変えていくことができる可能性をもつ回路があることに他ならない。

　そうした動向が見られるものの，そうしたグローバル市民社会を中核とする非（脱）国家主体中心的ガバナンスが，国家主体中心的ガバナンスに取って代わってグローバル・ガバナンスにおいて支配的地位を占めてはいない。依然として両サブ・ガバナンスの関係はきわめて非対称的なものであり，また，ゼロ―サム的関係のままであり，後者の国家主体中心的ガバナンスが支配的地位を占めていることを認めざるを得ない。なぜグローバル・ガバナンスの基本的枠組みは変容していないのか，また，それを変革するにはどのような条件が必要なのか，などを問わねばならない。その場合でも，国家中心ガバナンスと非（脱）国家中心的ガバナンスはすべて明確に二分化できない点に注目すべきである。実際には，両サブ・ガバナンスは部分的であれ相互作用・構成関係を形成しており，必ずしも非両立的関係を形成しているのではない。国家主体の存在にとって重要な国家利益に関わる問題や安全保障・軍事力問題，政治体制

の維持・空間に関わる問題などは国家主権は非国家主体の影響力を受けることはほとんどない。だが，国家主体が独自で問題に対処したり，解決をしていくことが困難である場合，非（脱）国家主体の協力を求めたり，支援を期待する場合には，両者のガバナンスは補完関係を，また，国家主体が新しい危機や紛争，問題に適切に対応できない場合には，国家主体は非（脱）国家主体にまかせて非（脱）国家主体の統治活動に反対も干渉もしない場合には，両者のそれは相互依存関係に，さらに，両主体が共通の価値や目標を充足するためにほぼ対等な立場で協調体制を取る場合には，両者のそれは両立的関係を形成することができる。明確に二分化できないことは別の観点からも理解することが可能だ。例えば，多国籍企業はタテマエとしては非（脱）国家主体であっても，ホンネとしては国家主体と同様な行動様式を取っている。また，I. クラークが主張しているように，グローバル市民社会を構成している NGO は先進諸国中心に形成したものだからだ[54]。さらに，これまでほとんど大規模で，主要な行動をしている NGO は事実上，国家の資本提供を受けており，その行動の自律性は制約されがちである。グローバル市民社会の NGO の活動や存在意義を過大評価することは問題であるといってよい。

5．国家中心的ガバナンスと非（脱）国家中心的ガバナンスの非対称的関係の構図

　今日のグローバル危機（リスク）社会において，グローバル・ガバナンスを構成する国家中心的ガバナンスと非（脱）国家中心的ガバナンスの関係はきわめて非対称的なものであり，前者がきわめて高い優位性を占めている状態にある。現実はむしろその状態は構造的なものとなり，グローバル危機（リスク）社会をよりいっそう悪化させている[55]。なぜそうした動向は避けられなくなっているのか。両サブ・ガバナンスの統治行動・意味内容・機能・能力に関してどのような格差や相違性が存在しているのか，また，なぜそうした事態は容易に避けることができないのか，さらに，これからどうすればそうした事態を回避することが可能なものとなるのか，などを解明することが重要である。

すなわち，両サブ・ガバナンスの非両立的あるいは非対称的関係を，両立的・対称的関係へ転換することで，グローバル危機（リスク）社会の構造的悪化を回避していかねばならない，という視座を適切に理解する必要がある。

　国家中心的ガバナンスは事実上，非（脱）国家中心的ガバナンスと非対称的関係を構成することになるガバナンスの意味内容的・機能的・能力（権力）的特性をもっているのだろうか。国家中心的ガバナンスは事実上，「大国中心的ガバナンス」，「上からのガバナンス」，「消極的ガバナンス」，「現世代中心的ガバナンス」，「現状維持志向ガバナンス」ということができる。国家中心的ガバナンスは，世界国家や政府，連邦政府などといった超権威的統治体系不在のなかで国家政府や政府間国際組織などの公的主体によって構成されているが，その事実上のガバナンス構成の主体は，大きなかつ重要な機能や資格，能力をもつ大国なり先進諸国である。大国なり強国としての資格や権力をもっていない弱小国家や開発途上諸国，その他の脆弱な能力しかもっていない集団や行動主体などは，大国と同様に国家中心的ガバナンスの構成主体になることはほとんどない。実際に，そうした国ぐには大国の創成するガバナンスから疎外されている。「大国中心のガバナンス」によって弱小諸国などはその大国のガバナンスの支配の対象とはなっても，本来的に弱小諸国などの主体のためのものではない。当然のことながら，大国や先進諸国と弱小諸国や開発途上諸国との間で通用する機能と権力は著しく非対称的であり，グローバル危機（リスク）社会における政策決定過程は少数の大国や先進諸国によって支配されているため，国家中心的ガバナンスの在り方は独占的に大国などによって構成され，その価値や利益，財，目標を反映しているため，大国などのためだけに役立つことになる。そのため，弱小諸国などを含めグローバル社会全体にとって価値や利益，財は考慮されることなく，それらの充足は実現することがない。

　また，国家中心的ガバナンスは実質的に，「大国中心的ガバナンス」であるが，その反面，そのガバナンスを「上からのガバナンス」と言い換えてもいい。国家中心的ガバナンスは，協力な統治機能と権力をもつ大国が上位にいる支配者側の立場で自己の価値や利益，財を維持・強化するために，権力的に下位にある被支配者側を一方的に，強制的に統治していくベクトルを潜在的に内包している。「上からのガバナンス」は必ずしも抑圧のガバナンスと同一の

ものではないものの，前者のガバナンスは非対称的権力関係を前提に大国中心のガバナンスを再生産する強制的統治能力によって支えられている。したがって，「上からのガバナンス」は，地球的規模の危機・紛争・公共悪・問題群を根本的に統治（管理）したり，解決したり，あるいは，地球公共財を形成し，すべての弱小集団や諸国も含めて国ぐにに，すべての人びとのために公共財を構成し，それをすべての存在に提供することは困難となる。

　さらに，国家中心的ガバナンスは実質的に「消極的ガバナンス」と捉えることもできる。「消極的ガバナンス」とは，国家中心的ガバナンスがグローバル危機や紛争，公共悪，問題群を管理して解決するのではなく，単にそれらの現状を管理（統制），調整する機能を遂行しているのであったり，地球公共財の形成・提供に関しても大国や先進諸国にとって都合のよいものを形成・提供することを試みることで，価値や財の配分決定構造を固定・維持・管理するガバナンスを意味する。それは明らかに，グローバル危機（リスク）社会の変革を志向するガバナンスではなく，その社会の現状への消極的な対処療法的試みでしかない。その上，国家中心的ガバナンスは，「現世代中心的ガバナンス」でもあるといわざるを得ない。国家中心的ガバナンスは，現世代中心の人びとや国ぐにを起点としてさまざまな問題を位置づける性向を内在している。さまざまな問題を将来の長期的タイム・スパンのなかに位置づけることなく，近視眼的考え方に規定されている。そのため「現世代中心的ガバナンス」は，現時点で直面している問題のみに目を奪われ，しかもその問題の管理には関心を示してもその問題の根本的解決を志向することがない。自己が現時点で享受している価値や財を維持するための統治機能にしか注目しないガバナンスとして作用することになる。今だけ良ければいいとの考え方に規定され，そうしたツケが将来世代に及ぶことに対する適切な認識をもつことができない。そのことがすぐに現世代にハネ返り，当該世代も生存中に重大なダメージを避けることができなくなる。

　こうして見ると，国家中心的ガバナンスは実質的に，「大国中心的ガバナンス」，「上からのガバナンス」，「消極的ガバナンス」，「現世代中心的ガバナンス」，つまり「現状維持志向ガバナンス」と言い換えることができるという共通の意味内容，共通の問題性，そして共通の限界性を内包している。国家中

心的ガバナンスは本質的に，現状維持志向ガバナンスとしての特性をもっている。なぜならば，大国や先進諸国は，現在のグローバル危機（リスク）社会を支配している紛争や公共悪，問題群を根本的にかつ構造的に変革することなく強者や自国が現に享受している価値や財の在り方をそのまま維持したり，より強化することを志向し，現在保持しているものを守るため，優位な権力的地位にある立場から弱者や弱小諸国などの被支配者側に対して強制的・支配的統治行動を取っている。

　その一方で，非（脱）国家中心的ガバナンスは，国家中心的ガバナンスとは対照的な特性をもっており，権力的に「弱者（弱小国や開発途上諸国も含む）中心的ガバナンス」であると同時に，「下からのガバナンス」，「積極的ガバナンス」，「将来世代中心的ガバナンス」，「現状変革志向ガバナンス」，といってもよい。非（脱）国家主体中心的ガバナンスは明らかに，国家主体と同様な統治権力も統治能力，統治機能も同程度にもっていなかったり，あるいはほとんどもっていない非（脱）国家主体から構成されている。「弱者中心的ガバナンス」とは，現存のグローバル危機（リスク）社会を支配する危機，紛争や公共悪，問題群を単独でも集団によっても統治する権力も機能，条件もほとんどもち合わせていないガバナンス（実際には統治できない）である。「大国中心ガバナンス」とは実質的に，統治権力・機能・能力に関して非対称的関係を形成しており，対等な関係のなかでゲームができない。事実上，そのゲームはいわゆる「ゼロ－サム的」なものにならざるを得ない。グローバル危機（リスク）社会の抱える危機や紛争，問題を管理・解決・変革するための政策決定過程において国家主体と対等な関係で参入して，影響力を行使することがほとんどできない。そのため，グローバル危機（リスク）社会の現状の影響を一方的に受けることになり，その最大の犠牲者となる。その犠牲者となることを回避するために，積極的かつ生産的な統治活動を行うことも，統治機能を実行する能力も欠如していることが一般的である。

　また，権力的に上位にいる大国や公的国際組織・制度の支配者側による一方的な，強制的な統治のベクトルに対して，権力的に下位にいる弱者の被支配者側の下からの統治のベクトルを通用させる以外に対抗も挑戦もできない。非（脱）国家主体中心的ガバナンスは一応理念的には「下からのガバナンス」と

いうことができるものの，現実的には弱い勢力であって，規範的なものに終ってしまいがちである。「上からのガバナンス」と「下からのガバナンス」の関係はそれ自体，きわめて非対称的なものである。「上からのガバナンス」に実際に対抗・挑戦していくためには，弱者の間でグローバル・レベルでの協調・連帯・統一といった下からのネットワークを積極的に創出していく以外ない。あるいは，グローバル政治社会の支配者側が「下からのガバナンス」の必要性と正当性を十分理解した上で，それを押えたり，反対することなく，積極的に受け入れていくことが必要となる。

　さらに，非（脱）国家中心的ガバナンスは，「積極的ガバナンス」と言い換えることができる。グローバル危機（リスク）社会に表出する危機や紛争，公共悪，問題群を単に管理，統制することのみを志向する限り，自己の求めるグローバル社会全体にとっての価値や財を実現することはできない。そのガバナンスが「消極的ガバナンス」で終わることなく，すぐれ有能な，生産的な機能の遂行を実現できるものになるためには，危機や紛争，公共悪，問題群を表出する原因となっている構造それ自体を根本的に変革していく志向性がない限り，グローバル危機（リスク）社会の拡大再生産を避けることができない。したがって，非（脱）国家中心的ガバナンスは，すぐれて「積極的ガバナンス」でなければならない。その上，非（脱）国家中心的ガバナンスは，「将来世代中心的ガバナンス」でもある。グローバル危機・紛争構造の解体や公共財の形成・提供などの問題を将来の長期的タイム・スパンの軸上で位置づけ，つまり将来世代の人びとや国ぐにを共通にそれらの問題を位置づけることによって，現状維持志向性を克服することが可能となるであろう。

　したがって，非（脱）国家中心的ガバナンスは，「弱者中心的ガバナンス」，「下からのガバナンス」，「積極的ガバナンス」，「将来世代中心的ガバナンス」と言い換えることが可能であるが，本質的には「現状変革志向ガバナンス」としての諸条件を潜在的に内包している。今日，きわめて脆弱な統治機能と統治能力（権力）しかもっていない非（脱）国家中心的ガバナンスが，現状維持志向の国家中心的ガバナンスに抵抗し，あるいは挑戦して，グローバル危機（リスク）社会を効果的かつ確実に統治していくためには，国家主体の利益（国益）や私的財を地球公共財化していく方向で，グローバル危機・紛争構造を根

本的に変革する志向性をもつガバナンスが求められる。

6．地球的公共財としての現状変革志向グローバル・ガバナンスの構築条件

　U．ベックが強調するように，21世紀の世界は，単に変化しているどころか，これまでの変化の枠組みでは読み取ることも，認識することもできないほどの，新しい何らかが出現してきているという，きわめて急進的な「変態」がおこっている。世界中で起きている出来事が国家の枠組みを超えてコスモポリタン化（グローバル化）している。誰もがグローバルなものを避けて通れない。グローバルなもの，つまりコスモポリタン化している現実は，一人ひとりのかけがえのない生きた現実を構成している。しかもそのコスモポリタン化（グローバル化）は，事実上コスモポリタン化された行為の空間の形成であり，あるいは，社会的行為（現象）のグローバル性の形成である。また，そのことは本質的に，世界社会における国家や人びとの価値や財の地球公共財化ではなく，むしろ公共悪（負の財）化を意味している。単純にいえば，それが世界リスク社会なりグローバル危機社会の形成に他ならない。「『コスモポリタン化される』という言葉は，『コスモポリタン化』という理論から生まれていて，規範としての『コスモポリタニズム（世界主義）』のことを指す『コスモポリタン』と混合されるべきではない。行為主体（政府，企業，宗教，市民運動，個人など）の認識を超えて，コスモポリタン化された行為の空間について分析がなされ，それは国の枠組みの中では制度化されないものと理解される必要がある」。その上，問題となるのは，そうした世界社会のコスモポリタン化の現実を認識し，理解し，分析・説明する見方や視点が変態しつつある現実の世界を，「方法論的コスモポリタニズム」ではなく，「方法論的なナショナリズム」によってアプローチされていることである。国家中心の世界観は世界の変態の現実を捉えることができないばかりか，歪めたものにしてしまい，変態の実像を正確かつ適切に抽出することを困難にする。そのことが世界リスク社会（グローバル危機社会）状態をよりいっそう悪化させることにつながるのだ。

リスク（危機）社会自体が世界の強力な変態の主体者になると見てよい。また，世界的リスクは通常のリスクと異なって単にまだ知らないという意味での未知ではなく，自分たちが知らされないということを知らないという「未知の無知」と理解されるべきだ。それほどに世界リスク社会は，実際には，型にはまった答えのない問題が集約したものと考えてよい[56]。

　そうした特性をもっているグローバル危機社会（世界リスク社会）を変革していくことは著しく困難であり，きわめて理想的で，非現実的なことであるとみなされていることはたしかである。しかし，グローバル危機（リスク）社会を変革していくことは決して不可能ではない。なぜならば，危機やリスクは本質的に，一方で，厳しい現実の危機やリスクが形成され，拡大されると，他方で，その危機の解決や変革の可能性も同時に高まるチャンスが創成され，拡大していくというパラドクスが存在しているからだ。そうした危機やリスクは本質的に，自然に，先天的に存在するものではなく，選択によって生じるもので，不可避的なものではない。問題はそうしたパラドクスを認識することができるか，また，そうしたチャンスを生かすことができるか，どうかである。

　また，我われ人類の絶滅の可能性を内在化させている高い危機状態が現実的なものであり，国家であれ人びとの集団であれ，あるいは勢力が現在変容している価値や利益，財，権力などを維持するために現状維持志向政策や思考，行動をあくまでとりつづける限り，その勢力は実際には，かえってそれらを削減したり，縮小したり，喪失する可能性が高まる，という現実が存在している。それとは反対に，現状変革志向政策や思考，行動をとることがそれらの価値や財などの現状維持がかえって保証する，というパラドクスが成り立つことが可能だ。

　さらに，グローバル危機（リスク）状態を変革する条件が存在している。それはグローバル危機（リスク）状態の存在に対し，その関係当事者が，自己の規範や理念，思想，価値観からそれらの危機（リスク）を批判や反対，挑戦，否定するなかで，現状変革を試みることもめずらしいことではない。こうした性向はむしろ一般的である。現状変革の可能性は潜在的にも顕在的にも常態化している。

　そうしたグローバル危機（リスク）社会の現状変革の可能性があるものの，

今日，現状変革志向ガバナンスとしての非（脱）国家中心的ガバナンスは実際に，現状維持志向ガバナンスとしての国家中心的ガバナンスに比較して，きわめて脆弱なままであり，グローバル危機（リスク）社会の変革・克服にとってこのままではよりいっそうその有用性を低下させている。現実には，国家中心的現状維持志向ガバナンスが強い勢力を維持しており，グローバル・ガバナンスにおいては支配的地位を占めている。なぜならば，一方の現状維持志向勢力としての国家中心的ガバナンスが統治の権力（能力）・権威・自律性・正当性を高い割合で占めているが，他方の，現状変革志向勢力として非国家中心的ガバナンスは上記のガバナンスと対等な統治の権力（能力）・権威・自律性・正当性をもっていないことで，両システムが非対称性の関係を構成しているからに他ならない。そのためグローバル危機（リスク）状態の拡大再生産が不可避となる。

　グローバル危機（リスク）社会を変革していくためには何よりも，グローバル紛争構造や危機（リスク）構造の実像を正確に描き，適切に分析・説明し，そしてまた将来の妥当な予測ができなければならない（これについては第1章および本章の第1・2節で試みてきた）。すなわち，人類の危機（リスク）を知ることだ。その上で，グローバル危機（リスク）を統治するグローバル・ガバナンスの実像の解明を試みてきた。国家中心的現状維持志向サブ・ガバナンスと非（脱）国家中心的現状変革志向サブ・ガバナンスは著しく非対称的関係を構成しているため，グローバル危機（リスク）構造の拡大再生産を不可避なものにしている。そこでそうした動向にあるグローバル危機（リスク）構造の根本的変革を可能にするグローバル・ガバナンスを模索しなければならない。そこでの基本的問題は，一つが，ある危機（リスク）状態を単に管理（統制）や部分的解決のレベルではなく，危機（リスク）の原因を含めての全面的解決や変革のレベルのガバナンスをどのように進展させていくことができるのか，もう一つが，関係当事者間での価値や利益，財，目標，権力などの配分の問題であるが，公的財（国家利益）をいかに地球公共財（グローバル益）化することができるか，が中核的課題である。「グローバルな問題はグローバルな解決を要求する。我れわれは多様なレベルでまた特別な主体による協力を明らかにしなければならない。そうすることで我れわれは，いかに地球公共財が超国家的権威

も含めて公的・私的な多くの手段や様式から創出しうるかを決定できる」[57]。もちろん，第1と第2の問題はそれぞれ個別的なものではなく，1枚のコインのオモテとウラの関係である。その二つの問題に応えるグローバル・ガバナンスはどのような必要・可能条件をもっているのだろうか。

その第1の基本的条件は，「人間中心的価値」より「生態系環境中心的価値」を優先する価値観への転換である。人間の安全な生存と豊かな生活だけを考えて他の存在を無視したり，排除する「人間だけよければいい」とする思考・行動様式を取る限り，結局，人間にツケが回り，人間の生存・生活に無限の危機（リスク）を生み出すことになる。そのことと関連して，「生産力第1主義」も人間にとって危機的状態を生み出す。

第2の変革のための条件は，グローバル社会全体にとっての財や価値を個や部分のそれらよりも優先することだ。そのことは実際には，前者のために後者のそれが犠牲になるとか，無視されることを意味するものではない。グローバル社会全体にとっての財や価値のそれらを非両立的関係として位置づけるのではなく，前者の枠組みのなかにその全体を構成する部分として，それらと対立することなく適切に位置づけることだ。そうすることで個それ自体の財や価値を喪失することなく，それらの維持・強化が可能となる。地球環境財が象徴的に物語るように，全体と個の価値や財の両立可能な共通の財が形成されない限り，両者のどちらかがその財や価値を失うか，場合によっては共倒れ状態に陥ることは避けられなくなる。

第3の必要・可能条件は，関係当事者である国家と国家，地域と地域，社会集団と社会集団，個と個，部分と部分などの間で，両立的な，共通の財や価値を形成していくことだ。そうした共通財とは，全体と個というタテのレベルの財や価値との両立的関係のものではなく，個と個のヨコのレベルでのそれらの両立的関係のものである。グローバル紛争構造の支配するグローバル危機（リスク）社会において，ほぼすべての個が共通の目標や条件をもつことになり，個と個との財や価値をめぐる相互依存関係を増大させていく。

第4の条件は，関係当事者のすべての行動にとって財や価値を求めていく機会が排除されることなく，開放されていることだ。言い換えると，個と個の財や価値の配分が実質的意味での平等あるいは公平であることだ。なぜならば，

第3の条件である個と個との共通財や価値，つまり相互依存的財の形成を可能にする当事者は明らかに，大国や先進諸国に限定されており，弱小国や開発途上諸国にとっての可能性は著しく脆弱なものだ。後者の国ぐにには，前者の国ぐにとの支配－従属関係のなかで特に経済的価値配分構造から大きく排除されている。すべての財や価値へのアクセスする機会が平等に開放されていることによって，すべての当事者にとって共通財の構築が可能となる。この第4の条件にとって重要なことは，財や価値の形式的平等性のことではなく，そうした選択するチャンスが開かれていることだ。

　第5の有用なガバナンスの条件は，現世代ではなく，将来世代中心の財や価値の維持が志向されることだ。行動主体が現世代中心の財や価値の維持・強化を前提に具体的な政策や行動を取るならば，将来世代にそのツケが回ってその世代の財や価値の維持が困難となるどころか，それらを大きく縮小させたり，喪失せることになり，最大の犠牲者となる。長期的視点からではなく，短期的（現世代的）視点から財や価値を設定するならば，それらを一時的に維持することがあっても，将来世代がそれらを所有することは困難となる。そのことは危機の拡大再生産をもたらすことを意味する。

　第6の条件は，グローバル社会で支配的地位を占めている大国や先進諸国から成る中心部からではなく，その支配の対象となっている弱小諸国や開発途上諸国から成る周辺部の視点や立場から公共財を再構成すべきことだ。そのことが今日，現実のグローバル危機社会のなかで周辺部が置かれている実態と，また，周辺部の存在意義と重要性，役割，現状維持志向ガバナンスの変革の必要・可能条件を所有していること，などを適切に認識することを意味する。中心部の視点や立場からグローバル危機（リスク）社会へアプローチすることは，現状維持志向政策が維持・強化され，また，グローバル危機を拡大再生産することになり，さらに，現状維持志向ガバナンスを正当化する。グローバル危機（リスク）の変革の可能性は否定されることになる。グローバル・ガバナンスの形態は，排他的なものになったり，少数者の権力や特権を永続化させるものではなく，革新・大胆な変革を志向する新しい対応策のみである。

　第7の必要・可能条件は，第1から第6までの集団的条件であるが，現状維持志向財配分よりも現状変革志向財配分を優先させることだ。そうでなけれ

ば，グローバル危機（リスク）状態の永続的な悪化傾向を止めることができない。グローバル危機（リスク）社会での財や価値の在り方を公共財化することは事実上，現状維持志向ではなく現状変革志向財配分によって可能となる。そうすることで，すべての国や人びとが自由かつ公平に財や価値にアクセスし，それらを享受することができるのだ。

　そうして，これまでグローバル・ガバナンスで支配的地位を占めてきた大国中心的現状維持志向ガバナンス（人間中心的・部分的・個別的・排他的・現世代中心的・大国および強者中心的・現状維持志向財優先）から，非（脱）国家中心的現状変革志向ガバナンスへの基本的変革を求めていく必要があるし，また，そのことは可能なのだ。その場合，非（脱）国家中心的現状変革志向ガバナンスをより強化していくことが重要となるが，同時に，国家中心的現状維持志向ガバナンスが自ら，非（脱）国家中心的現状変革志向ガバナンスの必要・可能条件を求めていくことが可能である。国家中心的ガバナンスの自己変革を志向すればするほど，両サブ・システムの対称的関係と同時に両立的関係の領域を拡大させることになる。もちろん，非（脱）国家中心的現状変革志向勢力を具体的によりいっそう強化していく必要性があることはいうまでもない。例えば，M. カステルのいうように，草の根組織などの社会の底辺に存在する集団や NGO，社会運動，世論の運動などから成るグローバル市民社会をよりいっそう活性化することが必要となろう[58]。また，D. ヘルドの主張する多元的市民権や多層的民主主義に基づくグローバルなまた長期的な制度が重要である。それらの必要条件は，多層的なガバナンス・拡散的権威，地方からグローバル・レベルの民主主義的フォーラム，人権協定強化，地球的・グローバル人権裁判所の設立，指導的役割を遂行する IGO の透明性・説明責任・効果性の強化，非国家主体の透明性・説明責任・声の改善，市民が選択できる接近へのメカニズムの多様な方式の使用，有効な・説得力のある・地域的グローバルな警察／軍部の確立，などである[59]。

[注]
1) Held, David, "Reframing Global Governance: Apocalypse Soon or Reform!," in Held, David and Anthony McGrew, eds., *Globalization Theory: Approaches and Controversies* (Cambridge: Polity, 2007), pp. 240-241.

2) Wilkinson, Rorden, "Introduction: Concepts and issues in global governance," in Wilkinson, Rorden, eds., *The Global Governance Reader* (Oxon: Routledge, 2005), p. 1.
3) Castells, Manuel, "Global Governance and Global Politics," *Political Science and Politics*, Vol. 38 No. 1 (2005), p. 9.
4) MacGrew, Anthony, "Power Shift: From National Government to Global Governance?," in Held, David, ed., *A Globalization World?: Culture, Economics, Politics* (London: Routledge, 2000), p. 130.
5) Hoffmann, Matthew J. and Alice D. Ba, "Introduction: Coherence and Contestation," in Ba, Alice D. and Matlhew J. Hoffmann, eds., *Contending Perspectives on Global Governance: Coherence, contestation and world order* (London: Routledge, 2005), pp. 1-2.
6) Weiss, Thomas G. and Rorden Wilkinson, "Rethinking Global Governance?: Complexity, Authority, Power, Change," *International Studies Quarterly*, Vol. 58 (2014), p. 207.
7) デヴィッド・ヘルド「グローバル・ガバナンスの再構築―終末か改革か！―」中谷義和編『グローバル化理論の視座―プロブレマティーク＆パースペクティブ―』（法律文化社，2007年），81-83頁。
8) 星野昭吉『グローバル危機社会の構造とガバナンスの展開』（亜細亜大学購買部ブックセンター，2014年），337-76頁。
9) Castells, Manuel, *op.cit.*, p. 10.
10) マーク・ベビア／野田牧人訳『ガバナンスとは何か』（NTT出版，2013年），137頁。
11) Held, David, *op.cit.*, pp. 242-43.
12) *Ibid.*, pp. 243-45.
13) Held, David and Anthony McGrew, *Globalization/Anti-Globalization* (Cambridge: Polity Press, 2000), pp. 33-39.
14) Armstrong, David, Theo Farrell, and Bice Maiguashca, eds., *Governance and Resistance in World Politics* (Cambridge: Cambridge University Press, 2003).
15) Cutler, A. Claire, "Global Governance," in Robertson, Roland and Jan Aart Sholte, eds., *Encyclopedia of Globalization*, Vol. 2 (New York: Routledge, 2007), p. 512.
16) マーク・ベビア／野田牧人訳，前掲書，137-38頁。
17) Weiss, Thomas G. and Rorden Wilkinson, *op.cit.*, p. 211.
18) Hoffmann, Mattew J. and Alice D. Ba, *op.cit.*, pp. 3-7.
19) Sending, Ole Jacob and Iver B. Neumann, "Governance to Governmentality: Analyzing NGOs, States, and Power," *International Studies Quarterly*, Vol. 50, No. 3 (2006), pp. 651-55.
20) Taylor, Andrew, "Governance," in Blakeley, Georgina and Valerie Bryson, eds., *Contemporary Political Concepts: A Critical Introductionl* (London: Pluto Press, 2002), p. 37.
21) Weiss, Thomas G. and Rorden Wilkinson, "Governance, Beyond IR?" in Booth, Ken and Toni Erskine, eds., *International Relations Theory Today*, 2nd ed. (Cambridge: Polity, 2016), pp. 219-27.
22) Castells, Manuel, *op.cit.*, pp. 10-11.
23) Rosenau, James N., "Governance, Order, and Change in World Politics," in Rosenau, James N. and Ernst-Otto Czempiel, eds., *Governance without Government: Order and Change in World Politics* (Cambridge: Cambridge University Press, 1992), pp. 4-5.
24) Halliday, Fred, "Global Governance: Prospects and Problems," *Citizenship Studies*, Vol. 14, No. 1 (2000), p. 431.
25) マーク・ベビア／野田牧人訳，前掲書，141-42頁。

26) Held, David and Anthony McGrew, "Introduction," in Held, David and Anthony McGrew, eds., *Governing Globalization: Power, Authority and Global Governance* (Cambridge: Polity, 2002), p. 8.
27) グローバル・ガバナンス委員会／京都フォーラム監訳『地球リーダーシップ──新しい世界秩序を目指して──』（日本放送出版協会，1995年），28-29頁。
28) Cox, Robert W., ed., *The New Realism: Perspectives on Multilateralism and World Order* (Houndmills: Macmillan, 1997), p. xvi.
29) Scholte, Jan Aart, *Globalization: A Critical Introduction*, 2nd ed. (Hampshire: Palgrave Macmillan, 2005), pp. 185-223.
30) Smouts, Marie-Claude, "The Proper use of Governance in International Relations," *International Social Science Jorunal*, Vol. 50, No. 155 (1998), p. 87.
31) 星野昭吉『グローバル危機社会の構造とガバナンスの展開』，352-57頁。
32) Scholte, Jan Aart, *op.cit.*, pp. 203-206；星野昭吉『世界政治における行動主体と構造』（アジア書房，2001年），195-97頁。
33) Karns, Margaret P. and Karen A. Mingst, *International Organization: The Politics and Processes of Global Governance* (Boulder: Lynne Rienner, 2004), pp. 8-9.
34) Diehl, Paul F., ed., *The Politics Global Governance: International Organizations in an Interdependent World*, 3rd ed. (Bouldr: Lynne Rienner, 2005).
35) Abbott, Kenneth W. and Duncan Sindal, "Why States Act Through Formal International Organizations," in Diehl, Paul F., *loc.cit.*, p. 27.
36) Karns, Margaret P. and Karen A. Mingst, *op.cit.*, p. 12.
37) Simmons, Beth A. and Lisa L. Martin, "International Organizations and Institutions," in Carlsnaes, Walter, T. Thomas Risse, and Beth A. Simmons, eds., *Handbook of International Relations* (London: Sage, 2002), pp. 193-95.
38) Krasner, Stephen D., "Structural Causes and Regime Consequences: Regimes as Intervening Variables," *International Organizations*, Vol. 36, No. 2 (1982), p. 186.
39) Little, Richard, "International Regimes," in Baylis, John, Steve Smith, and Patricia Owens, eds., *The Globalization of World Politics: An Introduction to International Relations*, 4th ed. (Oxford: Oxford University Press, 2008), pp. 298-309.
40) 星野昭吉『グローバル危機社会の構造とガバナンスの展開』，357-66頁参照。
41) 星野昭吉『世界政治と地球公共財』，同文舘出版，2008年，115-35頁参照。
42) Collingwood, Vivien, "Non-Governmental Organizations, Power and Legitimacy in International Society," *Review of International Studies*, Vol. 32, No. 3 (2006), pp. 439-54.
43) Karns, Margaret P. and Karen A. Mingst, *op.cit.*, p. 246.
44) Scholte, Jan Aart, "The Globalization of World Politics," in Baylis, John and Steve Smith, eds., *The Globalization of World Politics: An Introduction to International Relations* (Oxford: Oxford University Press, 1997), p. 25.
45) Smith, Jackie, Ron Pagnucco, and Charles Chatfield, "Social Movement and World politics: A Theoretical Framework," in Smith, Jackie, Charles Chatfield, and Ron Pagnucco, eds., *Transnational Social Movements and Global Politics: Solidarity Beyond the State* (Syracuse: Suracuse University Press, 1997), pp. 253-55.
46) Josselin, Daphné and William Wallace, "Non-State Actors in World Politics: The Lessons," in Josselin, Daphné and William Wallace, eds., *Non-State Actors in World Politics* (Basingstoke: Palgrave Macmillan, 2011), pp. 252-55.

47) Castells, Manuel, *op.cit.*, p. 11.
48) O'Brien, Robert, "Global civil society and global governance," in Ba, Alice D. and Matthew J. Hoffmann, eds., *loc.cit.*, pp. 214-18.
49) Lanhorne, Richard, *The Essentials of Global Politics* (London: Hodder Arnold, 2006), p. 112.
50) Cohen, Robin and Paul Kennedy, *Global Sociology*, 2nd ed. (Hampshire: Palgrave Macmillan, 2007), p. 445-50.
51) Castells, Manuel, *op.cit.*, pp. 12-14.
52) Beck, Ulrich, *Power in the Global Age: A New Global Political Economy* (Cambridge: Polity, 2005), p. 52.
53) Walker, R. B. J., "Social Movements/World Politics," *Millennium: Journal of International Studies*, Vol. 23 (1994), p. 696.
54) Clark, John D., "Ethical Globalization: The Dilemmas and Challenges of Intenationalizing Civil Society," in Edwards, Michael and John Gaventa, eds., *Global Citizen Action* (Boulder: Lynne Rienner, 2001), pp. 17-18.
55) 星野昭吉『世界政治と地球公共財』, 107-122 および 133-43 頁。
56) ウルリッヒ・ベック／枝廣淳子, 中小路佳代子訳『変態する世界』（岩波書店, 2017 年), 1-78 頁参照。
57) Weiss, Thomas G. and Rorden Wilkinson, *op.cit.*, p. 213.
58) Castells, Manuel, *op.cit.*, pp. 12-14.
59) Held, David, "Reframing Global Governance: Apocalypse Soon or Reform!," pp. 250-56.

参考文献

【和文文献】

足立文彦『人間開発報告書を読む』古今書院,2006年。
磯村早苗・山田康博編『いま戦争を問う―平和学の安全保障論―』〈グローバル時代の平和学〉2,法律文化社,2004年。
伊藤美登里『ウルリッヒ・ベックの社会理論―リスク社会を生きるということ―』勁草書房,2017年。
石見徹『開発と環境の政治経済学』東京大学出版会,2004年。
ウォーラスティン,I.／川北稔訳『史的システムとしての資本主義』新版,岩波書店,1997年。
臼井久和・星野昭吉編『平和学』三嶺書房,1999年。
内田猛男・川原彰編『グローバル・ガバナンスの理論と政策』〈中央大学政策文化総合研究所研究叢書〉14,中央大学出版部,2004年。
内海愛子・山脇啓造編『歴史の壁を超えて―和解と共生の平和学―』〈グローバル時代の平和学〉3,法律文化社,2004年。
絵所秀紀・穂坂光彦・野上裕生編『貧困と開発』〈シリーズ国際開発〉1,日本評論社,2004年。
オーゴー,モートン「史的唯物論のグローバル化研究―批判的再評価―」中谷義和編『グローバル化理論の視座―プロブレマティーク&パースペクティブ―』法律文化社,2007年。
太田宏「地球環境ガバナンスの現況と展望」『国際法外交雑誌』第104巻第3号,2005年11月,319-46頁。
加藤朗「IT革命と軍事革命(RMA)」日本国際問題研究所編『国際問題』495号,2001年6月,50-65頁。
神里達博『文明探偵の冒険―今は時代の節目なのか―』講談社,2015年。
カルドー,メアリー／山本武彦・宮脇昇・木村真紀・大西崇介訳『グローバル市民社会論―戦争へのひとつの回答―』法政大学出版局,2007年。
菅英輝編『アメリカの戦争と世界秩序』〈サピエンティア〉1,法政大学出版局,2008年。
木村朗『危機の時代の平和学』法律文化社,2006年。
公文俊平「IT革命の文明論的意味」(日本国際問題研究所編『国際問題』495号,2001年6月)2-14頁。
クライン,ナオミ／磯島幸・荒井雅子訳『これがすべてを変える―資本主義VS気候変動―』上・下,岩波書店,2017年。
グローバル・ガバナンス委員会／京都フォーラム監訳『地球リーダーシップ―新しい世界秩序を目指して―』日本放送出版協会,1995年。
公共哲学ネットワーク編『地球的平和の公共哲学―「反テロ」世界戦争に抗して―』〈公共哲学叢書〉3,東京大学出版会,2003年。
小松丈晃『リスク論のルーマン』勁草書房,2003年。
齋藤純一編『公共性の政治理論』ナカニシヤ出版,2010年。

坂本義和編『市民運動』〈世界政治の構造変動〉4, 岩波書店, 1995年。
佐々木隆生『国際公共財の政治経済学―危機・構造変化・国際協力―』岩波書店, 2010年。
佐々木毅・金泰昌編『地球環境と公共性』〈公共哲学〉9, 東京大学出版会, 2002年。
情況出版編集部編『グローバリゼーションを読む』情況出版, 1999年。
進藤榮一『公共政策への招待』〈国際公共政策叢書〉1, 日本経済評論社, 2003年。
スガナミ, H.／臼杵英一訳『国際社会論―国内類推と世界秩序構想―』信山社, 1994年。
スティーガー, マンフレッド・B.／櫻井公人・櫻井純理・高嶋正晴訳『グローバリゼーション』岩波書店, 2005年。
セン, アマルチア／加藤幹雄訳『グローバリゼーションと人間の安全保障』筑摩書房, 2017年。
総合研究開発機構・横田洋三・久保文明・大芝亮編『グローバル・ガバナンス―「新たな脅威」と国連・アメリカ―』日本経済評論社, 2006年。
高柳彰夫／ロニー・アレキサンダー編『私たちの平和をつくる―環境・開発・人権・ジェンダー―』〈グローバル時代の平和学〉4, 法律文化社, 2004年。
「地球市民社会の研究」プロジェクト編『地球市民社会の研究』〈中央大学政策文化総合研究所研究叢書〉4, 中央大学出版部, 2006年。
ドロア, イェヘッケル／足立幸男・佐野亘監訳『統治能力―ガバナンスの再設計―』ミネルヴァ書房, 2012年。
中谷義和編『グローバル化理論の視座―プロブレマティーク＆パースペクティブ―』法律文化社, 2007年。
中西治『新国際関係論』南窓社, 1999年。
西海真樹・都留康子編『変容する地球社会と平和の課題』中央大学出版部, 2016年。
西川潤『世界経済入門』第3版, 岩波書店, 2004年。
日本国際政治学会編『科学技術と国際政治』〈国際政治〉第83号, 有斐閣, 1986年。
日本国際政治学会編『グローバルな公共秩序の理論をめざして―国連・国家・市民社会―』〈国際政治〉第137号, 有斐閣, 2004年。
日本平和学会編『地球市民社会の安全保障』〈平和研究〉第22号, 早稲田大学出版部, 1997年。
日本平和学会編『20世紀の戦争と平和』〈平和研究〉第25号, 早稲田大学出版部, 2000年。
日本平和学会編『「人間の安全保障」の再検討』〈平和研究〉第27号, 早稲田大学出版部, 2002年。
日本平和学会編『「核なき世界」に向けて』〈平和研究〉第35号, 早稲田大学出版部, 2010年。
平野健一郎『国際文化論』東京大学出版会, 2000年。
福田耕治『国際行政学―国際公益と国際公共政策―』有斐閣, 2003年。
藤岡美恵子・越田清和・中野憲志編『国家・社会変革・NGO―政治への視線／NGO運動はどこへ向かうべきか―』新評論, 2006年。
藤原修・岡本三夫編『いま平和とは何か―平和学の理論と実践―』〈グローバル時代の平和学〉1, 法律文化社, 2004年。
古沢希代子「ジェンダー・ジャスティスを求めて―戦争および武力紛争下における女性への暴力―」岡本三夫・横山正樹編『平和学の現在』法律文化社, 1999年。
ベック, ウルリッヒ／枝廣淳子・中小路佳代子『変態する世界』岩波書店, 2017年。
ベック, ウルリッヒ／川端健嗣他訳『世界内政のニュース』法政大学出版局, 2014年。
ベック, ウルリッヒ／島村賢一訳『世界リスク社会論―テロ, 戦争, 自然破壊―』平凡社, 2003年。
ベック, ウルリッヒ／島村賢一訳『ナショナリズムの超克―グローバル時代の世界政治経済学―』NTT出版, 2008年。
ベビア, マーク／野田牧人訳『ガバナンスとは何か』NTT出版, 2013年。
ヘルド, D., M. K. アーキブージ編／中谷義和監訳／櫻井純理・伊藤武夫・木原正樹・高島正晴・北

村治訳『グローバル化をどうとらえるか―ガヴァナンスの新地平―』法律文化社, 2004 年。
星野昭吉『グローバル社会の平和学―「現状維持志向平和学」から「現状変革志向平和学」へ―』同文舘出版, 2005 年。
星野昭吉『世界政治の理論と現実―グローバル政治における理論と現実の相互構成性―』亜細亜大学購買部 BC, 2006 年。
星野昭吉『世界政治と地球公共財―地球的規模の問題群と現状変革志向地球公共財―』同文舘出版, 2008 年。
星野昭吉『世界政治の弁証法―現状維持志向勢力と現状変革志向勢力の弁証法的ダイナミクス―』亜細亜大学購買部 BC, 2009 年。
星野昭吉『世界秩序の構造と弁証法―「コミュニタリアニズム中心的秩序勢力」と「コスモポリタニズム中心的秩序勢力」の相克―』テイハン, 2010 年。
星野昭吉『グローバル政治の形成・展開・変容・変革―世界政治の展開過程の弁証法―』テイハン, 2013 年。
星野昭吉『グローバル危機社会の構造とガバナンスの展開』亜細亜大学購買部 BC, 2014 年。
ミッテルマン, ジェームズ・H. ／田口富久治, 松下冽, 柳原克行, 中谷義和訳『グローバル化シンドローム―変容と抵抗―』法政大学出版局, 2002 年。
宮本久雄・山脇直司編『公共哲学の古典と将来』〈公共哲学叢書〉8, 東京大学出版会, 2005 年。
武者小路公秀『人間安全保障論序説―グローバル・ファシズムに抗して―』国際書院, 2003 年。
室田武編『グローバル時代のローカル・コモンズ』〈環境ガバナンス叢書〉3, ミネルヴァ書房, 2009 年。
望田幸男・碓井敏正編『グローバリゼーションと市民社会―国民国家は超えられるか―』文理閣, 2000 年。
山口定『市民社会論―歴史的遺産と新展開―』〈立命館大学叢書・政策科学〉4, 有斐閣, 2004 年。
山之内靖ほか編『グローバル・ネットワーク』〈岩波講座・社会科学の方法〉XI, 岩波書店, 1994 年。
山本武彦『安全保障政策―経世済民・新地政学・安全保障共同体―』〈国際公共政策叢書〉18, 日本経済評論社, 2009 年。
山脇直司『グローカル公共哲学―「活私開公」のヴィジョンのために―』〈公共哲学叢書〉9, 東京大学出版会, 2008 年。
UNDP『グローバリゼーションと人間開発―人間の顔をしたグローバリゼーション―』〈人間開発報告書〉1999, 国際協力出版会, 1999 年。
UNDP『ミレニアム開発目標（MDGs）達成に向けて』〈人間開発報告書〉2003, 国際協力出版会, 2003 年。
UNDP『気候変動との戦い―分断された世界で試される人類の団結―』〈人間開発報告書〉2007/2008, 阪急コミュニケーションズ, 2008 年。
UNDP／横田洋三・秋月弘子・二宮正人監修『人間開発報告書 2011―持続可能性と公平性：より良い未来をすべての人に―』阪急コミュニケーションズ, 2012 年。
UNDP／横田洋三・秋月弘子・二宮正人監修『人間開発報告書 2013―南の台頭：多様な世界における人間開発―』阪急コミュニケーションズ, 2013 年。
横田洋三編『国際社会と法―国際法・国際人権法・国際経済法―』有斐閣, 2010 年。
米本昌平「科学技術の進歩とその限界―経済・軍事・生物技術・地球環境―」日本国際問題研究所編『国際問題』489 号, 2000 年 12 月, 51-67 頁。
渡辺昭夫・土山實男編『グローバル・ガヴァナンス―政府なき秩序の模索―』東京大学出版会, 2001 年。

【欧文文献】

Abizadeh, Arash, "Does Collective Identity Presuppose an Other?: On the Alleged Incoherence of Global Solidarity," *American Political Science Review*, Vol. 99, No. 1 (2005), pp. 45-60.

Adams, Nassau A., *Worlds Apart: The North-South Divide and the International System* (London: Zed Books, 1993).

Adler, Emanuel, *Communitarian International Relations: The Epistemic Foundations of International Relations* (London: Routledge, 2005).

Agné, Hans, "Democratism: Towards an explanatory approach to international politics," *Review of International Studies*, Vol. 44, part 3 (2018), pp. 547-69.

Agnew, John, "The Changing Nature of Space," in Clarke, John N. and Geoffrey R. Edwards, eds., *Global Governance in the Twenty-First Century* (Basingstoke: Palgrave Macmillan, 2004).

Albert, Mathias, David Jacobson, and Yosef Lapid, eds., *Identities, Borders, Orders: Rethinking International Relations Theory* (Minneapolis: University of Minnesota Press, 2001).

Albert, Mathias, Gesa Bluhm, Jan Helmig, Andreas Leutzsch, and Jochen Walter, eds., *Transnational Political Spaces: Agents-Structures-Encounters* (Frankfurt: Campus Verlag, 2009).

Albert, Mathias, Lothar Brock, and Klaus Dieter Wolf, eds., *Civilizing World Politics: Society and Community Beyond the State* (Lanham: Rowman & Littlefield, 2000).

Alger, Chadwick F., "Transnational Social Movements, World Politics, and Global Governance," in Smith, Jackie, Charles Chatfield, and Ron Pagnucco, eds., *Transnational Social Movements and Global Politics: Solidarity Beyond the State* (Syracuse: Syracuse University Press, 1997).

Amoroso, Bruno, *On Globalization: Capitalism in the 21st Century* (Basingstoke: Macmillan, 1998).

Appadurai, Arjun, "The Capacity to Aspire: Culture and the Terms of Recognition," in Held, David, Henrietta L. Moore and Kevin Young, eds., *Cultural Politics in a Global Age: Uncertainty, Solidarity, and Innovation* (Oxford: Oneworld, 2008), pp. 29-35.

Archibugi, Daniele, ed., *Debating Cosmopolitics* (London: Verso, 2003).

Arrighi, Giovanni and Beverley J. Silver, "Capitalism and World (Dis) order," in Cox, Michael, Tim Dunne, and Ken Booth, eds., *Empires, Systems and States: Great Transformations in International Politics* (Cambridge: Cambridge University Press, 2001), pp. 257-79.

Aviñó, Elvira Del Pozo, "Social Movements in a Globalized World," in Dasgupta, Samir and Ray Kiely, eds., *Globalization and After* (New Delhi: Sage, 2006).

Ba, Alice D. and Matthew J. Hoffmann, eds., *Contending Perspectives on Global Governance: Coherence, Contestation and World Order* (London: Routledge, 2005).

Barash, David P., ed., *Approaches to Peace: A Reader in Peace Studies* (New York: Oxford University Press, 2000).

Barkin, J. Samuel, *Realist Constructivism: Rethinking International Relations Theory* (Cambridge: Cambridge University Press, 2010).

Barnett, Michael and Thomas G. Weiss, eds., *Humanitarianism in Question: Politics, Power, Ethics* (Ithaca: Cornell University Press, 2008).

Barry, Christian and Thomas W. Pogge, eds., *Global Institutions and Responsibilities: Achieving Global Justice* (Malden: Blackwell, 2005).

Bartelson, Jens, "The Social Construction of Globality," *International Political Sociology*, Vol. 4, No. 3 (2010), pp. 219-35.

Basu, Amrita, ed., *Women's Movement in the Global Era: The Power of Local Feminisms* (Boulder:

Westview, 2010).
Battersby, Paul and Joseph M. Siracusa, *Globalization and Human Security* (Lanham: Rowman & Littlefield, 2009.
Baylis, John and Steve Smith, eds., *The Globalization of World Politics: An Introduction to International Relations* (Oxford: Oxford University Press, 1997).
Baylis, John, Steve Smith, and Patricia Owens, eds., *The Globalization of World Politics: An Introduction to International Relations*, 4th ed. (Oxford: Oxford University Press, 2008).
Bebbington, Anthony J., Samuel Hickey, and Diana C. Mitlin, eds., *Can NGOs Make a Difference?: The Challenge of Development Alternatives* (London: Zed Books, 2008).
Beck, Ulrich, *Power in the Global Age: A New Global Political Economy* (Cambridge: Polity, 2005).
Beck, Ulrich, "War Is Peace?: On Post-National War," *Security Dialogue*, Vol. 36, No. 1 (2005), pp. 5-26.
Beck, Ulrich, *Cosmopolitan Vision* (Cambridge: Polity, 2006).
Beck, Ulrich, "Realist Cosmopolitanism: How do Societies Handle Otherness?," in Held, David, Henrietta L. Moore, and Kevin Young, eds., *Cultural Politics in a Global Age: Uncertainty, Solidarity, and Innovation* (Oxford: Oneworld, 2008), pp. 60-67.
Beck, Ulrich, *World at Risk* (Cambridge: Polity, 2009).
Beck, Ulrich and Edgar Grande, *Cosmopolitan Europe* (Cambridge: Polity, 2007).
Beck, Ulrich and Natan Sznaider, "New Cosmopolitanism in the Social Sciences," in Turner, Bryan S., ed., *The Routledge International Handbook of Globalization Studies* (Abingdon: Routledge, 2010).
Bellamy, Alex J., *Security and the War on Terror* (Abingdon: Routledge, 2008).
Bellamy, Alex J., *Responsibility to Protect: The Global Effort to End Mass Atrocities* (Cambridge: Polity, 2009).
Bello, Walden, "The International Architecture of Power: (i) International Organizations and the Architecture of World Power," in Fisher, William F. and Thomas Ponniah, eds., *Another World Is Possible: Popular Alternatives to Globalization at the World Social Forum* (Nova Scotia: Fernwood, 2003).
Berberoglu, Berch, ed., *Globalization and Change: The Transformation of Global Capitalism* (Lanham: Lexington Books, 2005).
Bercovitch, Jacob and Richard Jackson, *Conflict Resolution in the Twenty-First Century: Principles, Methods, and Approaches* (Ann Arbor: The University of Michigan Press, 2009).
Berenskoetter, Felix, "Friends, There Are No Friends?: An Intimate Reframing of the International," *Millennium: Journal of International Studies*, Vol. 35, No. 3 (2007), pp. 647-76.
Berger, Peter L. and Samuel P. Huntington, eds., *Many Globalizations: Cultural Diversity in the Contemporary World* (New York: Oxford University Press, 2002).
Bernstein, Alyssa R., "Human Rights, Global Justice, and Disaggregated States: John Rawls, Onora O'Neill, and Anne-Marie Slaughter," *American Journal of Economics and Sociology*, Vol. 66, No. 1 (2007), pp. 87-111.
Beyer, Cornelia, "Non-Governmental Organizations as Motors of Change," *Government and Opposition*, Vol. 42, No. 4 (2007), pp. 513-35.
Bøås, Morten and Desmond McNeill, *Multilateral Institutions: A Critical Introduction* (London: Pluto Press, 2003).
Booth, Ken, *Strategy and Ethnocentrism* (London: Croom Helm, 1979).

Booth, Ken, "Security and Emancipation," *Review of International Studies*, Vol. 17, No. 4 (1991), pp. 313-26.
Booth, Ken, ed., *Statecraft and Security: The Cold War and Beyond* (Cambridge: Cambridge University Press, 1998).
Booth, Ken, ed., *Critical Security Studies and World Politics* (Boulder: Lynne Rienner, 2005).
Booth, Ken, "Critical Explorations," in Booth, Ken, ed., *Critical Security Studies and World Politics* (Boulder: Lynne Rienner, 2005), pp. 1-18.
Booth, Ken, *Theory of World Security* (Cambridge: Cambridge University Press, 2007).
Booth, Ken, Tim Dunne and Michael Cox, eds., *How Might We Live?: Global Ethics in a New Century* (Cambridge: Cambridge University Press, 2001).
Booth, Ken and Toni Arskine, eds., *Internationl Relationd Theory Today*, 2nd ed. (Cambridge: Polity, 2016).
Boudon, Raymond, *The Poverty of Relativism* (Oxford: The Bardwell Press, 2005).
Brock, Gillian, *Global Justice: A Cosmopolitan Account* (New York: Oxford University Press, 2009).
Brown, Chris and Kirsten Ainley, *Understanding International Relations*, 4th ed. (Basingstoke: Palgrave Macmillan, 2009).
Brown, Michael E., Owen R. Coté, Jr., Sean M. Lynn-Jones, and Steven E. Miller, eds., *New Global Dangers: Changing Dimensions of International Security* (Cambridge: The MIT Press, 2004).
Brown, Seyom, "The World Polity and the Nation-State System: An Updated Analysis," *International Journal*, Vol. 39, No. 3 (1984), pp. 509-28.
Brühl, Tanja and Volker Rittberger, "From International to Global Governance: Actors, Collective Decision-Making, and the United Nations in the World of the Twenty-First Century," in Rittberger, Volker, ed., *Global Governance and the United Nations System* (Tokyo: United Nations University Press, 2001).
Bueno de Mesquita, Bruce, *Predictioneer: One Who Uses Maths, Science and the Logic of Brazen Self-Interest to See and Shape the Future* (London: The Bodley Head, 2009).
Bull, Hedley, *The Anarchical Society: A Study of Order in World Politics* (New York: Columbia University Press, 1977).
Bull, Hedley, *The Anarchical Society: A Study of Order in World Politics*, 2nd ed. (Hampshire: Macmillan, 1995).
Buzan, Barry and Lene Hansen, *The Evolution of International Security Studies* (Cambridge: Cambridge University Press, 2009).
Cabrera, Luis, *Political Theory of Global Justice: A Cosmopolitan Case for the World State* (London: Routledge, 2004).
Caney, Simon, "Global Interdependence and Distributive Justice," *Review of International Studies*, Vol. 31, No. 2 (2005), pp. 389-99.
Carey, Henry F. and Oliver P. Richmond, eds., *Mitigating Conflict: The Role of NGOs* (London: Frank Cass, 2003).
Carlsnaes, Walter, Thomas Risse, and Beth A. Simmons, eds., *Handbook of International Relations* (London: Sage, 2002).
Carter, Neil, *The Politics of the Environment: Ideas, Activism, Policy*, 2nd ed. (Cambridge: Cambridge University Press, 2007).
Castells, Manuel, "Global Governance and Global Politics," *Political Science and Politics*, Vol. 38,

No. 1 (2005), pp. 9-15.
Cerny, Philip G., "Multi-Nodal Politics: Globalisation Is What Actors Make of It," *Review of International Studies*, Vol. 35, No. 2 (2009), pp. 421-49.
Chandler, David, "Building Global Civil Society 'from Below'?," *Millennium: Journal of International Studies*, Vol. 33, No. 2 (2004), pp. 313-39.
Clark, Ian, *The Hierarchy of States: Reform and Resistance in the International Order* (Cambridge: Cambridge University Press, 1989).
Clark, Ian, *Legitimacy in International Society* (Oxford: Oxford University Press, 2005).
Collingwood, Vivien, "Non-Governmental Organisations, Power and Legitimacy in International Society," *Review of International Studies*, Vol. 32, No. 3 (2006), pp. 439-54.
Collins, Alan, ed., *Contemporary Security Studies* (Oxford: Oxford University Press, 2007).
Cox, Michael, ed., *Twentieth Century International Relations, Vol. IV Globalization* (London: Sage, 2006).
Cox, Michael, Tim Dunne and Ken Booth, eds., *Empires, Systems and States: Great Transformations in International Politics* (Cambridge: Cambridge University Press, 2001).
Cox, Robert W., "Social Forces, States and World Orders: Beyond International Relations Theory," in Keohane, Robert O., ed., Neorealism and Its Critics (New York: Columbia University Press, 1986), pp. 204-54.
Cox, Robert W., " 'The International' in Evolution," *Millennium: Journal of International Studies*, Vol. 35, No. 3 (2007), pp. 513-27.
Cox, Robert W. and Michael G. Schechter, *The Political Economy of a Plural World: Critical Reflections on Power, Morals and Civilization* (New York: Routledge, 2002).
Cox, Robert W. and Timothy J. Sinclair, *Approaches to World Order* (Cambridge: Cambridge University Press, 1996).
Croft, Stuart and Terry Terriff, eds., *Critical Reflections on Security and Change* (Abingdon: Frank Cass, 2000).
Cronin, Bruce, *Institutions for the Common Good: International Protection Regimes in International Society* (Cambridge: Cambridge University Press, 2003).
Cutler, A. Claire, "Global Governance," in Robertson, Roland and Jan Aart Scholte, eds., *Encyclopedia of Globalization*, Vol. 2 (New York: Routledge, 2007).
Dallmayr, Fred R., "Globalization and Inequality: A Plea for Global 'Justice'," *International Studies Review*, Vol. 4, No. 2 (2002), pp. 137-56.
Dasgupta, Samir and Ray Kiely, eds., *Globalization and After* (New Delhi: Sage, 2006).
de Larrinaga, Miguel and Marc G. Doucet, eds., *Security and Global Governmentality: Globalization, Governance and the State* (London: Routledge, 2010).
de Montclos, Marc-Antoine Pérouse, "Fondations Politiques et Relations Internationales," *Politique Étrangère*, 1: 2009, pp. 189-200.
de Nevers, Renée, "Imposing International Norms: Great Powers and Norm Enforcement," *International Studies Review*, Vol. 9, No. 1 (2007), pp. 53-80.
de Senarclens, Pierre, *Mondialisation, Souveraineté et Théories des Relations Internationales* (Paris: Armand Colin, 1998).
Deibert, Ronald J. and Rafal Rohozinski, "Risking Security: Policies and Paradoxes of Cyberspace Security," *International Political Sociology*, Vol. 4, No. 1 (2010), pp. 15-32.
Der Derian, James, *Virtuous War: Mapping the Military-Industrial-Media-Entertainment-Network*,

2nd ed. (New York: Routledge, 2009).
Dewitt, David, David Haglund, and John Kirton, eds., *Building a New Global Order: Emerging Trends in International Security* (Toronto: Oxford University Press, 1993).
Dicken, Peter, "Transnational Corporations and Nation-States," *International Social Science Journal*, Vol. 49, No. 1 (1997), pp. 77-89.
Diehl, Paul F., ed., *The Politics of Global Governance: International Organizations in an Interdependent World*, 3rd ed. (Boulder: Lynne Rienner, 2005).
Djelic, Marie-Laure and Kerstin Sahlin-Andersson, eds., *Transnational Governance: Institutional Dynamics of Regulation* (Cambridge: Cambridge University Press, 2006).
Dobson, Andrew, "Thick Cosmopolitanism," *Political Studies*, Vol. 54, No. 1 (2006), pp. 165-84.
Dower, Nigel, *World Ethics: The New Agenda* (Edinburgh: Edinburgh University Press, 1998).
Drezner, Daniel W., *All Politics is Global: Explaining International Regulatory Regimes* (Princeton: Princeton University Press, 2007).
Dryzek, John S., Bonnie Honig, and Anne Phillips, eds., *The Oxford Handbook of Political Theory* (Oxford: Oxford University Press, 2008).
Duffield, John, "What Are International Institutions?," *International Studies Review*, Vol. 9, No. 1 (2007), pp. 1-22.
Duffield, Mark, *Development, Security and Unending War: Governing the World of Peoples* (Cambridge: Polity, 2007).
Dunne, Tim and Nicholas J. Wheeler, eds., *Human Rights in Global Politics* (Cambridge: Cambridge University Press, 1999).
Dunne, Tim, Michael Cox, and Ken Booth, eds., *The Eighty Years' Crisis: International Relations 1919-1999* (Cambridge: Cambridge University Press, 1998).
Durin, Guillaume, "Amitai Etzioni et Michael Walzer, "Face aux Relations Internationales: Comparaison de Deux Approches 《Communautariennes》," *Revue Études Internationales*, Vol. 38, No. 1 (2007), pp. 71-86..
Eadie, Pauline, "Poverty, Security and the Janus-Faced State," *British Journal of Politics & International Relations*, Vol. 9, No. 4 (2007), pp. 636-53.
Eckersley, Robyn, "From Cosmopolitan Nationalism to Cosmopolitan Democracy," *Review of International Studies*, Vol. 33, No. 4 (2007), pp. 675-92.
Edkins, Jenny, Véronique Pin-Fat, and Michael J. Shapiro, eds., *Sovereign Lives: Power in Global Politics* (New York: Routledge, 2004).
Edward, Peter, "Examining Inequality: Who Really Benefits from Global Growth?," *World Development*, Vol. 33, No. 10 (2006), pp. 1667-95.
Edwards, Michael and John Gaventa, eds., *Global Citizen Action* (Boulder: Lynne Rienner, 2001).
Etzioni, Amitai, "Tomorrow's Institution Today: The Promise of the Proliferation Security Initiative," *Foreign Affairs*, Vol. 88, No. 3 (2009), pp. 7-11.
Falk, Richard, "The Critical Realist Tradition and the Demystification of Interstate Power: E. H. Carr, Hedley Bull and Robert W. Cox," in Gill, Stephen and James H. Mittelman, eds., *Innovation and Transformation in International Studies* (Cambridge: Cambridge University Press, 1997), pp. 39-55.
Falk, Richard, *Predatory Globalization: A Critique* (Cambridge: Polity, 1999).
Ferguson, Yale H. and Richard W. Mansbach, *A World Polities: Essays on Global Politics* (London: Routledge, 2008).

Ferguson, Yale H. and Richard W. Mansbach, *Remapping Global Politics: History's Revenge and Future Shock* (Cambridge: Cambridge University Press, 2004).

Firchow, Pamina, Charles Martin-Shields, Atalia Omer, and Boger Mac Ginty, "Peace Tech: the Liminal Spases of Digital Technology in Peacebuilding," *International Studies Perspectives*, Vol. 18 (2017), pp. 4–42.

Fisher, William F. and Thomas Ponniah, eds., *Another World Is Possible: Popular Alternatives to Globalization at the World Social Forum* (Nova Scotia: Fernwood, 2003).

Frieden, Jeffry A., David A. Lake, and Kenneth A. Schultz, *World Politics: Interests, Interactions, Institutions* (New York: W.W. Norton, 2010).

Friedman, Jonathan, ed., *Globalization, the State, and Violence* (Walnut Creek: AltaMira Press, 2003).

Fry, Greg and Jacinta O'Hagan, eds., *Contending Images of World Politics* (London: Macmillan, 2000).

Galtung, Johan, "A Structural Theory of Imperialism," *Journal of Peace Research*, Vol. 8, No. 2 (1971), pp. 81–117.

Gamble, Andrew and Michael Kenny, "Ideological Contestation, Transnational Civil Society and Global Politics," in Germain, Randall D. and Michael Kenny, eds., *The Idea of Global Civil Society: Politics and Ethics in a Globalizing Era* (Abingdon: Routledge, 2005).

Germain, Randall D. and Michael Kenny, eds., *The Idea of Global Civil Society: Politics and Ethics in a Globalizing Era* (Abingdon: Routledge, 2005).

Gibney, Matthew J., *Globalizing Rights* (Oxford: Oxford University Press, 2003).

Giddens, Anthony, *The Consequences of Modernity* (Cambridge: Polity, 1990).

Giddens, Anthony, *The Politics of Climate Change* (Cambridge: Polity, 2009).

Giddens, Anthony and Philip W. Sutton, *Sociology*, 6th ed. (Cambridge: Polity, 2009).

Gill, Stephen, ed., *Globalization, Democratization, and Multilateralism* (Tokyo: United Nations University Press, 1997).

Gill, Stephen, *Power and Resistance in the New World Order*, 2nd ed. (Basingstoke: Palgrave Macmillan, 2008).

Gills, Barry K., "Going South: capitalist crisis, systemic crisis, civilisational crisis," *Third World Quarterly*, Vol. 31, No. 2 (2010), pp. 169–84.

Glenn, John, "Global Governance and the Democratic Deficit: Stifling the Voice of the South," *Third World Quarterly*, Vol. 29, No. 2 (2008), pp. 217–38.

Glenn, John, "Realism versus Strategic Culture: Competition and Collaboration?," *International Studies Review*, Vol. 11, No. 3 (2009), pp. 523–51.

Goddard, Stacie E., "Uncommon Ground: Territorial Conflict and the Politics of Legitimacy," *International Organization*, Vol. 60, No. 1 (2006), pp. 35–68.

Goertz, Gary, *Contexts of International Politics* (Cambridge: Cambridge University Press, 1994).

Goodman, James, "Transnational Contestation: Social Movements Beyond the State," in Cohn, Theodore H., Stephen McBride, and John Wiseman, eds., *Power in the Global Era: Grounding Globalization* (Hampshire: Macmillan, 2000).

Gopin, Marc, "Religion, Violence, and Conflict Resolution," *Peace and Change*, Vol. 22, No. 1 (1997), pp. 1–31.

Gove, Jennifer and Stuart Watt, "Identity and Gender," in Woodward, Kath, ed., *Questioning Identity: Gender, Class, Nation* (London: Routledge, 2000).

Graham, Kennedy, ed., *The Planetary Interest: A New Concept for the Global Age* (New Brunswick: Rutgers University Press, 1999).

Grewal, David Singh, *Network Power: The Social Dynamics of Globalization* (New Haven: Yale University Press, 2008).

Grusky, David B. and Ravi Kanbur, eds., *Poverty and Inequality* (Stanford: Stanford University Press, 2006).

Guillaume, Xavier, "Unveiling the 'International': Process, Identity and Alterity," *Millennium: Journal of International Studies*, Vol. 35, No. 3 (2007), pp. 741-58.

Hafner-Burton, Emilie M. and James Ron, "Human Rights Institutions: Rhetoric and Efficacy," *Journal of Peace Research*, Vol. 44, No. 4 (2007), pp. 379-84.

Halabi, Yakub, "The Expansion of Global Governance into the Third World: Altruism, Realism, or Constructivism?," *International Studies Review*, Vol. 6, No. 1 (2004), pp. 21-48.

Hall, Rodney Bruce and Thomas J. Biersteker, eds., *The Emergence of Private Authority in Global Governance* (Cambridge: Cambridge University Press, 2002).

Halliday, Fred, "Global Governance: Prospects and Problems," *Citizenship Studies*, Vol. 4, No. 1 (2000).

Halliday, Fred, "International Relations in a Post-Hegemonic Age," *International Affairs*, Vol. 85, No. 1 (2009), pp. 37-51.

Held, David, ed., *A Globalizing World?: Culture, Economics, Politics* (London: Routledge, 2000).

Held, David, "Cosmopolitanism: Globalization Tamed?," *Review of International Studies*, Vol. 29, No. 4 (2003), pp. 465-80.

Held, David, *et al.*, *Debating Globalization* (Cambridge: Polity, 2005).

Held, David, "Restructuring Global Governance: Cosmopolitanism, Democracy and the Global Order," *Millennium: Journal of International Studies*, Vol. 37, No. 3 (2009), pp. 535-47.

Held, David and Anthony McGrew, eds., *The Global Transformations Reader: An Introduction to the Globalization Debate* (Cambridge: Polity, 2000).

Held, David and Anthony McGrew, *Globalization/Anti-Globalization* (Cambridge: Polity, 2002).

Held, David and Anthony McGrew, eds., *Governing Globalization: Power, Authority and Global Governance* (Cambridge: Polity, 2002).

Held, David and Anthony McGrew, eds., *Globalization Theory: Approaches and Controversies* (Cambridge: Polity, 2007).

Held, David and Ayse Kaya, eds., *Global Inequality: Patterns and Explanations* (Cambridge: Polity, 2007).

Held, David, Henrietta L. Moore and Kevin Young, eds., *Cultural Politics in a Global Age: Uncertainty, Solidarity, and Innovation* (Oxford: Oneworld, 2008).

Helmig, Jan and Oliver Kessler, "Space, Boundaries, and the Problem of Order: A View from Systems Theory," *International Political Sociology*, Vol. 1, No. 3 (2007), pp. 240-56.

Hempel, Lamont C., *Environmental Governance: The Global Challenge* (Washington, D.C.: Island Press, 1996).

Holm, Hans-Henrik and Georg Sørensen, eds., *Whose World Order?: Uneven Globalization and the End of the Cold War* (Boulder: Westview Press, 1995).

Holton, Robert J., *Making Globalization* (Basingstoke: Palgrave Macmillan, 2005).

Hoogensen, Gunhild and Kirsti Stuvøy, "Gender, Resistance and Human Security," *Security Dialogue*, Vol. 37, No. 2 (2006), pp. 207-28.

Hoshino, Akiyoshi, *Principles and Dynamics of World Politics: In Quest for a Theoretical Framework of the Changing Global System* (Tokyo: Teihan, 1994).
Hoshino, Akiyoshi, *Deconstruction of International Politics and Reconstruction of World Politics: Global Politics and Global Problems* (Tokyo: Teihan, 2003).
Hough, Peter, *Understanding Global Security*, 2nd ed. (Abingdon: Routledge, 2008).
Hughes, Barry B. and Mohammod T. Irfan, "Assessing Strategies for Reducing Poverty," *International Studies Review*, Vol. 9, No. 4 (2007), pp. 690-710.
Hulme, David, *Global Poverty: How Global Governance is Failing the Poor* (Abingdon: Routledge, 2010).
Huntington, Samuel P., *The Clash of Civilizations and the Remaking of World Order* (New York: Simon & Schuster, 1996).
Hurrell, Andre and Ngaire Woods, eds., *Inequality, Globalization, and World Politics* (Oxford: Oxford University Press, 1999).
Iyall Smith, Keri E., ed., *Sociology of Globalization: Cultures, Economies, and Politics* (Boulder: Westview Press, 2013).
Jackson, Robert, *Sovereignty: Evolution of an Idea* (Cambridge: Polity, 2007).
Jacobsen, Trudy, Charles Sampford, Ramesh Thakur, eds., *Re-envisioning Sovereignty: The End of Westphalia?* (Aldershot: Ashgate, 2008).
Jenkins, Rhys, "Globalization, Corporate Social Responsibility and Poverty," *International Affairs*, Vol. 81, No. 3 (2005), pp. 525-40.
Jeong, Ho-Won, *Understanding Conflict and Conflict Analysis* (Los Angeles: Sage, 2008).
Jeong, Ho-Won, *Conflict Management and Resolution: An Introduction* (London: Routledge, 2010).
Jones, Charles, *Global Justice: Defending Cosmopolitanism* (Oxford: Oxford University Press, 2001).
Josselin, Daphné and William Wallace, eds., *Non-State Actors in World Politics* (Basingstoke: Palgrave Macmillan, 2001).
Kacowicz, Arie M., "Globalization, Poverty, and the North-South Divide," *International Studies Review*, Vol. 9, No. 4 (2007), pp. 565-80.
Kaldor, Mary, *New and Old Wars: Organized Violence in a Global Era* (Cambridge: Polity, 1999).
Karns, Margaret P. and Karen A. Mingst, *International Organizations: The Politics and Processes of Global Governance*, 2nd ed. (Boulder: Lynne Rienner, 2010).
Kaul, Inge, Isabelle Grunberg, and Marc A. Stern, eds., *Global Public Goods: International Cooperation in the 21st Century* (New York: Oxford University Press, 1999).
Kaul, Inge, Pedro Conceição, Katell Le Goulven, and Ronald U. Mendoza, eds., *Providing Global Public Goods: Managing Globalization* (New York: Oxford University Press, 2003).
Keane, John, *Global Civil Society?* (Cambridge: Cambridge University Press, 2003).
Keck, Margaret E. and Kathryn Sikkink, *Activists beyond Borders: Advocacy Networks in International Politics* (Ithaca: Cornell University Press, 1998).
Kenny, Michael and Randall Germain, "The Idea (l) of Global Civil Society," in Germain, Randall D. and Michael Kenny, eds., *The Idea of Global Civil Society: Politics and Ethics in a Globalizing Era* (Abingdon: Routledge, 2005), pp. 1-15.
Khagram, Sanjeev, James V. Riker, and Kathryn Sikkink, eds., *Restructuring World Politics: Transnational Social Movements, Networks, and Norms* (Minneapolis: University of Minnesota Press, 2002).

Koenig-Archibugi and Michael Zürn, eds., *New Modes of Governance in the Global System: Exploring Publicness, Delegation and Inclusiveness* (Basingstoke: Palgrave Macmillan, 2006).

Kothari, Rajni, "Disarmament, Development as a Just World Order," *Alternative*, Vol. 4, No. 1 (1978).

Krain, Matthew and Christina J. Shadle, "Starving for Knowledge: An Active Learning Approach to Teaching About World Hunger," *International Studies Perspective*, Vol. 7, No. 1 (2006), pp. 51-66.

Krasner, Stephen D., "Structural Causes and Regime Consequences: Regimes as Intervening Variables," *International Organization*, Vol. 36, No. 2 (1982), pp. 185-210.

Kuper, Andrew, ed., *Global Responsibilities: Who Must Deliver on Human Rights?* (New York: Routledge, 2005).

Kuper, Andrew, "Reconstructing Global Governance: Eight Innovations," in Held, David and Anthony McGrew, eds., *Globalization Theory: Approaches and Controversies* (Cambridge: Polity, 2007), pp. 225-39.

Lacher, Hannes, "Putting the State in Its Place: The Critique of State-Centrism and Its Limits," *Review of International Studies*, Vol. 29, No. 4 (2003), pp. 521-41.

Langhorne, Richard, *The Essentials of Global Politics* (London: Hodder Arnold, 2006).

Lawson, Stephanie, ed., *The New Agenda for International Relations: From Polarization to Globalization in World Politics?* (Cambridge: Polity, 2002).

Leebaw, Bronwyn, "The Politics of Impartial Activism: Humanitarianism and Human Rights," *Perspectives on Politics*, Vol. 5, No. 2 (2007), pp. 223-39.

Levy, Jack S. and William R. Thompson, *Causes of War* (Chichester: Wiley-Blackwell, 2010).

Lévy-Lang, André, "Globalisation, Crise Financière et Gouvernance Mondiale," *Politique Étrangère*, 1, (2009), pp. 23-32.

Linklater, Andrew, *The Transformation of Political Community: Ethical Foundations of the Post-Westphalian Era* (Columbia: University of South Carolina Press, 1998).

Linklater, Andrew, *Critical Theory and World Politics: Citizenship, Sovereignty and Humanity* (London: Routledge, 2007).

Lipschutz, Ronnie D., "Reconstructing World Politics: The Emergence of Global Civil Society," *Millennium: Journal of International Studies*, Vol. 21, No. 3 (1992), pp. 389-420.

Lipschutz, Ronnie D. and James K. Rowe, *Globalization, Governmentality and Global Politics: Regulation for the Rest of Us?* (Abingdon: Routledge, 2005).

López, José and Garry Potter, eds., *After Postmodernism: An Introduction to Critical Realism* (London: Athlone, 2001).

Love, Maryann Cusimano, *Beyond Sovereignty: Issues for a Global Agenda*, 3rd ed. (Belmont: Thomson/Wadsworth, 2006).

Maley, William, "Trust, Legitimacy and the Sharing of Sovereignty," in Jacobsen, Trudy, Charles Sampford, and Ramesh Thakur, eds., *Re-envisioning Sovereignty: The End of Westphalia?* (Aldershot: Ashgate, 2008), pp. 287-300.

Mandle, Jon, *Global Justice* (Cambridge: Polity, 2006).

Mansbach, Richard W., *The Global Puzzle: Issues and Actors in World Politics*, 3rd ed. (Boston: Houghton Mifflin, 2000).

Mansfield, Edward D. and John C. Pevehouse, "Democratization and International Organization," *International Organization*, Vol. 60, No. 1 (2006), pp. 137-67.

Mansfield, Edward D. and Richard Sisson, eds., *The Evolution of Political Knowledge: Democracy, Autonomy, and Conflict in Comparative and International Politics* (Columbus: Ohio State University Press, 2004).

Maoz, Zeev, Alex Mintz, T. Clifton Morgan, Glenn Palmer, and Richard J. Stoll, eds., *Multiple Paths to Knowledge in International Relations: Methodology in the Study of Conflict Management and Conflict Resolution* (Lanham: Lexington Books, 2004).

Marchetti, Raffaele, "Mapping Alternative Models of Global Politics," *International Studies Review*, Vol. 11, No. 1 (2009), pp. 133-56.

Martin, Lisa, ed., *Global Governance* (Aldershot: Ashgate, 2008).

Martin, Lisa L. and Beth A. Simmons, eds., *International Institutions: An International Organization Reader* (Cambridge: The MIT Press, 2001).

Mastanduno, Michael, "A Realist View: Three Images of the Coming International Order," in Paul, T. V. and John A. Hall, eds., *International Order and the Future of World Politics* (Cambridge: Cambridge University Press, 1999), pp. 19-40.

Mattlin, Michael, "Structural and Institutional Integration Asymmetric Integration and Symmetricity Tendencies," *Cooperation and Conflict*, Vol. 40, No. 4 (2005), pp. 403-22.

McBride, Keally, "State of Insecurity: The Trial of Job and Secular Political Order," *Perspectives on Politics*, Vol. 6, No. 1 (2008), pp. 11-20.

McCormack, Tara, *Critique, Security and Power: The Political Limits to Emancipatory Approaches* (London: Routledge, 2010).

McGrew, Anthony, "Power Shift: From National Government to Global Governance?," in Held, David, ed., *A Globalizing World?: Culture, Economics, Politics* (London: Routledge, 2000).

McGuire, Michael, "Intergovernmental Management: A View from the Bottom," *Public Administration Review*, Vol. 66, No. 5 (2006), pp. 677-79.

Mehdi, Abbas, "Globalization: Whose Benefit Anyway?," in Dasgupta, Samir and Ray Kiely, eds., *Globalization and After* (New Delhi: Sage, 2006).

Merlingen, Michael, "Foucault and World Politics: Promises and Challenges of Extending Governmentality Theory to the European and Beyond," *Millennium: Journal of International Studies*, Vol. 35, No. 1 (2006), pp. 181-96.

Midlarsky, Manus I., "The Impact of External Threat on States and Domestic Societies," in Werner, Suzanne, David Davis, and Bruce Bueno de Mesquita, eds., *Dissolving Boundaries* (Malden: Blackwell, 2003), pp. 13-18.

Miles, Steven, *Social Theory in the Real World* (London: Sage, 2001).

Mingst, Karen A., *Essentials of International Relations*, 4th ed. (New York: W.W. Norton, 2008).

Mittelman, James H., ed., *Globalization: Critical Reflections* (Boulder: Lynne Rienner, 1996).

Mittelman, James H., "The Dynamics of Globalization," in Mittelman, James H., ed., *Globalization: Critical Reflections* (Boulder: Lynne Rienner, 1996).

Mittelman, James H., *The Globalization Syndrome: Transformation and Resistance* (Princeton: Princeton University Press, 2000).

Mittelman, James H., *Whither Globalization?: The Vortex of Knowledge and Ideology* (London: Routledge, 2004).

Mittelman, James H., "What Is Critical Globalization Studies?," *International Studies Perspectives*, Vol. 5, No. 3 (2004), pp. 219-30.

Moellendorf, Darrel, *Cosmopolitan Justice* (Boulder: Westview Press, 2002).

Moellendorf, Darrel, *Global Inequality Matters* (Basingstoke: Palgrave Macmillan, 2009).
Moore, Henrietta L., "The Problem of Culture," in Held, David, Henrietta L. Moore and Kevin Young, eds., *Cultural Politics in a Global Age: Uncertainty, Solidarity, and Innovation* (Oxford: Oneworld, 2008), pp. 21-28.
Mouly, Cécile, "Peace Constituencies in Peacebuilding: The Mesas de Concertación in Guatemala," in Pugh, Michael, Neil Cooper and Mandy Turner, eds., *Whose Peace?: Critical Perspectives on the Political Economy of Peacebuilding* (Basingstoke: Palgrave Macmillan, 2008), pp. 302-17.
Muldoon, James P., Jr., *The Architecture of Global Governance: An Introduction to the Study of International Organizations* (Boulder: Westview Press, 2003).
Mulligan, Shane P., "The Uses of Legitimacy in International Relations," *Millennium: Journal of International Studies*, Vol. 34, No. 2 (2006), pp. 349-75.
Münkler, Herfried, *The New Wars* (Cambridge: Polity, 2005).
Murithi, Tim, *The Ethics of Peacebuilding* (Edinburgh: Edinburgh University Press, 2009).
Nafziger, E. Wayne and Raimo Väyrynen, eds., *The Prevention of Humanitarian Emergencies* (Basingstoke: Palgrave, 2002).
Nardin, Terry, "International Political Theory and the Question of Justice," *International Affairs*, Vol. 82, No. 3 (2006), pp. 449-65.
Näsström, Sofia, "The Legitimacy of the People," *Political Theory*, Vol. 35, No. 5 (2007), pp. 624-58.
Nester, William, *International Relations: Geopolitical and Geoeconomic Conflict and Cooperation* (New York: Harper Collins College, 1995).
Neumann, Iver B. and Ole Jacob Sending, "The 'International' as Governmentality," *Millennium: Journal of International Studies*, Vol. 35, No. 3 (2007), pp. 677-701.
Neumann, Iver B. and Ole Wæber, *The Future of International Relations: Masters in the Making?* (London: Routledge, 1997).
Newman, Edward, "Critical Human Security Studies," *Review of International Studies*, Vol. 36, No. 1 (2010), pp. 77-94.
Nissanke, Machiko and Erik Thorbecke, "Channels and Policy Debate in the Globalization-Inequality-Poverty Nexus," *World Development*, Vol. 34, No. 8 (2006), pp. 1338-60.
Nye, Joseph S., Jr., *Power in the Global Information Age: From Realism to Globalization* (London: Routledge, 2004).
O'Neill, Kate, *The Environment and International Relations* (Cambridge: Cambridge University Press, 2009).
O'Neill, Onora, "The Dark Side of Human Rights," *International Affairs*, Vol. 81, No. 2 (2005), pp. 427-39.
Oke, Nicole, "Globalizing Time and Space: Temporal and Spatial Considerations in Discourses of Globalization," *International Political Sociology*, Vol. 3, No. 3 (2009), pp. 310-26.
Omelicheva, Mariya Y., "Global Civil Society and Democratization of World Politics: A Bona Fide Relationship or Illusory Liaison?," *International Studies Review*, Vol. 11, No. 1 (2009), pp. 109-32.
Opello, Walter C., Jr. and Stephen J. Rosow, *The Nation-State and Global Order: A Historical Introduction to Contemporary Politics*, 2nd ed. (Boulder: Lynne Rienner, 2004).
Osiander, Andreas, "Culture, Change and the Meaning of History: Reflections on Richard Lebow's New Theory of International Relations," *Millennium: Journal of International Studies*, Vol. 38,

No. 1 (2009), pp. 137-52.
Ostrom, Elinor, *Governing the Commons: The Evolution of Institutions for Collective Action* (Cambridge: Cambridge University Press, 1990).
Ougaard, Morten, *Political Globalization: State, Power and Social Forces* (New York: Palgrave Macmillan, 2004).
Patmäki, Heikki, *After International Relations: Critical Realism and the (Re) construction of World Politics* (London: Routledge, 2002).
Patmäki, Heikki, *The Political Economy of Global Security: War, Future Crises and Changes in Global Governance* (Abingdon: Routledge, 2008).
Patmäki, Heikki and Teivo Teivainen, *A Possible World: Democratic Transformation of Global Institutions* (London: Zed Books, 2004).
Paul, T. V. and John A. Hall, eds., *International Order and the Future of World Politics* (Cambridge: Cambridge University Press, 1999).
Paye, Olivier, "La Gouvernance: D'une Notion Polysémique à un Concept Politologique," *Revue Études Internationales*, Vol. 36, No1 (2005), pp. 13-40.
Payne, Richard J., *Global Issues: Politics, Economics, and Culture* (New York: Pearson/Longman, 2007).
Payne, Richard J. and Jamal R. Nassar, *Politics and Culture in the Developing World: The Impact of Globalization*, 2nd ed. (New York: Pearson/Longman, 2006).
Pease, Kelly-Kate S., *International Organizations: Perspectives on Governance in the Twenty-First Century*, 3rd ed. (New Jersey: Pearson/Prentice Hall, 2008).
Peillon, Vincent, *Inégalités & Justice Sociale: Débats et Défis Contemporains* (Paris: Le Bord de l'Eau, 2008).
Perrons, Diane, *Globalization and Social Change: People and Places in a Divided World* (London: Routledge, 2004).
Perry, Richard Warren and Bill Maurer, eds., *Globalization under Construction: Governmentality, Law, and Identity* (Minneapolis: University of Minnesota Press, 2003).
Peterson, V. Spike and Anne Sisson Runyan, *Global Gender Issues* (Boulder: Westview, 1993).
Petiteville, Franck et Andy Smith, "Analyser les Politiques Publiques Internationales," *Revue Française de Science Politique*, Vol. 56, No. 3 (2006), pp. 357-66.
Petras, James and Henry Veltmeyer, *Globalization Unmasked: Imperialism in the 21st Century* (Halifax: Fernwood, 2001).
Pierre, Jon, ed., *Debating Governance: Authority, Steering, and Democracy* (Oxford: Oxford University Press, 2000).
Pieterse, Jan Nederveen, "Globalization and Collective Action," in Hamel, Pierre, Henri Lustiger-Thaler, Jan Nederveen Pieterse, and Sasha Roseneil, eds., *Globalization and Social Movements* (Basingstoke: Palgrave Macmillan, 2001), pp. 21-40.
Pirages, Dennis C., "Nature, Disease, and Globalization: An Evolutionary Perspective," *International Studies Review*, Vol. 9, No. 4 (2007), pp. 616-28.
Pogge, Thomas, ed., *Freedom from Poverty as a Human Right: Who Owes What to the Very Poor?* (New York: Oxford University Press, 2007).
Pouliot, Vincent and Jean-Philippe Therien, "Global Governance: A Struggle over Universal Values," *Interational Studies Review*, Vol. 20 (2018), pp. 55-73.
Prost, Yannick, "Les nouvelles puissances: Un danger pour le système international," *Revue*

Études Internationales, Vol. 39, No. 2 (2008), pp. 277-99.
Puchala, Donald J., ed., *Visions of International Relations: Assessing an Academic Field* (Columbia: University of South Carolina Press, 2002).
Pugh, Michael, Neil Cooper and Mandy Turner, eds., *Whose Peace?: Critical Perspectives on the Political Economy of Peacebuilding* (Basingstoke: Palgrave Macmillan, 2008).
Ramos, Jennifer M., "Justifying Changes in International Norms of Sovereignty," in Eckert, Amy and Laura Sjoberg, eds., *Rethinking the 21th Century: 'New' Problems, 'Old' Solutions* (London: Zed Books, 2009), pp. 90-111.
Rengger, Nicholas, "Justice in the World Economy: Global or International, or Both?," *International Affairs*, Vol. 75, No. 3 (1999), pp. 469-71.
Reus-Smit, Christian, "International Crises of Legitimacy," *International Politics*, Vol. 44, No. 2 (2007), pp. 157-74.
Reuveny, Rafael and William R. Thompson, "Uneven Economic Growth and the World Economy's North-South Stratification," *International Studies Quarterly*, Vol. 52, No. 3 (2008), pp. 579-605.
Richmond, Oliver P. and Henry F. Carey, eds., *Subcontracting Peace: The Challenges of NGO Peacebuilding* (Aldershot: Ashgate, 2005).
Rittberger, Volker, ed., *Global Governance and the United Nations System* (Tokyo: United Nations University Press, 2001).
Ritzer, George, *Globalization: The Essentials* (Chichester: Wiley-Blackwell, 2011).
Rosa, Eugene A. and Thomas Dietz, "Human Dimensions of Coupled Human-Natural Systems: A Look Backward and Forward," in Rosa, Eugene A., Andreas Diekmann, Thomas Dietz, and Carlo C. Jaeger, eds., *Human Footprints on the Global Environment: Threats to Sustainability* (Cambridge: The MIT Press, 2010), pp. 295-314.
Rosa, Eugene A., Andreas Diekmann, Thomas Dietz, and Carlo C. Jaeger, eds., *Human Footprints on the Global Environment: Threats to Sustainability* (Cambridge: The MIT Press, 2010).
Rosecrance, Richard, *International Relations: Peace or War?* (New York: McGraw-Hill, 1973).
Rosecrance, Richard N. and Arthur A. Stein, eds., *No More States?: Globalization, National Self-determination, and Terrorism* (Lanham: Rowman & Littlefield, 2006).
Rosenau, James N., *Along the Domestic-Foreign Frontier: Exploring Governance in a Turbulent World* (Cambridge: Cambridge University Press, 1997).
Rosenau, James N., "Disaggregated Order and Disorder in Globalized Space," in Hansen, Birthe and Bertel Heurlin, eds., *The New World Order: Contrasting Theories* (Hampshire: Macmillan, 2000).
Rosenau, James N. and Ernst-Otto Czempiel, eds., *Governance without Government: Order and Change in World Politics* (Cambridge: Cambridge University Press, 1992).
Rotberg, Robert I., ed., *Corruption, Global Security, and World Order* (Washington, D.C.: Brookings Institution Press, 2009).
Ruggie, John Gerard, ed., *Multilateralism Matters: The Theory and Praxis of an Institutional Form* (New York: Columbia University Press, 1993).
Sakamoto, Yoshikazu, "Civil Society and Democratic World Order," in Gill, Stephen and James H. Mittelman, eds., *Innovation and Transformation in International Studies* (Cambridge: Cambridge University Press, 1997), pp. 207-19.
Sakamoto, Yoshikazu, ed., *Global Transformation: Challenges to the State System* (Tokyo: United Nations University Press, 1994).

Sandler, Todd, *Global Challenges: An Appoach to Environmental, Political, and Economic Problems* (Cambridge: Cambridge University Press, 1997).
Sandole, Dennis J. D., *Peace and Security in the Postmodern World: The OSCE and Conflict Resolution* (London: Routledge, 2007).
Sassen, Saskia, "Spatialities and Temporalities of the Global: Elements for a Theorization," *Public Culture*, Vol. 12, No. 1 (2000), pp. 215-32.
Sassen, Saskia, *A Sociology of Globalization* (New York: W.W. Norton, 2007).
Schmidt, Helmut, "The Search for Global Order: The Problems of Survival," *Security Dialogue*, Vol. 23. No. 3 (1992), pp. 41-56.
Scholte, Jan Aart, *Globalization: A Critical Introduction* (Basingstoke: Palgrave Macmillan, 2000).
Scholte, Jan Aart, *Globalization: A Critical Introduction*, 2nd ed. (London: Macmillan, 2005).
Scholte, Jan Aart and Albrecht, Schnabel, eds., *Civil Society and Global Finance* (London: Routledge, 2002).
Schweller, Randall L., *Unanswered Threats: Political Constraints on the Balance of Power* (Princeton: Princeton University Press, 2006).
Sellers, Mortimer, ed., *The New World Order: Sovereignty, Human Rights and the Self-Determination of Peoples* (Oxford: Berg, 1996).
Sen, Amartya, *Identity and Violence: The Illusion of Destiny* (New York: W.W. Norton, 2007).
Sen, Amartya, *The Idea of Justice* (Cambridge: Harvard University Press, 2009).
Sending, Ole Jacob and Iver B. Neumann, "Governance to Governmentality: Analyzing NGOs, States, and Power," *International Studies Quarterly*, Vol. 50, No. 3 (2006), pp. 651-72.
Shapcott, Richard, *Justice, Community, and Dialogue in International Relations* (Cambridge: Cambridge University Press, 2001).
Shapiro, Ian, Stephen Skowronek, and Daniel Galvin, eds., *Rethinking Political Institutions: The Art of the State* (New York: New York University Press, 2006).
Sharp, Paul, *Diplomatic Theory of International Relations* (Cambridge: Cambridge University Press, 2009).
Shaw, Martin, "The Global Revolution and the Twenty-first Century: From International Relations to Global Politics," in Chan, Stephen and Jarrod Wiener, eds., *Twentieth Century International History: A Reader* (London: I. B. Tauris, 1999), pp. 191-210.
Shaw, Martin, *Theory of the Global State: Globality as Unfinished Revolution* (Cambridge: Cambridge University Press, 2000).
Siemsen, Hayo, "Conceptual Adaption: Bridging Spatial and Temporal Relations through Cognitive Wormholes," in Albert, Mathias, Gesa Bluhm, Jan Helmig, Andreas Leutzsch, and Jochen Walter, eds., *Transnational Political Spaces: Agents-Structures-Encounters* (Frankfurt: Campus Verlag, 2009), pp. 264-96.
Sjoberg, Laura, "Toward Trans-gendering International Relations?," *International Political Sociology*, Vol. 6, No. 4 (2012), pp. 337-54.
Sjolander, Claire Turenne and Wayne S. Cox, eds., *Beyond Positivism: Critical, Reflections on International Relations* (Boulder: Lynne Rienner, 1994).
Slaughter, Anne-Marie, "The Real World Order," *Foreign Affairs*, Vol. 76, No. 5 (1997), pp. 183-97.
Slaughter, Anne-Marie, *A New World Order* (Princeton: Princeton University Press, 2004).
Smith, Anthony D., *Ethno-Symbolism and Nationalism: A Cultural Approach* (London: Routledge,

2009).
Smith, David A., Dorothy J. Solinger, and Steven C. Topik, eds., *States and Sovereignty in the Global Economy* (London: Routledge, 1999).
Smith, Jackie, Ron Pagnucco, and Charles Chatfield, "Social Movements and World Politics: A Theoretical Framework," in Smith, Jackie, Charles Chatfield, and Ron Pagnucco, eds., *Transnational Social Movements and Global Politics: Solidarity Beyond the State* (Syracuse: Syracuse University Press, 1997).
Smith, Steve, Ken Booth, and Marysia Zalewski, eds., *International Theory: Positivism and Beyond* (Cambridge: Cambridge University Press, 1999).
Snyder, Craig A., ed., *Contemporary Security and Strategy*, 2nd ed. (Basingstoke: Palgrave Macmillan, 2008).
Solomon, Ty, "Social Logics and Normalisation in the War on Terror," *Millennium: Journal of International Studies*, Vol. 38, No. 2 (2009), pp. 269-94.
Sørensen, Georg, *Changes in Statehood: The Transformation of International Relations* (Basingstoke: Palgrave Macmillan, 2001).
Spector, Alan J., "Class Polarization and Class Struggle under Advanced Capitalism," in Berberoglu, Berch, ed., *Globalization and Change: The Transformation of Global Capitalism* (Lanham: Lexington Books, 2005).
Spybey, Tony, *Globalization and World Society* (Cambridge: Polity, 1996).
Sriram, Chandra Lehka, "International Law, International Relations Theory and Post-atrocity Justice: Towards a Genuine Dialogue," *International Affairs*, Vol. 82, No. 3 (2006), pp. 467-78.
Starr, Harvey, "'Opportunity' and 'Willingness' as Ordering Concepts in the Study of War," *International Interactions*, Vol. 4, No. 4 (1978), pp. 363-87.
Steger, Manfred B., *Globalism: The New Market Ideology* (Lanham: Roman & Littlefield, 2002).
Stepputat, Finn, "Pragmatic Peace in Emerging Governscapes," *International Affairs*, Vol. 94, No. 2 (2018), pp. 399-416.
Stern, Geoffrey, *The Structure of International Society: An Introduction to the Study of International Relations*, 2nd ed. (London: Pinter, 2000).
Stern, Maria, "'We' the Subject: The Power and Failure of (In) Security," *Security Dialogue*, Vol. 37, No. 2 (2006), pp. 187-205.
Stern, Maria and Joakim Öjendal, "Mapping the Security-Development Nexus: Conflict, Complexity, Cacophony, Convergence?," *Security Dialogue*, Vol. 41, No. 1 (2010), pp. 5-29.
Strange, Susan, *The Retreat of the State: The Diffusion of Power in the World Economy* (Cambridge: Cambridge University Press, 1996).
Sugden, Robert, "Opportunity as a Space for Individuality: Its Value and the Impossibility of Measuring It," *Ethics*, Vol. 113, No. 4 (2003), pp. 783-809.
Sullivan, Michael P., *Theories of International Relations: Transition vs. Persistence* (New York: Palgrave, 2001).
Sung-Joo, Han, ed., *Coping with 9-11: Asian Perspectives on Global and Regional Order* (Tokyo: Japan Center for International Exchange, 2003).
Sutch, Peter, *Ethics, Justice and International Relations: Constructing an International Community* (London: Routledge, 2001).
Sylvester, Christine, "Whither the International at the End of International Relations," *Millennium: Journal of International Studies*, Vol. 35, No. 3 (2007), pp. 551-73.

Tang, Shiping, "Fear in International Politics: Two Positions," *International Studies Review*, Vol. 10, No. 3 (2008), pp. 451-71.

Taylor, Rupert, ed., *Creating a Better World: Interpreting Global Civil Society* (Bloomfield: Kumarian Press, 2004).

Tétreault, Mary Ann and Ronnie D. Lipschutz, *Global Politics as If People Mattered* (Lanham: Rowman & Littlefield, 2005).

Thakur, Ramesh, *The United Nations, Peace and Security: From Collective Security to the Responsibility to Protect* (Cambridge: Cambridge University Press, 2006).

Thibault, Jean-François, "Introduction: Revisiter la Problématique《Westphalienne》," *Revue Études Internationales*, Vol. 37, No. 2 (2006), pp. 197-203.

Thomas, Caroline, *Global Governance, Development and Human Security: The Challenge of Poverty and Inequality* (London: Pluto Press, 2000).

Thompson, William R. and Rafael Reuveny, *Limits to Globalization: North-South Divergence* (Abingdon: Routledge, 2010).

Tickner, J. Ann, "Feminist Theory and Gender Studies: Reflections for the Millennium," in Harvey, Frank P. and Michael Brecher, eds., *Critical Perspectives in International Studies* (Ann Arbor: The University of Michigan Press, 2002), pp. 189-98.

Tilly, Charles, *Identities, Boundaries, and Social Ties* (Boulder: Paradigm Publishers, 2005).

Tobias, Sheila, *Faces of Feminism: An Activist's Reflections on the Women's Movement* (Boulder: Westview, 1997).

Treisman, Daniel, *The Architecture of Government: Rethinking Political Decentralization* (Cambridge: Cambridge University Press, 2007).

Turner, Bryan S., ed., *The Routledge International Handbook of Globalization Studies* (Abingdon: Routledge, 2010).

UNDP, *Human Development Report 1994* (Oxford: Oxford University Press, 1994).

Unseld, Sigrid, *Exploration of International Relations Data: An Object-Oriented Approach* (Los Alamitos: IEEE Computer Society Press, 1997).

Urry, John, *Sociology Beyond Societies: Mobilities for the Twenty-First Century* (London: Routledge, 2000).

Valki, László, ed., *Changing Threat Perceptions and Military Doctrines* (Basingstoke: Macmillan, 1992).

van Oudenaren, John, "Transatlantic Bipolarity and the End of Multilateralism," *Political Science Quarterly*, Vol. 120, No. 1 (2005), pp. 1-32.

Vasquez, John A., *The War Puzzle Revisited* (Cambridge: Cambridge University Press, 2009).

Vaughan-Williams, Nick, *Border Politics: The Limits of Sovereign Power* (Edinburgh: Edinburgh University Press, 2009).

Väyrynen, Raimo, "Technology and Conflict Management in International Relations," *Co-existence*, Vol. 22 (1985).

Väyrynen, Raimo, "Conclusion: Lessons for Preventive Action," in Nafziger, E. Wayne and Raimo Väyrynen, eds., *The Prevention of Humanitarian Emergencies* (Basingstoke: Palgrave, 2002).

Veltmeyer, Henry, ed., *New Perspectives on Globalization and Antiglobalization: Prospects for a New World Order?* (Aldershot: Ashgate, 2008).

Viotti, Paul R. and Mark V. Kauppi, *International Relations Theory*, 4th ed. (New York: Longman, 2010).

Walker, R. B. J., "Social Movements/World Politics," *Millennium: Journal of International Studies*, Vol. 23, No. 3 (1994), pp. 669-700.

Walker, R. B. J., "International/Inequality," *International Studies Review*, Vol. 4, No. 2 (2002), pp. 7-24.

Wallensteen, Peter, *Understanding Conflict Resolution: War, Peace and the Global System*, 2nd ed. (London: Sage, 2007).

Wallerstein, Immanuel, *The Modern World-System: Capitalist Agriculture and the Origins of the European World-Economy in the Sixteenth Century* (New York: Academic Press, 1976).

Wallerstein, Immanuel, *The Capitalist World-Economy: Essays* (Cambridge: Cambridge University Press, 1979).

Wallerstein, Immanuel, *The Politics of the World-Economy: The States, the Movements, and the Civilizations* (Cambridge: Cambridge University Press, 1984).

Waltz, Kenneth N., *Man, the State and War: A Theoretical Analysis* (New York: Columbia University Press, 1959).

Waltz, Kenneth N., *Theory of International Politics* (Reading: Addison-Wesley, 1979).

Wapner, Paul and Lester Edwin J. Ruiz, eds., *Principled World Politics: The Challenge of Normative International Relations* (Lanham: Rowman & Littlefield, 2000).

Webel, Charles P., *Terror, Terrorism, and the Human Condition* (Basingstoke: Palgrave Macmillan, 2004).

Weber, Cynthia, *International Relations Theory: A Critical Introduction*, 3rd ed. (London: Routledge, 2010).

Weinstein, Michael M., ed., *Globalization: What's New* (New York: Columbia University Press, 2005).

Weiss, Linda, *The Myth of the Powerless State: Governing the Economy in a Global Era* (Cambridge: Polity, 1998).

Welch, David A., *Justice and the Genesis of War* (Cambridge: Cambridge University Press, 1993).

Weldes, Jutta, ed., *To Seek Out New Worlds: Science Fiction and World Politics* (Basingstoke: Palgrave Macmillan, 2003).

Wendt, Alexander, *Social Theory of International Politics* (Cambridge: Cambridge University Press, 1999).

Werner, Suzanne, David Davis, and Bruce Bueno de Mesquita, eds., *Dissolving Boundaries* (Malden: Blackwell, 2003).

Whitman, Jim, *The Limits of Global Governance* (London: Routledge, 2005).

Wight, Colin, *Agents, Structures and International Relations: Politics as Ontology* (Cambridge: Cambridge University Press, 2006).

Williams, M. J., "(In) Security Studies, Reflexive Modernization and the Risk Society," *Cooperation and Conflict*, Vol. 43, No. 1 (2008), pp. 57-79.

Williams, Michael C., "Modernity, Postmodernity and the New World Order," in Hansen, Birthe and Bertel Heurlin, eds., *The New World Order: Contrasting Theories* (Hampshire: Macmillan, 2000).

Wimmer, Andreas and Brian Min, "Introduction: Systems Theorizing in IR," in Albert, Mathias, Lars-Erik Cederman, and Alexander Wendt, eds., *New Systems Theories of World Politics* (Basingstoke: Palgrave Macmillan, 2010), pp. 249-75.

Wolf, Martin, *Why Globalization Works* (New Haven: Yale University Press, 2004).

Woodward, Kath, ed., *Questioning Identity: Gender, Class, Nation* (London: Routledge, 2000).
Wright, Moorhead, ed., *Morality and International Relations: Concepts and Issues* (Aldershot: Avebury, 1996).
Wyn Jones, Richard, ed., *Critical Theory and World Politics* (Boulder: Lynne Rienner, 2001).
Young, Oran R., "The Effectiveness of International Environmental Regimes," in Rosa, Eugene A., Andreas Diekmann, Thomas Dietz, and Carlo C. Jaeger, eds., *Human Footprints on the Global Environment: Threats to Sustainability* (Cambridge: The MIT Press, 2010), pp. 165-201.
Zacher, Mark W. and Tania J. Keefe, *The Politics of Global Health Governance: United by Contagion* (New York: Palgrave Macmillan, 2008).
Zürn, Michael, "Global Governance and Legitimacy Problems," *Government and Opposition*, Vol. 39, No. 2 (2004), pp. 260-87.

著者紹介

星野 昭吉（ほしの・あきよし）

現在：獨協大学名誉教授
　　　北京師範大学客員教授・北京大学客員教授・南開大学客員教授ほか
専攻：国際政治学，政治学，平和学

〈主要著書〉
『戦後の「平和国家」日本の理念と現実』（同文館出版，2017 年）
『グローバル危機社会の構造とガバナンスの展開』（亜細亜大学購買部ブックセンター，2014 年）
『グローバル政治の形成・展開・変容・変革』（テイハン，2013 年）
『世界政治の構造と弁証法』（テイハン，2010 年）
『世界政治の弁証法』（亜細亜大学購買部ブックセンター，2009 年）
『世界政治と地球公共財』（同文館出版，2008 年）
『世界政治の理論と現実』（亜細亜大学購買部ブックセンター，2006 年）
『グローバル社会の平和学』（同文館出版，2005 年）
Deconstruction of International Politics and Reconstruction of World Politics（テイハン，2003 年）
『世界政治の原理と変動』（同文館出版，2002 年）
『世界政治における行動主体と構造』（アジア書房，2001 年）

変態するグローバル危機（リスク）社会と現状変革志向ガバナンス

2018 年 10 月 15 日　第 1 版第 1 刷発行　　　　　　　　　検印省略

著　者　星　野　昭　吉
発行者　前　野　　　隆
発行所　株式会社 文　眞　堂
　　　　東京都新宿区早稲田鶴巻町 533
　　　　電　話 03（3202）8480
　　　　Ｆ Ａ Ｘ 03（3203）2638
　　　　http://www.bunshin-do.co.jp/
　　　　〒162-0041 振替00120-2-96437

製作・モリモト印刷
©2018
定価はカバー裏に表示してあります
ISBN978-4-8309-5004-9　C3031